21世纪普通高等院校系列规划教材

金融学（第三版）
Finance

主　编　蒋远胜
副主编　黄思刚　温涛

西南财经大学出版社
中国·成都

General Foreword 总序

为推进中国高等教育事业可持续发展，经国务院批准，教育部、财政部启动实施了“高等学校本科教学质量与教学改革工程”（下面简称“本科质量工程”），《国家中长期教育改革和发展规划纲要（2010—2020）》也强调全面实施“高等学校本科教学质量与教学改革工程”的重要性。这是落实“把高等教育的工作重点放在提高质量上”的战略部署，是在新时期实施的一项意义重大的本科教学改革举措。“本科质量工程”以提高高等学校本科教学质量为目标，以推进改革和实现优质资源共享为手段，按照“分类指导、鼓励特色、重在改革”的原则，对推进课程建设、优化专业结构、改革培养模式、提高培养质量发挥了重要的作用。为满足本科层次经济类、管理类教学改革与发展的需求，培养具有国际视野、批判精神、创新意识和精湛业务能力的高素质应用型和复合型人才，迫切需要普通本科院校经管类学院开展深度合作，加强信息交流。在此背景下，我们协调和组织部分高等院校特别是四川的高校，通过定期召开普通本科院校经济管理学院院长联席会议，就学术前沿、教育教学改革、人才培养、学科建设、师资建设和社会科学研究等方面的问题进行广泛交流、研讨和合作。

为了切实推进“本科质量工程”，2008 年的第一次联席会议将“精品课程、教材建设与资源共享”作为讨论、落实的重点。与会人员对普通本科的教材内容建设问题进行了深入探讨并认为，在高等教育进入大众化教育的新时期，各普通高校使用的教材与其分类人才培养模式脱节，除少数 985 高校定位于培养拔尖创新型和学术型人才外，大多数高校定位于培养复合型和应用型经管人才，而现有的经管类教材存在理论性较深、实践性不强、针对性不够等问题，需要编写一套满足复合型和应用型人才培养要求的高质量的普通本科教材，以促进人才培养和课程体系的合理构建，推动教学内容和教学方法的改革创新，形成指向明确、定位清晰和特色鲜明的课程体系，奋力推进经济管理类高等教育质量的稳步提高。与会人员一致认为，共同打造符合高教改革潮流、深刻把握普通本科教育内涵特征、满足教学需求的系列规划教材，非常必要。鉴于此，本编委会与西南财经大学出版社合作，组织了三十余所普通本科院校的经济学类、管理学类的学院教师共同编写本系列规划教材。

本系列规划教材编写的指导思想是：在适度的基础知识与理论体系覆盖下，针对普通本科院校学生的特点，夯实基础，强化实训。编写时，一是注重教材的科学性和前沿性，二是注重教材的基础性，三是注重教材的实践性，力争使本系列教材做到“教师易教、学生乐学、方便实用”。

本系列规划教材以立体化、系列化和精品化为特色。一是除纸质教材外，还建设课件、视频、案例、习题等数字化教学资源；二是力争做到“基础课横向广覆盖，专业课纵向成系统”；三是力争把每种教材都打造成精品，让多数教材能成为省级精品课教材、部分教材成为国家级精品课教材。

为了编好本系列教材，我们在西南财经大学出版社的协调下，经过多次磋商和讨论，成立了首届编委会。首届编委会主任委员由西华大学管理学院院长章道云教授担任。2017 年，由于相关学院院长职务变动，编委会的构成也做了相应调整。调整后的编委会由西南财经大学副校长张邦富教授任名誉主任，蒋远胜教授任主任，李成文教授、张华教授、周佩教授、赵鹏程教授、董洪清教授、傅江景教授任副主任，二十余所院校经济管理及相关学院院长或教授任编委会委员。

在编委会的组织、协调下，该系列教材由各院校具有丰富教学经验并有教授或副教授职称的教师担任主编，由各书主编拟订大纲，经编委会审核后再编写。同时，每一种教材均吸收多所院校的教师参加编写，以集众家之长。自 2008 年启动以来，经过近十年的打造，该系列现已出版公共基础、工商管理、财务与会计、旅游管理、电子商务、国际商务、专业实训、金融经济、综合类九大系列近百种教材。该系列教材出版后，社会反响好，师生认可度高。截至 2017 年年底，已有 30 多种图书获评四川省“十二五”规划教材，多个品种成为省级精品课程教材，教材在西南地区甚至全国普通高校的影响力也在不断增强。

当前，中国特色社会主义进入了新时代，我们要建设教育强国，习近平总书记在党的十九大报告中对高等教育提出明确要求，加快一流大学和一流学科（简称“双一流”）建设，实现高等教育内涵式发展。“双一流”建设的核心是提升学校自身的办学水平，关键是提高人才培养质量和学科建设水平，同时办学声誉得到国际社会的认可。为此，高等学校要更新教育思想观念，遵循教育教学规律，坚持内涵式发展，进一步深化本科人才培养模式改革。而教材是体现高校教学内容和方法的知识载体，是高等院校教学中最基本的工具，也是高校人才培养的基础，因此，高校必须加强教材建设。

为适应“双一流”建设的需要，全面提升高校人才培养质量，构建学术型人才和应用型人才分类、通识教育和专业教育结合的培养制度，满足普通本科院校教师和学生需求，需要对已出版的教材进行升级换代。一是结合教学需要对现有教材进行精心打造。具体而言，贯穿厚基础、重双创的理念，突出创新性、应用性、操作性的特色，反映新知识、新技术和新成果的学科前沿；利用数字技术平台，加快数字化教材建设，打造立体化的优质教学资源库，嵌入可供学生自主学习和个性化学习的网络资源模块。二是根据学科发展的需要，不断补充新的教材，特别是规划旅游类、实训类、应用型教材。

我们希望，通过编委会、主编和编写人员及使用教材的师生共同努力，将此系列教材打造成适应新时期普通本科院校需要的高质量教材。在此，我们对各经济管理学院领导的大力支持、各位作者的智力成果以及西南财经大学出版社员工的辛勤劳动表示衷心的感谢！

21世纪普通高等院校系列规划教材编委会

2018年5月

Foreword 前言

金融是现代经济的核心。中国改革开放的总设计师邓小平同志曾指出："金融很重要，是现代经济的核心，金融搞好了，一着棋活，全盘皆活。"随着中国社会主义市场经济的发展、银行服务的广泛提供和人们对证券市场的狂热参与，人们对金融理论知识的需求从来没有像现在这样迫切。对金融学理论知识的学习既是一件非常有趣又是一件富于挑战的事情，选择一本好的、适合自己的教材非常重要。

随着近年国外原版金融学教材的引进，学习金融学的学生发现国内外金融学学科体系的差异很大。国外的金融学（如 Ritter 等 Principles of Money, Banking and Financial Markets）一般被定义为"研究如何在不确定条件下在时间跨度上分配稀缺资源的一门学科"（Finance as a scientific discipline is the study of how to allocate scarce resources over time under conditions of uncertainty）。国外金融学有两个基本特征：一是金融决策的成本和收益是跨期分摊的，二是决策的成本和收益通常不能被决策者或其他人提前确切地知道。国外金融的基本研究对象是跨期分摊、资产评估和风险管理。而国内的金融学常被定义为"一门研究金融领域各要素及其基本关系与运行规律的学科"。从最宽泛的意义上讲，国内金融学的研究对象是金融体系的运行及其与实际经济之间的关系，最重要的研究对象是货币（金融体系的血液）、银行（金融体系的大动脉）和金融市场（资金融通的场所）。金融学是金融学专业的统率性基础理论课程，也是经济类、管理类等专业的主干课程。

本书作为21世纪普通高等院校系列规划教材，主要向读者介绍金融基础知识、金融体系的构成及相互间的关系、货币理论与政策、货币、金融与经济等。它主要适用于普通高等院校非金融专业的经济管理类学生，也适用于企业、公司管理人员和接受继续教育培训的人员。通过课程学习，使这些学生掌握关于货币及货币制度、信用、利息及利率、外汇及汇率等基本金融理论范畴；了解金融市场和金融机构的基本架构，把握金融市场运行机制的基本规律和各类金融机构运作的基本特点；正确理解现代货币的创造机制；全面掌握宏观金融，即货币对内、对外均衡和货币政策的基本知识、基本理论及相关政策观点等。本教材力求概念简明易懂，原理阐述清晰，政策涵义明确。本书主要包括以下四篇内容：第一篇，基础知识篇。该篇主要介绍金融学的基本概念及要素，包括货币与货币制度的基本职能、有关信用的各种形式以及利率的结构、作用和形成的原理等基础知识。第二篇，金融体系篇。该篇主要介绍金融市场、金融机构、金融监管的基本知识、各个组成部分的分别构成情况、具体作用及相互间的关系。第三篇，货币理论与政策篇。该篇主要介绍有关货币金融理论的核心知识，以及如何用货币金融理论作为工具，分析经济领域内的各种经济现象。第四篇，货币、金融与经济篇。该篇主要介绍货币、金融与经济发展之间的密切关系和传导机制、货币政策的作用以及金融抑制和金融深化对一国经济的重大影响。

本书内容具有以下四个特点：

第一，系统性强。本书的内容结构和章节安排力求做到条理清楚、层次清晰，系统性很强。

第二，简明易懂。目前国内高校中，金融专业和非金融的经济管理类专业均开设有这门课程，但在课程性质、教学目的、教学要求方面各有不同。对非金融专业的学生来讲，金融学更多的带有公共课的性质，其教学目的在于使学生对金融知识有一个框架性的了解。

第三，内容新颖。本书充分吸收已有的国内外相关内容的研究成果，反映经济、金融的新变化、新动向，使学生能在掌握金融基本知识的基础上，也了解一些基本原理的应用和对当前问题的分析。同时，本教材中选择的案例，都是近些年来国内、国际的最新资料。

第四，体例前卫。本书借鉴欧美教材的编写体例，力图体现友好型的师生互动界面。每章后面均附有“进一步阅读推荐”和“复习讨论题”，并且在文中适当位置安排了专栏“相关链接”，在扩大学生的知识面的同时，不打乱教材现有的结构安排。

本教材的编写者都是具有多年教学实践经验的老师，他们集教学经验和科研成果于一体，严谨认真地编写了此书。本书各章作者如下：第一章，蒋远胜（四川农业大学）；第二、三章，黄思刚（贵州大学）；第四、五章，陈莉（四川农业大学）；第六章，温涛（西南大学）；第七章，肖诗顺（四川农业大学）；第八、九章，师家升（云南农业大学）；第十章，罗富民（乐山师范学院）；第十一章，胡妍（宜宾学院）；第十二章，郭志钢（西南石油大学）、曹向杰（西昌学院）。全书最后由蒋远胜统一定稿。

本教材在编写过程中，借鉴吸收了国内外专家、学者的研究成果及著作，参考了现有的一些经典教材，在此向这些专家致谢。最后要感谢出版社的相关工作人员特别是责任编辑，他们为本书的出版做了大量细致的工作。

本书的筹划、写作前后历时一年多，各位编写者付出了艰辛的劳动，但由于都是一线教师，教学和科研的压力较大，编写的时间很紧，不当之处甚至错误之处在所难免，恳请同行教师和广大读者批评指正，以便我们在修订再版时进一步完善。

编者

Contents 目录

第二篇　金融体系篇

导　言

第一节　金融的界定与功能

一、金融的内涵与外延

中国最早收录“金融”条目的词典是1915年出版的《辞源》和1937年刊行的《辞海》。《辞源》将“金融”释义为：“今谓金钱之融通状态曰金融，旧称银根。各种银行、票号、钱庄，曰金融机构。”随着金融实践的发展，当代我国主流的认识是：金融，即货币资金的融通，是货币流通和信用活动以及与之相联系的经济活动的总称。

国内外对“金融”一词的理解上有较大差异。“金融”一词的英文直译为Finance。西方学术界对“金融”一词的解释主要有三种：第一种是将金融解释为支付，是一切货币收支关系的总称，包括货币事务、货币管理与金钱有关的资源等。具体包括三个方面：①政府的货币资财及其管理，即“国家财政”（Public Finance）；②工商企业的货币资财及其管理，即“公司理财”（Corporate Finance）；③个人的货币资财及其管理，即“个人收支”（Personal budget）。这个口径所涵盖的范围大于“金融”在中国涵盖的范围。第二种解释把金融界定为“人们在不确定条件下如何进行稀缺资源的跨时期配置的学科”。第三种解释为资本市场的运行、资本资产的供给与定价。《新帕尔格雷夫经济学大词典》中将金融定义为“资本市场的运营、资本资产的供给与定价”。该条目指出，金融的基本内容包括五个方面：有效率的市场、风险与收益、替代与套利、期权定价和公司金融。其金融概念的核心就是资本市场的运营和资本资产的定价与供给。

金融有狭义和广义之分。狭义的金融是指有价证券及金融衍生品市场，主要指的是资本市场；而广义的金融是指与物价有紧密联系的货币供给、银行与非银行金融机构体系、短期资金拆借市场、证券市场、保险系统以及通常以国际金融概括的诸多方面在国际的存在等。

现代金融体系有五个构成要素：一是货币；二是金融机构，它们是金融服务的供给者；三是金融市场，表现为各种金融主体具体发生金融关系的场所或空间；四是金融工具，它代表着一种未来收益的索取权，通常以凭证、收据或其他法律文件表示，是金融机构中或金融市场上交易的对象；五是金融制度，是国家对金融运行的管理和调控的一系列制度，包括货币制度、汇率制度、信用制度、利率制度、金融机构制度、金融市场的各种制度，以及支付清算制度、金融监管制度及其他。

二、金融的功能

金融的功能实际上是指金融在国民经济所处的地位，可能或应该发挥的作用、作用的方式和机制等。金融的功能有两个层次：一是基本功能，二是派生功能。金融的基本功能有四个：资金融通、支付与清算、价格发现和风险管理。

（一）金融的基本功能

1. 资金融通功能

金融的资金融通功能包含两层涵义：动员储蓄和提供流动性手段。金融市场和银行中介可以有效地动员全社会的储蓄资源或改进金融资源的配置。这就使初始投入的有效技术得以迅速地转化为生产力。在促进更有效地利用投资机会的同时，金融中介也可以向社会储蓄者提供相对高的回报。金融中介动员储蓄的最主要的优势在于，一是它可以分散个别投资项目的风险；二是它可以为投资者提供相对较高的回报（相对于耐用消费品等实物资产）。金融系统动员储蓄可以为分散的社会资源提供一种聚集功能，从而发挥资源的规模效应。金融系统提供的流动性服务，有效地解决了长期投资的资本来源问题，为长期项目投资和企业股权融资提供了可能，同时为技术进步和风险投资创造出资金供给的渠道。

2. 支付与清算功能

在经济货币化日益加深的情况下，建立一个有效的、适应性强的交易和支付系统是基本需要。可靠的交易和支付系统应是金融系统的基础设施，缺乏这一系统，高昂的交易成本必然与经济低效率相伴。一个有效的支付系统对于社会交易是一种必要的条件。交换系统的发达，可以降低社会交易成本，可以促进社会专业化的发展，可以大大提高生产效率和促进技术进步。所以说，现代支付系统与现代经济增长是相伴而生的。

3. 价格发现功能

所谓价格发现，就是产品的价格在双方讨价还价中确定的机制。与一般商品不同，金融产品的定价很难用经典的劳动价值论和效用理论等来解释。而在金融实践中，金融市场的公开竞价机制则可以轻而易举地解决这个问题。例如，外汇、票据、债券、股票、期货、房屋所有权甚至贵金属的价格都是在交易中形成的，是由公开市场竞价的买卖双方的群体意识决定的。金融产品最终形成的价格是综合了所有市场参与者所掌握的相关信息和对未来的预期，因此金融市场具有价格发现的功能。

4. 风险管理功能

金融体系的风险管理功能要求金融体系为中长期资本投资的不确定性即风险进行交易和定价，形成风险共担的机制。由于存在信息不对称现象和交易成本，金融系统和金融机构的作用就是对风险进行交易、分散和转移。如果社会风险不能找到一种交易、转移和抵补的机制，社会经济的运行就不可能顺利进行。

（二）金融的派生功能

1. 优化资源配置功能

该功能是其基本功能的派生功能，是资金融通功能的外化和深化，是金融体系结构合理、金融市场发达的必然结果。金融将资金有效地筹集起来，把资金盈余者的货币资金转给资金需求者，使社会投资得以顺利完成。这不仅降低了双方的交易成本，而且资金总是流向最有发展潜力、能够为投资者带来利益的部门，这样稀缺资源就能得到合理的利用。金融资金从低效率的部门流向高效率的部门，使社会有限的经济资源能有效地配置在高效率的用途上，实现了稀缺资源的优化配置。

2. 财富效应

财富效应也称为收入效应，是居民的收入来源之一。金融资产可以增加居民的财产性收入，包括出让财产使用权所获得的利息、租金和专利收入，以及财产营运所获得的红利收入和财产增值收益等。财产性收入主要通过参加金融市场交易取得。

第二节　金融的产生和发展

一、金融的产生与发展历程

金融是商品货币关系发展到一定阶段的产物，伴随着信用制度和银行制度的发展而产生发展起来的。金融的概念是伴随着银行的出现而产生的，而银行的出现是由货币经营业演化而来的。

货币产生于原始社会末期，人们把货币作为价值尺度、流通手段和贮藏手段，那些财富较多的人希望能把作为贮藏手段的贵金属及财物委托给比较保险的机构代为保管。同时，随着商品经济的发展，铸币的流通范围随着一国各地区之间以及国际之间的贸易往来而逐渐扩大。为了满足贸易对货币兑换的需求，解决长途携带金属货币的不便及风险等问题，从商人中逐渐分离出一部分专门从事铸币兑换业务的人员，从而产生了货币经营业务。商人把自己的货币给货币经营者保存，并委托他们办理结算、汇款等业务。随着货币经营业务的扩大，货币经营者开始把保管的钱贷出去，同时吸收存款、经营信贷业务，货币经营业就发展成了办理存款、放款、兑换业务的银行业了。

银行是随着商品经济的发展而产生的最早的金融机构，金融就是以银行等金融机构为中心的各种各样形式的信用获得以及在信用基础上组织起来的各种货币融通。1581 年在意大利成立的威尼斯银行是世界上最早的银行。中国早在商周时代就有了官办的铸币机构和钱库，铸造和贮藏铜币。隋唐时期，不仅有官办的造币局和银库，还出现了民间的银铺和当铺，专门从事货币流通业务。随后，明代出现了钱庄、钱肆，清代有票号、汇票庄等。这些机构是萌芽状态的金融业，已具有银行的某些特征，但是规模不大、分散孤立。

银行业的兴起，使得货币和信用活动有了直接联系，银行的各种信用货币成为主要的流通手段和支付手段，货币流通的增减变化与银行信用活动的扩大和缩小有着直接的联系，信用的扩张意味着货币供给的增加，货币的紧缩意味着货币供给的减少。当货币运动与信用活动不可分割地联系在一起时，就出现了概括货币流通和信用活动内容的经济范畴——金融。

随着 19 世纪科技文化的进步和资本主义生产力的飞速发展，现代银行在世界范围内蓬勃兴起，信用工具的创造性和流通性极大地促进了资本主义商品经济的发展。但是约束制度的缺乏、最后贷款人的缺位、银行券发行的分散，使得银行业处于高速发展的无序状态，资金风险大，致使银行破产倒闭的现象严重。为了统一管理信用货币即银行券的发行权等，以保护存款人的利益以及维持金融市场的稳定，于是，充当银行最后贷款人的中央银行应运而生。最早设立和最有历史地位的中央银行分别是瑞典银行和英格兰银行。随着社会分工越来越细，各种专门性的金融需求促进了各种专业银行的出现，典型的是政策性银行。政策性银行是由政府创立的，它不以营利为目的，专门贯彻国家经济政策或产业政策，在特定业务领域内从事政策性金融活动。

二、金融的发展趋势

（一）金融全球化

金融全球化是指由于科技进步、金融创新及金融管理的自由化，使得各国金融市场与国际金融市场紧密连接，逐步形成一个相互依赖、相互作用的有机整体。伴随着金融的自由化，发达国家为了减少竞争成本、降低与防范投资风险，不断开拓金融市场，寻求新的金融交易方式。在此背景下，许多发展中国家也积极投入到更加开放和统一的金融市场的发展潮流中，与发达国家或地区的金融市场相互连接，构成全球化的金融市场运作体系，从而在时间和空间上缩短了与国际金融市场的距离，实现了 24 小时不间断营业。许多发展中国家和东欧转型国家，为了加速发展本国经济，实施赶超战略，不得不“打开门户”融入国际经济、金融的大循环，由此产生了大批新兴金融市场。目前，中国香港、新加坡、巴林、巴拿马、开曼群岛等地都已成为世界上重要的离岸金融市场。

金融全球化主要表现为货币国际化、资本国际化和监管国际化。①货币国际化是指当今多数国家的货币通过可兑换的若干阶段，成为完全可兑换货币，或者成为完全可兑换货币后进一步成为国际货币。例如，欧洲经济共同体的区域性单一货币——欧元取代欧元区内的国别货币而成为国际货币，欧元向世界展示了未来世界货币一体化的前景。②资本国际化则是由于国际贸易量大增、国际贸易的交易产品种类增加以及跨国企业的发展所推动的资本在国际的流动。金融机构在世界各地普遍建设分支机构以实现跨国发展。为了适应金融全球化的趋势，国际金融机构逐步从专业化经营转向多样化、全能化的混业经营转变。③监管国际化是指随着国际频繁的贸易和逐渐开放的经济政策，一国经济对外的依存度大大提高，一国的经济必然受到其他国家经济的影响和冲击，中央银行的货币政策必须根据本国经济内外均衡的需要相机抉择。随着金融的全球化和通信技术的发展，一国的金融风险会通过汇率、利率、股价的变动等渠道传染到其他国家和地区，因此，必须加强金融监管的国际合作，共同防范金融危机。

金融市场全球化既给世界经济和金融带来了积极的影响，促进了全球性的金融活动，方便了国际投资，有利于各国的经济增长；但同时也带来了一些新情况和新问题，特别是各国金融市场联系越密切，相互依赖程度就越加深。只要某一金融市场发生动荡，就会迅速地影响或波及其他金融市场，引起不同金融市场的联动效应。因此，这种潜在的金融风险无疑对各国金融监管的国际协调与合作提出了更高的要求和更新的挑战。如始于 2006 年的美国次贷危机，因为次级抵押贷款机构破产、投资基金被迫关闭，从而引发股市剧烈震荡，导致全球主要金融市场出现流动性不足，并最终发展成 2008 年的全球金融危机，而且向实体经济渗透，给世界经济带来了严重影响

（二）金融创新化

金融创新是指金融领域内部通过各种要素的重新组合和创造性变革所创造或引进的新事物，是金融业为适应实体经济发展的需求在制度安排、金融工具、金融产品等方面进行的创新活动。金融创新既有科技进步所带来的，也是为了规避金融管制和增加防范金融风险的工具，还有的是为了提高金融市场竞争力，如混业经营趋势。

金融创新主要包括金融制度创新、金融工具创新和金融市场创新三类。①金融制度创新是指各国金融当局调整金融政策、放松金融管制所导致的金融创新活动。金融制度创新涉及金融体系的组织与构造、金融市场的组织与结构、金融活动的监管与调节等方面的变革。②金融工具创新是指金融业能为各种信用形式的演变和扩展而适时地创造新的多样化的金融产品，如支付方式、期限性、安全性、流动性、利率、收益等方面具有新特征的有价证券、汇票、金融期货等交易对象。金融工具的创新是金融创新最主要的内容，适应了投资者对投资产品的多样化需要和投资风险管理的各种要求。③金融市场创新是指金融业通过金融工具创新而积极扩展金融业务范围，创造新的金融市场。例如，20 世纪 80 年代以来，随着证券交易的国际化和技术的不断进步，金融业不仅可以从事跨越国境的股票交易和债券交易，而且可以在其他国家发行本国的债券与股票，基本形成了一个全球性的证券市场。

金融创新对金融业发展既产生了积极的影响也有一些负面作用。金融创新的积极作用体现在以下三方面：①它提高了金融市场的运作效率。金融创新通过提高市

场的组织化程度与设备的现代化程度，提高了金融市场价格变动的灵敏度。金融创新增加了可供选择的金融商品种类，投资者能进行多元化的资产组合，把个别风险减到较小程度。效率的提高进一步降低交易成本，吸引更多的投资者和筹资者进入市场，提高交易的活跃程度。②它提高了金融机构的运作效率。金融创新带来了大量的金融工具、金融服务、交易支付方式等，提高了支付清算能力和速度，这些功能提高了金融机构的运作效率，从而大幅增加了金融机构的资产和盈利率。③使金融作用力大为增加。现代金融创新提高了金融资源的开发利用与再配置效率，社会融资和投资的满足度及便利度上升。金融产值迅速增加，货币作用的效率得到提高。金融创新的负面作用也有三个方面的表现：①金融创新使货币供求机制、总量和结构乃至特征都发生了深刻变化，对金融运作和宏观调控影响重大；②金融创新在很大程度上改变了货币政策的决策、操作、传导及其效果，对货币政策的实施产生了一定的不利影响；③金融风险有增无减，金融市场出现过度投机和泡沫膨胀的不良倾向，金融业的稳定性下降。

（三）金融自由化

金融自由化也称“金融深化”，是指政府放弃不适当的干预政策，取消对金融体系的严格管制，使得市场机制发挥应有的作用，依次促进金融系统的正常运转和功能的实现，形成金融发展和经济发展的良性循环。

20世纪80年代以来，西方国家的“金融自由化”出现了价格自由化、业务自由化、市场自由化和资本流动自由化四种形式。①价格自由化。即取消利率、汇率的限制，同时放宽本国资本和金融机构进入外国市场的限制。让金融商品的价格发挥市场调节作用。如美国在20世纪90年代取消了《Q条例》规定的银行存款利率上限。②业务自由化。即允许各类金融机构交叉业务，公平竞争。20世纪90年代以后，一些发达国家逐渐开始放弃分业经营。③市场自由化。即放松各类金融机构进入金融市场的限制，完善金融市场的融资工具和技术。④资本流动自由化。即放宽外国资本、外国金融机构进入本国市场的限制。金融自由化也给金融业发展带来了正反两方面的影响。

金融自由化的积极影响体现在以下四个方面：①金融自由化使金融信息更具公开性，能够更为准确、迅速地反映市场的供求状况，即资金的稀缺程度，形成更为有效的价格信号体系，使资源配置更加优化。②金融自由化对所有的金融市场参与者，无论是借款者还是贷款人，都既形成了压力也提供了机会，使他们有可能，也有必要降低成本或提高收益。③金融自由化为金融企业提供了更多的盈利机会。一方面，金融自由化极大地推动了金融资本的形成，为金融企业提供了更广阔的活动空间；另一方面，分业管理制度的逐步解除为金融企业（尤其是商业银行）提供了更灵活的经营手段。④金融自由化尤其是分业管理制度的逐步解除，为商业银行在盈利性与安全性之间的平衡选择提供了条件和手段。

金融自由化的消极影响也体现在四个方面：①金融自由化不利于金融体系的稳定，增大了金融风险。例如，放开利率、汇率，放松金融管制，使金融资产流动性更强，金融交易规模更大，这就极大地刺激了短期资本的投机，导致金融市场风险加大，甚至诱发金融危机。②金融自由化加大了市场主体参与金融交易的难度。大量的金融创新和复杂的金融交易技术操作，客观上剥夺了客户对金融工具的选择权利。面对复杂的金融工具，客户只能依靠银行的权威进行交易，从而提高了金融垄断地位，导致金融市场更加模糊。此外，金融市场容量的扩张给银行带来了机会，同时也减弱了银行降低成本增加效益的压力。③金融自由化加大了客户和金融业自身的风险。利率和汇率管制的解除导致市场波动幅度剧增，解除分业管理制度实行商业银行全能化之后，商业银行大量涉足高风险的业务领域，风险资产明显增多。④在金融自由化之后，银行之间、商业银行与非银行金融机构之间以及各国金融市场之间的联系更加密切，单一企业财务危机冲击金融体系稳定性的危险加大。

（四）金融业电子网络化

现代信息技术的迅猛发展，为金融服务电子网络化提供了必要的物质基础。20世纪90年代以来，国际金融领域中的电子化、自动化、现代化的金融服务系统基本全面形成，银行活动将先进的电子科学技术广泛应用于存款、提款、转账、汇兑、查账、交换、控制、金融买卖交易和咨询等金融服务领域，并将银行和客户、银行与银行、客户与客户连接成一个电子网络。伴随信息网络技术的发展，无论发达国家，抑或发展中国家，都在加紧实现金融系统的电子网络化，网络银行应运而生，并成为世界金融发展的基本趋势。

随着互联网技术的发展，互联网金融也成为一种发展趋势。互联网金融是指以依托于网络支付、云计算、社交网络以及搜索引擎等互联网工具，实现资金融通、支付和信息中介等业务的一种新兴金融。以第三方支付为代表的互联网金融在中国起源于1999年，而2005年起源于英国的Zopa是全球首家P2P网络个人借贷平台，2006年成立于美国的Prosper则是全球最大的P2P网络个人借贷平台，目前有上百万注册会员。互联网金融具有成本低、效率高、覆盖广、管理弱和风险大等特点，对传统金融既带来机会也带来挑战。

互联网金融的发展可以分为传统金融业务互联网化和互联网运营商的金融化两个阶段。传统金融业务互联网化发展是互联网技术与传统金融业务的融合的结果，传统金融业务的信息化服务基本是夯实传统金融发展的基础，有利于传统金融的可持续发展和竞争力的保持，这种形式的互联网金融仍然是传统金融的一种完善和补充。但是互联网运营商涉猎金融业务会对商业银行定会形成很大的冲击。它不但会弱化商业银行支付中介、融资中介的地位，也会对商业银行盈利模式和传统服务模式形成巨大挑战。国内互联网金融发展最为典型的案例即为阿里巴巴的小额信贷业务，即阿里金融。阿里金融通过“小贷+平台”为淘宝和天猫上的商户提供“订单贷款”和“信用贷款”业务。阿里金融创造了在2个小时内向1.8万家淘宝小卖家发放3亿元淘宝信用贷款的“奇迹”，而且加之阿里金融的成本极低，这必将在小微企业和个人借贷领域与商业银行形成竞争。

第三节 金融学科的内容与研究方法

一、金融学科的内容

金融学是研究资金融通活动规律的科学，包括金融主体的个体行为和金融系统整体行为及其相互关系和运行规律的科学。19 世纪以来，不断发展的金融学科形成了宏观金融学与微观金融学两个学科分支。

（一）宏观金融学的演进历程

宏观金融学以金融系统整体的运行规律及其各构成部分的相互关系为研究对象。19 世纪西方开设的“货币学”的内容重点是：讨论货币的性质和货币价值的决定（历来作为经济学中的重要问题）；讨论建立稳定币值的理想币制，包括银行券的管理和本位制的选择。货币学自然而然地独立开设。古代有银钱业，几百年前萌生了现代银行。它们是货币的经营者和借贷的集中者，在经济生活中的地位日益提升。19 世纪末银行业的壮大已成为政治问题。希法亭（Hilferding）于 1910 年出版的《金融资本》影响巨大。十月革命的理论支撑、列宁的《帝国主义论》中有关银行新作用的论述就是以《金融资本》为蓝本的。强大的银行必然有对经营理念的论证和经营管理准则的总结。于是，“银行学”走上了高等院校的讲坛。

货币学研究货币，银行学研究经营货币的中介，由于它们之间无法分割的联系，必然会产生把两门课合并的想法。于是，20 世纪二三十年代这两门课就被合并在一起讲授，并定名为“货币银行学”。由于那时正是西方现代经济学宏观经济分析的发展和形成之际，因此对货币问题的研究既继承了之前的研究重点（币值的决定以及理想币制的选择），也着重从货币角度研究整个社会经济的宏观均衡问题。

从银行学来看，进入 20 世纪 20 年代之后，已不单纯是进行业务运营及制度的具体介绍，而是开始联系货币问题，进行“学理”性的探讨。之所以如此，是由于金铸币在发达国家已全然退出流通，而经济生活中形形色色的货币，几乎无一不是银行所创造。正是在宏观经济学和宏观干预政策确立之际，经济学的宏观分析进入货币银行学及其与有关货币制度、银行制度的论证相结合的阶段，发展了宏观金融分析。在 20 世纪 20 年代末，中央银行成为金融界独立研究的对象，并有独立的《中央银行学》著述面世。这反映出中央银行日益承担着宏观调控的使命。对中央银行理论研究的核心内容也进入货币银行学，并构成宏观金融分析的重要内容。宏观分析入主“货币银行学”并居于学科的主导地位，逐渐形成了当今的“货币银行学”的理论框架。在中国，“货币银行学”的名称从 20 世纪初至今一直不变，国外的名称则不断“加长”。从开始的 Money and Banking，到第二次世界大战后发展为 The Economics of Money and Banking。

（二）微观金融学（Micro-finance）的演进历程

微观金融学以微观金融主体行为及其运行规律为研究对象。伴随着股份公司的出现和发展，也相应地有了股票市场和债券市场的发展。股份公司本身的管理不同于传统的独资与合伙企业的管理，同时，股份公司也代表大企业进入经济生活，而大企业的管理较之小企业也有极大的区别。于是，“公司理财”成为商学院的重要课程。而证券市场的发展也有其相应的课程开设。第二次世界大战以后，世界经济大跨步地发展，公司经营大型化、国际化，资本市场、货币市场迅速扩张。这时，理财、投资开始要求精确的评估和计量。20 世纪 50 年代以来，相关的研究成果不断面世：马科维茨（M. Markowitz）的风险测定和资产组合选择理论，夏普（Sharpe）、林特纳（Lintner）和莫辛（Mossin）的资本资产定价模型，莫迪利亚尼和米勒的 MM 定理以及尤金·费马的有效市场假说，这些研究构成了金融微观分析的理论基础。有了基础理论的支撑，公司理财、投资学、银行学、证券市场学等从简单的实务方法介绍提升为具有理论体系的学科。金融衍生工具、风险管理、金融工程等新的课程相继开设。而在这些分支学科之上，建立了总揽微观金融分析的“金融经济学”（Financial Economics）。微观金融分析发展成了庞大的课程体系，成为今天的“显学”。

在金融微观分析大发展之际，“货币银行学”也吸收了金融微观分析的精华，于是在 20 世纪 80 年代，这一学科在西方又有了更长的名称：Economics of Money, Banking and Financial Markets。

（三）金融学科演进和形成

宏观金融分析为经济理论界、金融理论界、宏观政策主管部门（包括中央银行）所关心，可提供“安邦治国”之策。微观金融分析则为“天下人”理财，直接服务于大大小小的企业（包括种种金融机构）、基金、非营利单位、财政收支单位以及广大的公众，帮助它们筹资、投资、经营运作、进行风险管理等。在西方学界，“金融学”一般指狭义的金融学科，英文名为 Financial Economics。至于我们习惯使用的广义的金融学科可以概括为以下两者之和：Monetary Economics 和 Financial Economics。这样，金融学科的英译名应是 Sciences of Monetary and Financial Economics。

（四）中国的金融学科发展

中国金融学科发展始终具有鲜明的时代特征，与国内经济发展和国际经济环境相适应。中国金融学科从相对封闭走向全面开放，从单一路径走向多元化发展，真实地体现了金融学科发展应服务于金融业和经济发展的基本思路。60 多年来，中国金融学科演进是一个借鉴吸收和自我发展相结合的过程，服务于金融业和宏观经济政策始终是学科发展的基本取向。

1949—1979 年，马克思主义经济学是中国经济发展的理论指导。随着马克思主义中国化的进程，新中国金融先贤在计划经济实践过程中诠释了货币流通、货币计划，阐述了货币与商品总量之间的关系，不但进一步扩大了马克思主义经济学的研究范围，而且第一次证明了在贫穷落后的农业国，金融体系同样是经济发展的支柱。

在借鉴苏联金融学科的基础上，新中国第一代金融学人根据我们的实际情况创建了当代中国金融学科。苏联金融学的经典教材是《苏联社会主义的货币流通与信用》，虽然教材在宏观层面阐述了社会主义货币、信用、商品流通的本质，充分论证了社会主义金融体系的优越性，但那时苏联的建国时间也只有30年，对于社会主义金融机构在微观上究竟应该如何经营也介绍不多。在新中国成立之前，我国在解放区就有边区银行、北海银行和西北农民银行等金融机构，这些机构既有中央银行发行货币的宏观调控功能，又曾从事具体信贷业务，共产党人对银行会计、统计、金融与贸易等实务早就有了一定的管理经验。新中国金融学先贤突破了苏联金融教学体系，融会陕甘宁边区金融管理经验，创立了我们自己的教学体系，形成了具有当时中国特色的金融学学科范式。在宏观层面，以马克思主义关于货币、信用、银行的论述为基础，研究资金运动的内在联系，揭示其一般规律。在微观层面，结合计划经济组织和运行研究银行计划、银行信贷和银行结算具体业务。在宏观和微观以及两者结合的各个层面，产生了一系列的经典教材。这些理论探讨不仅为当时刚刚诞生的新中国金融事业提供了人才支持，更重要的是总结了新中国成立以来治理通货膨胀的成功经验，使金融问题受到高度重视，1950年中国金融学会的成立便是一个标志。应当指出的是，这一阶段的金融学科发展是有缺陷的。因为治理通货膨胀是这个时代金融的重中之重，金融学科相关研究都在关注物价，讨论如何通过金融整顿控制物价，但新中国金融学科仍然偏重宏观金融。遗憾的是，在“文革”极“左”思潮的影响下，金融理论问题的研究被设置了种种限制，中国的金融理论研究与教学基本处于停滞状态。

1979—1996年，伴随着改革开放的不断深入，中国金融业开始面对一系列问题。20世纪80年代，突如其来的经济改革开始刺激人们的感官，由计划经济向市场经济转型的过程中，一系列体制问题随之暴露：乡镇企业是否可以支撑国民经济，国有企业流动资金是否可以“拨改贷”，财政和金融是否应该功能交叉，国有专业银行是否应该商业化……这些问题既敏感又必须回答。随着1992年明确提出社会主义市场经济思路，这些问题很快有了答案：“证券、股票这些东西究竟好不好，有没有危险，是不是资本主义独有的东西，社会主义能不能用？要坚决地试。”这个阶段，中国金融学人开始反思计划经济过程中的研究，也开始再次看到西方的金融理论和实践。计划经济，说到底是商品货币极度简化关系的一个特例，正因为极度简化，一些经验教训才具有一般性。对西方金融理论，中国金融学人也进行了评介，这些介绍性著作为20世纪90年代中国金融学发展奠定了坚实的基础。也正是在这个阶段，随着中国金融业快速发展，金融学术研究及各级金融学会日趋活跃，涌现出一大批旨在描述、解释中国金融实践的理论成果。高校教学内容也逐渐扩展，金融学以一个新兴学科的身份在高等教育学科体系中确立了独立的地位。随着20世纪90年代的金融改革和发展，各种新的问题不断出现，国有商业银行不良贷款过高，证券市场丑闻层出不穷，股权分置已经是影响整个市场发展的绊脚石，社会保险体系的缺失，金融的国际监管不足，解决这些问题都迫在眉睫。

1997年的东南亚金融危机给中国敲响了警钟。中国政府开始对中国金融体系进行大力改革，以防范金融风险。1999年两次剥离国有商业银行不良贷款，2004年动用450亿美元外汇储备为国有银行注资，2005年启动股权分置改革，2006年中国建设银行改组为股份制公司，2007年开始国有银行在H股、A股市场同时上市……正是在这样波澜壮阔的大背景下，中国金融学科迎来了跨越式发展。

随着中国金融业务的逐步开展和中国金融体系的改革，金融学科体系建设也日趋成熟。金融学科体系更加适合中国国情、具备战略竞争力、紧扣国家金融发展战略。今天，中国金融学科已经拥有了一系列核心课程，形成了具有中国特色的金融学学科体系。在宏观层面有货币政策分析、国际金融学、金融监管学、中央银行学；在微观层面可分为金融决策学和金融机构学，前者包括公司财务、证券投资学、金融风险管理、金融市场学等，后者包括商业银行学、投资银行学、保险学等（详见图0-1）。在上述学科框架下，监管体系转型、金融风险防范、银行坏账处理、股票发行制度的市场化、投资者权益保护等问题的答案才日渐明晰。

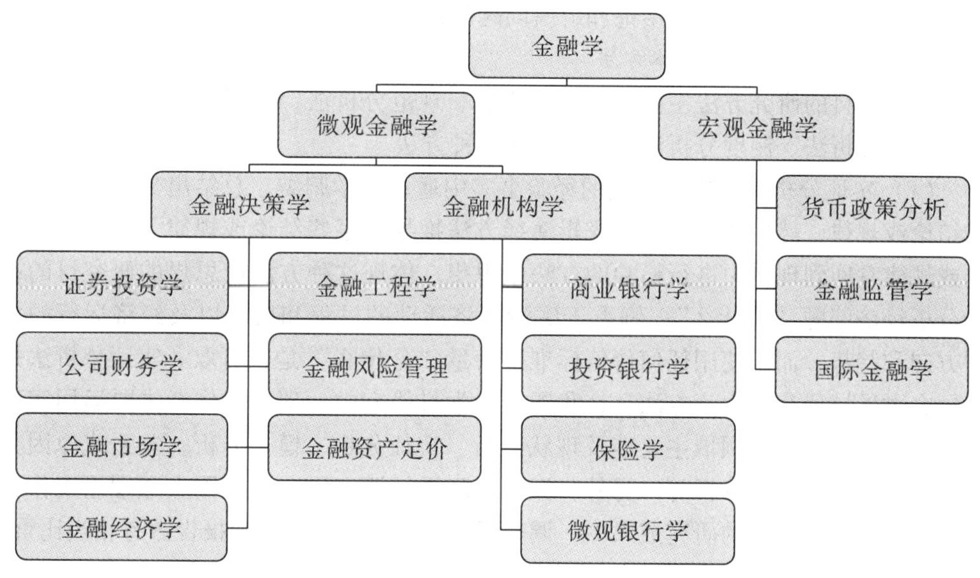

图0-1　金融学科体系图

二、金融学研究的方法论

金融学研究正在从货币金融理论发展到现代金融学的新阶段。目前，在金融领域普遍将研究的重点放在理论创新上，对金融研究中的方法论范式研究尚显不足。而金融研究方法论的范式转换与理论创新是密切相关的。一直以来，金融学被认为是经济学的一个分支，也是经济学中最重要的一个分支。一直是一门属于经济学类的学科。既然金融学是经济学的一个分支，那么金融学研究的方法从本质上讲也应该是经济学的方法论。当我国的经济学向现代经济学发展时，也就必然要求我国的金融学向现代金融学发展。

（一）金融学研究的指导思想

金融学研究需要正确的指导思想。①要坚持用中国化的马克思主义为指导。马克思主义和邓小平理论对金融给予了很高的评价，总结了金融改革和发展的丰富经验，在掌握基本理论和基本知识的前提下，要注重理论联系实际，特别是我国改革开放以来的实践，要善于运用马克思主义理论去分析和解决金融领域的实际问题。②金融学研究要紧密结合经济社会发展。要注意不能就货币论货币，就信用论信用，就金融市场论金融市场，要从经济社会发展的大背景来进行系统深入的研究分析，从金融与经济社会的关系中把握金融问题的实质。③金融学研究要注重中西结合。西方资本主义国家的市场经济制度相对成熟，法制健全，对金融学的研究更侧重技术问题，更侧重微观层面，往往将人与人的关系作为既定前提，以货币资金这种稀缺资源的有效配置作为主题。而我国尚处于经济转型时期，经济和金融制度尚未完善，非正式制度如传统和文化对借贷、信用、利率的影响还非常巨大，所以要在借鉴西方国家已有研究成果的基础上，紧密结合我国经济发展水平、政治制度和文化传统，才能得出符合实际的结论和解决问题的正确方法。

（二）金融学研究的具体方法

金融学科的研究方法主要有实证分析法、规范分析法、数理模型分析法、计量经济模型分析法、制度分析法和案例分析六种方法。

（1）实证分析法是指从大量的经验事实中通过科学归纳，总结出具有普遍意义的结论或规律，然后通过科学的逻辑演绎方法推导出某些结论或规律，再将这些结论或规律拿回到现实中进行检验的方法论思想。体现这种方法论思想的研究目的在于分析经济问题“是什么”，侧重于廓清经济活动的过程和后果以及经济运行的发展方向和趋势，而不使用任何价值标准去衡量“是什么”是否可取。实证分析法是我国金融领域研究的主流方法。在我国金融学科研究中，理论工作者主要运用实证方法进行研究，研究领域主要涉及现状分析、特征分析、模式分析、关系或原因分析、行为分析、绩效分析等。另外，深入实际进行调查研究是我国金融理论工作者的一贯传统。在目前的研究成果中，调查问卷、数据分析、结论报告占有相当比重。同时，近些年来，在原来模式分析的基础上，借用其他学科较为成熟的分析框架，在金融学科研究中逐步引入了案例研究方法，虽然这方面的研究还不是很多，但昭示了实证研究倾向进一步强化的趋势。

（2）规范分析法则以价值判断为基础，提出分析和解决问题的标准，树立经济理论的前提，并研究如何才能符合这些标准，作为决策的前提和制定政策的依据。它要回答的是“应该是什么”的问题。

（3）数理模型分析法是指在经济分析过程中，运用数学符号和数字算式的推导来研究和表示经济过程与现象的研究方法。数理方法的引入的确使经济学的方法增添了新的内容，这种分析方法可以使经济过程和经济现象研究的表述较简洁清晰，其推理更加直观方便和精确，使经济学的理论框架更加条理化、逻辑化和明了化。如代表宏观经济运行行为的一组方程式，各方程式代表经济总量的经济行为。数理模型可以分为理论模型和经验模型，模型中的变量分内生变量和外生变量。模型的方程式有定义方程式和行为方程式之分。

（4）计量经济模型就是表示经济现象及其主要因素之间数量关系的方程式。经济现象之间的关系属于相关或函数关系，建立计量经济模型并进行运算，就可以探寻经济变量间的平衡关系，分析影响平衡的各种因素。计量经济模型分析法就是运用计量经济模型进行分析的方法。计量经济模型主要有经济变量、参数以及随机误差三大要素。①经济变量是反映经济变动情况的量，分为自变量和因变量。而计量经济模型中的变量则可以分为内生变量和外生变量两种。②参数是用以求出其他变量的常数。参数一般反映出事物之间相对稳定的比例关系。在分析某种自变量的变动引起因变量的数值变化时，通常假定其他自变量保持不变，这种不变的自变量就是所说的参数。③随机误差。这是指那些很难预知的随机产生的差错，以及经济资料在统计、整理和综合过程中所出现的差错。可正可负，或大或小，最终正负误差可以抵消，因而通常忽略不计。

（5）制度分析方法是以古典自由主义为价值、以公共选择与制度分析为逻辑，在经济发展的背景下，着眼于治道变革，探索具体的公共管理、公共服务以及公共政策问题。自亚当·斯密以来，经济学家就以经济人假设为前提，在制度不变的前提下来研究经济问题。在一定情况下研究这种假设有利于经济学家对经济问题深入地分析，但在许多情况下研究人类经济行为远比传统理论中的经济人假设更为复杂。因此，制度经济学家把制度作为变量，把集体主义和整体主义引入到经济理论的研究中，建立了更为接近现实经济活动的方法论。这种研究方法运用于金融学的研究，而且这种分析方法对中国转型时期的金融学研究具有一定的启发和借鉴意义。制度分析方法采取了结构分析法、历史分析法和社会文化分析法来研究金融问题，解释制度对经济与金融发展的影响，以及去发现这些制度在金融体系中的地位和作用。制度分析方法具有动态化、非纯粹经济分析、集体主义方法论和具体化等特征，并且可广泛运用于外部性、金融制度和机制以及金融发展史等方面的研究。

（6）案例分析法以具体事物为前提，通过透彻观察个别的事物，研究其内部结构及其与外部的关系，运用具体的事实证实或证伪某一理论。案例分析法的根本要求是真实性。案例分析法中有说明型案例、政策型案例、决策型案例和理论发现型案例。案例分析具有样本意义、检验意义和发现意义。

第一篇　基础知识篇

第一章　货币与货币制度

学习目的

通过本章的学习，你应该能够：

(1) 理解货币与经济的关系；
(2) 理解货币的起源和职能；
(3) 掌握货币形态的演变；
(4) 理解货币层次划分的依据与方法；
(5) 明确货币制度的构成要素；
(6) 了解货币制度的演变过程；
(7) 了解国际货币制度的类型以及改革；
(8) 了解人民币制度的性质和内容。

货币是当今经济社会中最重要的经济要素。货币把各个独立的经济个体连接到一起，对经济产生了重大影响。本章主要介绍货币的产生与发展、货币的定义、职能与层次划分、货币制度及其演变、国际货币制度及中国货币制度等内容。

第一节　货币的产生与发展

一、货币与经济的关系

在当今经济社会中，货币无处不在。无论是个人、家庭还是企业，每个经济主体都不可避免地要和货币打交道。家庭和个人的收入，以货币的形式取得。而当他们需要商品和服务时，又必须用货币去购买。企业的生产流通过程更是伴随着货币的收支。甚至政府部门的存在也不能脱离货币：财政的收入和支出无不依赖于货币。与货币相关联的经济变量与我们每一个人密切相关。它对于经济的健康发展也是至关重要的。很多经济现象“都是货币惹的祸”。

（一）货币与商业周期

商业周期又称经济循环或经济周期，是指一个社会体中或者是全体社会体中，包含物价、股价、存货量等相关的经济趋势，呈现周期性循环变动的情况。商业周期的过程可以分为复苏、繁荣、萧条、衰退四个阶段。商业周期的周期长度没有定论，认为约 40 个月、11 年、20 年、50 年等的都有。很多实证分析表明，货币对经济周期的影响作用非常大。例如，在 20 世纪，美国经济的每次衰退前，货币的增长率都是下降的，这说明货币变化可能也是商业周期波动的一个原动力。然而，并非每次货币增长率下降之后都必然会出现经济衰退。

（二）货币与通货膨胀

通货膨胀是指一般物价水平在一定时期内出现明显持续的上涨。它影响着经济社会中的各个经济主体，包括政府、企业和家庭（个人）。通货膨胀通常被认为是一个需要解决的重要问题，也是各国政治家和决策者关注的热点问题。要治理通货膨胀，必须了解它形成的原因。通货膨胀的形成原因很复杂。很多数据表明，货币供给的持续增加可能是造成通货膨胀的一个重要原因。诺贝尔经济学奖得主米尔顿·弗里德曼有一个著名论断：“通货膨胀无论何时何地都是一个货币现象。”即低货币增长低通胀；高货币增长高通胀。

（三）货币与利率

货币在利率的波动中发挥着重要作用，利率波动与企业和消费者的利益密切相关。货币供给持续增加时，利率呈现下降的趋势；反之，货币供给持续减少时，利率呈现上升的趋势。

（四）货币政策

世界上所有的政治家和政策制定者都十分关注货币政策的实施，即对货币和利率的管理。中央银行负责一个国家货币政策的实施。我国的中央银行是中国人民银行。

二、货币的起源

人类社会在地球上已有百万余年或更长的历史，货币却只不过是几千年以前才开始出现在人类社会中的。货币的出现总是与商品交换联系在一起的。自有商品交换开始，就出现了货币。货币究竟是怎么产生的？古今中外很多思想家、经济学家，都看到了与货币的起源与交换发展的联系，人们普遍认可是由于商品交易的发展，从而导致货币的出现。

(一) 先王制币说

先王制币说，即认为货币是圣王先贤为解决民间交换困难创造出来的。传说周景王二十一年（公元前524年）欲废小钱铸大钱，单穆公劝谏景王说："不可。古者天灾降戾，于是乎量资币，权轻重，以赈救百姓。"另见《管子·国蓄》：先王为了进行统治而选定某些难得的、贵重的物品为货币。先王制币说在先秦时代十分盛行，后来的许多思想家大都继承了这一观点，但这样的论点并不能否定交换发展的背景。

(二) 马克思货币起源说

马克思认为，货币是价值形态和商品生产、交换发展的必然产物。商品是使用价值和价值的统一体。货币成为商品价值的外在表现，即价值形式。而价值形式随着商品交换的发展而发展，经历了四个阶段的长期演变，最终演变产生了货币。

1. 简单的和偶然的价值形式

最初，在人类社会生产发展到刚刚有点剩余产品时，偶然会发生个别的剩余产品的交换行为，一种商品价值简单地、偶然地通过另一种商品表现出来，这就是简单价值形式，简单价值形式产生了货币的胚胎。

2. 扩大的价值形式

随着社会生产力的提高，商品交换变得经常而丰富，参加交换的商品逐渐增多。一种商品不再是偶然的与另一种商品相交换，而是和一系列商品相交换，由更多商品来表现自己的价值，称为扩大价值形式。此时，货币的胚胎虽开始发育、成长，但是还没有分离出一种固定的充当一般等价物的商品。

3. 一般价值形式

当商品交换在更广泛、更经常的条件下发展时，人们在商品世界的共同活动中，从众多商品里分离出一种市场上最常见、大家最乐意接受的商品作为一般等价物，所有商品都由这一种商品表现价值的价值形式，即一般价值形式。这里，某一种商品被分离出来，成为一般等价物，作为表现其他一切商品的统一的一般的材料，充当商品交换的媒介。商品的直接物物交换，变成以一般等价物为媒介的间接交换，一般等价物已经具有了货币的一般性质。但一般等价物在初期是非固定的，在不同时期、不同地区有不同商品充当，妨碍了商品交换更大范围、更深程度上的进一步发展。

4. 货币形式

经过长期的商品交换活动的演变，一般等价物固定在贵金属身上，由贵金属来固定充当商品交换的媒介，这就是货币价值形式。货币形式是商品交换发展的必然产物，是商品价值形式发展的结晶。由于金银的自然属性适合于执行一般等价物的职能，因此自然地分离出来固定地充当一般等价物，货币就产生了。至此，商品内在矛盾对立完全转变为外部对立，价值在这里获得了独立的表现形式。

当人们选择贵金属做一般等价物时，即充当一般等价物的商品固定时，一般价值形式则成了货币形式，货币由此诞生。

三、货币形态的演变

纵观货币的发展历史，它随着商品生产和商品交换的发展而发展。随着人们对货币在经济发展中作用认识的深化和科学技术的进步，货币的形态也经历了一个从自发演化到人为掌握的不断发展过程。几千年来，货币大体经历了实物货币、代用货币、信用货币几种基本类型。

（一）实物货币

最原始的货币是以实物的形式出现在我们面前的。实物货币（Commodity Money）是指有特定使用价值的商品作为等价物充当货币的表现形式。在物物交换时代，人们在进行交换时，某些商品能够广泛而普遍地被人们接受和使用。一旦某种商品在一个比较大的范围里得到人们的认可，开始充当交换的中介，那么这种商品就成了货币。这就是实物货币或商品货币。

早期的实物货币形态多种多样。根据考古学家考证，我国最早充当货币的实物是贝。这一点可以从我国的文字中得到印证。汉字中许多以“贝”作为偏旁部首的文字，其涵义都和财富相关，如“财”“货”“贸”“贫”等都是这样。日本、东印度群岛以及美洲、非洲的一些地方也有用贝充当货币的历史。而在古波斯、古印度、古罗马等地，人们选择用牛、羊充当货币。埃塞俄比亚曾以盐作为货币，美洲曾经选择烟草、可可豆等作为货币。

早期的实物货币，是在长期的商品交换过程中由不同商品发展而来的，在充当货币时，基本上保持了原来的自然形态，虽然能够代表财富，但并不是理想的货币材料，因此在使用中暴露了很多缺点，阻碍了交易的进行。比如，牛、羊等牲畜的价值较高，也便于转移，但是分割后的牲畜，其部分价值的总和会大大低于整体。这样，一些价值较低的商品的交易就无法使用牛、羊作为交易的中介了。

随着交换的发展，早期实物货币的缺点越来越明显。此时，人们发现贵金属具有充当货币的特殊性能：可多次分割、可按不同比例任意分割、分割后可冶炼还原；金属易于保存，不易腐蚀变质。于是，在世界各地，金属逐渐取代了其他商品的地位，开始固定地充当货币。

货币并不是由自然界产生的，而是在一定的社会生活条件下形成的，而货币一旦产生，并进入经济生活之后，就逐渐找到了金银这类最适合的贵金属充当自己的载体。马克思用了这样一句话来描述这一现象：金银天然不是货币，但货币天然是金银。

历史上充当货币的金属主要是金、银、铜，铁充当货币的现象比较少。这主要是因为随着人类社会冶炼技术的发展，铁的冶炼变得比较容易，和金、银、铜比较起来，铁的价值比较低，而且容易锈蚀，不利于保存。在我国历史上，最早的金属货币是金和铜。东汉以后，黄金的数量急剧减少，到宋代时，白银取代黄金的地位，成了主币的币材。白银的流通在中国一直延续到 20 世纪 30 年代。而在西欧，最初银币的数量多于金币的数量，自 13 世纪以来，金币的数量逐渐增多，到 18 世纪、

19 世纪，金币已经占据了主要地位。20 世纪初期，世界主要的工业化国家均使用黄金作为币材。

（二）代用货币

代用货币又称为表征货币（Representative Money），是指货币面值与币材价值不等，但可以兑换的货币，并可以代表实质货币在市场上流通。一般来说，代用货币主要是指政府或银行发行的、代替金属货币执行流通手段和支付手段职能的纸质货币。这种纸币之所以能在市场上流通，从形式上发挥交换媒介的作用，是因为它有十足的贵金属准备，而且也可以自由地向发行单位兑换金属或金属货币。它们是顺应扩大的商品生产和流通的需要而产生的。

代用货币较实物货币的优越性主要有：①印刷纸币的成本较之铸造金属要低；② 避免了金属货币在流通中的磨损，甚至有意磨削，可以节约贵金属货币；②克服了运送货币的成本与风险；③优化了复杂而不便的等价物交换交易方式；④便于携带、使用。当然代用货币也有一些缺点，比如易损坏、易伪造等。

代用货币最早出现在英国。在中世纪之后，英国的金匠为顾客保管金银货币，他们所开出的本票形式的收据，可以在流通领域进行流通；在顾客需要时，这些收据随时可以得到兑换。这是原始的代用货币。货币作为流通手段的特性是充当交换媒介，是交换的手段，而不是交换的目的。对于交易者来说，他们所关心的并不是流通手段本身有无价值或价值量的大小，而是能否起到交易媒介作用。典型代用货币是政府或银行发行的银行券（Banknote）。

世界上最早使用纸币的国家是中国，但是我国历史上的纸币大多不能兑现成金属货币。早在北宋年间，即 10 世纪末期，中国四川就开始使用纸印刷的货币——“交子”。此后元朝在全国范围内实行纸钞流通制度，明朝也发行了“大明宝钞”。欧洲的纸币则发源于银行券。最初，一般商业银行都可以发行银行券。发行银行券的银行保证银行券可以随时按面额兑换成金币、银币。到了 19 世纪，西方工业化国家先后禁止商业银行发行银行券，银行券的发行权收归中央银行专有。

（三）信用货币

信用货币（Credit Money）又称为不兑现纸币，是指货币本身价值低于货币价值，而且不能兑换成贵金属的货币。信用货币是代用货币进一步发展的产物，是指以货币符号等信用工具作为货币的表现形式。目前世界上几乎所有国家都采用这种货币形式。比如美国的美元、日本的日元、中国的人民币等都是信用货币。对于信用货币的票面价值而言，印刷这些货币的成本几乎可以忽略不计。既然信用货币本身的价值远远低于货币的价值，那么人们为什么会愿意接受这些信用货币呢？信用货币产生的机理就在于信心和信用。人们接受、储存信用货币，是因为他们相信这些信用货币能够交换到他们所需要的商品和服务。而人们对信用货币的信心，则来源于法律和传统。各国法律都对本国货币在本国国境内的使用做出了明确的规定。

从历史的角度看，信用货币的出现是金属货币制度崩溃的直接后果。在第一次世界大战之前，只有在战时或是经济震荡时期，部分国家才会停止兑现银行券，由国家法令来支持银行券的流通。但是，由于战争和世界性的经济危机、金融危机接踵而至，世界各主要国家的银行券都普遍停止兑现金属货币。既然纸币不再能兑换成金属货币，那么纸币也就不再是代用货币了。此时纸币的发行由中央银行垄断，完全转变为信用货币了。

除了上述直接的历史原因之外，信用货币的诞生也是经济发展的必然结果。政府和金融机构根据长期的发行经验发现，只要银行券的发行量控制得当，社会大众对银行券和发行机构保持信心，那么银行券并不需要十足的金属货币作为准备。银行券不再需要拥有足额的金属货币作为准备。银行券之所以能够按照面值在市场上流通，其原因自然在于人们对银行券发行机构的信任。这样，纸币就由代用货币转变成了信用货币——依靠发行机构的信用流通的货币。

当然，信用货币的出现并不意味着发行机构可以随心所欲地发行货币。货币发行机构要想维持货币币值稳定，就必须保证社会大众对发行机构的信誉具有信心，因此也就不得不对信用货币的发行数量有所控制，以免货币贬值。

目前我们使用的信用货币主要有下述几种：

1. 辅币

在进行小额或是零星交易时使用的货币就是辅币（Fractional Money）。辅币一般采用主币的形式，用铜、镍等贱金属铸造，其本身含金属价值低于其货币价值。目前，世界各国辅币的铸造权都由政府或中央银行掌握。

2. 钞票或纸币

钞票或纸币（Paper Money）就是人们日常生活中说的现金。其发行机关各国不同，但多数国家都规定发行权归中央银行专有。

3. 银行存款

现代银行的一项重要业务就是为客户开立支票存款账户，客户可以据此向银行签发支票。所谓支票，就是银行存款户根据协议向银行签发的即期无条件支付命令。客户拥有了支票存款账户之后，就可以用支票来代替现金进行交易了。在现代经济生活中，通过支票转账进行的交易数量远远多于通过现金进行的交易数量。

此外，不能签发支票的存款如企业的定期存款和居民的储蓄存款等，也是现代信用货币的一种。只不过这些存款不能签发支票，因此也就不能直接流动，不能直接用于执行交易媒介、支付手段的职能。

4. 电子货币

电子货币（Electronic Money）是指以电子化机具和各类交易卡为媒介，以计算机技术和通信技术为手段，以电子数据流形式存储在银行的计算机系统并通过计算机网络以信息传递形式实现流通和支付功能的货币。电子计算机在银行的应用催生了电子货币，网络发展极大地加速了电子货币的成长，货币发展进入了一个新时代，金融业全面迈向虚拟化时期。

电子货币作为一种电子化支付方式，其种类大致可以分为以下四种：①“储值卡型”电子货币。如万事达卡、邮政卡、IC 卡等。②“信用卡应用型”电子货币。

如因特网购物网络 ISN、虚拟因特网支付系统、安全电子交易 SET 等。③“存款利用型”电子货币。如网络支票、微软货币、电子钱包等。④“现金模拟型”电子货币。如 Mondex、e 现金、网络现金等。

目前电子货币已经成为西方国家流通中广泛使用的支付工具。在我国，以银行卡、IC 卡、电子钱包等为代表的电子货币也得到了蓬勃发展。[①] 截至 2017 年年底，全国银行卡在用卡数量 66.93 亿张，银行卡跨行支付系统联网商户 2 592.60 万户，联网 POS 机 3 118.86 万台，ATM 96.06 万台。2017 年，全国共发生银行卡交易 1 494.31 亿笔，金额 761.65 万亿元。

第二节　货币的定义、职能与层次划分

一、货币的界定

（一）货币的一般界定

关于如何界定货币（Money、Currency），或如何给货币下定义，由于时代背景不同、观察角度不同、观察深度不同以及侧重理论剖析与侧重解决处理实际问题的需要不同等，我们在文献中会找出许多不同的答案。

在现代信用经济条件下，货币可以分为狭义的货币和广义的货币两个概念。狭义的货币可以理解为：流通中的现金加支票存款（以及转账信用卡存款）。广义的货币概念包括以下三个方面：①能够在交易中充当流通手段，满足支付清算需要；②代表一定价值的符号，通过规定程序可以转化为支付流通手段；③符合国家有关金融法规法令，由合格法人机构发行并在约定期限兑付现钞。其主要形式包括银行存款、商业票据、政府债券等。

（二）货币的理论界定

1. 职能视角的货币界说

在经济学说中，从古至今，一直存在着从流通、支付的职能视角来界定货币的种种说法。《管子》一书的《国蓄》《轻重乙》《揆度》等篇，有这样的界说：“黄金刀币，民之通施也”“黄金刀币者，民之通货也”“刀币，沟渎也”。《汉书·食货志上》则有“……金刀龟贝，所以分财、布利、通有无者也”的概括。这类说法，明显强调了货币在流通和支付中的作用和特征。

在西方经济学中，如亚当·斯密有“货币是流通的大轮，是商业的大工具”的提法。西方金融学教科书中通常的概括是：货币是普遍被大家接受作为偿付货款和服务的手段；货币是在交换中被普遍接受的任何东西；等等。更简化的说法，如“交易的媒介”“支付的工具”等都可用来表述货币。不过，西方金融学教科书特别

① 全球金融巨头英国巴克莱银行将推出 bPay 智能腕带，可以利用 NFC 非接触支付在英国 30 多万家商户收款台上完成支付，兼容现有的商家收款设备。

强调“普遍被接受”这一限定词。这个限定条件即使没有表述出来，也是隐含的不可缺少的前提。

应该说，马克思从职能角度给货币所做的界定既简明又完整。那就是：货币是价值尺度与流通手段的统一。

2. 一般等价物

一般等价物（Universal Equivalent）是从商品界分离出来的表现其他一切商品价值的商品。说货币在商品世界里可以是与所有商品处于等价地位的事物，这也是能够被普遍接受的界说。

3. 货币与流动性

自凯恩斯的经济理论流行以来，流动性（Liquidity）几乎成为货币的同义语。在凯恩斯那里，将流动性的概念仅仅赋予了货币。

如果就“流动”的性能来把握，与任何商品相比，与任何后面将要讲到的有价证券相比，货币的流动性都是最高的。在现有的经济文献中，“流动性”有时指的就是货币，有时指的范围则比较大，如国家债券等，需注意区分。

二、货币的职能

研究货币的职能，是理解货币现象和货币相关问题的着手点。不同学派的经济学家在对货币功能的认识上分歧不大。马克思把货币的职能概括为价值尺度、流通手段、贮藏手段、支付手段和世界货币五种职能，其中价值尺度和流通手段是货币的最基本职能。

（一）价值尺度

货币在表现商品的价值并衡量商品价值量的大小时，发挥价值尺度（Measure of Values）的职能。这是货币最基本、最重要的职能。作为价值尺度，货币把一切商品的价值表现为同名的量，使它们在质的方面相同、在量的方面可以比较。货币发挥价值尺度职能，是因为衡量价值需要共同的单位，如同把长度单位确定为米、毫米，又把重量单位确定为克、吨那样。

货币的价值尺度职能能有效地提高商品交换效率，进而推动商品经济的发展。原始社会中，人们直接用自己多余的物品去换取自己需要的物品，这种物品和物品之间的直接交换，我们称之为物物交换。在物物交易制下，商品的交换需要无数网点，如 1 把斧子=5 千克大米、1 只羊=2 米布等。如果需要交易的商品数量增加，那么商品之间的交换网点也随时增加。如果存在 n 种商品需要交换，交换的次数或网点将非常惊人，交换的数目将达到 $n(n-1)/2$。当 n 的数目一定大时，经济生活中存在的交换次数将达到天文数字，这严重妨碍了交易的进行。而如果存在着发挥价值尺度职能的货币，我们将只需要 $(n-1)$ 个交换网点，交换的过程变得轻松而简单。

货币执行价值尺度职能时，货币是商品的外在价值尺度，具有以下特点：① 它可以是观念上的货币，但必须具有十足的价值；②它具有完全的排他性、独占性。

因为充当价值尺度的只能是一种货币。只有这样，商品的价值才能得到真正统一的表现。

（二）流通手段

货币充当商品流通的媒介，执行流通手段职能。作为价值尺度，货币证明商品有没有价值、有多大价值；而作为流通手段，货币实现这种价值。

在物物交易过程中，每个交易的个体必须要找到和自己的需求在时间、空间上完全吻合的交易对象，才能达成交易。货币的出现使得交易由直接变为间接，商品的交易被分解成了卖和买两个过程。在这一过程中，货币发挥着交易媒介的作用，而物物交换中困扰交易双方的需求必须在时间和空间上完全吻合的问题就由于货币充当交易媒介而得到了解决。

货币执行流通手段职能，具有以下特点：① 必须是现实的货币；② 不需要有足值的货币本体，可以用货币符号来代替；③ 包含有危机的可能性。在货币发挥流通手段职能的条件下，交换过程分裂为两个内部相互联系而外部又相互独立的行为：买和卖。这两个过程在时间上和空间上分开了，因此货币流通手段的职能包含着危机的可能性。

（三）贮藏手段

当具备价值尺度与流通手段职能的货币一经产生，便立即具备了用来积累价值、保存价值、积累财富、保存财富的职能。当货币由于各种原因退出流通，被持有者当成独立的价值形态和社会财富的绝对化身而保存起来时，货币就停止流通，发挥贮藏手段职能。马克思把这种现象称为货币的“暂歇”，现代西方经济学者则称之为“购买力的暂栖处”。

贮藏金、银是积累和储存价值的古典形态。金、银本身有价值，因而这种贮藏不论是对贮藏者本人来说，还是对社会来说，那是价值或财富在货币形态上的实际积累。当前，虽然世界各国的货币已隔断了与黄金的任何直接的法定联系，但不只是私人，而且各国政府仍然把黄金作为贮藏的对象。

随着现代货币流通的发展，人们除了以金、银积累和保存价值外，主要还是采取在银行存款和储蓄的方式；直接储存纸货币符号的也不少。对企业和个人来说，这些方式也同样有积累和保存价值的意义。但从整个社会角度来看，纸货币不过是一张纸片，银行的存款和储蓄只不过是账簿上观念的数字，它们本身都不是实在的财富。可是，纸货币符号和各种存款表明持有者具有从社会中取得相应数量的商品和服务的权利；持有者推迟了他们对这种权利的利用，目的是以待来日，这正是储存货币对个人、企业的意义所在。至于储存者并未享有的商品和服务，却通过种种方式被用于生产、流通和投资等过程之中。从这个角度看，货币作为累计和保存价值、财富的职能所发生的这种变化是社会进步的表现。

（四）支付手段

在经济生活中，除了一手交钱、一手交货这种交易形式外，还存在着大量的赊销现象。这时，货币就不是在充当交易媒介，而是作为一个独立的支付手段

（Means of Payment）存在着。当货币作为价值的独立形态进行单方面转移时，执行着支付手段职能。如货币用于清偿债务，支付赋税、租金、工资等所执行的职能。

不论是在赊买赊卖中，还是在其他支付中，没有商品在同时、同地与之相向运动，这是货币支付手段职能的特征。

（五）世界货币

随着国际贸易的发展，货币超越国界，在世界市场上发挥一般等价物作用时，执行着世界货币职能。

在金属货币时代，黄金等贵金属可以在各国之间自由输出入，这样，各国货币的比价就能保持在一个比较稳定的水平上。马克思认为，此时货币作为世界货币，必然是脱去了“本国的制服”，而以贵金属本身的价值发挥作用。通俗地说，货币实际是依靠贵金属如黄金、白银本身的成色和重量来发挥世界货币职能的。

随着金属货币时代的结束，以及此后的黄金在世界范围内的非货币化，货币不再以贵金属作为载体，货币要想在国际经济交往中发挥自身职能，就不但不能够脱去“本国的制服”，反而要以身着“区分国别的制服”为必要条件。比如，在国际贸易中得到普遍接受、用于计价和支付的货币是美国的美元、欧洲的欧元、英国的英镑等货币，每一种货币都必须旗帜鲜明地表明自己所属的国家或地区。我国人民币具有一定的稳定性，在一定范畴内已被用于对外计价支付的工具，并在1996年年底实现了在经常项目下的可兑换。与此同时，黄金仍没有完全退出历史舞台，它仍然是国际间最后的支付手段、购买手段和社会财富的贮藏与转移形式。因此，关于世界货币在现代国际间运动的形式，是一个需要研究和做出科学回答的新问题。

货币的以上五种职能有机地联系在一起，它们都体现了货币作为一般等价物的本质。① 一般等价物区别于普通商品的两个基本特点是：货币能表现一切商品的价值，具有和一切商品直接交换的能力。正是因为货币能表现一切商品的价值，因此它具有价值尺度职能；正因为货币能与一切商品相交换，因此它具有流通手段职能。因此，价值尺度和流通手段是货币最初始的两个基本职能。货币的这两个基本职能进一步发展以后，才会出现贮藏手段职能。支付手段职能既与货币的两个基本职能有密切的关系，又以贮藏手段职能为前提。世界货币职能是货币前四个职能的继续和延伸。总之，货币五大职能是货币本质的具体体现，是随着商品流通及其内在矛盾的发展而逐渐发展起来的。货币的五大职能绝非是孤立存在的，而是有内在联系的。

三、货币的计量

（一）划分货币层次的依据

各国中央银行在确定货币层次时都以货币的流动性作为标准。货币流动性是指不同的信用工具在市场上能够转化为直接支付能力的速度和方便程度。流动性高，

---

① 马克思，恩格斯. 马克思恩格斯全集：第23卷［M］. 北京：人民出版社，1972：163.

即转化为直接支付手段的能力强；流动性低，即转化为直接支付手段的能力弱。如现金作为购买力十分方便，能够随时支付流通，对市场的影响最直接；定期存款要转化为购买力就不够方便，一般要到后期才能形成市场购买力。因而，现金是流动性高的货币，定期存款是流动性低的货币。

进行这样划分的目的，是为了掌握不同层次货币的分布和变化规律，以及由此引起的市场总供求和供求结构的变化，为中央银行进行宏观金融调控提供决策的参考依据。随着金融创新的不断深化发展，新的金融工具层出不穷，金融市场的复杂性日益突出，科学划分货币层次的意义也更加重要。

(二) 划分货币层次的方法

各国经济与金融发展状况不一，金融工具的种类和创新程度存在差异，金融对经济发展的影响不同，中央银行对金融调控的重点和技术要求也有差距，因此，各国对货币层次划分的口径并不统一。

根据 1994 年的《中国人民银行货币供应量统计和公布暂行办法》，中国人民银行对货币供应层次的划分如下：

M0=流通中的现金

M1=M0+企业活期存款+机关团体部队存款+农村存款+个人信用卡类存款

M2=M1+单位定期存款+储蓄存款+外币存款+信托类存款+证券公司客户保证金存款

M3=M2+金融债券+商业票据+大额可转让存单等

根据世界各国中央银行对货币层次划分的情况分析，总的规律表现为：金融市场比较发达、金融工具多样化程度较高的国家，货币层次划分得较多；金融市场化程度高、金融调控技术性要求高的国家，货币层次划分较细。反之反是。

货币和金融处在不断发展之中，随着社会进步和科技在金融领域的广泛应用，货币的内涵和外延会发生一定的变化。金融管理伴随货币信用的发展也将不断完善，货币层次在金融分析和决策中的重要性将更加突出。

相关链接

国际上划分货币层次的方法

(1) 美国联邦储备系统对货币层次的划分：

M1A=流通中的现金+活期存款

M1B=M1A+可转让存单+自动转账储蓄存款+信贷协会存款账户+互助储蓄银行活期存款

M2=M1B+商业银行隔夜回购协议+美国居民持有的即期欧洲美元存款+货币市场互助基金账户+所有存款机构的储蓄存款和小额定期存款

M3=M2+大额定期存单（10 万美元以上）+定期回购协议+美国居民持有的定期欧洲美元存款

L=M3+银行承兑票据+商业票据+储蓄债券+短期政府债券等

(2) 英国英格兰银行对货币层次的划分：
M1=现金+私人部门持有的英镑活期存款
M2=现金+英国居民（公共及私人部门）持有的英镑存款
M3=M2+英国居民持有的各种外币存款
(3) 日本国日本银行对货币层次的划分：
M1=现金+活期存款
M2=M1+企业定期存款
M1+*CD*=M1+企业可转让存单
M2+*CD*=M1+定期存款+可转让存单
M3=M2+*CD*+邮局、农协、渔协、信用组合、劳动金库的存款+信托存款
(4) 国际货币基金组织对货币层次的划分：
M0=现金
M1=M0+活期存款（私人活期存款、邮政汇划、企业活期存款）
M2=M1+储蓄存款+定期存款+政府债券

第三节　货币制度及其演变

货币制度（Monetary System）简称“币制”，是指一个国家以法律形式确定的该国货币流通的结构、体系与组织形式。它主要包括货币材料、货币单位、货币的铸造与发行和流通程序、准备制度等。货币制度的形成经过了漫长的历史发展过程。

一、货币制度的形成

货币制度的一些要素在前资本主义社会就陆续产生了。但是系统的货币制度是在资本主义经济制度产生之后形成的。资本主义经济制度的核心是统一的市场，这就需要有统一、稳定和规范的货币流通制度。为了改变当时货币流通的紊乱状况，各国政府先后以法令或条例的形式对货币流通做出种种规定。这些规定包括以下几个方面的内容：一是建立以中央银行为唯一发行机构的统一和集中的货币发行体系，垄断货币发行；二是就相对稳定的货币单位做出相应的规定，以保证货币制度的稳定；三是就贵金属充当币材并能自发调节流通中的货币量做出规定。西方国家政府在资本主义上升时期，为克服货币流通混乱的状况，将已颁布的本位货币金属、货币单位、货币铸造与发行和流通程序、发行准备等法令和条例集中起来制度化的过程，就是资本主义货币制度的形成过程。

二、货币制度的构成要素

(一) 货币材料

货币材料，即规定以哪一种金属作为货币材料。金属货币是整个货币制度的基础，确定以不同的金属作为货币材料，就构成不同的货币本位。例如，确定以白银作为币材，就是银本位制；确定以黄金作为币材，就是金本位制；确定以黄金和白银同时作为币材，就是金银复本位制。在资本主义发展初期，由于封建社会的铸币变质，而信用关系、金融机构尚欠发达，新兴资产阶级为了积累财富、扩大生产，需要币值稳定，因此，资本主义发展初期的货币制度，是一种以贵金属作为币材的金属铸币流通制度。

(二) 货币单位

货币单位，即法律规定的本位货币名称和含有的金属重量。它是一个国家货币制度的主要内容。例如，英国的货币单位定名为“镑”。根据 1816 年 5 月的金币本位法案，1 英镑含成色 11/12 的黄金 123.274 47 格令（合 7.97 克）。美国的货币单位定名为“圆”。根据 1934 年 1 月的法令，其含金量为 0.888 671 克。中国 1914 年的“国币条例”中规定，货币单位名称为“圆”，每圆含纯银 6 钱 4 分 8 厘（合 23.977 克）。我们在生活中最为熟悉的“元”“角”“分”就是人民币的货币单位，它们构成了人民币的价格标准，标明了人民币所代表的价值。《中华人民共和国人民币管理条例》规定：人民币的单位为元，人民币辅币的单位为角、分。1 元等于 10 角，1 角等于 10 分。人民币依其面额支付。

(三) 各种通货的铸造、发行和流通程序

一个国家的通货，通常分为主币（即本位币）和辅币，它们各有不同的铸造、发行和流通程序。

1. 本位币

本位币是一国的基本通货。在金属货币流通的条件下，本位币是指用货币金属按照国家规定的货币单位所铸成的铸币。本位币是一种足值的铸币，并有其独特的铸造、发行与流通程序。其特点如下：

(1) 自由铸造。在金属货币流通的条件下，本位币可以自由铸造。所谓的自由铸造有两方面的涵义：一方面，每个公民都有权把货币金属送到国家造币厂请求铸成本位币；另一方面，造币厂代公民铸造本位币，不收费用或只收很低的造币费。

本位币的自由铸造具有十分重要的经济意义。①自由铸造可以使铸币的名义价值和实际价值保持一致。铸币的实际价值是指铸币本身的金属价值。由于公民可以随时把货币金属送到国家造币厂请求铸成铸币，所以铸币的名义价值就不能高于其实际价值，否则就必须用法律手段来规定其名义价值；又由于持有铸币的人可以随时将它熔化为金属块，铸币的名义价值就不能低于铸币的实际价值，否则人们就会将铸币熔毁，退出流通领域。②本位币的自由铸造可以自发地调节货币流通量，使流通中的货币量与货币需要量保持一致。当流通中的货币量不足时，公民会把所持有的金属块送往造币厂铸成铸币，投入流通；当流通中的货币量过多时，公民又会自发地将铸币熔化成金属块，退出流通。

（2）无限法偿。本位币具有无限的法定支付能力，即无限法偿。本位币是法定作为价格标准的基本通货。法律规定，在货币收付中，无论每次支付的金额多大，用本位币支付时，受款人不得拒绝接受，故称为无限法偿币。在金属铸币流通的制度下，铸币流通会有自然的磨损，不法之徒还会故意给金属币削边、擦损。为了保证本位币的名义价值与实际价值相一致，从而保证本位币的无限法偿能力，各国货币制度中通常都规定了每枚铸币的实际重量低于法定重量的最大限度，即铸币的磨损公差。

2. 辅币

辅币是本位币以下的小额货币，供日常零星交易和找零之用。辅币在铸造、发行与流通程序上具有以下特点：① 辅币用较贱的金属铸造。因为辅币的面额较小，因此，使用贱金属铸造辅币，可以节省流通费用。② 辅币是不足值的铸币。③ 辅币可以与本位币自由兑换。辅币的实际价值虽然低于名义价值，但法律规定，辅币可以按固定比例与本位币自由兑换，这样，就保证了辅币可以按名义价值流通。④ 辅币实行限制铸造。所谓限制铸造，即只能由国家来铸造。由于辅币的实际价值低于其名义价值，铸造辅币就会得到一部分铸造收入，所以铸造权由国家垄断，其收入归国家所有。同时，因为辅币是不足值的，限制铸造也可以防止辅币排挤本位币。⑤ 辅币是有限法偿货币。国家对辅币规定了有限的支付能力，即在每一次支付行为中，使用辅币的数量将受到限制，超过限额的部分，受款人可以拒绝接受。如美国规定，10 分以上的银辅币每次支付限额为 10 元；铜、镍所铸造的分币，每次支付限额为 25 分。但向国家纳税或向银行兑换时不受数量限制。

3. 纸币的发行和流通程序

在金属货币制度下，流通中的货币除了铸币形式的本位币及辅币外，还有银行券、纸币或不兑现的信用货币。银行券和纸币虽然都是没有内在价值的纸质的货币符号，却因为它们的产生和性质各不相同，所以其发行和流通程序也有所不同。

银行券是一种信用货币，它产生于货币的支付手段职能，是代替金属货币充当支付手段和流通手段职能的银行证券。在银行办理信贷业务时，既可以支付现金也可以开出随时能够兑现的银行券。在银行业发展的早期，银行券由商业银行分散发行，19 世纪以后各国才集中起来统一由中央银行发行银行券。国家以法律形式规定中央银行发行的银行券为法定支付手段，拒绝接受将被视为违法。西方国家在 1929—1933 年经济危机后，各国的银行券都不再兑现，从而演变为不兑现的纸币。

纸币是本身没有价值又不能兑现的货币符号。它产生于货币的流通手段职能。货币在执行流通手段职能时，只是交换的媒介，而不是交换的目的，只需有货币的象征和符号就可以了，这就意味着货币符号可以替代货币进行流通。后来政府根据流通手段的这一特性，有意识地铸造和发行不足值铸币，直至发行本身几乎没有价值的纸币，并通过国家法律强制其流通。可见，纸币产生的前提不是发达的信用制度，而是中央集权的国家政权和统一的国内市场。

在当代社会经济中，银行券和纸币已基本成为同一概念。其原因是：①各国银行券已经不再兑现金属货币；②各国的纸币已经完全通过银行的信贷程序发放出去，两者已经演变为同一事物。

（四）准备制度

为了稳定货币，各国货币制度中都包含有准备制度的内容。在实行金本位制的条件下，准备制度主要是建立国家的黄金储备，这种黄金储备保存在中央银行或国库中。它的用途有三：①作为国际支付的准备金；②作为扩大和收缩国内金属流通的准备金；③作为支付存款和兑换银行券的准备金。当今世界各国均实行不兑现的信用货币流通制度，金、银已退出货币流通领域，黄金准备的后两个作用已经消失。黄金作为国际支付准备金的作用依然存在，形式却发生了变化，已不再像金本位制时期那样，按货币含金量用黄金作为最后弥补国际收支逆差的手段，而是当一个国家出现国际收支逆差时，可以在国际市场上抛售黄金，换取自由外汇，以平衡国际收支。

目前，各国中央银行发行的信用货币虽然不能再兑换黄金，但仍然保留着发行准备制度。各国准备制度有所不同，但归纳起来，作为发行准备金的有黄金、国家债券、商业票据、外汇等。

三、货币制度的演变

货币制度同其他经济制度一样，经历了一个不断发展和演变的历史过程。概括地讲，货币制度可以分为两类：一是金属本位，即以贵金属作为本位货币；二是不兑现的信用货币制度，即是不以有价值的商品作为本位货币的货币制度。从历史上看，世界各国的货币制度曾先后经历了银本位制、金银复本位制、金本位制和不兑现的信用货币制度四个阶段。其中，银本位制先后经历了银两本位制和银币本位制；金银复本位制先后经历了平行本位制、双本位制和跛行本位制；金本位制先后经历了金币本位制、金块本位制和金汇兑本位制。

（一）银本位制

银本位制就是以白银作为本位货币的一种金属货币制度。银本位制又分为银两本位制和银币本位制。银两本位制是以白银的重量单位——两作为价格标准，实行银块流通的货币制度；银币本位制则是以一定重量和成色的白银，铸成一定形状的本位币，实行银币流通的货币制度。在银本位制度下，银币可以自由铸造和自由熔化，并具有无限法偿的效力，白银或银币可以自由输出输入。

银本位制是最早实行的货币制度之一，而且持续的时间也比较长。在公元前及公元初期，欧洲许多国家如英国、法国、意大利等，均曾有银币流通，16 世纪到 19 世纪，银本位制在世界许多国家盛行。19 世纪后期，世界白银产量猛增，使白银的市场价格发生强烈波动，呈长期下跌趋势。白银价格的起伏不稳，既不利于国内货币流通也不利于国际收支，影响着一国经济的发展，加之银币体重、价低，不适合巨额支付，从而导致许多实行银本位制的国家都先后放弃了这种货币制度。例如，法国于 1803 年、意大利于 1865 年放弃银本位制，改行复本位制；印度于 1893 年、菲律宾于 1903 年、墨西哥于 1905 年放弃银本位制，改行金汇兑本位制；在我国，1935 年 11 月 4 日，国民党政府实行“法币改革”，宣布禁止使用银圆，从银本位制改行金汇兑本位制。

（二）金银复本位制

金银复本位制是由国家法律规定的以金币和银币同时作为本位币，均可自由铸造、自由输出输入，同为无限法偿的货币制度。

在 16 世纪上半叶以前，金银的总产量并不高，只是在墨西哥和秘鲁等地发现了丰富的银矿之后，白银产量才大增；17 世纪在美洲发现了丰富的金矿，黄金的开采量也随之增加。大量黄金从美洲流入欧洲，促成了金银复本位制的实行。金银复本位制是资本主义发展初期最典型的货币制度。

金银复本位制又分为平行本位制和双本位制。平行本位制是金币和银币按其实际价值流通，其兑换比率完全由市场比价决定，国家不规定金币和银币之间的法定比价。由于金币和银币的市场比价经常变动，这就使得用不同货币表示的商品价格也随之经常发生变化。货币作为价值尺度，要求其本身价值稳定。本身价值不稳定的货币商品充当价值尺度，会造成交易紊乱。为了克服这一缺点，一些国家以法律形式规定了金与银的比价，即实行双本位制。双本位制是金银复本位制的主要形式。但是，用法律规定金与银的比价，这与价值规律的自发作用相矛盾，于是就出现了“劣币驱逐良币”（Bad Money Drives Out Good Money）的现象。

“劣币驱逐良币”一语出自 16 世纪英国政治家与理财家汤姆斯·格雷欣给英国女王的改铸铸币的建议，后来被英国经济学家麦克劳德在其著作《经济学纲要》中加以引用，并命名为“格雷欣法则”（Gresham's Law）。所谓“劣币驱逐良币”的规律，就是在两种实际价值不同而面额价值相同的通货同时流通的情况下，实际价值较高的通货（即所谓良币）必然会被人们熔化、输出而退出流通领域；而实际价值较低的通货（即所谓劣币）反而会充斥市场。

为什么在金银复本位制下，会发生“劣币驱逐良币”现象呢？我们知道，货币按其本性来说是具有排他性、独占性的。法律有关金、银两种金属同时作为货币金属的规定是与货币的本性相矛盾的。在金、银两种货币各按其本身所包含的价值同时流通（平行本位制）的条件下，市场上的每一种商品都必然会出现两种价格，一种是金币价格，另一种是银币价格。而且这两种价格又必然会随着金、银市场比价的变化而变化。这样，就必然使市场上的各种交换处于非常混乱和困难的境地。为了克服这种困难，资本主义国家用法律规定了金与银的比价（双本位制）。但是，这种规定又与价值规律的自发作用发生矛盾，因而不可避免地出现“劣币驱逐良币”的现象。

在金银复本位制下，“劣币驱逐良币”规律是如此表现出来的：当金与银的市场比价与法定比价发生偏差时，法律上评价过低的金属铸币就会退出流通领域，而法律上评价过高的金属铸币则会充斥市场。比如，金与银的法定比价是 1∶15，如果由于采银技术进步或其他原因而使白银的价值降低，致使市场金银比价变为 1∶16 时，按法定比价，金币价值被低估，银币价值被高估，实际价值较高的金币成为良币，实际价值较低的银币成为劣币。在这种情况下，人们就会不断地从流通中取走金币，熔化成金块，再按 1∶16 的比率换成银块，铸造成银币，然后在流通中按 1∶15 的比率换成金币。如此循环一周，就可以得到 1 份白银的利润。不断循环下去，就会获得更多的利润，直到最后金币从流通中绝迹，银币充斥市场。反之，如果法定比价 1∶15 不变，金、银的实际比价为 1∶14，则金币成为劣币，银币成为良币，金币充斥市场，银币则逐渐绝迹。

因此，在金银复本位制下，虽然法律上规定金、银两种金属的铸币可以同时流通，但实际上，在某一时期内的市场上只有一种金属的铸币流通。银贱则银币充斥市场，金贱则金币充斥市场，很难保持两种铸币同时流通。

在金银复本位制向金本位制过渡时，曾出现过一种跛行本位制。在这种制度下，法律规定金币和银币都可以成为本位币，两者之间有兑换比率，但金币可以自由铸造，而银币却不能自由铸造。由于银币实行限制铸造，遂使银币的实际价值与其名义价值无法保持一致，银币的名义价值取决于银币和金币的法定兑换比率。实际上，此时的银币已经起着辅币的作用，演变为金币的价值符号。事实上，跛行本位制已不是典型的复本位制，而是由复本位制向金本位制过渡时期的一种特殊的货币制度。

（三）金本位制

金本位制又称为金单本位制，它是以黄金作为本位货币的一种货币制度。其形式有以下三种：

1. 金币本位制

金币本位制是典型的金本位制。在这种制度下，国家法律规定以黄金作为货币金属，即以一定重量和成色的金铸币充当本位币。在金币本位制条件下，金铸币具有无限法偿能力。

金币本位制的主要特点是：金币可以自由铸造和自由熔化，而其他铸币包括银铸币和铜、镍币则限制铸造，从而保证了黄金在货币制度中处于主导地位。价值符号包括辅币和银行券可以自由兑换为金币，使各种价值符号能够代表一定数量的黄金进行流通，以避免出现通货膨胀的现象。黄金可以自由地输出入国境。由于黄金可以在各国之间自由转移，从而保证了世界市场的统一和外汇汇率的相对稳定。

金币本位制是一种相对稳定的货币制度，这种货币制度使得货币的国内价值与国际价值相一致，外汇行市相对稳定，不会发生货币贬值的现象，因此对资本主义国家经济的发展和对外贸易的扩大起到了积极的促进作用。但是，随着资本主义经济的发展，资本主义国家之间矛盾的加剧，这种货币制度的稳定性日益受到削弱。1924—1928 年资本主义出现了一个相对稳定时期，主要资本主义国家的生产恢复到第一次世界大战前的水平，各国相继恢复金本位制，但由于金本位制的基础被削弱，已不可能恢复为典型的金本位制。当时，除美国之外，其他国家只能实行没有金币流通的金块本位制和金汇兑本位制。

2. 金块本位制

金块本位制又称生金本位制，是指在一国内不准铸造、不准流通金币，只发行代表一定含金量的银行券（或纸币）来流通的制度。金块本位制虽然没有金币流通，但在名义上仍然为金本位制，并对货币规定有含金量。实行金块本位制的国家，虽然不允许自由铸造金币，但允许黄金自由输出入或外汇自由交易。银行券是流通中的主要通货，但不能直接兑换金币，只能有限度地兑换金块。

金块本位制实行的条件是保持国际收支平衡和拥有大量用来平衡国际收支的黄金储备。一旦国际收支失衡，大量黄金外流或黄金储备不敷支付时，这种虚弱的黄金本位制就难以维持。1930 年以后，英、法、比、荷、瑞士等国在世界性经济危机袭击下，先后放弃了这一制度。

3. 金汇兑本位制

金汇兑本位制又称虚金本位制。在这种制度下，国家并不铸造金铸币，也不允许公民自由铸造金铸币。流通中没有金币，只有银行券，但银行券可以兑换外汇，而外汇可以兑换黄金。

这种制度在名义上仍为金本位制，这是因为对本国货币规定有含金量。本国货币与某一实行金币本位制或金块本位制国家的货币保持一定的固定价格，并将黄金、外汇存放在这个国家作为外汇基金，通过市场买卖以维持固定比例。银行券是流通中的主要通货，可以兑换外汇，其外汇可以在挂钩国家兑换黄金。金汇兑本位制实际上是一种附庸性质的货币制度。

金汇兑本位制和金块本位制都是一种残缺不全的本位制，实行的时间不长，终于在 1929—1933 年世界性经济危机的冲击下崩溃了。从此，除个别国家外，资本主义世界各国与金本位制告别，而实行不兑现的信用货币制度。

（四）不兑现的信用货币制度

不兑现的信用货币制度是以纸币为本位币，且纸币不能兑换黄金的货币制度。这是当今世界各国普遍实行的一种货币制度。

不兑现的信用货币制度的基本特点是：不兑现的信用货币一般是由中央银行发行的，并由国家法律赋予其无限法偿的能力。货币不与任何金属保持等价关系，也不能兑换黄金，货币发行一般不以金银为保证，也不受金银数量的限制。货币通过信用程序投入流通领域，货币流通通过银行的信用活动进行调节，而不像金属货币制度那样由铸币自身进行自发调节。银行信用的扩张，意味着货币流通量的增加；银行信用的紧缩，则意味着货币流通量的减少。这种货币制度是一种管理货币制度。一国中央银行或货币管理当局通过公开市场政策、存款准备金率、贴现政策等手段，调节货币供应量，保持货币稳定；通过公开买卖黄金、外汇，设置外汇平准基金，管理外汇市场等手段，保持汇率稳定。货币流通的调节构成了国家对宏观经济进行控制的一个重要手段，但流通中究竟能够容纳多少货币量，则取决于货币流通规律。当国家通过信用程序所投放的货币超过了流通货币需要量，就会引起通货膨胀，这是不兑现的信用货币流通所特有的经济现象。流通中的货币不仅指现钞，银行存款也是通货。随着银行转账结算制度的发展，存款通货的数量越来越大，现钞流通的数量越来越小。

在不兑现的信用货币制度下，货币、信用领域都出现了一系列新现象。例如，货币的实际流通量对商品平均价格的决定作用；银行放款的投放量对货币流通量的影响；国家对银行信用的调节成为控制宏观经济的重要手段等。可以说，当代金融领域的重大课题，几乎都与货币制度由金属货币制度演变为不兑现的信用货币制度有关。当代金融可以发挥调节宏观经济总量平衡、结构平衡、稳定物价、提高效益的功能。这种功能产生的前提，是不兑现的信用货币制度的建立，而如何更好地实现上述功能，则是金融研究的中心课题。因此可以说，不能理解货币制度及其演变，就不能理解当代金融。

以上关于货币制度的演进及其类型的发展，可概括如图 1-1 所示。

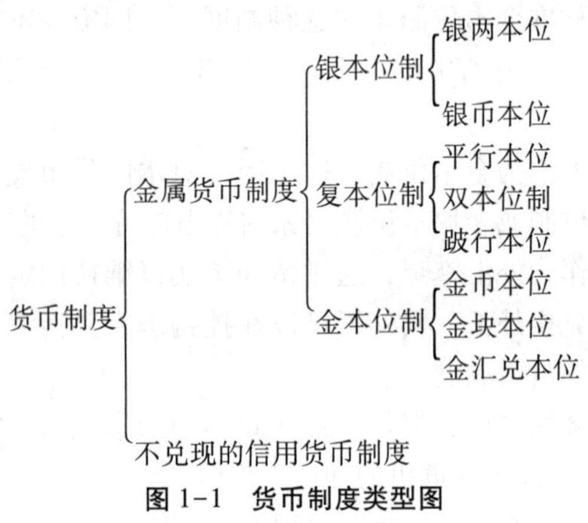

图 1-1 货币制度类型图

第四节 国际货币制度

一、国际货币制度的概念

国际货币制度就是各国政府对货币在国际范围内发挥世界货币职能所确定的规则、措施和组织形式。它一般包括三个方面的内容：①国际储备资产的确定，即国际交往中使用什么样的货币；②汇率制度的确定，即一国货币与其他货币之间的汇率应如何确定和维持；③国际收支不平衡的调节方式，即当出现国际收支不平衡时，各国政府应采取什么方法弥补这一缺口，各国之间的政策措施又如何互相协调。

国际货币制度的主要作用是促进国际贸易和国际支付手段的发展。一个理想的国际货币制度可以促成世界各国劳动力的有效分工和充分运用，以达到世界生产总值的极大化，并使全部生产在世界各国之间的分配处于最能被接受的状态。具体体现在：这一制度要提供足够的国际清偿力并保持国际储备资产的信心，以及保证国际收支的失衡能够得到有效而稳定的调节。

二、国际货币制度的类型

实行何种类型的国际货币制度，并不取决于某个国家的主观意志，而是取决于社会历史条件和经济发展的客观要求。在金本位制时期，国际货币制度是自发形成的。金本位制崩溃以后，则是通过各国协商的方式来确定有关国际货币制度的规则和措施。根据国际货币制度的历史演变过程以及国际上的习惯称谓，国际货币制度大体可以分为国际金币本位制、金汇兑本位制、布雷顿森林体系（美元本位制）以及当前的管理浮动汇率体系。

（一）国际金币本位制

国际金币本位制是历史上第一个国际货币制度，它大约形成于1880年年末，到1914年第一次世界大战爆发时结束。这一时期的国际金币本位制度建立在各主要资本主义国家国内都实行金铸币本位制的基础之上。

国际金币本位制具有如下特点：① 黄金充当国际货币，并作为主要的国际储备资产为中央银行所持有。虽然国际金币本位制的基础是黄金，但是实际上当时是以英镑代替黄金执行国际货币的各种职能。② 各国货币都规定了含金量，各国货币的汇率由它们各自的货币含金量之比，即铸币平价来决定。市场汇率围绕铸币平价上下波动，但由于黄金的自由输出入，汇率波动的上下限不超过黄金输送点，因此汇率相对稳定。国际金币本位制是严格意义上的固定汇率制。③ 国际收支具有一种自动调节机制。当一国出现国际收支逆差时，外汇汇率会上升至黄金输出点，导致黄金外流；黄金外流使国内通货紧缩，货币流通量减少；货币流通量减少，对商品的需求也减少，物价下跌；物价下跌使出口成本降低，导致出口增加进口减少；从而黄金流入，逆差逐步消除。反之，如果国际收支顺差引起黄金流入，也会形成或消除外汇收大于支的种种效应。这种自动调节机制，就是英国经济学家休谟最先提出的“价格—铸币流动机制”。

金币本位制具有稳定物价、稳定汇率和自动调节的作用，因而为国际贸易和国际资本流动创造了有利条件，对资本主义生产的发展和世界经济的发展起了重要作用。但由于资本主义制度下经济发展不平衡所体现的货币黄金分配的不平衡，也由于世界黄金供应不稳定，不适应世界经济发展的需要以及金币本位制的自动调节存在严重缺陷等原因，这种缺乏弹性的金币本位制终于在第一次世界大战爆发时崩溃并再也无法恢复起来。

（二）金汇兑本位制

第一次世界大战后，各国无力恢复典型的金币本位制，只好以一种近似的金币本位制——金汇兑本位制取而代之。实行金汇兑本位制国家的货币与某一实行金币本位制或金块本位制的国家（主要是美国、英国、法国和意大利）的货币保持一定的固定比价，并将本国的黄金外汇储备移存于挂钩国家的中央银行，通过市场买卖维持固定比价。国内流通的货币是银行券，银行券不能直接兑换金币或金块，只能兑换成能换成黄金的外国货币。

由于没有金币流通，银行券兑换受到限制，以及本币对英镑、美元、法国法郎、意大利里拉的高度依赖性，因此金汇兑本位制是不稳定的国际货币制度。它是在世界各国对黄金需求增加导致黄金供应不足的状况下，为适应形势而暂时存在的，因此，随着1929年世界性经济危机的爆发，其崩溃也就不可避免了。

（三）布雷顿森林体系

为了消除金本位制崩溃后国际货币的混乱局面，1944年7月在美国布雷顿森林召开的有44个国家参加的布雷顿森林会议上，通过了以美国怀特方案为基础的《国际货币基金协定》和《国际复兴开发银行协定》，总称《布雷顿森林协定》，从而形成了以美元为中心的国际货币体系，即布雷顿森林体系。

布雷顿森林体系的主要内容可以概括为：①建立了一个永久性的国际金融机构，即国际货币基金组织，旨在促进国际货币合作。②以黄金为基础，以美元作为最主要的国际储备货币。美元直接与黄金挂钩，确定1盎司黄金等于35美元的官方价格，形成了美元与黄金挂钩、其他各国货币与美元挂钩的所谓“双挂钩”制度。③实行可调整的固定汇率制。各国货币按其官方所定含金量与美元定出比价，货币汇率只能在上下1%的幅度内波动，但在出现国际收支不平衡时，经国际货币基金组织批准，可以进行汇率调整，所以叫作可调整的固定汇率制。④国际货币基金组织向国际收支赤字国提供短期资金融通，以协助其解决国际收支困难。⑤取消外汇管制。国际货币基金协定第八条规定，会员国不得限制经常项目的支付，不得采取歧视性的货币措施，要在兑换性的基础上实行多边支付。⑥制定了“稀缺货币”条款。当一国国际收支持续盈余，并且该国货币在国际货币基金组织的库存下降到其份额的75%以下时，国际货币基金组织可将该国货币宣布为“稀缺货币”。国际货币基金组织可按赤字国家的需要实行限额分配，其他国家有权对“稀缺货币”采取临时性限制兑换，或限制进口该国的商品和劳务。

布雷顿森林体系是国际货币合作的产物。它消除了二战前国际金融秩序的混乱状况，在一定时期内稳定了资本主义国家的货币汇率，营造了一个相对稳定的国际金融环境，促进了世界贸易和世界经济的增长。但是，由于布雷顿森林体系实际上是一种美元本位制，因此美元作为国际储备货币，要求美国提供足够的美元，以满足国际间清偿的需要；同时，还要保证美元按官价兑换黄金，以维持各国对美元的信心。而这两方面是矛盾的：美元供给太多就会有不能兑换黄金的风险，从而发生信心问题，而美元供给太少又会发生国际清偿力不足的问题，即所谓的“特里芬难题”（Triffen Dilemma）。

1973年2月国际金融市场又一次爆发美元危机，掀起抛售美元，抢购德国马克、日元和黄金的风潮。同年3月，维持固定汇率的国家放弃了努力，令其货币自由浮动。至此，布雷顿森林体系的固定汇率制度彻底瓦解。

（四）管理浮动汇率体系

布雷顿森林体系崩溃之后，国际金融形势更加动荡不安，各国都在探寻货币制度改革的新方案。1976 年国际货币基金组织国际货币制度临时委员会在牙买加首都金斯敦召开会议，并达成了《牙买加协议》。同年 4 月，国际货币基金理事会通过了国际货币基金协定的第二次修正案，从而形成了国际货币关系的新格局。

《牙买加协议》后的国际货币制度实际上是以美元为中心的多元化国际储备条件下的管理的浮动汇率制度。在这个体系中，黄金的国际作用受到严重削弱，但并没有完全消失；美元在诸多储备货币中仍居主导地位，但地位在不断削弱，而欧元、日元的地位则不断加强。在这个体系中，各国所采取的汇率制度可以自由安排，主要发达国家货币的汇率实行单独浮动或联合浮动，多数发展中国家采取钉住汇率制度，把本国货币钉住美元、欧元等单一货币，或钉住特别提款权等合成货币，还有的国家采取其他多种形式的管理浮动汇率制度。在这个体系中，国际收支的不平衡通过多种渠道进行调节。除了汇率机制以外，国际金融市场和国际金融机构也发挥着重大作用。

多元化的储备体系基本上摆脱了布雷顿森林体系时期基准货币国家与依附国家相互牵连的弊端，并在一定程度上解决了“特里芬难题”。因此，在一定程度上对世界经济的发展起了促进作用。以主要货币汇率变动为主的多种汇率体系安排能够比较灵活地适应世界经济形势多变的状况。在这种国际货币制度中，多种国际收支调节机制并行，各种调节机制相互补充，而不是单单依靠哪一种调节手段，从而缓和了布雷顿森林体系条件下国际收支调节机制失灵的困难，对世界经济的正常运转和发展起到了一定的积极作用。

但是，在国际储备多元化的条件下，缺乏统一稳定的货币标准，国际清偿力的增长既没有金本位条件下的自发调节机制，又没有形成国际货币基金组织对其的全面控制。这些不稳定的因素，使外汇市场动荡混乱，汇率剧烈波动，加上国际收支调节机制等方面的缺陷，对世界经济、国际贸易、国际投资产生消极影响，所以进一步改革国际货币制度，是世界各国一致关注的问题。

三、国际货币制度的改革

自 20 世纪 60 年代美元危机不断爆发以来，有关国际货币制度改革的建议与方案就层出不穷，而改革的方向主要集中在国际货币本位的确定和汇率制度的选择两个方面，其中国际货币本位制的改革又是最基本的。

（一）国际货币本位制的改革

有关国际货币本位制改革的观点有四种：①恢复金本位制理论。该理论认为黄金是理想的国际储备资产和本位货币，能够提供一个稳定的自动的调节机制。②恢复美元本位制。该理论认为美元在国际支付或国际储备中依然占有绝对优势，推行美元本位制的基础仍然存在。③多种货币本位制论。该理论认为目前多元化的货币本位制是世界趋于多中心、多极化形势的必然产物，没有必要进行改革。④世界统一货币本位制论。即建立世界性中央银行，发行超主权的世界统一货币。

以上四种国际货币本位制观点，概括起来，不外乎纯商品本位制和纯信用本位制两种。其中，纯信用本位制包括单一主权货币本位制、多元主权货币本位制和世界统一货币本位制。纯商品本位制如金本位制，能够提供一个相对稳定、自动调节的机制，但其国际清偿力的供应无法适应世界经济发展的需要。金本位制的形成和崩溃的历史演变过程说明，尽管黄金在国际储备中仍占有一席之地，但恢复金本位制已经不可能。单一主权货币本位制对货币主权国的经济和政策依赖性过大，容易出现不稳定状态，且还存在着“特里芬难题”的根本性缺陷。而多元主权货币本位制只能缓解但解决不了这个难题，因此，恢复美元本位制既不现实也不可能；同样，长时间维持多元货币本位制也是不明智的。

从理论上看，以统一的世界货币作为本位货币，既可以解决国际清偿力的适当供应问题，又可以消除“特里芬难题”的内在缺陷，是一种较理想的国际货币本位制度。世界经济一体化以及区域货币一体化的发展也已昭示了世界统一的货币本位制的未来前景。但是它要求各国中央银行服从于一个超国家和超主权的国际信用储备机构，这需要密切的国际货币合作，目前看来还不现实。而且用统一世界货币取代现有的其他储备货币，必然危及有关国家的货币主权，因而会遇到相当的阻力。总而言之，当前以美元为中心的多元货币本位制仍将持续相当长一段时间，而未来的国际货币本位制改革及演变的方向是朝世界统一的货币本位制发展。

（二）国际汇率制度的改革

就汇率制度改革而言，在目前实行理论上的完全固定汇率制度或完全自由浮动汇率制度都是不可能的。但是从目前发达国家经常联合干预外汇市场、发展中国家多实行钉住汇率制这一现状来看，稳定汇率、缩小汇率波动幅度是国际社会的普遍愿望。所以，汇率制度改革的核心实际上是允许汇率波动的幅度。“汇率目标区”理论正好迎合了这种愿望，因而引起了国际社会的普遍重视。所谓汇率目标区，是指在主要工业国家的货币之间确定汇率波动的幅度，作为目标区，其他国家货币则钉住目标或随之浮动。目标区的确定必须反映基本经济情况或实际汇率。这种汇率体制包含了浮动汇率的灵活性和固定汇率的稳定性两大优点。

当然，汇率目标区只是过渡性质，汇率改革的最终目标还是在条件成熟时恢复某种形式的固定汇率制。至于其发展的进程，一方面取决于各主要国家之间货币合作的紧密程度，另一方面取决于国际储备货币的发展状况。

四、区域性货币一体化

所谓区域性货币一体化，是指一定地区内的有关国家和地区在货币金融领域实行协调与结合，形成一个统一体，最终实现一个统一的货币体系。

区域性货币一体化的发展具有明显的阶段性，1960—1968 年是区域性货币一体化的萌芽阶段，当时存在的英镑区、法郎区以及黄金集团已具有货币区的雏形。1969—1998 年是区域性货币一体化的第二个阶段，表现在黄金集团的解体而代之以西欧货币的联合浮动，以及后来欧洲货币体系的发展。区域性货币一体化的第三个阶段也即高级阶段，是指区域内实行单一货币，设立一个区域中央银行，各成员国放弃独立货币政策。1999 年 1 月 1 日欧元的启动表明区域货币一体化进入了第三阶段，欧元的产生对当今国际货币关系发挥着重要的作用，对国际储备资产、汇率体系、国际收支调节和国际货币信用控制等产生了重大的影响。

（一）欧洲货币一体化

自古以来，要使一国放弃作为国家主权象征的货币发行权，只有诉诸战争。而以德、法为首的欧盟 11 国，却在自愿基础上组建了欧洲货币联盟，并以单一货币取代包括德国马克、法国法郎等国际强势货币在内的本国货币，这可谓世界货币史上的一大创举。货币联盟的形成并非一蹴而就，而是欧洲各国长达 40 年的货币一体化努力的最终结果。

1. 欧共体早期的货币一体化

这一时期自 1958 年欧共体诞生起至 1979 年欧洲货币体系成立止。1958 年 1 月 1 日《罗马条约》生效，由法国、联邦德国、意大利、荷兰、比利时、卢森堡六国参加的欧洲经济共同体（以下简称欧共体）成立。欧共体诞生之初，货币一体化并非各国政策协商的中心，仅作为经济一体化的必要组成部分而提出，这是由于当时的布雷顿森林体系尚能对国际货币关系发挥稳定作用，所以欧共体各国对货币合作并未加以充分重视，欧共体的工作也未取得实际性的进展。进入 20 世纪 60 年代，随着第一次美元危机的爆发，布雷顿森林体系的弊端日益显现，在欧洲各国间实现更加紧密的货币政策合作成为必要。1969 年 12 月召开的欧共体海牙首脑会议，首次提出建设欧洲经济与货币联盟的正式目标，并通过了《维尔纳报告》。该报告提出，在 1980 年之前分三个阶段实现货币统一。虽然由于计划本身缺乏可操作性以及国际石油危机等原因未能得以实施，却为以后的货币一体化进程提供了重要借鉴。作为建立货币联盟初次尝试的仅有成果之一，欧共体成员国于 1973 年创立欧洲汇率机制，六国汇率实行联合浮动，最终同样由于外汇市场共同干预机制的缺陷以及欧洲货币合作基金规模有限而失败。

2. 欧洲货币体系的建立与运作

这一时期自 1979 年欧洲货币体系成立起至 1989 年《德洛尔报告》出台止。1979 年 3 月 13 日，欧洲货币体系正式成立。先后加入该体系的国家共有 12 个，除欧共体 6 个创始国外，还包括英国、丹麦、西班牙、葡萄牙、希腊与爱尔兰 6 国。欧洲货币体系的核心内容是实行一种可调整的内部固定汇率制。

3. 欧洲中央银行体系的诞生

1998 年 6 月 1 日，欧洲中央银行体系正式组建并投入运作，它由位于法兰克福的欧洲中央银行和货币联盟各成员国的中央银行共同组成，从而成为欧洲有史以来最为强大的超国家金融机构。1999 年 1 月 1 日，欧元正式投入使用。2002 年 1 月 1 日，欧元纸币和硬币进入流通，各成员国货币于当年 7 月 1 日退出流通。此后，欧元成为欧元区唯一法定货币，欧洲的货币一体化进程就此顺利完成。

（二）其他地区货币一体化

欧元的出现对传统的货币制度提出了挑战，直接刺激了世界其他地区对于建立区域货币合作和建立货币区的关注。中东地区货币一体化以丰富的石油资源为物质基础，通过设立海湾国家银行和阿拉伯货币基金组织（1977 年设立），在稳定成员国汇率、协调各国金融政策、调节成员国国际收支平衡方面做了大量工作。自 20 世纪 60 年代以来，拉丁美洲国家先后成立了中美洲经济一体化银行、加勒比共同体、加勒比开发银行、安第斯储备基金组织等机构，说明拉丁美洲地区货币一体化已有一定程度的发展。东南亚货币一体化起步较晚，但自 20 世纪 70 年代起，东盟各国加强了货币金融合作，加快了实现东盟自由化贸易区和货币一体化的步伐。

第五节　中国的货币制度

一、人民币是信用货币

我国人民币的信用货币性质，主要表现在以下几个方面：

（一）人民币产生的经济基础和信用关系

我国银行创造货币投入流通，是以商品流通为基础的。银行在提供货币的同时伴生一种信用关系。其信用过程是：商品供给者需要实现商品的价值，它要求商品购买者给予货币；商品购买者自己不能创造货币，只能求助于银行；银行要求商品购买者以商品作为担保提供贷款；贷款形成商品供给者的存款（或现金），这实际上又意味着商品供给者以销售的商品向银行提供信用。

这个过程表明：商品购买者之所以能够购买是因为它借助于银行提供的货币，而银行之所以能够提供货币是因为它间接地掌握了商品，即银行通过对商品购买者的贷款掌握了对商品的支配权，银行一旦需要收回贷款，商品购买者便不得不出售商品。当商品购买者出售商品收回货款并偿还银行的借款后，货币流回到它的出发点——银行，商品进入消费领域。这样便完成了一次货币资金的循环和商品流通。这时，流通中既无货币也无商品，这就是人们通常所说的我国人民币流通是以商品物资作为后盾的。今天，随着商品经济的进一步发展，政府信用、商业信用也已成为我国银行创造货币投入流通的基础。

（二）人民币产生的程序和信用关系

我国人民币产生的程序是：中央银行对商业银行提供基础货币；商业银行凭借中央银行提供的基础货币派生存款。中央银行通过它的资产业务对商业银行提供基础货币，其中主要是再贷款；商业银行通过它的资产业务对顾客派生存款，其中也主要是贷款。所以，从整个银行系统来说，是先有贷款，后有存款和现金。中央银行对商业银行贷款是对商业银行提供信用，商业银行将贷款转变为存款存入中央银行是对中央银行提供信用。提供信用使资产增加，被提供信用使负债增加。基础货币使商业银行在承担中央银行负债的同时增加了一笔资产，派生存款使商业银行在获得一笔资产的同时增加了一笔负债。

但是，作为货币首先应当是资产，其次是负债。它表明：如果人民币以基础货币的形式存在则是持有者的资产、中央银行的负债；如果人民币以派生存款的形式存在则是持有者的资产、商业银行的负债。也就是说，人民币存在于资产持有者与负债承担者的信用关系之中。

（三）人民币的运动过程和信用关系

人民币的运动过程，无论是存款变现金，还是现金变存款，对银行来说都是债务形式的转变，对持有者来说都是债权形式的转变。例如，银行将甲的存款支付给乙，是对甲债务的减少、对乙债务的增加，这对甲来说，是把自己对银行的债权转移给了乙。同理，银行对 A 地债务的减少，对 B 地债务的增加，这对 A 地顾客来说也就是把自己对银行的债权转移到了 B 地。这表明，信用货币的流通只是债权债务关系在地区之间、单位和个人之间的转移，这种转移反映了银行与顾客之间信用关系的变化和消长。

二、我国货币制度的内容

我国的货币制度是人民币制度，人民币制度是从人民币的发行开始的。1948 年 12 月 1 日中国人民银行正式成立，同时发行人民币。人民币发行以后，中国人民银行迅速收兑了旧经济制度下的法币、金圆券、银元券，同时通过收兑原各解放区自行发行的货币统一了货币市场，形成了新中国货币制度。在社会主义制度下我国货币制度的基本内容包括以下几个方面：

（一）人民币是我国的法定货币

人民币是由中国人民银行发行的信用货币，是我国的无限法偿货币，没有法定含金量，也不能自由兑换黄金。人民币的单位为“元”，元是本位币（即主币）。辅币的名称为“角”和“分”。一元为十角，一角为十分。人民币的票券、铸币种类由国务院决定。人民币以“￥”为符号，取“元”字汉语拼音的首位字母“Y”加两横而成。

（二）人民币是我国唯一的合法通货

国家规定了人民币限额出入国境的制度，金、银和外汇不得在国内商品市场计价结算和流通。人民币的汇率，实行以市场供求为基础的、单一的、有管理的浮动汇率制度，人民币在经常项目下可兑换外汇，在国家统一管理下的国内外汇市场可买卖外汇。

（三）人民币的发行权集中于中央银行

人民币的发行权掌握在国家手里，国家授权中国人民银行具体掌管货币发行工作。中国人民银行是货币的唯一发行机关，并集中管理货币发行基金。中国人民银行根据经济发展的需要，在国务院批准的额度内，组织年度的货币发行和货币回笼。

（四）人民币的发行保证

（1）人民币是信用货币。人民币是根据商品生产的发展和流通的扩大对货币的需要而发行的，这种发行有商品物资作为基础，可以稳定币值，这是人民币发行的首要保证。

（2）人民币的发行还有大量的信用保证，包括政府债券、商业票据、商业银行票据等。

（3）黄金、外汇储备也是人民币发行的一种保证。我国建立的黄金和外汇储备，主要用于平衡国际收支，进口需要的大量外汇需要用人民币购买，出口收入的外汇必须向外汇指定银行出售，银行在购买外汇的同时也就发行了人民币，同时对人民币的发行起着保证作用。

（五）人民币实行有管理的货币制度

作为我国市场经济体制构成部分的货币体制，对内必须是国家宏观调节和管理下的体制，包括货币发行、货币流通、外汇价格等都不是自发形成的而是有管理的；对外则采取有管理的浮动汇率制。有管理的货币制度形式是在总结历史经验和逐步认识客观经济规律的基础上，运用市场这只“无形的手”和计划这只“有形的手”来灵活有效地引导、组织货币运行。

（六）人民币成为可兑换货币

货币的可兑换性是货币制度的内容之一。所谓可兑换性，是指一国货币兑换成其他国家货币的可能性。

货币按能否兑换的不同程度可以分为以下三种类型：

（1）不可兑换货币；

（2）经常项目可兑换；

（3）资本项目可兑换。

目前，人民币仅仅实现了经常项目可兑换，同时在稳步和谨慎地推进资本项目可兑换。

三、“一国两制”下的香港特别行政区货币制度

1997年7月1日，我国政府恢复了对香港行使主权，香港特别行政区成立。我国的货币制度改为实行一个主权国家两种社会制度下的两种货币、两种货币制度并存的货币制度。在内地仍然实行人民币制度，在香港特别行政区实行独立的港币制度，在货币发行、流通与管理等方面分别自成体系，人民币和港币分别作为内地和香港特别行政区的法定货币在两地流通。由于香港特别行政区仍然实行资本主义制度，因此，按照我国目前的外汇管理规定，港币仍然属于外汇，港币在内地以外币对待；同样，人民币在香港特别行政区也以外币对待。

港币制度的基本内容包括以下几个方面：

（1）根据《中华人民共和国香港特别行政区基本法》，港元为香港特别行政区的法定货币。港币的发行权属于香港特别行政区政府，中国银行、汇丰银行、渣打银行为港币发行的指定银行，港币的发行需有百分之百的准备金。

（2）香港特别行政区货币单位为“元”，简称港元，用符号“HK＄”表示。其纸币有：10元、50元、100元、500元和1 000元几种面额；硬币有：5分、10分、

20分、50分及1元、2元和5元几种面额。1元=100分。

（3）港元实行与美元联系的汇率制度。7.8港元兑换1美元。香港特别行政区的外汇基金由香港特别行政区政府管理和支配，主要用于调节港元汇价。

尽管固定汇率和百分之百的发钞准备在当今已被世界上的大多数国家放弃，但实际上，实行这一制度的最大优点是，它可以避免钞票的超经济发行，从而杜绝超经济发行造成的金融危机。这种类型的金融危机几乎是每一个国家尤其是中央银行独立性较差的国家和商业银行代替某些中央银行职能的国家都曾经历过的。因此，对于香港特别行政区这样一个小型的经济开放地区来说，联系汇率制对于经济、贸易和金融的稳定发展都具有十分重要的意义。

（4）香港特别行政区不实行外汇管制，港币可以自由兑换，外汇、黄金、证券、期货市场完全放开。

相关链接

澳门币

澳门币或称澳门元，是中华人民共和国澳门特别行政区法定流通货币，常用缩写MOP $表示，但正确缩写写法是pts。其在国际标准化组织ISO 4217中正式简称为MOP（Macau Pataca）。澳门的货币政策由澳门金融管理局管理。1澳门币可被分成100仙（Avos）。澳门币的葡语名字“Pataca”源自曾在亚洲广泛使用的银圆“墨西哥的八个雷亚尔”（葡语：Pataca Mexicana）。

澳门币（Pataca）作为澳门的法定货币，已经有将近一个世纪的历史。早在1905年，澳门政府将发行澳门币钞票的专有权赋予大西洋银行。1910年1月27日，首批澳门币钞票即告面世。1澳门元等于100分。如今澳门流通的货币是1999年发行的，纸币面值种类有1 000元、500元、100元、50元、20元、10元，铸币面值种类有10元、5元、2元、1元、50分、20分、10分、5分。

现时，澳元纸币由澳门金融管理局授权大西洋银行与中国银行澳门分行发行，硬币则由澳门金融管理局负责发行。

1980年，澳门政府成立了“澳门发行机构”，并赋予其发行澳门币钞票的专有权。从此，大西洋银行尽管继续发行钞票，但只是作为澳门发行机构的代理。1989年7月1日，澳门货币暨汇兑监理署成立，政府收回了澳门币的发钞权，但大西洋银行仍为澳门的发钞银行。1995年10月16日，澳门政府在跟大西洋银行续约的同时，又委任中国银行澳门分行作为第二家发钞行。自此之后，澳门的发钞银行由一家变成两家，但发钞权一直为政府专有。澳门特别行政区政府成立后情况亦然。

本章小结

1. 货币对于通货膨胀、经济周期和利率有着非常重要的影响作用。货币政策的实施更是对于经济的健康发展至关重要。研究货币是金融学中的重要内容之一。

2. 货币是商品交换发展到一定阶段的产物，是价值形式演变的结果。商品价值形式的演变，经历了简单的价值形式、扩大的价值形式、一般价值形式和货币价值形式四个阶段。货币形式的发展则经历了实物货币（金属货币）、代用货币、信用货币等几个阶段。

3. 货币的本质体现为货币的职能。货币具有价值尺度、流通手段、支付手段、贮藏手段和世界货币五种职能。价值尺度和流通手段是货币的两个基本职能。

4. 货币制度的主要内容包括：货币金属、货币单位、各种通货的铸造与发行和流通程序以及货币发行准备制度等。货币制度的演变过程为：银本位制、金银复本位制、金本位制、不兑现的信用货币制度。我国现行的货币制度是人民币制度，它是一种信用货币制度。

5. 国际货币制度就是各国政府对货币在国际范围内发挥世界货币职能所确定的规则、措施和组织形式。国际货币制度的类型主要有：国际金币本位制、金汇兑本位制、布雷顿森林体系、管理浮动汇率体系等。

6. 我国货币制度的基本内容包括以下几个方面：人民币是我国的法定货币、人民币是我国唯一的合法通货、人民币的发行权集中于中央、人民币的发行保证、人民币实行有管理的货币制度、人民币成为可兑换货币等。

重要概念

代用货币　信用货币　一般等价物　价值尺度　流通手段　货币制度
自由铸造　无限法偿　格雷欣法则　布雷顿森林体系　特里芬难题
区域货币一体化

进一步阅读推荐

[1] 中国人民银行网站：http：//www. pbc. gov. cn/

[2] 中国银行业监督管理委员会网站：http：//www. cbrc. gov. cn/

[3] [英] 约翰·F. 乔恩. 货币史——从公元 800 年起 [M]. 北京：商务印书馆，2002.

[4] [美] 约翰·肯尼思·加布尔雷思. 神秘的货币 [M]. 苏世军，周宇，译.

郑州：河南人民出版社，2002.
[5] 宋鸿兵. 货币战争 [M]. 北京：中信出版社，2007.

复习讨论题

1. 单项选择题

(1) 货币的本质特征是充当（　　）。
A. 特殊等价物　B. 一般等价物　C. 普通商品　D. 特殊商品

(2) 中国人民银行对货币供应层次的划分中，广义的货币是指（　　）。
A. M1　B. M0　C. M2　D. M3

(3) 我国人民币是属于（　　）。
A. 代用货币　B. 信用货币　C. 实物货币　D. 电子货币

(4) 在下列货币制度中“劣币驱逐良币”的现象出现在（　　）。
A. 金本位制　B. 银本位制　C. 金银复本位制　D. 金汇兑本位制

(5) 对布雷顿森林体系内在矛盾的理论总结称为（　　）。
A.“特里芬难题”　B.“米德冲突”
C.“马歇尔—勒纳条件”　D.“一体化三难”

(6) 货币在商品交换中起媒介作用时发挥的是（　　）职能。
A. 价值尺度　B. 流通手段　C. 支付手段　D. 贮藏手段

(7) 中国本位币的最小规格是（　　）
A. 1 分　B. 1 角　C. 1 元　D. 10 元

2. 多项选择题

(1) 一般而言，要求作为货币的商品具有（　　）特征。
A. 价值比较高　B. 金属的一种　C. 易于分割　D. 易于保存
E. 便于携带

(2) 信用货币包括（　　）。
A. 银行券　B. 支票　C. 活期存款　D. 商业票据
E. 定期存款

(3) 货币具有两个最初始的基本职能，分别为（　　）。
A. 贮藏手段　B. 支付手段　C. 价值尺度　D. 流通手段
E. 世界货币

(4) 我国货币制度规定人民币具有（　　）特点。
A. 人民币是部分可兑换货币　B. 人民币与黄金没有直接联系
C. 人民币是信用货币　D. 人民币具有无限法偿能力

(5) 货币支付职能发挥作用的场所有（　　）
A. 赋税　B. 各种劳动报酬　C. 国家财政　D. 银行信用

E. 地租

(6) 以美元为中心的国际货币体系的主要内容有（　　）。

A. 确立了美元与黄金挂钩、其他货币与美元挂钩的汇兑体系

B. 成员国货币的含金量不能随便改动

C. 汇率只能围绕平价上下1%的幅度内波动

D. 成员国可以按照黄金与美元之间的官价向美国政府兑换黄金

3. 简答题

(1) 货币的职能有哪些？

(2) 人民币制度包括哪些内容？

(3) 货币制度的构成要素是什么？

(4) 不兑现的信用货币制度有哪些特点？

(5) 钱、货币、通货、现金是一回事吗？银行卡是货币吗？

(6) 社会经济生活中为什么离不开货币？为什么自古至今，人们又往往把金钱看作万恶之源？

4. 论述题

(1) 简述货币形态的演化。

(2) 关于“货币永恒论”的观点，你怎么看？

第二章　信用

学习目的

通过本章学习，你应该能够：

1. 了解信用的概念、特征、作用及信用的产生与发展过程；
2. 明确盈余与赤字、债权与债务的概念；
3. 掌握现代信用的几种主要形式及信用与金融的关系；
4. 掌握信用缺失的危害及成因；
5. 了解征信的概念、征信体系建设的相关内容；
6. 认识中国信用体系建设的基本情况。

第一节　信用概述

信用范畴是商品经济发展到一定历史阶段的产物，是货币经济的延伸，并伴随着商品货币关系的发展而不断发展，它构成了货币金融理论的重要内容。信用活动构成了整个金融活动的基础。

一、什么是信用

（一）信用的概念

不管是在日常生活中，还是在一些书籍中，“信用”都是经常被使用的名词。信用，最早源于拉丁文的 credo，意为“信任”“相信”“声誉”等。从道德意义上讲，信用主要是指人与人之间的相互相信、信任以及履行承诺等，也就是我们所说的诚实守信，即诚信。道德范畴的信用也属于广义社会信用的概念。从经济意义上讲，信用是一种以借贷为特征，以还本和付息为条件的借贷行为，体现一定的债权债务关系。所谓借贷行为是指商品或货币所有者把一定数量的商品或货币暂时赊销或贷放给需求者使用，借贷双方约定期限，由借用者到期偿还原价值并付给一定数额的利息。在借贷过程中，借贷双方所构成的债权债务关系体现着一定的社会生产关系。它既区别于一般商品货币交换价值运动形式，又区别于财政分配等其他特殊的价值运动形式，是不发生所有权变化的价值单方面的暂时让渡或转移。故所谓信用，就是以偿还和付息为条件的价值单方面的暂时让渡或转移，是价值运动的特殊形式。

相关链接

诚信

诚信，顾名思义即诚实守信。在中国经典的著作中关于诚信有深刻的论述。孟子把社会的人伦关系归结为五个方面，即父子关系、君臣关系、夫妇关系、长幼关系、朋友关系，简称“五伦”，将“朋友有信”作为处理朋友关系的基本道德水准，并与“父子有亲、君臣有义、夫妇有别、长幼有序”合为“五伦道德”。《孟子·离娄上》还指出“诚者，天之道也；思诚者，人之道也。至诚而不动者，未之有也；不诚，未有能动者也。”这表明诚信作为人的行为规范在中国有悠久的文化传统。

（二）道德层面的信用和经济层面的信用之间的关系

虽然信用的定义有道德层面和经济层面，但是二者也是紧密联系的。道德范畴的信用是经济范畴的信用广泛存在的前提和基础，经济范畴的信用是道德范畴的信用在经济金融领域的特殊体现。经济范畴的信用的条件实际上是道德范畴信用中相信、信任、信誉等的体现和延续，它要求人们不能只借不还，只借不还的借贷不是经济学意义上的借贷，不是经济范畴的信用。

当然，经济范畴的信用也不同于商品买卖。商品买卖是所有权的转让，表现为价值的对等转移和运动，在交易过程中，交易双方一手交钱一手交货，是一种买卖关系；而经济范畴的信用仅仅是借贷对象的使用权的转移，并且，在贷出者让渡借贷对象的同时并不会立即获得任何等价的补偿，而是一种价值的单方面的转移，借贷双方建立起的是一种债权债务关系。

二、信用的特征及作用

（一）信用的特征

1. 标示性

它是指信用有着明确的归属，就像人的身份证、企业组织机构代码一样。如中国人民银行2012年在全国范围内推广的机构信用代码。信用的标示性使得各类市场主体必须珍视自身的信用，维护自己的信用。这是形成良好的信用环境和信用秩序的社会基础。

2. 可流通性

众所周知，现代货币、商业票据、有价证券这些信用产品都是可流通和可交换的。此外，信用作为一种资源，表示市场主体具备一定的经济能力，具有无形资产的性质，同样有价值、能交换、可延续、易流转。现代社会正是利用信用的可流通性，借助先进的信息传播技术，广泛地记录、征集、扩散信用信息，从而形成有效的守信激励和失信惩戒机制。

3. 时间间隔性

它是指信用包括的两个重要环节——承诺与兑现，不是同时发生的，而是要经过一个约定的时间周期才能完成，即先承诺后兑现，二者之间存在着时间上的间隔。

4. 收益性

信用关系是建立在有偿的基础上的，也就是说，债权人在让渡实物或货币的使用权时，要求在归还时有一定的增值或附加额。因为信用关系属于一种特殊的经济关系，各信用主体有着自身的经济利益，无偿地让渡实物或货币是不可能的。

5. 风险性

借贷不同于商品买卖关系。在信用交易中，债务人（Debtor）得到货币的使用价值，即货币本身；而债权人（Creditor）仅持有所有权或债权凭证，到期能否收回，在很大程度上取决于债务人的信誉和能力、国家法律的完善程度以及社会道德规范。所以，信用关系具有一定的风险性，债务人能否到期偿还本金和按期支付利息事前是不确定的。

（二）信用的作用

信用既是一个流通范畴也是一个分配范畴，但从本质上讲，信用在再生产过程中属于分配环节，具有以下作用：

1. 筹措发展资金

这是信用的主要功能。政府通过发行国债的建设债券弥补财政赤字，筹措建设资金，这就是政府信用。企业通过股票市场发行股票，将分散在社会上的资本筹措起来，在建设大型项目时申请发行企业债券以解决资金困难，这就是证券投资信用。企业在生产经营活动中还经常需要从金融机构取得资金支持，这又产生了银行信用。此外，一些企业可能因一时现金周转困难需要赊购原材料，另一些生产厂家可能出于扩大销售、打开市场或吸引客户的目的愿意赊销产品，这样企业之间又会发生商业信用。

2. 加速资本集中

信用是资本集中的有力杠杆，借助于信用可以不断扩大资本积聚的规模。企业借助证券投资信用，将社会资金转为长期投资，使零星资本合并为一个规模庞大的资本，个别资本合并其他资本增加资本规模。很多企业就是用股份制方式创立的，很多兼并收购活动也是利用信用方式来进行并完成资本集中的。银行利用信用将零星的小额资金积聚为集中的巨额资金，用于支持大工业的发展，促进了生产社会化程度的提高，从而推动经济增长。

3. 节约流通费用

(1) 利用信用工具代替现金结算，节省了现金流通的有关费用；

(2) 在发达的信用制度下，资本集中于银行和其他金融机构，可以减少整个社会的现金保管、现金出纳以及簿记登录等流通费用；

(3) 信用能加速商品销售，从而减少商品储存和保管费用的支出；

(4) 采用非现金结算方式，缩短了流通时间，增加了资金在生产领域发挥作用的时间，从而有利于扩大生产和增加利润。

4. 提高资金效率

一方面，金融机构借助信用把闲置的资金和社会分散的货币集中起来，转化为借贷资本，在市场规律的作用下，使资金得到充分利用；另一方面，由于那些具有发展和增长潜力的产业总是最容易获得信用的支持，通过竞争机制，信用将资金从利润率较低的部门向利润率较高的部门转移，在促使各部门实现利润平均化的过程中，也提高了整个国民经济的资金效率。

5. 调节宏观经济

国家通过中央银行制定各项金融政策和金融法规控制信用的规模及其运动趋势，在出现通货膨胀的时候收紧银根，抑制社会需求；当出现经济衰退和通货紧缩时，刺激有效需求，从而调节宏观经济。并根据社会经济发展规划，引导资金流向，调整经济结构，使国民经济结构更合理，经济发展更具持续性。同时，由于信用的发展，出现了多种信用工具和信用工具流通、转让的金融市场，这又为中央银行调节经济提供了手段和场所。

6. 促进社会安定

使用信用消费，可以利用自身的信用可靠性取得信贷消费，提前购买所需物品，提高当前生活水平，还可以应付突发事件产生的支付问题。

(三) 信用与金融

金融一般是指金融资产的融通，也可以说是与金融资产流通和信用有关的各种活动。严格的金融定义是指在社会经济生活中金融资产流通和信用活动以及与其相联系的一切经济关系的总和。金融的内容包括金融关系、金融活动、金融机构、金融工具、金融市场等一切与金融资产、信用相关的经济关系和活动。

信用与金融是两个既有联系又有区别的概念。从产生的时间看，信用在前而金融在后。信用伴随着商品经济而产生，金融是商品经济深入发展的产物。金融与信用的区别主要表现在概念的内涵上：信用包括所有的信用活动，凡是有债权债务关系的经济活动都应当纳入信用的范围，信用既包括实物信用又包括货币信用；金融则专指货币融通和资金运动，在内涵上包括货币信用和股票融资等，而不包括实物信用。信用与金融在一定条件下又具有同一性。信用活动即是资金融通，金融活动中包括信用关系，因为实物信用越来越少，已经微不足道，不足以对经济的运行产生较大影响；对投资者来说，买卖转让的股票也同债券一样是一种提供信用的工具。

三、盈余与赤字、债权与债务

在现代市场经济中，信用资金已成为相对独立的一部分货币资金，参与经济的运行过程。现代信用活动的基础是现代经济运行过程中的盈余单位和赤字单位的存在。

在现代经济运行过程中，各经济单位之间的货币收支活动是频繁而复杂的，收支相比较，有时是收支相等，处于平衡状态，但收支正好相等的经济单位并不普遍，更多的是收支在特定的时间和空间上不能实现平衡，货币资金在各经济单位之间的分布呈现出非均衡性。从某个时间点来看，任何经济单位的资金状态必然会形成以下三类情形：第一类是收入大于支出的单位，称为盈余部门，它们需要进行储蓄和投资，盈余部门的盈余必然变为该单位的债权；第二类是支出大于收入的单位，称为赤字部门，它们需要举债才能维持正常的生产或运营，赤字部门的赤字在通过借入弥补时便成了该部门的债务；第三类是收支相等的平衡单位。社会经济中广泛存在的是盈余部门和赤字部门，而平衡单位不占主导地位。资金在有偿的原则下从盈余部门向赤字部门流动，就形成了借贷行为，这便在资金盈余部门和赤字部门之间形成了债权债务关系，因为只有这样才能消除货币资金分布上的非均衡性，最终满足盈余部门和赤字部门双方的需要。当然，在市场经济条件下，严格的金融产权界定和各经济部门之间独立利益的存在决定了货币资金余缺的调剂不可能通过无偿的方式来实现，而必须采用有借有还、不仅要还本还要付息的信用方式，即由资金盈余部门将多余的资金通过一定的方式借给资金赤字单位使用，到期时，资金赤字部门则要偿还本金，并要支付一定的利息。

四、信用的产生与发展

（一）信用的产生

最早的信用活动产生于原始社会末期。社会生产力的发展使原始社会出现了两次分工，即畜牧业与原始农业的分工，手工业与农业的分工。这两次大分工促进了商品生产和交换，加速了原始社会公有制的瓦解和私有制的产生。

私有制出现以后，社会分工不断发展，大量剩余产品不断出现。私有制和社会分工使得劳动者各自占有不同劳动产品，剩余产品的出现则使交换行为成为可能。随着商品生产和交换的发展，商品流通出现了矛盾——“一手交钱、一手交货”的方式由于受到客观条件的限制而经常发生困难。例如，一些商品生产者出售商品时，购买者却可能因自己的商品尚未卖出而无钱购买。于是，赊销即延期支付的方式应运而生。赊销意味着卖方对买方未来付款承诺的信任，意味着商品的让渡与价值实现发生时间上的分离。这样，买卖双方除了商品交换关系之外，又形成了一种债权债务关系，即信用关系。随后，作为流通手段的货币也加入了交易的过程，出现了商品流通与货币流通在总量上和结构上的不平衡，通过信用形式进行货币的调剂成为迫切需要，导致了货币借贷行为的发生，从而使信用超出了商品买卖的范围，渗透到社会生活的各个方面。

（二）信用的发展

货币借贷意味着债权人给予债务人未来还款付息的承诺以信任。货币借贷的出现扩展了信用的范围，扩大了信用的规模，因而使信用获得了空前的发展。

1. 高利贷信用阶段

历史上最初的、最古老的信用形式是高利贷信用。高利贷信用是一种通过贷放实物或货币而收取高额利息的信用，是高利贷资本的运动形式。高利贷的年利息一般都在30%以上，100%~200%的年利息率也是常见的。高利贷的利息如此之高，其原因主要有两个：一是借款人的借款目的大多是为了取得必需的购买手段和支付手段；二是在自然经济占统治地位、商品货币经济不发达情况下，人们不容易获得货币，而人们对货币的需求又很大，这就为高利贷的形成创造了条件。

高利贷产生于原始社会末期。当时私有制出现，贫富分化，人们开始采用还本付息方式借贷。因当时剩余产品有限，可贷资产极少，借入者只有付出高额利息才能得到所需的商品和货币，这是高利贷产生的历史根源。高利贷在奴隶社会和封建社会中是占主导地位的基本信用形式，当时小生产占主导地位的自然经济是其存在的客观基础。在奴隶社会和封建社会，生产力水平低下，小生产者的经济极不稳定，其生活常常陷入窘迫境地，而且他们还背负各种苛捐杂税的负担，为维持简单再生产不得不向高利贷者告贷。高利贷的另一个贷放对象是奴隶主和封建主，他们为维持荒淫无度的奢侈生活或出于政治斗争的需要，不得不去借高利贷。由于高利贷的借入者不是为了获得追加资本进行经营，而只是为了获得购买手段和支付手段，所以只能忍受高利贷剥削。在前资本主义社会里，高利贷活动的贷者是商人，特别是专门从事货币兑换的商人、宗教机构、职业军人等。高利贷资本的主要特点是高利率、非生产性和保守性。在资本主义生产关系建立和发展的整个过程中充斥着与高利贷斗争的历史。银行业出现以后，彻底瓦解了高利贷生存的基础，资本主义信用也随之产生。

相关链接

现代高利贷问题

在实行高度集中的计划经济条件下，高利贷曾一度销声匿迹。改革开放以来。随着经济生活的日渐活跃，在我国很多地方高利贷又死灰复燃，并有日趋蔓延之势。当前，全国各地农村均存在不同形式、不同手段的“高利贷”现象。除了经济条件落后、资金匮乏的农村，城市的高利贷也从没有灭绝。看来现代银行作为高利贷的掘墓人，作用发挥得并不太彻底。当前，发放高利贷者主要有三大类群：一是较为富裕、有一定积蓄的普通人家；二是国家公职人员，特别是有一定灰色收入者，这部分人在个人放贷族群中占有相当比重；三是专门从事投资和融资的民间机构。由于高利贷有主体分散、个人价值取向、风险控制无力等特点，高利贷活动不可避免地会引发一定的经济和社会问题。一些利率奇高的非法高利贷，经常出现借款人的收入增长不足以支付贷款利息的情况。当贷款拖期或者还不上时，出借方经常会采用不合法的收债渠道如雇佣讨债公司进行暴力催讨等。于是，因高利贷死亡、家破人散、远离他乡、无家可归的现象数不胜数。这些人已经被高利贷吸去了“最后一滴血”，往往都是身无分文，在外流浪，也成了社会不安定的因素。

2. 资本主义信用阶段

在封建社会末期，高利贷手中积累了相当数量的货币资本，可以随时投入资本主义生产，创办资本主义企业。但是他们留恋高利贷的剥削方式，更重要的是由于利率过高，不适应资本主义发展对信贷的迫切需要。发展资本主义企业需要大量的货币资本，单靠资本家的个人财力不够，需要借助信用关系进行筹集，产生了新兴产业资本的发展与落后的高利贷信用关系之间的矛盾，直至资本主义信用的出现和资本主义银行的产生，借贷资本形成，新兴的资产阶级战胜顽固的高利贷者，生息资本才从属于产业资本。借贷资本产生的原因，是在产业资本循环过程中会产生货币资本暂时的多余或不足。闲置与资本的本性相悖，必然使闲置资本寻找出路，贷出去牟利，为货币资本暂时不足的企业提供贷款有了可能。

借贷资本的来源有：①产业资本循环过程中暂时分离出来的闲置的货币资本；②资本主义社会各阶级、阶层的私人储蓄；③政府的货币积累。

随着资本主义市场经济的发展，除以银行为中介的信贷关系外又出现了通过发行股票方式筹集资金组成股份公司制企业。股票虽然不像一般贷款那样定期归还，但可以通过出售股票收回付出的货币。另外建立了信用制度，包括商业信用、银行信用、国家信用和消费信用。商业信用和银行信用是基本的信用形式，银行信用在信用体系中居主导地位。信用制度对市场经济的作用表现在它可以调动大规模的社会资金，从而为企业的创立和发展提供服务；可以调配社会的经济资源；可以提高社会的需求总效用；可以调节国民经济、国际贸易和国际收支。

3. 社会主义信用阶段

因为我国正处在社会主义初级阶段，还存在商品经济，自然地存在商品流通、货币流通以及货币资本的运动。国有企业、集体企业、私营企业以及外资企业都必须以货币为媒介进行交换以实现其价值。这些企业再生产过程中出现的暂时闲置的资金不能随意调用，每个企业也不能无偿使用其他企业的资金。为进行社会主义生产，国家除了利用财政动员和分配资金外，还必须利用信用制度，采取有偿方式，筹集社会资金。在发展社会主义市场经济的中国，信用的存在是必然的，而且会得到不断的发展，信用的方式和范围将会普遍化。企业之间、个人之间的往来都将使用信用手段。现在我国也已经初步形成了信用体系，个人消费起步较晚，股票市场还不成熟。所以，我国应该完善信用制度，使之法制化、科学化，从而充分发挥信用的经济功能，为社会主义市场经济服务。

第二节　信用的基本形式

信用作为一种借贷行为，普遍存在于一切商品经济社会当中，是通过一定方式具体表现出来的。表现信用关系特征的形式称为信用形式，它是信用活动的外在表现。随着商品货币经济的发展，信用的具体形式日趋多样化和复杂化。根据借贷主体的不同，信用可分为以下几种基本形式：商业信用、银行信用、国家信用、消费信用、国际信用。

一、商业信用

（一）商业信用的定义

商业信用是指企业之间在进行商品和劳务交易时以延期支付和预付货款的形式所提供的信用，即通常所说的商品赊销、赊购或预购行为，它是基础信用之一。

（二）商业信用的特点

（1）商业信用主要是以商品形态提供的，它同时包含两种性质的经济行为，即商品买卖行为和借贷行为，提供信用的过程就是买卖的过程。

（2）商业信用的债权人和债务人都是商品生产者或经营者。因为商业信用产生于商品交易过程，是通过商品赊销方式实现的，所以只有在从事商品生产和流通的企业之间才有可能建立起商业信用关系。

（3）商业信用的发展程度直接依存于商品生产和流通的状况。在经济繁荣时期，生产规模扩大，商品增加，从而以信用形式出售的商品就增多，对商业信用的需求也增加；相反，在经济危机或萧条时期，企业的生产缩减，市场商品滞销，需求不足，这时，企业对商业信用的需求也就减少了。这是因为企业以信用形式购入的商品是用于生产的继续进行的。

（三）商业信用的局限性

由于商业信用本身具有的特征，决定了它的存在和发展具有局限性，突出表现在以下几个方面：

（1）规模和数量上的局限性。商业信用是企业间买卖商品时发生的信用，是以商品交易为基础的。因此，信用的规模受商品交易量的限制，生产企业不可能超出自己所拥有的商品量向对方提供商业信用。商业信用无法满足由于经济高速发展所产生的巨额的资金需求。

（2）方向上的局限性。由于商业信用是以商品形态提供的，而商品都有特定的使用价值，因此，提供商业信用是有条件的，它只能向需要该商品的厂商提供，而且只能用于限定的商品交易。

（3）信用能力上的局限性。商业信用的借贷行为之所以能成立，不仅是因为买卖关系的成立，更重要的是出卖商品的人比较确切地了解需求者的支付能力。也只有商品出售者相信购买者到期后能如数偿付货款，这种信用关系才能成立。因此，在相互不了解对方的信用能力的企业之间就不容易发生商业信用。

（4）信用链条的不稳定性。商业信用是由工商企业相互提供的，可以说，一个经济社会有多少工商企业就可能有多少个信用关系环节。如果某一个环节因债务人经营不善而中断，就有可能导致整个债务链条的中断，引起债务危机的发生，往往会冲击银行信用。

商业信用的局限性决定了商业信用是不可能完全满足资金融通需要的，为了更好地实现盈余单位和赤字单位之间的资金余缺调剂，必须有其他信用形式的存在。随着经济的不断发展，在商业信用的基础上便产生了由金融机构提供货币资金借贷为特征的信用形式——银行信用。

二、银行信用

（一）银行信用的定义

银行信用是一个经济体信用制度发达程度的标志。它是银行或货币资本所有者以货币形式向职能资本家提供贷款而形成的借贷关系。它是适应产业资本循环周转或再生产运动的需要而产生的。银行通过借贷关系，将再生产中游离出来的闲置的货币资本和社会上的闲置货币集中起来，再把它们贷给需要货币的企业。

（二）银行信用的特点

（1）银行信用的规模巨大，其规模不受银行自有资本的限制。银行聚集资金是全方位的，不仅有工商企业暂时闲置的货币资金，而且包括居民的储蓄存款。

（2）银行信用的债权人是银行和其他金融机构，债务人是企业，即银行可以把货币贷给任何一个需要的部门和企业，因而银行信用具有广泛性的特点。

（3）银行信用贷出的是货币资金或借贷资金，它的使用在时间和投放方向上不受任何限制。

（4）银行和其他金融机构可以通过信息的规模投资，降低信息成本和交易费用，从而有效改善信用过程的信息条件，减少借贷双方的信息不对称以及由此产生的逆向选择和道德风险的问题，其结果是降低了信用风险，增加信用过程的稳定性。

由于上述优点，加之金融机构的广泛社会联系、良好的信誉以及较强的信用能力，银行信用在现代经济生活的众多信用形式中成为最基本、最主要的信用形式。

三、国家信用

（一）国家信用的定义

国家信用是指国家以债务人身份，借助债券和直接借款等形式为政府筹集资金的信用形式。国家信用的债务人是国家，债权人包含国内外的金融机构、企业和居民家庭。国家信用分为国内信用和国外信用两种。

（二）国家信用的特点

（1）国家信用的主体是政府，政府以债务人的身份出现，债权人是全社会的经济实体和居民。

（2）国家信用的形式主要是发行公债（包括中长期国债券和短期国库券）。

（3）中长期国债券多用于弥补政府预算赤字，所筹措的资金大多用作基础设施、公用事业建设等非生产性支出，还有军费开支和社会福利支出等。国库券多用于弥补财政短期失衡，以及用于中央银行在公开市场上调节货币供应量的操作工具。

（三）国家信用的作用

（1）调节财政收支不平衡的手段。在国家预算执行过程中，经常出现财政收入和财政支出暂时脱节的现象。为了解决财政年度内的收支不平衡，国家往往借助于发行国库券解决。

（2）调节货币供应量，实现宏观调控的基本手段。中央银行通过买进或卖出国债来调节货币供应量，影响金融市场资金供求关系，从而实现宏观调控的目的。

（3）调节货币流通、稳定经济发展的重要杠杆。由于国债信誉高于其他任何信用工具，其转让流通性较强，因此，利用国家信用，通过公债在市场上的吞吐，可以改变建设资金的规模和投向，对经济发展进行一定的干预，同时，又可以利用市场机制增大或减少市场货币流通量，以求实现货币流通正常，稳定币值、稳定经济。

相关链接

我国国家信用的发展

改革开放30多年来，我国积极完善国债制度，国债在经济生活中的作用越来越大。

（1）国债发行额呈逐年增长的趋势，由最初1981年的近49亿元至2012年的14 362亿元，详见表2-1。

（2）发行方式不断完善，1981—1988年，国债发行基本采取的是政治动员和行政摊派的方式。1991年实行了国债的承购包销，由70多家证券中介机构参与，标志着国债一级市场的建立。1996年，所有可流通的国债发行都采取了招标方式，竞争标的是债券价格和收益率，招标方式既有单一价格方式又有多种价格方式，提高了发行效率。

（3）国债种类不断丰富，结构不断趋于完善。国债的计息方式越来越市场化、国际化，国债的期限种类也在不断增加。

表2-1　1981—2012年我国历年国债发行规模　单位：亿元

年 份	发行量
1981	48.66
1985	60.61
1990	197.23
1995	1 510.80
2000	4 657
2001	4 884

表2-1(续)

年份	发行量
2002	5 934
2003	6 280.1
2004	6 876
2005	7 042
2006	8 883.3
2007	23 483.28
2008	8 615
2009	16 229
2010	17 881
2011	15 397
2012	14 362

资料来源：《中国统计年鉴》《中国人民银行统计季报》、中华人民共和国财政部网站等相关数据。

四、消费信用

（一）消费信用的定义

消费信用也称为消费者信用，是工商企业、银行或其他信用机构向缺乏货币购买力的消费者提供的信用。

（二）消费信用的形式

1. 分期付款

分期付款是商业企业与消费者根据合同规定分期偿付货款，这种信用方式多用于消费者购买大件耐用消费品，如汽车、房屋、家用电器等商品。这种消费信用是以商品形态提供的信用，与商业信用有类似的地方，所不同的是商业信用是企业之间提供的，而消费信用则是企业向消费者个人提供的。

2. 信用卡

信用卡是由信用卡公司或银行对信用合格的消费者发行的信用证明，持有该卡的消费者可以到有关的商业服务部门购买商品，再由银行定期同消费者和商店进行结算，信用卡可以在规定的额度内进行透支。

3. 消费贷款

消费贷款就是由商业银行和其他金融机构直接以货币形式所提供的服务于消费的贷款。消费贷款按照直接接受贷款的对象不同，可以分为买方信贷和卖方信贷。买方信贷是指银行直接对消费品的购买者所发放的贷款；卖方信贷是指以分期付款单证作为抵押，对销售消费的企业发放的贷款。

（三）消费信用的作用

消费信用的作用是为消费者提供提前消费的条件，刺激人们的消费，提高全社会的消费水平，扩大需求，促进商品的销售和生产，推动技术进步和经济增长。同时也为银行资金找到新的出路，可提高资金的使用效率，改善社会消费结构。

但是，消费信用也有可能增加社会的不稳定性。过度提倡和利用消费信用有可能使消费者背上沉重的债务包袱，一旦消费者无力偿还贷款，便有可能引起连锁反应，危及金融体系的安全与稳定，甚至有可能引发其他社会问题。如2008年影响全球的国际金融危机就是由美国的“次贷危机”引起的，它是一场发生在美国，因次级抵押贷款机构破产、投资基金被迫关闭、股市剧烈震荡引起的金融风暴。它致使全球主要金融市场出现流动性不足危机。美国“次贷危机”是从2006年春季开始逐步显现的。2007年4月开始席卷美国、欧盟和日本等世界主要金融市场。次贷危机目前已经成为国际上的一个热点问题。

消费信用是一把“双刃剑”，因此我们必须客观地看待消费信用的作用，它到底是发挥积极的作用还是消极的作用，必须要视条件而定，不讲条件地谈论消费信用的作用是很危险的。

五、国际信用

（一）国际信用的定义

国际信用是指国与国之间的企业、经济组织、金融机构及国际经济组织相互提供的与国际贸易密切联系的信用形式。国际贸易与国际经济交往的日益频繁，使国际信用成为进行国际结算、扩大进出口贸易的主要手段之一。

（二）国际信用的主要形式

根据国际信用关系主客体的不同，国际信用形式可分为国际商业信用、国际银行信用、国际金融机构信用、国际政府间信用和国际直接信用五种。

1. 国际商业信用

国际商业信用是跨越国际的商业信用活动，是不同国家的企业之间发生的信用。它表现为凭信用进口或出口商品。国际商业信用形式主要有国际租赁、补偿贸易和延期付款。

（1）国际租赁。国际租赁是国际间以实物租赁方式提供信用的新型融资形式。根据租赁的目的和融资方式的不同，可将其分为金融租赁和经营租赁两种形式。

（2）补偿贸易。补偿贸易是指外国企业向进口企业提供机器设备、专利技术、员工培训等，待项目投产后进口企业以该项目的产品或按合同规定的收入分配比例清偿债务的信用方式，在发展中国家得到广泛使用。

（3）延期付款。延期付款是出口厂商和进口商协定在货物出口后一定时期内支付款项的信用形式。延期付款一般发生在关系密切的进出口商之间或出口商得到出口国银行出口信贷支持的情况下。其做法一般是进口商支付合同金额的一定比例如15%，其余85%的货款则延期支付。

2. 国际银行信用

国际银行信用是以国际银行为授信主体提供的国际信用形式。国际银行信用按照贷款的组织方式，可以划分为国际商业银行贷款、项目融资贷款和出口信贷三种。

（1）国际商业银行贷款。国际商业银行贷款按参与贷款银行的多少分为双边银行贷款和国际银团贷款两种。双边银行贷款又称独家银行贷款，是指由一家贷款银行向外国借款人提供的贷款，其贷款手续和形式均较为简单，贷款利率多为浮动利率，期限有短期和中期两种，中期贷款一般在 5 年以内。国际银团贷款是由一家或几家大银行牵头，联合多家银行共同对借款人提供的国际性贷款，也称为辛迪加贷款。

（2）项目融资贷款。项目融资贷款又称为项目融资，是国际上为某些大型工程项目筹措资金的一种融资方式。项目融资的额度特别大，主要用于能源、交通、农林业、制造业以及勘探开发等工程项目。项目融资包括多方面的参与，主要有项目主办人、项目公司、项目贷款人、项目产品买主、项目设备供应人、项目融资担保人、托管人和保险机构等。

（3）出口信贷。出口信贷是国际贸易中的一种中长期贷款形式，是一国政府为了促进本国出口，增强国际竞争能力，而对本国出口企业给予利息补贴和提供信用担保的信用形式。根据补贴和贷款的对象不同，又可分为卖方信贷和买方信贷两种。卖方信贷是出口方银行向出口商提供贷款；买方信贷是出口方银行直接向进口商（或进口方银行）提供贷款。这种贷款是有指定用途的，即必须用于购买本国出口商的货物。如果是直接向进口商提供贷款，通常需要由进口国一流银行提供担保。

3. 国际金融机构信用

国际金融机构信用主要是指包括国际货币基金组织、世界银行在内的国际性金融机构向其成员提供的贷款。

4. 国际政府间信用

国际政府间信用是在各国政府之间发生的信用授受关系，一般以政府贷款的形式存在。政府贷款是指一国政府利用本国财政资金向另一国政府提供的优惠性贷款。政府贷款期限较长，利率低，条件优惠，带有双边经济援助的性质，但政府贷款用途受到限制，如根据双边援助计划，受援国家所得款项大多只能用来向贷款国购买货物和劳务，而且贷款一般不提供自由外汇，不提供全部项目投资。政府贷款主要是由发达国家向发展中国家提供。

5. 国际直接信用

国际直接信用是指一国政府、公司或企业在国际金融市场上从资金所有者那里直接融通货币资金的主要形式。其方式是发行国际债券或国际股票。国际债券是由一国政府或居民在国外以外国货币或境外货币为面值发行的债券。国际债券的发行和交易所形成的市场叫国际债券市场，它是国际资本市场的重要组成部分。国际股票发行是指股份公司在国外某一国家或同时在几个国家发行该公司股票，并在发行地证券交易所上市以筹集股份资金的方式。

第三节　信用秩序的维护

现代市场经济的效率取决于信用秩序。只有在良好的信用秩序下，信用才能创造最大的效用。如果整个社会信用表现为无序状态，就意味着出现了信用危机。如果发生了信用危机，整个市场经济将陷入停滞甚至倒退状态。

一、信用与市场经济

当今的社会经济活动已为商品货币关系所覆盖，在日常的经济生活中，任何经济行为主体（即企业、个人、政府）的经济活动都伴随着货币的收支。信用关系以其巨大的规模遍及整个经济生活之中。

（一）信用经济

信用经济是货币经济的一种形式。在西方国家，信用经济通常被笼统地称为货币经济，信用是商品和金融交易的一种交易方式，在这种方式下，交易者通过债权债务的建立来实现商品交换或货币转移。人类社会交易方式经历了实物交换、以货币为媒介的交换和靠信用完成交换三个发展阶段，因此，信用经济是商品经济发展到一定阶段后所产生的一种经济现象。

信用经济具有下述三个特点：

1. 信用关系无处不在

整个经济生活中，所有的经济行为主体之间处于错综复杂、相互交织的债权债务关系网络之中，无论是在国际经济交往还是在国内经济交往之中，居民、企业、政府部门等非金融机构之间直接的信用联系，以及金融机构居间所形成的间接信用联系，使得信用关系遍及整个社会经济生活之中。

2. 信用规模呈现不断扩张趋势

经济规模的加速扩张决定了信用规模的不断扩张，而且信用规模通常是以超过实质经济规模的速度在扩张，因此，债台高筑是现代经济发展的必然结果。当信用扩张超过经济增长的一定界限时就表现为信用泡沫，缺乏实质经济支撑的信用泡沫积累到一定程度就会破灭，信用关系的破灭会对实质经济运行产生负面影响。经济发展需要信用关系的扩张来拉动，但是要防止扩张过度而导致泡沫过多和破裂。当金融危机来临时，支撑信用关系存在的人们的信心丧失了，泡沫破裂，信用工具消失了，实质经济最终会受到严重的伤害。

3. 信用结构日趋复杂化

信用结构包含工具结构、机构结构与市场结构三个方面。在经济发展需要的推动以及科技发展带来技术平台不断拓展的条件下，信用工具不断复杂化。信用工具由原生工具（如股票、债券等）发展到衍生工具股票价格指数、股票期权等，再发展到衍生的衍生工具（如股票价格指数期货等形态）。信用机构也不断创新并呈现复杂化趋势，由传统的金融中介机构，如商业银行占主导，发展到投资银行、保险公司、基金公司等各类金融机构并存，机构更趋多元化，分工更趋专业化，信用市场也日益复杂化，信用关系相互交叉，市场不断向纵深和横向拓展，随着金融工具不断创新，市场的结构与层次出现多样化趋势；同时，在金融全球化浪潮下，金融市场的一体化使信用关系跨出国界，信用资金在全球范围内实现优化配置。

（二）信用与市场经济

现代市场经济的本质就是信用经济，信用交易是现代市场经济的主要特征，而完善的社会信用体系是现代市场经济的一项重要基础制度。信用是现代市场经济的生命，是企业从事生产经营活动的一个必备要素，有着真金白银般的价值。现代市场经济既是竞争经济也是信用经济、法制经济，良好的社会信用体系是建立和规范市场经济秩序的保证，也是促进市场经济健康发展的先决条件。

1. 信用是维系市场交易的基本链条

与传统自然经济相比，市场经济扩大了人们之间的联系与合作，使人们的经济关系扩展为以信用为纽带的市场关系，要以信用为基本的交易准则。这样一来，信用就成为维系人们之间的经济关系的基本链条。在市场经济中，信用关系是人与人之间最根本的经济关系，是整个社会赖以生存和发展的基础。现代市场经济之所以非常倚重信用机制，是因为信用是经济主体之间的链接条件，随着交易的普遍发展，市场交易越来越依赖于信用交易规则和秩序。无论是商品交换、劳务交换，还是信息、服务交换，其交换的完成或实现，都存在一个时间和空间的分离，这个过程要靠一定的制度规范来保障，否则，交换就无法稳健地进行。信用有利于维护和促进各类经济主体之间长期的和较为稳定的经济关系，使经济主体能够实现对市场行为的预测以及预期的交易目标。相反，一旦信用机制被破坏，或信用链中的一环受阻，都会使经济秩序出现紊乱现象，从而破坏市场经济的正常运转，影响市场经济健康发展。

2. 信用能够实现交易成本的最低化

在市场经济中，提高经济运行的效率，通常有两个基础：一是硬件基础，即物质技术基础；二是软件基础，即法律设施、伦理道德、信用制度、守信意识等思想文化基础。前者产生常规效率，后者发生积极作用时会带来超常规效率。在软件基础中，如果信用机制的作用发挥得好，会使交易乃至整个经济运行的成本最低。因为，信用交易的成本由双方自己承担，他们必然谋求效益的最高和成本的最低。如果一个人失去了信用，就会失去今后交易的机会，对失信的惩罚便是交易的中断和相应的赔偿。正是出于对未来利益的考虑，使人们在日常经济生活中能够自觉维护信用。因此，从信用存在的一刻起，便以其特定而独到的功能，实现交易成本的最低化，并表现出强大的调节经济运行秩序的作用。

3. 信用交易能够不断实现市场的扩展

在市场经济条件下，信用交易的范围越来越扩大，并渗透到社会生活的每一个方面。现代市场的信用交易，必须以有切实保证的信用制度和信用体系作为基础。

因此，全社会成员普遍的守信行为，是交易能够扩展、经济能够运转的前提，也是每一个生产经营单位立足于社会的必要条件。信用交易方式打破了传统交易“一手交钱一手交货”的时空限制，大大拓展了交易的空间与范围。在市场经济中，信用充当了市场扩展的基本动力。社会一旦失去了信用，商品交易的链条就会立即断裂，市场经济就根本无法运转。因为市场活动是不同生产者之间劳动分工的合作，合作的前提是人们的相互信任，每一次合作的完成，都意味着一次按约行事的信用得以实施。随着经济的发展，人们的经济交往也越来越扩大，在不断扩大的经济关系中，当人情式的特殊信用难以满足人们多种利益所需的新交换及复杂交换时，人们就选择了以契约为基础的普遍化信用来扩展分工合作，使交易深度和广度有了更大的前进，导致了市场的扩展。所以，信用交易是扩大人们的相互合作从而满足市场主体理性预期需要的经济纽带。

4. 信用关系最终反映市场的发育程度

在市场经济中，人们的信用关系越是普遍化，则信用行为越是持久和稳定；社会的信用制度越是完善，则市场的信用度越高，市场发育越成熟，反之亦然。所以，信用交易是最具效率的交易方式。当人们普遍用信用卡来代替现金进行支付，或把大叠的钞票转换成银行的轻便支票、汇票来实现交易与偿付货款，或通过银行账面上几组数字的增减就完成交易的支付过程时，我们就可以说，这样的社会已经进入了成熟的市场经济社会。所以，信用可以最终反映市场的发育程度和活力状况。

现代市场经济是信用经济，信用体系进一步规范了市场经济运行、在维持公平的交易秩序、调节金融活动等方面起到了推动作用，现代市场经济的发展促进了信用体系的进一步完善。两者相辅相成，互相促进，协调发展。

二、信用缺失及其原因

在市场经济发展的过程中，西方国家也曾出现过信用危机。18 世纪欧洲市场经济发展的早期，信用缺失现象充斥市场。美国在工业化早期阶段，股票市场中造假、内幕交易、操纵股价等现象频繁发生。因此，在一定程度上讲，信用危机是世界各国在发展市场经济过程中都曾经历的一个阶段。

（一）信用缺失的危害

信用是市场交易的基本要素，是社会经济运行的润滑剂。信用缺失对经济和社会发展影响极大：信用缺失严重地破坏了市场秩序，提高了交易成本，降低了效率，成为制约市场机制发挥资源配置作用的障碍，阻滞了市场化进程。

（1）信用缺失减缓了经济增长的速度，影响了扩大内需。由于信用缺失，致使银行、企业、居民互不信任，一些企业宁愿放弃大量订单，也不肯采用信用方式结算，交易手段向原始的现金交易和易货交易方式退化，信用链条断裂，严重阻碍了经济的增长与发展。

（2）信用缺失导致了市场信号的扭曲，影响了政府宏观调控政策的效果。由于信用缺失，使急需资金支持的企业得不到银行的资金，这种尴尬的局面不仅影响到企业和银行的经济效益，也使经济信息受到扭曲，虽然市场不断发出投资需求信号，可投资需求并没有像预期的那样增长，其原因不是需求不足而是信用不足。

（3）信用缺失恶化了银行资产质量，加剧了金融风险。银行是信用中介，信用是银行赖以生存的基础，由于银行负债对银行的硬约束，银行资产对企业的软约束，这种不对称性在信用缺失的情况下，使银行资产质量严重恶化，呆账、坏账比例增大，经营风险也增大，银行作为信用中介，处于难以为继的状况。

（4）影响精神文明建设。失信不仅是恶劣的经济行为，同时也是不良的道德行为。就诚实守信而言，诚实作为基本的道德范畴，主要依靠个人内心的良心、价值观等发挥作用；信用则要求当事人守诺言、履约定，主要通过契约规定的强制性违约责任追究等发挥作用。显然，信用的缺失将会导致道德的沦丧。我国目前正处于道德秩序重构的转型阶段，信用缺失的现象很可能会诱发社会生活中诸多的道德堕落，也不利于建立健全维护信用的法规和制度。

（二）信用缺失的原因

现代化过程的理论认为，一个社会由传统的农业社会向工业社会和后工业社会的转型或过渡，必然在诸多方面带来紊乱和阵痛，从而增添转型的管理成本，增加整个社会公平与效率的冲突，信用缺失似乎是中国社会转型过程中的伴生现象。造成当前经济生活中的种种信用缺失的现象，其原因是多方面的，既有市场的缺陷、机制的不完善和法规不健全的影响，也有政府管理不善、社会监督不力以及经济主体道德素质低下等因素影响。细细梳理起来，信用缺失严重，主要是由以下几个方面造成的：

1. 政府行为不规范

由于特殊的历史原因和市场经济体制的不完备，我国政府不仅是经济活动的管理者，也是经济活动的直接参与者。因而，政府对市场经济中的经济主体的行为干预较多，从而不可避免地面临着以下问题：

（1）政府对市场的超经济干预。由于我国长期以来一直搞计划经济，政企关系交织在一起，而随着市场经济体制的确立，新型政企关系尚未完全确立，在很大程度上政府对经济的管理还是依靠计划手段干预经济。此种超市场的干预极易造成政府官员的权力滥用，最终导致市场的缺失。

（2）国有企业的特权性以及寻求政府的保护。由于政企关系的错综复杂，国有企业可以较为便利地从国有商业银行取得贷款，如还不上，还可以搞债转股；效益不好的国企可以通过包装到股市中融资；对严重资不抵债的企业，地方政府在稳定压倒一切的要求下，不依法实行破产，而是更多地考虑稳定因素，对企业采取相应的保障措施。这种特权性是诱发信用缺失的风险。

（3）市场经济主体负担重。经济主体的负担较为严重，除了应纳的税负外，相关政府部门的摊派费用确实令经济主体感到头痛，经济主体按照正常的生产经营就很难获取一定的利润。因而各种失信的手段充斥于经济主体的生产经营之中。

（4）政策的多变性也易引起信用的缺失。政府有关部门，尤其是一些地方政府摆脱不了计划经济的思维模式，对市场活动干预过多。一些地方政府出台的各种“土政策”经常是朝令夕改，缺乏透明度，使得市场经济主体无所适从。更有一些地方政府出于地方保护的需要，直接以行政手段干预正常的市场行为，公开维护本地企业的失信行为，扰乱了市场秩序，助长了企业的失信。这都大大增加了市场环境的不确定性，使经济主体对前景难以形成良好的预期，无疑会助长其短期失信行为。

2. 资信的行业垄断及不对称

在我国，企事业单位法人和自然人的社会信用记录主要分散于政府部门，牵涉到工商、财税、海关、公安、质检、社保等多个部门和机构；组建信用担保机构、信用评价机构、信用征集机构等，主要由政府部门直接负责或由其下属的事业单位负责；信用记录的收集、整理和分析基本上也由政府部门垄断，公安、工商、人事、税务、统计等部门所掌握的大量的企业信息资源很多没有公开。近些年来建立的信用中介机构，也大多有政府背景或以政府出资（控股或独资）为主，市场化程度和信用数据的开放度都很低。一些为企业提供信用服务的机构，如征信公司、审计、会计、公证中的资信报告等，其信用数据的开放与公正程度也很低。这些都导致了信用中介服务的需求不旺；企业缺乏使用信用产品的意识且没有资信调查的概念；企业之外的社会其他主体在经济交往中未能利用信用机制来保护自己的利益；国内也没有出现有实力提供高质量信用产品的机构或企业；资信调查机构的信息渠道闭塞且信息不充分；企业相互之间、企业与顾客之间的信用运作中，信息有限导致信息沟通的严重不对称。

3. 信用监管制度不健全，缺乏有效惩治和激励机制

法律是社会信誉与公平的一道防线，其目的是让守信者因守信而获得回报，让失信者因失信而受到重创。但我国当前信用缺失现象严重的一个根本原因则是法律的约束力不够。

（1）尚未建立与信用管理直接相关的法律，针对信用方面的立法严重滞后。在立法方面，我国只是在已颁布的《中华人民共和国民法通则》《中华人民共和国合同法》《中华人民共和国担保法》《中华人民共和国票据法》和《中华人民共和国反不正当竞争法》中规定了诚实守信的法律原则，《中华人民共和国刑法》中也对诈骗等犯罪行为处以刑罚的规定，但缺少与信用制度直接相关的立法，现行的这些法规仅对部分信用行为的债权提供保证，不能涵盖全部信用行为。

（2）对失信行为的惩罚不严，守信收益不大。在现实经济生活中，失信行为不能受到应有的惩罚，缺乏有效的失信惩罚机制，有的国有企业欠贷款不还，银行没办法处罚，有的不了了之，造成失信者有利可图，即失信成本低；相反，由于社会尚缺乏相应的风险评级机制，信用好的企业与信用差的企业无法区分，诚信的企业和个人甚至被视为“傻子”，诚信者的信用成本反而加大。这就助长了失信者的气焰。

（3）法律的执行不力。一些基层法院受当地企业和政府的影响，在司法过程中

有意偏袒本地企业，审判的公正性受到了质疑，法律的正义性受到了歪曲，成为信用缺失的重要原因。重审判轻执行的现象在民事经济案件中较为普遍。债权人即使胜诉，也往往因裁决难以执行造成守信的成本加大。执法不严、违法不究，在客观上就是对失信者的纵容。

4. 信用意识缺乏，道德环境欠佳

诚实守信作为一种社会意识、一种社会规范或一种价值理念，必须通过后天的社会生活实践和学习来逐步获得，有一个社会教化和个人内化修养相结合的过程。信用缺失瓦解着经济主体之间的信用，然而很多经济主体不在意防范措施，“他们仍在根据知觉、经验以及一些道听途说得来的信息作判断，很多人还没有向信用中介机构咨询的概念”。因此，作为信用市场供需另一方的经济主体，其信用观念不强，缺乏信用消费意识，则是造成信用缺失的关键。

目前，新的市场经济体制和与其相适应的以“诚信”为核心的道德秩序尚在建设之中。同时，由于西方腐朽思想的影响，拜金主义思潮的泛滥，致使经济主体道德秩序出现混乱失衡。因而，在“一切向钱看”的思想侵蚀下，经济主体道德素质呈滑坡态势，各种信用缺失也就应运而生。

三、构建市场经济的信用秩序

（一）建立完善的信用秩序的必要性

现代市场经济是一种相对自由的经济体制，而这种经济体制的自由度需要完备的信用秩序来维系。利益主体的多元化是市场经济的基础和发展的力量之源。然而，主体的多元结构必然导致利益趋向的冲突。信用秩序的作用就在于将市场主体自我对冲突的化解限定在一个可控的框架内，以免危及市场的交易安全。在计划经济体制下，信用秩序的作用可以由经济管制来完成，交易的安全性毋庸置疑，所以信用问题并不突出。但是一旦对市场主体的管制大大减少，丧失信用又能获得额外利益，并且信用效力的个别化使之并不会丧失交易的资格和机会。一些不正当的手段就自然成为交易手段的选择。

市场经济的主要特征是资源配置主要通过市场机制的作用来实现，市场机制离不开商品交换，而商品交换的基本原则是建立在信用基础上的等价交换。随着交换关系的复杂化，日益扩展的市场关系便逐步构建起彼此相连、互为制约的信用关系，整个经济活动被信用关系所串联起来。这种信用关系作为一种独立的经济关系得到充分发展，并维系着错综繁杂的市场交换关系，支持并促成井井有条的市场秩序。西方发达国家顺应人类社会经济进步的发展趋势，建立了信用制度管理体系，形成了信用环境与信用秩序，有力地促进了经济发展。新兴的工业化国家也正在朝着这个方向发展，实现其经济腾飞。我国虽然也普遍出现了信用活动发展的倾向和趋势，但是由于我国市场经济体制尚未成熟以及历史与传统等多方面的问题，信用活动的发展速度受到了一定的影响，并在一定程度上影响了经济的发展和社会的进步。

从社会学的角度来理解，信用秩序的主要功能在于建立和保持一种可以大致确定的预期，以便利市场主体的相互交往和行为。而制度经济学家更从这个角度把建立起信用秩序的法律确定为一种能保障确定预期的正式的制度。只有在比较确定的预期下，我们才能进行一切社会交往和社会活动；我们之所以存款、投资、买卖，皆因对自己的市场行为有一个安全的预期。我们清楚地知道，可以凭银行的存折提取本金和利息，进行的投资不会无故被没收或征收，卖（买）方不会卷款而逃或拒不履约。一个理性的人不会冒险进行交易，除非交易可能得到的利润大到足以让他忽视成本。但对于整个市场而言，大多数交易的利润是建立在成本基础上的。通过信用秩序来降低交易风险和交易成本就很有必要。

信用的发展，是深深根植于现代市场经济发展规律中的，是人类社会经济进步的必然趋势。完善的信用秩序应该包括三个方面的内容：信用评估体系、信用信息通道和信用制裁体系。市场主体能够随时了解交易对方的信用保证（资产、负债状况）和信用记录，这有助于增强其交易信心。不守信的市场行为付出的机会成本在一般情况下，将远远大于预期的额外利益。

（二）征信体系建设

1. 征信概念

征信（Credit Investigation or Credit Reporting）是指对信用主体（市场参与者）的信用或资信状况进行调查报告的中介服务活动。主要作用是消除或降低信用交易双方的信息不对称。征信服务的最基本功能是了解、调查、验证他人的信用，使赊销和信贷活动中的授信方能够比较充分地了解信用申请方的真实资信状况和如期偿还能力。

在我国，“征信”一词虽然在民国时期就已出现，但直到20世纪90年代以后才普遍使用。直到今天，我国对征信的概念、行业及运作体制的研究还比较薄弱。在欧美国家，信用报告、邓白氏公司等已深刻融入经济生活，而这些在中国刚刚开始。第一次对现代征信进行规范定义的是国务院法制办2009年颁布的《征信管理条例》（征求意见稿）。其中的征信是指依法收集、整理、保存、加工自然人、法人及其他组织的信用信息，并对外提供信用报告、信用评估、信用信息咨询等服务，帮助客户判断、控制信用风险，进行信用管理的活动。

根据投资经营主体，征信分为公共征信和私营征信。公共征信是指由政府出资经营或者政府控股经营，私营征信是指私营资本投资经营或者控股的征信。根据业务特征，征信分为企业征信、个人征信。前者收集加工企业信用信息为企业服务，后者收集加工个人信用信息为个人提供服务。根据征信目的，征信分为金融征信、商业征信、雇佣征信等。前者服务于金融机构尤其是商业银行，商业征信的服务对象是批发商与零售商，雇佣征信的服务对象是劳动力市场上的雇主。从征信的影响看，金融征信的影响最大；从我国目前的实践看，商业征信、雇佣征信的规模微乎其微。

相关链接

中国有文献可查的最早将“征”与“信”连用的是《左传》中“君子之言，信而有征”，意指是否言而有信，是可以验证的，这当然主要指道德层面。“征信”一词最早应该出现在清末。第一家现代意义上的征信机构于1830年出现在英国伦敦，1841年美国出现第一家征信机构，1892年日本第一家征信机构建立。随着资本主义列强的侵华，19世纪末20世纪初，上海已有外资征信机构入驻，不过，当时有的被翻译为“兴信”所，有的被翻译为“征信”所。1932年6月6日中国第一家专业征信机构——中国征信所在上海成立。尽管征信机构最早出现于西方，但是英语文献中几乎找不到关于征信的完整解释。虽然Credit的释义中有汉语征信的解释，但是在英文文献中却看不到这种用法，而是相对应的Credit Information Sharing（信用信息共享）、Credit Reporting（信用报告）、Credit Bureau（征信局）。中国人民银行将“征信”译为Credit Reference，但是英文文献中查不到这一用法。

2. 征信体系建设

征信体系建设是我国市场经济的组成部分，是我国社会与经济发展的必然要求，是我国创新社会管理的重要内容之一。

征信体系是指由与征信活动有关的法律规章、组织机构、市场管理、文化建设、宣传教育等共同构成的一个体系。征信体系的主要功能是为借贷市场服务，但同时具有较强的外延性，也服务于商品交易市场和劳动力市场。

征信体系是在社会征信制度发展过程中，伴随着信用经济的发展，逐步形成的相互联系的整体结构，是征信制度的具体表现形式。征信体系主要由征信服务业务体系、征信立法与监管体系、失信惩罚机制、征信文化与人才培养体系等子体系构成。相应的征信体系建设的主要内容包括以下四个方面：

（1）征信服务业务体系。主要是接受委托人的委托，运用专业化的手段与工具进行调查。通过调查分析和研究，向委托人提供信用报告等专业化征信服务产品，帮助委托人获取信用信息，为其做出决策提供参考意见。目前，征信服务业务逐步由经营征信产品转变为全方位地向客户提供信用管理和策划服务，如信用保险、信用管理咨询、信用管理外包服务等。

（2）征信立法与监管体系。主要针对征信行业进行法律法规的制定和执行以及对征信行业的日常监管，由政府专设的监管机构和行业自律组织从外部和内部加强对征信行业发展的指导和规范，以维护征信市场的正常运行和行业自律。

（3）失信惩罚机制。通过中国人民银行及征信管理部门综合运用经济手段、行政手段和道德谴责等方式，直接或间接的惩罚市场经济活动中的失信者，从而达到有效地克服市场经济活动中“逆向选择”与“道德风险”问题的产生。同时，降低诚实守信的市场主体获取资本和技术的门槛，为其扫除交易障碍和壁垒。

（4）征信文化与人才培养体系。征信文化作为非正式信用制度，它的培育与形成可以提高市场主体的自律性、减少正式制度的摩擦成本，从而有利于征信体系的完善。另外，征信体系还必须包括征信人才培养体系，高素质、高质量的征信人才能有效地推动社会征信体系的发展与完善。

征信体系建设需要根据本国基本国情，从经济、政治、教育程度、法律体系及规章制度等多方面进行协调建设。当前，我国征信体系存在的主要问题有：相关的法律法规不健全，信用信息的收集不规范，征信服务行业的市场化程度不高。加强我国征信体系建设，必须加快征信体系的立法建设，规范信用服务机构的信用信息征集工作，大力培育征信服务的市场主体，扩大征信覆盖范围。征信体系建设从根本上讲是适应我国现阶段市场经济建设与发展需要的，是整顿市场秩序、改善社会信用环境、保障信用交易健康发展、建设信用经济的根本举措。健全有效的征信体系可以促进一个国家或地区的市场经济交易方式与手段走向成熟，扩大并创造市场需求，促进市场繁荣，保持经济持续增长，是市场经济健康有序发展的制度性安排。

目前，在我国，以中国人民银行为主导、以金融机构为主要用户、以授信申请人为主要对象、以信用信息在金融业内互通互联共同防范信用交易风险为主要目的，由中国人民银行征信管理局负责组织实施、中国人民银行征信中心提供技术与数据服务，形成了我国的金融征信体系，并在此基础上形成了企业征信体系和个人征信体系。

第四节　中国的信用体系建设

自20世纪90年代中后期以来，随着我国市场经济的发展，社会信用缺失现象也越来越严重。市场交易缺乏诚信，失信行为越来越多，由此造成的损失越来越严重；信用风险对银行的信贷资产威胁越来越大，造成大量不良贷款；企业间相互拖欠货款，严重影响企业的正常经营活动；商业交易中出现大量欺诈行骗行为，假冒伪劣商品充斥市场；上市公司公布虚假信息、欺骗瞒报等不乏其例；消费者恶意欠债行为屡屡发生。此外，有调查表明，在中小学教育收费方面，在人力资本开发方面，在医疗卫生领域的医护行为中，也不同程度地存在着某些信用缺失所导致的损害群众利益的不良现象。

相关链接

我国市场交易中的信用问题

有关资料显示，消费者对于虚假广告、假冒商品、计量不足、欺诈销售等厂商信用行为的投诉，每年就有12.5万件。我国市场交易中因信用问题而造成的无效成本已经占到中国GDP的10%~20%，每年因逃废债务造成的直接损失约为1 800亿元，由于合同欺诈造成的损失约为55亿元，由于产品质量低劣或制假售假造成的各种损失约为2 000亿元，由于三角债和现款交易增加的财务费用约为2 000亿元。直接和间接经济损失每年高达5 855亿元，相当于中国年财政收入的37%。在四大国有商业银行开户的42 656家改制企业中，经金融债权管理机构认定的逃废银行债务企业有19 140家，占总数的44.8%，逃废银行贷款本息1 460亿元，占贷款本息总额的37.96%。经济活动中竟有50%的经济合同带有欺诈性。这说明中国因信用问题而产生的过高的费用已经严重阻碍了中国经济的发展，已到了非解决不可的程度。

一、我国社会信用体系建设进程

自1999年以来，我国社会信用体系建设问题引起了党和政府的高度重视，2003年党和政府明确提出要用五年左右的时间建立起我国社会信用体系的基本框架和运行机制，2003年10月党的十六届三中全会通过的《中共中央关于完善社会主义经济体制若干问题的决定》对我国社会信用体系建设做出了明确的政策指引。我国“十一五”规划提出，以完善信贷、纳税、合同履约、产品质量的信用记录为重点，加快建设社会信用体系。2007年召开的全国金融工作会议进一步提出，以信贷征信体系建设为重点，全面推进社会信用体系建设，加快建立与我国经济社会发展水平相适应的社会信用体系基本框架和运行机制。2009年3月国务院办公厅正式印发《关于社会信用体系建设的若干意见》，对于全国社会信用体系的建设做出专门部署和安排，明确了指导思想、工作目标、基本原则、工作重点、推进机制等。

1993年国务院启动“金桥工程”“金关工程”和“金卡工程”，当时“三金工程”为重点行业和部门传输数据和信息，包括各部门所归集的被监管个人和企业的信息。1999年，国务院40多家部、委、办、局发起了政府上网工程，推进电子政务平台建设。2001年6月，海关总署、国家税务总局等12个部委联合开发“中国电子口岸”企业监管系统，国家各行政部门可根据执法和管理需要进行跨部门、跨行业的联网数据核查，企业也可在网上办理各种进口相关手续。2003年电子政务建设又围绕“两网一站四库十二金”重点展开，其目标是实现同层次和上下级政府机构之间的信息交换和信息共享，支持政府公用功能性系统和事务性系统的开发和应用。2005年10月11日中国共产党第十六届中央委员会第五次全体会议通过《中共中央关于制定国民经济和社会发展第十一个五年规划的建议》，加快社会信用体系建设，制定《社会信用体系建设指导意见》，加快企业和个人征信体系建设。研究社会信用体系监督管理体制和行业自律机制，维护国家信息安全。研究社会信用体系建设的配套政策措施，积极推进信用服务行业标准化建设，开展社会信用宣传和教育活动。2006年3月15日国务院通过《国务院2006年工作要点》。江泽民同志谈到“没有信用，就没有秩序，市场经济就不可能健康发展”“要建立严格的信用制度，规范契约关系。各类经济主体都要守法经营。依法严厉打击制假售假、偷税漏税、经济欺诈、恶意逃废债务等行为，创造良好的市场秩序”。

2006年1月，全国集中统一的个人信用信息基础数据库建成并正式运行。同年7月，企业信用信息基础数据库试运行范围扩大到了全国。另外，中国人民银行于2006年11月成立了征信中心，注册地在上海市浦东新区，并在各省会城市的中心支行分别设立了分中心。业务归口征信管理局指导。2006 年国务院办公厅颁发了《关于加强中小企业信用担保体系建设的意见》，促进中小企业信用担保机构快速发展。2007 年 3 月 23 日，国务院办公厅出台《关于社会信用体系建设的若干意见》，加快推进社会信用体系建设。2007 年 4 月 17 日，中国人民银行党委决定征信中心与征信管理局分设。同年，根据《中华人民共和国物权法》授权，中国人民银行明确人民银行征信中心为应收账款质押登记机关。2008 年 5 月 9 日，中国人民银行征信中心在上海举行揭牌仪式，开始在北京和上海两地办公。2009 年 8 月出台《关于加强我国科研诚信建设的意见》，推动科研诚信建设，充分调动广大科技人员的积极性、创造性，保障我国科技事业的健康发展。2010 年 6 月 26 日，企业和个人征信系统成功切换至上海运行，并正式对外提供服务。同年 9 月 9 日，国家发展和改革委员会以《国家发展改革委关于中国人民银行征信中心服务收费试行标准等有关问题的复函》正式批复征信中心自 2010 年 10 月 1 日起试行收费。2011 年出台《工程建设领域项目信息公开和诚信体系建设工作实施意见》。2012 年 9 月出台《关于印发进一步加强药品安全信用体系建设工作的指导意见》。2012 年 10 月 9 日，国家发展和改革委办公厅出台《关于加强企业发债过程中信用建设的通知》，为进一步防范企业债券市场风险，切实加强拟发债企业信用建设，加快建立诚信企业守信受益、失信企业得到惩戒的良好机制，使企业信用信息更好地服务于企业债券市场发展。2012 年，中国人民银行在全国范围内推广机构信用代码；2013 年 3 月 15 日，《征信业管理条例》正式实施。党的十八大报告提出：深入开展道德领域突出问题专项教育和治理，加强政务诚信、商务诚信、社会诚信和司法公信建设。2014 年 1 月国务院常务会议原则通过《社会信用体系建设规划纲要》（2014—2020 年）。2014 年 2 月 12 日，中共中央办公厅印发《关于培养和践行社会主义核心价值观的意见》，提出了“富强、民主、文明、和谐，自由、平等、公正、法治，爱国、敬业、诚信、友善”的 24 字社会主义核心价值观基本内容，并将 24 字核心价值观分成国家、社会和公民三个层面：富强、民主、文明、和谐，是国家层面的价值目标；自由、平等、公正、法治，是社会层面的价值目标；爱国、敬业、诚信、友善，是公民个人层面的价值准则。

各地方政府也开始地方信用体系建设。1999 年上海市开展个人信用联合征信试点，具体由上海资信有限公司从事试点业务；2000 年 7 月上海市个人信用联合征信数据库建成；2001 年 11 月上海市企业联合征信系统启动建设并于半年内覆盖 48 万家企业；2003 年 12 月 22 日上海市政府制定《上海市个人信用征信管理试行办法》。2002 年，沈阳市出台《关于建立沈阳市企业与个人信用体系的实施方案（试行）》，从 2003 年 1 月 1 日起，沈阳市的企业与个人征信系统开始运行。2002 年重庆市出台《重庆市社会信用体系建设方案》，开展社会信用体系建设。2001 年北京市工商行政管理局试行企业信用查询系统，并下发《市场主体不良行为警示记录系统管理办法》，2002 年夏，北京信用管理有限公司成立，承担北京市的城市信用体系建设工作，北京还制定了《北京市行政机关归集和公布企业信用信息管理试行办法》。

2002年4月汕头市出台《汕头市垂直经济管理部门信用承诺制度》《汕头市企业信用信息披露管理办法》《汕头市社会信用信息服务管理人员从业规范》《汕头市社会信用信息网络管理暂行规定》，2002年6月出台《汕头市企业信用信息采集管理办法》。2007年8月浙江省出台《浙江省社会信用体系建设“十一五”规划》。2012年12月温州市政府出台《关于进一步深化社会信用体系建设的意见》。2012年8月《上海市社会信用体系建设2013—2015年行动计划》。2013年9月浙江省民政厅与发展和改革委员会联合下发了《关于加强社会组织信用体系建设的通知》。2013年12月湖北省出台《〈湖北省社会信用体系建设规划（2014—2020年）〉编制工作方案》的通知，加强全省社会信用体系建设顶层设计。

二、对我国社会信用体系建设的思考

诚信历来是中华民族的传统美德。“人无忠信，不可立于世”的圣贤之训，“货真价实”“童叟无欺”的经商伦理，“吾日三省吾身”的做人之道等伦理原则，在中国的伦理思想和人的行为方式中占有重要地位。然而，号称“礼仪之邦”的中国，今天正遭受着前所未有的严重信用危机。针对我国目前的信用危机，必须从实际出发，多管齐下，标本兼治，综合治理。

社会信用体系是一系列与信用有关的、相互联系、相互影响的信用道德文化、相关法律法规、制度规范、组织形式、技术工具和运作方式等因素构成的综合系统，因而社会信用体系建设是一项庞大的社会系统工程。目前，我国社会信用体系建设正处于起步阶段。借鉴发达国家社会信用系统建设的经验教训和我国社会信用体系建设现状，以2014年1月国务院常务会议原则通过的《社会信用体系建设规划纲要》（2014—2020年）和社会主义核心价值观为统领，我们认为，我国社会信用体系建设可以尝试从以下几点来展开：

（一）企业和个人可以通过商业银行向银行信贷登记咨询系统申请开具资信证明

中国人民银行的银行信贷登记咨询系统已经为防范金融风险做出贡献。银行信贷登记咨询系统保有的银行系统信贷信息属于国家机密。但是，企业和个人是否有不良信贷记录也是非银行企业、政府部门和其他社会成员防范信用风险所必须掌握的信用信息。

企业可以要求客户到银行信贷登记咨询系统申请开具客户自身的资信证明，证明其是否有不良信贷记录。资信证明可以只包括企业和个人是否有违约记录，违约的时间长度和金额。同时，政府应该尽快出台相应的法律法规，规范资信证明的使用范围。

资信证明只包含企业和个人的信用状况记录和信用等级评价，不公开详细信用数据记录，而且法律严格规范资信证明的使用范围。这样既不会泄露国家秘密、商业秘密和个人隐私，同时也满足了防范信用风险的信贷信息需求。

目前，只有中央银行和商业银行可以直接查询银行信贷登记咨询系统，这有利于保守国家金融秘密。一般来说，被请求出具资信证明的企业和个人都是商业银行的客户。商业银行的公司金融部和个人金融部可以接受企业和个人开具本企业和本人的资信证明申请，代理查询和开具资信证明。全国各地都有各家商业银行的分支机构，企业和个人到商业银行申请开具资信证明比较方便。

（二）政府开放企业和个人的负面信息记录

政府税务部门保有企业和个人的偷税漏税记录，工商行政管理部门保有企业欺诈、造假售假等违规记录，公安司法部门保有企业和个人的违规行为、违法行为以及司法裁判记录。政府各部门保有的这些个人、企业的负面信息对综合评价个人、企业的信用状况非常重要，应该通过适当的信息公开渠道向社会开放。

立法机关应该尽快制定相关法律，针对不同负面信息的性质、私密程度和对社会的影响大小，设置不同的公开范围、公开期限、查询条件和查询方式。根据法律的明确规定，信用信息使用者可以根据被调查个人身份证号码和被调查企业注册登记号码，到有关政府公共信息平台查询企业和个人是否有负面信息记录。

同时，立法机关在信息公开立法中要充分保护个人隐私、商业秘密。制定相关法律，通过规范各种负面信息的公开范围、公开期限以及查询和使用负面信息的限制，保护个人隐私和商业秘密要以不损害社会公共利益为前提。

（三）尽快制定和出台有关社会信用方面的法律法规

目前，我国一方面有《中华人民共和国保守国家机密法》《中华人民共和国档案法》《中华人民共和国统计法》《中华人民共和国商业银行法》《中华人民共和国居民身份证法》等法律严格限制信用信息的流动，另一方面《中华人民共和国民法通则》《中华人民共和国刑法》等基本法律未能提供一套完整的个人隐私法律保护。

法律缺失是我国社会信用体系进一步完善的制约瓶颈。社会信用体系的立法是社会信用体系健康发展的基石，我国应该加快有关社会信用体系方面的法律法规建设。建立健全社会信用体系应该遵循“在不损害社会利益的前提下，保护个人隐私和商业秘密”的原则。在我国现行法律制度框架上，完善信用立法应该从以下三个方面着手：

（1）制定专门的征信管理条例或者具体办法，规范各种征信机构的征信活动，为信用服务业提供法律依据。专门的征信管理条例或者具体办法至少包括以下内容：①征信立法原则；②征信机构设立条件、营业范围；③信用信息征集范围、征集程序，信用信息产品使用中的使用者范围、使用目的和获取信用信息产品的程序；④被征信个人、企业在信息收集、信息保存、信息使用过程中的同意权、查询权、更正请求权和损害赔偿请求权；⑤信息提供者、征信机构和信息使用者的违法责任；⑥信用监管部门的机构设置、监管权限和监管方式等。

（2）制定政府部门开放个人、企业负面信息的相关法律，促进信用信息的合理流动。这方面的法律应该明确规定：①各种负面信息的公开范围、公开期限；②政府部门公开各种信息的不同方式、对公开信息的真实保证义务；③对非完全公开信息的查询对象、查询条件；④信息被公开者的申诉、异议和损害赔偿请求权等。

（3）完善个人隐私的法律保护制度。民法是保护个人隐私最重要的法律，然而《中华人民共和国民法通则》却未能肯定隐私权的独立法律地位。因此，在我国制定民法典时应该明确规定隐私权的独立地位，为隐私权提供一套完整的法律保护措施。

本章小结

1. 信用与商品货币一样，是一个历史的经济范畴。信用是一种以还本和付息为条件的借贷行为。借贷的对象可以是商品、劳务、货币或某种金融要求权（如股票或债券）。信用或债务通常发生于经济和金融上的交易中。

2. 信用是在私有制和商品交换的基础上产生的。信用的发展主要经历了高利贷信用阶段、资本主义信用阶段和社会主义信用阶段三个阶段。在前资本主义社会的经济生活中，高利贷是占统治地位的信用形式。极高的利率是高利贷最明显的特征。

3. 信用与金融是两个既有联系又有区别的概念。两者的区别首先表现在产生时间上，信用产生于原始社会末期，金融则是在资本主义条件下，信用得到相当程度发展后才诞生的。

4. 现代信用活动的基础是现代经济运行过程中的盈余单位和赤字单位的存在。一个国家信用关系的主体有四类：厂商、金融机构、政府机构和居民家庭。

5. 现代信用形式是各种具体信贷关系特征的体现。根据信用主体的不同，信用主要有商业信用、银行信用、国家信用、消费信用、国际信用五种基本形式。商业信用和银行信用处于主导地位，而银行信用则是现代信用形式中最主要的信用形式。其他各种信用形式都直接或间接地与这两种信用有关。

6. 信用经济背景下的社会信用体系，涉及信用关系、信用形式、信用机理、信用制度、征信机构等一系列制度框架的架构和运转维护。完善社会主义市场经济体制过程中，面对我国信用缺失的症状，辨明其危害，理清其缘由，在其治理方面有必要遵循社会信用体系发展的一般规律，将信用制度、信用监管和信用教育有机结合，打造好社会信用的制度平台、监管机制和教育氛围。

7. 未来经济是以信用为基础的经济，信用的作用将在各个方面发挥着影响，甚至在一些交易中起到决定性的作用。因此，建立一个完善、系统的征信体系对于我国经济的发展具有非常重要的意义。

重要概念

信用　信用经济　高利贷　金融　盈余　赤字　债权　债务　商业信用
银行信用　国家信用　消费信用　国际信用　出口信贷　征信

进一步阅读推荐

[1] 江涌. 信用评级——美国强权的新工具 [J]. 环球, 2005 (11).

[2] 国外信用制度介绍和比较参见：中央编译局马列主义研究室. 经济社会体制比较 [M]. 北京：中央编译局, 1985.

[3] 中国信用体系建设 20 年大事记. http://www.chinacreditc.org.cn.

复习讨论题

1. 单项选择题

(1) 商业信用是企业之间由于（　　）而相互提供的信用。

A. 生产联系　B. 产品调剂　C. 物质交换　D. 商品交易

(2) 信用的基本特征是（　　）。

A. 无条件的价值单方面让渡　B. 以偿还为条件的价值单方面转移

C. 无偿的赠与或援助　D. 平等的价值交换

(3) 以金融机构为媒介的信用是（　　）。

A. 银行信用　B. 消费信用　C. 商业信用　D. 国家信用

(4) 下列经济行为中属于间接融资的是（　　）。

A. 公司之间的货币借贷　B. 国家发行公债

C. 商品赊销　D. 银行发放贷款

(5) 下列经济行为中属于直接融资的是（　　）。

A. 票据贴现　B. 开出商业本票

C. 发行金融债券　D. 银行的存贷款业务

(6) 工商企业之间以赊销方式提供的信用是（　　）。

A. 商业信用　B. 银行信用　C. 消费信用　D. 国家信用

(7) 货币运动与信用活动相互渗透相互连接所形成的新范畴是（　　）。

A. 信用货币　B. 证券　C. 金融　D. 金融市场

(8) 现代经济中，信用活动与货币运动紧密相连，信用的扩张意味着货币供给的（　　）。

A. 增加　B. 减少　C. 不变　D. 不确定

(9) 典型的商业信用（　　）。

A. 只是唯一的商品买卖行为

B. 只是唯一的货币借贷行为

C. 是商品买卖行为与商品借贷行为的统一

D. 是商品买卖行为与货币借贷行为的统一

(10) 商业票据必须经过（　　）才能转让流通。

A. 承兑　B. 背书　C. 提示　D. 追索

(11) 个人获得住房贷款属于（　　）。

A. 商业信用　B. 消费信用　C. 国家信用　D. 补偿贸易

(12) 国家信用的主要工具是（　　）。

A. 政府债券　B. 银行贷款　C. 银行透支　D. 发行银行券

2. 多项选择题

(1) 国家信用的主要形式有（　　）。

A. 发行国家公债　B. 发行国库券
C. 发行专项债券　D. 银行透支或借款
E. 发行银行券

(2) 现代信用形式中两种最基本的形式是（　　）。

A. 商业信用　B. 国家信用　C. 消费信用　D. 银行信用
E. 民间信用

(3) 下列属于消费信用范畴的有（　　）。

A. 企业将商品赊卖给个人　B. 个人获得住房贷款
C. 个人持信用卡到指定商店购物　D. 个人借款从事经营活动
E. 企业将商品赊卖给另一家企业

(4) 下列属于直接融资的信用工具包括（　　）。

A. 大额可转让定期存单　B. 股票
C. 国库券　D. 商业票据
E. 金融债券

(5) 下列属于间接融资的信用工具包括（　　）。

A. 企业债券　B. 定期存单　C. 国库券　D. 商业票据
E. 金融债券

(6) 银行信用的特点包括（　　）。

A. 买卖行为与借贷行为的统一
B. 以金融机构为媒介
C. 属于直接信用形式
D. 借贷的对象是处于货币形态的资金
E. 属于间接信用形式

(7) 信用行为的基本特点包括（　　）。

A. 以收回为条件的付出　B. 贷者有权获得利息
C. 无偿的赠与或援助　D. 平等的价值交换
E. 极高的利率水平

(8) 金融是由（　　）两个范畴相互渗透所形成的新范畴。

A. 货币　　B. 利率　　C. 证券　　D. 信用

E. 商品

3. 判断题

(1) 直接融资与间接融资的区别在于债权债务关系的形成方式不同。　(　)

(2) 商业信用已成为现代经济中最基本的占主导地位的信用形式。　(　)

(3) 在间接融资中，资金供求双方并不形成直接的债权和债务关系，而是分别与金融机构形成债权债务关系。　(　)

(4) 就我国目前现状而言，作为一个整体，居民个人是我国金融市场上货币资金的主要供给者。　(　)

(5) 直接融资中的信用风险是由金融机构来承担的。　(　)

(6) 信用是价值单方面的转移，是价值运动的特殊形式。　(　)

(7) 从借贷的内容来看，最早的信用是货币信用。　(　)

(8) 商业信用的具体形式有赊销、赊购、银行汇票及预付货款。　(　)

4. 简答题

(1) 简述商业信用与银行信用的区别。

(2) 简述商业信用的作用与局限性。

(3) 简述消费信用的特点、积极作用与消极作用。

(4) 如何理解金融范畴。

(5) 简述直接融资的优点与局限性。

(6) 为什么说现代经济是信用经济？

5. 论述题

(1) 为什么说信用在促进商品货币经济高速发展的同时，也会使经济危机发生的可能性增大？

(2) 结合我国的实际情况，给出一些建设社会主义市场经济信用秩序的建议。

第三章　利息与利率

学习目的

通过本章学习，你应该能够：
(1) 明确利息、利率、现值和终值的涵义并能够计算；
(2) 掌握利率的分类及其经济杠杆功能；
(3) 理解利率决定相关理论和利率的风险结构、期限结构；
(4) 了解利率市场化及我国利率制度改革。

利息是与信用相伴随的经济范畴，利息水平的高低是通过利率来反映的。利率是市场经济条件下经济行为主体日常经营过程中所要面对的重要市场信号。利率的决定有其内在的规律。利率水平作为资金的价格，其高低对整个经济生活有重要的影响。本章主要介绍了利息的来源与本质、利息的计算、利率及其种类、利率理论、利率的风险结构、期限结构以及利率市场化和我国利率制度的改革进程。

第一节　利息的来源与本质

一、利息的来源与本质

利息（Interest）是指债权人于借贷期满后收回资金中超过本金的差额部分。在借贷过程中，债权人作为资本的所有者，仅仅让渡资本的使用权，并索要利息报酬。因此，在现代西方经济学中，利息被视为让渡资本使用权而索要的补偿。值得指出的是，将资本贷放出去进行投资而获得利息收益的情形非常普遍，也被视为理所当然。而现实中，投资可以采取除了贷放资本以外的多种形式，也可以带来各种各样的投资收益。由于利息的观念如此普遍，因此，利息也泛化成了收益的代表，即不论是否由借贷资本带来的利息形式的收益，一定程度上，都被当成利息看待。

现代社会将贷出货币收取利息视为正常的事情，货币因贷放而增值也深深植根于现代经济观念中。我国历史上，对利息也一直采取肯定的态度。但在西方中世纪时期，利息被认为是不合理的，因而有偿借贷都被视为高利贷而受到禁止。英国古典政治经济学的代表人物亚当·斯密则提出了“利息剩余价值学说”，指出利息具有双重来源：其一，当借贷的资本用于生产时，利息来源于利润；其二，当借贷的资本用于消费时，利息来源于别的收入，如地租等，从而为马克思关于利息本质的分析奠定了基础。利息的存在，使人们产生这样一种观念：货币可以自我增值。如何解释利息的来源或者说利息的实质，成为理解利息的首要问题。

关于利息的学说很多，我们介绍庞巴维克的时差利息学说和马克思的剩余价值利息学说。

庞巴维克是奥地利的经济学家，他最早提出时差利息论。庞巴维克认为，利息是由于现在物品与未来物品之间在价值上的差别而产生的。一般情况下，对于现在时间点上的具有一定质量、一定数量的商品而言，消费者可以做出两种选择：一种是现在消费，另一种是推迟消费。而现在消费可以给消费者带来消费这一商品所产生的享受，而现在不消费则消费者只能推迟其享受。对于一般消费者而言，消费时间点越是提前，越能给他带来消费的满足感。而对于同样的商品而言，消费者做出的两种选择是不对等的，即消费者不可能推迟消费。那么，他现在做出了推迟消费的决策，说明推迟了的消费与现在的消费所带来的享受是不相同的，这就必须使他在未来消费中除了消费前面的商品外，还要有贴水，即还要有额外的消费；否则，这两种选择无法对等。这一额外的消费，就成为消费者暂时让渡某一商品或某一货币给他带来的利息。所以，利息是时间偏好的产物。庞巴维克的时差利息论，承袭了古典经济学关于流动偏好的理论，并成为现代西方经济学中最具代表性的利息理论。

马克思对利息有深刻的分析。马克思针对资本主义经济中的利息指出：“贷出者和借入者双方都是把同一货币额作为资本支出的。但它只有在后者手中才执行资本的职能。同一货币额作为资本对两个人来说取得了双重的存在，这并不会使利润增加一倍。它所以能对双方都作为资本执行职能，只是由于利润的分割。其中归贷出者的部分叫作利息。”马克思认为，利息的实质是利润的一部分，是剩余价值的特殊转化形式。马克思的利息学说来源于古典经济学理论。亚当·斯密在《国民财富的性质和原因的研究》中指出：“以资本贷出取息，实无异于由出借人以一定的年产物让与借用人。但作为报答这种让与，借用人须在借用期内，每年以较小部分的年产物，让与出借人，称作利息；在借期满后，又以相等于原来由出借人让给他的那部分年产物，让与出借人，称作还本。”利息是信用关系成立的条件，利息的存在使信用关系得以产生、发展、壮大，从而促进了社会经济的发展。马克思针对资本主义经济中的利息曾有深刻的剖析，他认为利息直接来源于利润，是利润的一部分。在马克思看来，利润的本质是剩余价值，因此，利息是对剩余价值的分割，体现着货币资本家、产业资本家对雇佣工人的剥削。

二、利息之转化为收益的一般形态

在现实生活中，利息已经被人们看成收益的一般形态，即无论贷出资金与否，利息都被看成资金所有者理所当然的收入，同时无论借入资金与否，生产经营者也总是把自己的利润分为利息与企业主收入两部分，似乎只有扣除利息所余下的利润才是经营所得。其原因主要有：

（1）在借贷关系中利息是资本所有权的果实的观念被广而化之。

（2）利息虽然就其实质来说是利润的一部分，但由于它是个事先极其确定的量，其大小制约着企业主收入，用它来衡量收益，并以之表现收益的观念顺理成章了。

（3）在于利息的悠久历史，货币可以提供利息成为传统的认识。

利息转化为收益的一般形态，这种转化的主要作用在于导致了收益的资本化，收益的资本化是指任何有收益的事物，都可以通过收益与利率的对比倒算出它相当于多大的资本金额。使一些本身无内在规律可以决定其资本金数量的事物，也能从收益、利率、本金三者的关系中套算出资本金额或价格：

收益 B = 本金 P × 利率 r

如果知道收益和利率，就可以利用这个公式套算出本金，即：

$$B = P \cdot r$$

$$P = B/r$$

这样，有些本身不存在一种内在规律可以决定其相当于多大资本的实物，也可以取得一定的资本价格，如土地。有些本来不是资本的东西也因此可以视为资本，如人力资本与工资。收益资本化在经济生活中被广泛地应用，在有价证券价格形成中更突出地发挥作用。例如：地价 = 土地年收益/年利率；人力资本价格 = 年薪/年利率；有价证券的价格 = 证券收益/市场利率。

第二节　利息的计算

一、利息计算方法

（一）单利法

单利是指单纯按本金计算出来的利息。

单利法是指按单利计算利息的方法，即在计息时只按本金计算利息，不将利息额加入本金一并计算的方法。用单利法计算时，其本利和的计算公式为：

利息 I=本金 P×利率 r×期限 n

本利和 $S=P(1+r\cdot n)$

（二）复利法

复利是单利的对称，是指将按本金计算出来的利息额再加入本金，一并计算出来的利息。

复利法是指按复利计算利息的方法，即在计息时把按本金计算出来的利息再加入本金，一并计算利息的方法。其本利和的计算公式为：

$S=P(1+r)^n$

二、现值与终值

现值是未来某一时点上的一定量资金折算到现在所对应的金额，记作 P。终值又称将来值，是现在一定量的资金折算到未来某一时点所对应的金额，通常记作 S。

现值和终值是一定量资金在前后两个不同时点上对应的价值，其差额即为资金的时间价值。现实生活中计算利息时所称本金、本利和的概念相当于资金时间价值理论中的现值和终值，利率 r 可视为资金时间价值的一种具体表现；现值和终值对应的时点之间可以划分为 n 期（$n\geqslant1$），相当于计息期。

（一）单利现值和终值的计算

1. 单利现值

$P=S/(1+n\cdot r)$

式中，$1/(1+n\cdot r)$ 为单利现值系数。

2. 单利终值

$S=P(1+n\cdot r)$

式中，$(1+n\cdot r)$ 为单利终值系数。

（二）复利现值和终值的计算

复利计算方法是每经过一个计息期，要将该期所派生的利息加入本金再计算利息，逐期滚动计算，俗称"利滚利"。这里所说的计息期，是相邻两次计息的间隔，如年、月、日等。除非特别说明，计息期一般为一年。

1. 复利现值

$P=S/(1+r)^n$

式中，$1/(1+r)^n$为复利现值系数，n 为计息期。

2. 复利终值

$S=P(1+r)^n$

式中，$(1+r)^n$为复利终值系数，n 为计息期。

从以上公式可以看出，终值的大小有三个主要决定因素，即本金（现值）、利率和投资期的长短。一般而言，本金越多、利率越高、投资期越长，其终值就越大。

现实生活中，不同国家、不同地区、不同部门单位采用的利息计算方法也不尽相同。

（三）收益现值法

收益现值法（Present Earning Value Method）又称收益还原法、收益资本金化法，是指通过估算被评估资产的未来预期收益并折算成现值，借以确定被评估资产价值的一种资产评估方法。从资产购买者的角度出发，购买一项资产所付出的代价不应高于该项资产或具有相似风险因素的同类资产未来收益的现值。

第三节　利率分类与功能

一、利率的涵义

利率（Interest Rates）就是利息率，是指借贷期间所形成的利息额与本金的比率。用公式表示为：

利率=利息/本金

利率是有时间概念的，是一定时期内的利息额与本金之比。因此，利率可表示为年利率、月利率和日利率。年利率是以年为时间单位计算利息，用百分之几来表示；月利率是以月为时间单位计算利息，用千分之几来表示；日利率，习惯叫“拆息”，是以日为单位计算利率，用万分之几来表示。在实际生活中，利率通常用年利率表示。年利率、月利率和日利率之间的关系是：

日利率×30=月利率　　或：月利率÷30=日利率

月利率×12=年利率　　或：年利率÷12=月利率

在传统的习惯中，有用“厘”和“分”表示利息的习惯。不论是年息、月息、拆息都可以用“厘”作为单位，但意义不同。

现实生活中，利率的形式和种类极其繁多，如银行存贷款利率、同业拆借利率、债券利率等，而每一种利率又有多种细分，如仅就我国目前的国债利率中的回购利率而言，按交易主体不同可分为中央银行公开市场业务、银行之间、交易所的国债回购利率，而银行之间的国债回购利率按期限又分为 1、2、3、4、7、14、21 天回购利率，1、2、3、4、6 月回购利率，1 年回购利率等。这些不同的利率，既相互区别又存在错综复杂的相互影响。

二、利率的分类

一般我们根据不同的标准对利率进行如下分类：

（一）实际利率和名义利率

在借贷期间内，可能会出现物价水平的波动，从而导致借贷本金和利息实际价值的变化，由此需要区分名义利率和实际利率。名义利率是指不考虑物价水平变动时的利率；实际利率是指剔除物价变动，在货币购买力不变条件下的利率。

用 π（$\pi>0$，<0 或 $=0$）表示物价变动率，可以得到实际利率 r_t 和名义利率 r_n

的关系式为：

$$r_t=\frac{1+r_n}{1+\pi}-1 \qquad (\pi>0,\ <0\text{ 或}=0)$$

对上式进一步变形可得 $1+r_t+\pi+\pi\cdot r_t=1+r_n$

这是一种比较精确的计算方法。

当 r_t 和 π 的绝对值较小时，$\pi\cdot r_t\approx 0$，实际利率 r_t 与名义利率 r_n 的关系可以粗略表示为：

$$r_t=r_n-\pi$$

因为 π 可能大于、小于或等于 0，所以，实际利率可能低于、高于或等于名义利率，这取决于借贷期内物价上涨、下跌还是不变。对于借贷双方而言，实际利率比名义利率更有意义。如果名义利率不变，借贷期间物价下跌，则实际利率高于名义利率，这对贷方有利而对借方不利。反之，如果名义利率不变，借贷期间物价上涨，则实际利率低于名义利率，这对借方有利而对贷方不利；当物价上涨率高于名义利率时，实际利率甚至为负，即贷方不仅没有获得任何实际上的利息收益，反而连本金也没有实际足额收回。

例如，某笔借贷活动中，某人年初贷出本金 100 万元，年末收回本金和利息共 110 万元，则年利率为 10%，但是，这里的 10%并没有考虑借贷期内是否有物价变动，所以是名义利率。如果该年的通货膨胀率为 6%，则年末收回的本利和 110 万元，按不变价格计算，只相当于年初的 103. 8 万元（110÷1. 06≈103. 8），所以，扣除物价变动因素之后，实际利率为 3. 8%。

（二）市场利率、官定利率和行业利率

随市场供求而自由变动的利率称为市场利率或自由利率。由政府金融管理部门或者中央银行制定的利率，称为官定利率，也称为管制利率或法定利率。官定利率是政府干预经济的一种手段，具有强制执行效应。由非官方的民间金融组织，如银行业公会等制定的行业自律性质的利率，称为行业利率，也称为公定利率。行业利率对于维护业内的公平竞争有一定的意义，但对其行业成员没有强制约束力。

（三）固定利率和浮动利率

借贷期限内不做调整的利率，称为固定利率。这种计息方式较传统，其优点是计息简单。但是，对于较长期限的借贷而言，由于利率不能随着物价水平和金融市场状况的变动而调整，如果借贷期间物价上涨或市场利率上升，意味着债权人蒙受损失；反之，则意味着债务人的损失。固定的利率水平与市场利率水平的差异越大，物价波动越剧烈，债权人或债务人的损失也越大。由于这种损失事先无法预计，较长期限的借贷采用固定利率计息的风险也较高。所以，固定利率计息往往不适合中长期借贷。

借贷期限内可定期调整的利率，称为浮动利率。一般由借贷双方协定，在规定的时间内根据某种参考利率而定期调整，这样的计息安排意味着该笔贷款利率总能接近市场利率水平。浮动利率能较好地解决长期借贷的借贷双方利率风险问题，但因其手续和计算繁杂，一般只用于 3 年以上的借贷以及国际金融市场上的借贷。

（四）基准利率与同业拆借利率

按照利率的作用不同，可以将利率划分为基准利率和同业拆借利率。

基准利率（Benchmark Interest Rate），是指在多种利率并存的情况下，起决定作用的利率。基准利率变动时，其他利率水平也会相应变动。因此，观察这种关键性利率水平的变化趋势，也就大致找到了利率体系的变化趋势。在美国的金融市场上，联邦基金利率是其基准利率；在我国，中央银行对各金融机构的存贷款利率是利率体系中的基准利率。

同业拆借利率是指在同业拆借市场上，各金融机构之间提供短期融资时使用的利率。这种融资往往是为了弥补头寸的不足，因而期限较短。同业拆借利率是市场上波动最为剧烈，同时又最能反映货币市场资金供求情况的指标。根据这个指标，中央银行可以判断资金供求关系，同时相应地调整法定利率或者采取公开市场操作影响宏观经济。

在现代金融理论中，市场表现的各种利率水平被分解为：

利率=资金的纯时间价值+风险补偿

其中，资金的纯时间价值，是指投资于无风险资产时的利率水平，即无风险利率；而风险补偿指投资于有风险资产时，与风险相匹配的超额收益，也称为风险溢价。在市场利率环境中，无风险利率水平发生变化时，会带动其他有风险资产的利率水平发生变化，因此，无风险利率代表着基准利率。

三、利率的经济杠杆功能

利率是重要的经济杠杆，它对宏观经济运行与微观经济运行都有着极其重要的调节作用。利率杠杆的功能可以分为宏观与微观两个方面。

（一）宏观调节功能

（1）积累资金。资金总是第一大短缺要素。通过利率杠杆来聚集资金，就可以收到在中央银行不扩大货币供给的条件下，全社会的可用货币资金总量也能增加的效应。

（2）调节宏观经济。利率调高，一方面是拥有闲置货币资金的所有者受利益诱导将其存入银行等金融机构，使全社会的资金来源增加；另一方面借款人因利率调高而需多付利息，成本也相应增加，从而促使全社会的生产要素产生优化配置效应。国家利用利率杠杆，在资金供求缺口比较大时（资金供给<资金需求），为促使二者平衡，就采取调高存贷款利率的措施，在增加资金供给的同时抑制资金需求。运用利率杠杆，还可以调节国民经济结构。

（3）媒介货币向资本转化。利率的存在与变动能够把部分现实流通中的货币转化为积蓄性货币，能够把消费货币变成生产建设资金，同时推迟现实购买力的实现。

（4）调节收入分配。利息的存在及其上下浮动，会引起国民收入分配比例的改变，从而调节国家与人民、国家财政与企业的利益关系以及中央财政与地方财政的分配关系。

（二）微观调节功能

利率作为利息的相对指标影响了各市场主体的收益或成本，进而影响其市场行为。利率杠杆的微观功能主要表现在如下两个方面：

（1）激励功能。利息对存款人来说，是一种增加收入的渠道，高的存款利率往往可以吸收较多的社会资金；利息对于借款人来说，为减轻利息负担，增加利润，企业就会尽可能地减少借款，通过加速资金周转，提高资金使用效益等途径，按期或提前归还借款。

（2）约束功能。利率调高会使企业成本增大，从而使那些处于盈亏边缘的企业走进亏损行列。这样，企业可能会做出不再借款的选择，其他企业也会压缩资金需求，减少借款规模，而且会更谨慎地使用资金。

如何有效地发挥利率杠杆的功能，必须具备一定的经济条件，如稳定的货币环境、发育健全的金融市场以及银行和企业都必须是产权清晰、独立核算、自主经营、自负盈亏的现代企业。

第四节　利率决定理论

一、利率决定理论

利率的决定受各种因素的影响，但究竟是哪些因素在影响利率，以及如何发生影响，经济学界的看法并不完全一致。在此仅分别介绍其中重要的理论观点。

（一）马克思的利率决定理论

马克思的利率决定论是以剩余价值在不同资本家间的分割为起点的。马克思认为，利息是贷出资本的资本家从借入资本的资本家那儿分割来的一部分剩余价值，剩余价值表现为利润，利息的多少则取决于利润总额，利率取决于平均利润率。因此，利息只是利润的一部分，利润本身就是利息的最高界限。同时利息也不可以为零，否则借贷资本家就不会把资本贷出。换言之，利率的变化范围在零与平均利润率之间，至于具体定位何处，马克思认为这取决于借贷双方的竞争，即借贷资金的供求关系，也取决于传统习惯、法律规定等因素。

但是，在特定经济情况下，利率水平也有可能打破常规，出现等于或高于平均利润率和等于或低于零的情况。例如，在严重经济危机之时，由于商品过剩、销售困难而导致职能资本家到期债务有无力清偿的风险，此时职能资本家有可能不得不接受由于借贷资本供求矛盾尖锐而导致的等于或高于平均利润率的现实。另外，在当今某些负有特殊责任的金融机构，如国际开发协会，专门向一些特殊地区或行业提供一些不收息的贷款，此时利率等于零。还有瑞士在20世纪六七十年代为遏制大量资本内流而导致的通货膨胀，对非居民存款采取不但不付息反而倒收费用的政策，此时利率低于零，为负值。

（二）西方利率决定理论

西方经济学中关于利率决定的理论都是着眼于利率变动取决于借贷资本怎样的供求对比。经过几百年的发展，已经相当成熟，形成多种理论互相争鸣和互相取长补短。

1. 古典利率决定理论

传统经济学中的利率理论称为古典利率决定理论，该理论的主要倡导者为奥地利经济学家庞巴维克、英国经济学家马歇尔和美国经济学家费雪。

古典利率决定理论强调非货币的实物因素在利率决定中的作用，实物因素主要是储蓄和投资。投资量随利率的提高而减少，储蓄量随利率的提高而增加，投资量是利率的递减函数，储蓄量是利率的递增函数，利率的变化取决于投资量与储蓄量的均衡。

古典利率决定理论认为，利率决定于储蓄与投资的相互作用。储蓄 S 为利率 i 的递增函数，投资 I 为利率 i 的递减函数（见图 3-1）。当 $S>I$ 时，利率会下降；反之，当 $S<I$ 时，利率会上升；当 $S=I$ 时，利率便达到均衡水平。当投资增加时，投资线从图 3-1 中的 I 向右平移到 I' 点，均衡点从 E_0 移向 E_1，均衡利率也从 i_0 上升到 i_1。该理论的代表人物是美国著名经济学家费雪（*Fisher*），首先发现了预期通货膨胀与利率的关系。当预期通货膨胀率上升时，储蓄减少而投资增加，如果金融市场是一个不受控制的完全竞争性市场，结果是利率上升；而当预期通货膨胀率下降时，储蓄增加而投资减少，结果则是利率下降。这种预期通货膨胀变化引起利率水平发生变动的效应称为费雪效应（Fisher Effect）。该理论属于“纯实物分析”的框架。

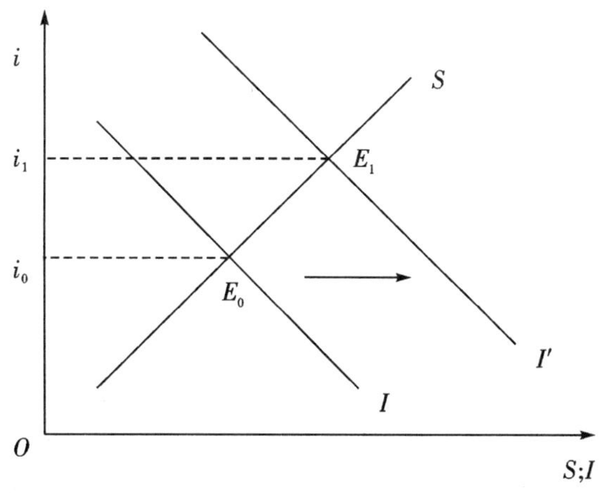

图 3-1　储蓄—投资理论下的利率

2. 流动性偏好理论

20 世纪 30 年代资本主义经济大危机后，凯恩斯针对古典经济理论的缺陷，提出了一套宏观经济理论。和传统的利率理论相反，凯恩斯认为利率不是决定于储蓄和投资的相互作用，而是决定于货币的供求数量。凯恩斯认为，货币供给 M_S 是外生变量，由中央银行直接控制；货币需求 L 是内生变量，取决于人们的流动性偏好，如果人们的流动性偏好强，货币的需求量就上升，反之则下降。在凯恩斯看来，人们对流动性偏好的动机有三个：交易动机、谨慎（预防）动机和投机动机。其中交易动机和谨慎动机与收入成正比、与利率无直接关系。如果用 L_1（y）表示因交易动机和谨慎动机而持有的货币量，L_1（y）是收入 y 的增函数。投机动机与利率成反比。因为当市场利率较高时，债券价格相对便宜，人们愿意更多地购买债券、更少地持有货币量，以降低作为投机动机的货币持有成本。如果用 L_2（i）表示为投机动机而持有的货币量，$L_2(i)$ 为利率 i 的减函数。货币的总需求量为 $L=L_1(y)+L_2(i)$。

流动性偏好决定的货币需求曲线与中央银行决定的货币供给曲线共同决定均衡利率水平。在图 3-2 中，M_1 为货币供给曲线，由中央银行决定；货币需求曲线 $L=L_1(y)+L_2(i)$ 是一条向下倾斜曲线，表明货币需求量 L 将随利率的下降而增加；货币供求状况决定均衡利率 i_1。如果中央银行增加货币供应，使货币供给曲线从 M_1 平移到 M_2，均衡利率就下降到 i_2。从图 3-2 可以看出，当货币需求曲线向右延伸时，逐渐与横轴平行，此时无论货币供给曲线 M 如何向右移动，即无论怎样增加货币供应量，均衡利率保持不变，这就是凯恩斯理论中著名的“流动性陷阱”假说。“流动性陷阱”还可用来解释扩张性货币政策的无效性问题。

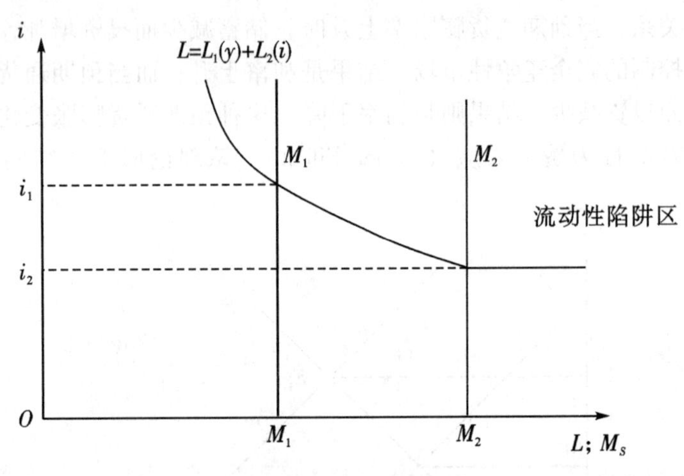

图 3-2 流动性偏好

3. 可贷资金利率理论

可贷资金利率理论产生于 20 世纪 30 年代后期，是新古典学派的利率理论。该理论是由新剑桥学派的罗宾逊（D. H . Robertson）首倡，经瑞典学派的俄林（B. Ohlin）、林达尔（E. Lindahl）和缪尔达尔（G. Mydal）补充发展，后由英国经济学家勒纳（A. P. Lerner）将其公式化而成。

（1）对古典和流动性偏好利率理论的批评

可贷资金利率理论对古典利率理论和凯恩斯的流动性偏好利率理论进行了批评。该理论认为，古典利率理论完全忽视了货币因素和存量分析，而凯恩斯完全摈弃了实际因素和流量分析，二者都过于片面。可贷资金利率理论将古典利率理论的实际因素、流量分析与流动性偏好理论的货币因素、存量分析相结合，以可贷资金为中心概念，从可贷资金的供求结构入手来分析利率的决定。

（2）可贷资金利率理论的主要内容

可贷资金是指“可用于贷放出去的资金”。可贷资金利率理论认为，可贷资金的需求包括两部分：①投资；②新增的窖藏货币需求。这是因为，一方面，借款者借钱后不一定全用于投资，可能有一部分款项借入后暂时不动，以财富形式储藏起来，即为窖藏之用；另一方面，储蓄是指收入减去消费之后的剩余，即非消费部分，其中包括以货币形式持有财富的窖藏，这实际上是一种“反储蓄”。可贷资金的供给包括三个部分：①储蓄；②银行系统新增发的货币供应量，包括中央银行增发的货币和商业银行所创造的信用；③窖藏现金的启用，即“反窖藏”、窖藏货币需求的减少。其中，可贷资金需求中的“新增的窖藏货币需求”和供给中的“窖藏现金的启用”可以合并为“净增加的窖藏需求”。

可贷资金利率理论综合了古典利率理论和流动性偏好理论，兼顾实际因素和货币因素，在分析方法上结合了流量分析与存量分析。作为西方经济学界的两大利率决定分析工具，可贷资金利率理论与流动性偏好理论相比，各有千秋。流动性偏好理论的分析焦点是由市场利率的短期决定的，强调短期货币供求对利率的决定作用，而可贷资金利率理论研究的焦点是实际利率的长期决定，它强调通过货币分析实际变量的决定作用，认为短期的货币因素在长期中对利率决定的影响是很小的。两者的分析方法和考虑重点虽有不同，但是所得的结论基本相同。如果增加货币供应量，二者都能得出短期内利率下降的结论。

可贷资金的供给来源主要有个人储蓄、商业储蓄、政府预算盈余、货币供给的增加、国外对国内的贷款等；需求来源主要包括家庭用款、企业投资、政府预算赤字、国外向国内的借款等。

在图 3-3 中，S_{LF}与 D_{LF}分别表示可贷资金的供给与需求曲线，可贷资金供给曲线 S_{LF}是一条向上倾斜的利率函数曲线。古典经济学家认为，利率是对放弃当前消费而进行储蓄的一种激励。储蓄意味着个体以未来的消费替代当前的消费。利率越高，通过放弃当前消费而进行储蓄获得的未来消费的数量就越多。同时，利率的上升，使银行愿意提供更多的贷款。此外，国内利率上升，可以把国际金融市场中的资金吸引到国内市场，增加可贷资金的供给。因此，S_{LF}是向上倾斜的。可贷资金的需求曲线 D_{LF}是向下倾斜的，因为利率的下降会引起当前消费和投资的增加，从而刺激融资项目支出的增加。另外，利率的下降还会增加国外经济实体对国内的借款。从图 3-3 可知，市场利率是由可贷资金市场中的供求关系决定的，任何使供给曲线或需求曲线产生移动的因素都将改变均衡利率水平。需求增加（D_{LF}曲线向右移动）或供给减少（S_{LF}曲线向左移动）将使均衡利率升高；而供给增加（S_{LF}曲线向右移动）或需求减少（D_{LF}曲线向左移动）将使均衡利率下降。具体而言，个人的储蓄行为将增加可贷资金的供给，引起利率下降；降低生产成本而使储蓄增加会有同样的结果；中央银行货币供给量的增加同样可以增加可贷资金的供给，使利率降低。从需求方面看，消费者和企业的信心下降，会导致消费者信贷购买和企业投资的减少，从而使可贷资金的需求减少，引起利率下降；征收收入所得税或为平衡大量的政府预算赤字而减少政府支出，将会降低政府对资金的需求，使 D_{LF} 曲线左移并拉动利率下降。

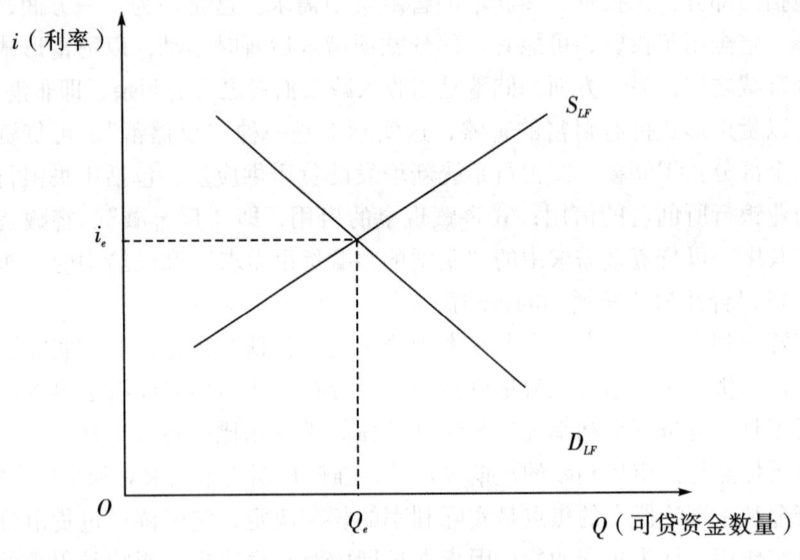

图 3-3　利率与可贷资金的供求关系

4. IS-LM 模型

IS-LM 模型也称为希克斯—汉森模型，1937 年由英国经济学家约翰·希克斯在其发表的著名论文《凯恩斯与古典学派》中首次提出，后经美国经济学家阿尔文·汉森加以修正和发展，使该模型成为西方宏观经济学中的重要模型之一。通过对古典利率理论、流动性偏好利率理论和可贷资金利率理论的吸收和批判，IS-LM 模型建立了一种将投资和储蓄、货币供给与需求四种因素综合考虑，四种因素共同决定均衡收入和利率的一般均衡理论。

希克斯对古典利率理论、流动性偏好利率理论和可贷资金利率理论进行了批评。他认为上述三种理论都没有考虑收入的决定因素，因而无法得出利率是多少。在希克斯看来，古典利率理论中，储蓄与投资共同决定利率水平，但是储蓄与收入有关，收入不确定时，储蓄也不确定，因此利率也无法确定；流动性偏好利率理论中，货币供求共同决定利率，但是货币需求部分取决于收入，收入不确定时，货币需求无法确定，导致利率也无法确定；可贷资金利率理论中，可贷资金的供求共同决定利率，但是可贷资金供给中的储蓄和可贷资金需求中的窖藏都与收入有关，收入不确定时，最终利率也无法确定。

IS-LM 模型的主要内容：希克斯认为，收入不确定时，利率也无法确定，因为收入通过影响储蓄和货币需求来影响利率；而同样，利率不确定时，收入也无法确定，因为利率通过投资来影响收入，所以，利率和收入两者之间存在不可分割的联系。在现实社会中，利率水平和收入水平必然是同时决定的，这也意味着必须将商品市场和货币市场相结合来解决利率和收入的决定问题。IS-LM 模型正是通过商品市场和货币市场同时达到均衡的条件来分析利率的决定。从商品市场来看，储蓄 S 与投资 I 相等是商品市场均衡的必要条件，而储蓄取决于收入 Y，并与收入正相关；投资 I 取决于利率 r，并与利率负相关。从货币市场来看，货币供求相等是货币市场均衡的必要条件，而货币供应 M 是外生变量，货币需求 L 中的交易及预防需求 L_1 与收入 Y 正相关，投机需求 L_2 与利率负相关。用 IS 曲线表示能使商品市场均衡（储蓄 S 与投资 I 相等）的收入与利率组合，用 LM 曲线表示能使货币市场均衡（货币供给 M 与货币需求 L 相等）的收入与利率组合。将能使商品市场和货币市场同时达到均衡的收入和利率的组合求出，即可得到均衡收入和利率。由于 IS-LM 模型图在西方经济学（宏观经济学）中已讲解，此处不再重述。

5. 开放经济条件下的弗莱明—蒙代尔模型（IS-LM-BP 模型）

在 IS-LM 模型的推导中，只考虑国内因素对均衡利率的影响，没有考虑国际因素的影响。然而，随着经济全球化的推进，各国经济与外部世界的联系越来越密切。在开放经济条件下，一国的国际收支状况会对国内利率产生较大影响。为弥补 IS-LM 模型的缺陷，美国经济学家弗莱明与蒙代尔在 IS-LM 模型的基础上加入国际收支因素，提出了一个三部门均衡的框架模型，即 IS-LM-BP 模型，也称为弗莱明—蒙代尔模型。他们认为，只有在国内实体经济部门、国内货币部门和国外部门同时达到均衡时，包括利率、汇率和国民收入的国民经济才能达到均衡状态。弗莱明—蒙代尔模型建立在如下假设的基础上：①总供给曲线是平缓的，这意味着是物价水平而不是实际收入调节着总需求的波动；② 经常项目的平衡不受资本账户的影响，经常项目的盈余规模同实际汇率正相关、同实际收入负相关；③在国际收支中，汇率预期是静态的，资本的流动性是不完全的，因此利率在 IS-LM-BP 模型中起中心作用，国际利差引起资本的流入与流出。IS-LM-BP 模型作为 IS-LM 模型在开放经济下的拓广，是开放经济条件下分析货币政策、财政政策的非常重要的工具。该模型论证了不同汇率制度下，一国的货币政策和财政政策在长期对该国的利率和国民经济具有不同的效果、不同的优势。对于固定汇率制度下国际资本不完全流动的情况，IS-LM-BP 模型论证了扩张性货币政策只是在短期内会引起利率下降、收入增加、国际收支恶化等结果，本国货币有贬值压力；但在长期，为维护固定汇率，中央银行将出售外汇储备购买本国货币，直至 LM 曲线恢复原来水平。这样，利率、国民收入和国际收支将恢复期初水平，发生变化的只是中央银行资产的内部结构（增加或减少国内信贷，减少或增加外汇储备），即货币政策在长期是无效的。但是财政政策在长期是有效的，扩张性的财政政策将使利率和国民收入都提高。由于 IS-LM-BP 模型图在西方经济学（宏观经济学）中已讲解，此处也不再重述。

二、利率的风险结构与期限结构

（一）利率的风险结构

利率的风险结构指的是期限相同的融资而利率却不同的现象，或相同期限金融资产因风险差异而产生的不同利率。有很多风险因素影响利率的大小，其中主要有违约风险、流动性风险、税收政策风险、购买力风险等。

1. 违约风险

违约风险又叫信用风险，或者叫倒账风险，是债券的主要风险之一。债券种类繁多，不同债券的违约风险有很大的不同。在信用关系中，违约风险是指债务人不能按事先约定，按时足额地向债权人归还本金和支付利息。债券发行者可能存在违约风险，违约风险的高低随发行者的实力和信誉程度而变化。例如，国债、金融债券和企业债券相比较而言，国债几乎没有违约风险，金融企业的资信等级较高，但存在一定程度的违约风险，企业债券的资信等级比金融企业整体要低，违约风险最高。

对于投资者而言，在同期限和同等收益水平下，愿意购买违约风险最低的债券，以保障投资收益的实现。因此，违约风险高的债券，为吸引投资者的购买，应当给予投资者更高的利息收益，以补偿投资者承担的风险。因此，违约风险越高的债券，其利率水平越高。有违约风险债券和无违约风险债券的利率差额，称为风险升水或风险溢价，风险溢价代表了人们对持有风险债券要求的额外补偿。

由于违约风险对于债券利率和风险溢价的决定如此重要，投资者需要对企业的违约风险进行了解。债券违约风险通常称为信用风险，它的测定由信用评级机构负责。在美国，穆迪投资服务公司和标准普尔公司对企业债券和市政债券做出的信用评级是投资者考察企业债券的重要依据。

2. 流动性风险

违约风险只是构成同期限不同债券的利率差别的原因之一。国债的交易规模大，违约风险低，价格也相对稳定，因此国债很容易出手而且交易费用低。而企业债券的交易规模小，违约风险高，价格波动相对较大，因而企业债券相对国债较难出手，尤其在紧急情况下，交易费用更高。因此，国债的流动性大，也更受市场欢迎。为了吸引投资者购买流动性小的企业债券，应当给予投资者更高的利息收益，以补偿投资者承担的流动性损失。

3. 税收政策风险

在美国债券市场上，美国市政债券比国债的违约风险大而且流动性低，但是市政债券的利率水平却比国债要低。这是因为，这两种债券的税收政策不一样。在美国，国债的利息收入要纳税，但是市政债券的利息收入却享受免交国税和地方税的待遇，所以尽管市政债券的利率比税前的国债利率要低，但是却比税后的国债利率要高。

4. 购买力风险

债券一个比较明显的特征是，有明确或比较明确的现金流入量。但债券很难回避物价上涨带来的影响，而股票回避物价上涨的能力要好得多。

股票的收益主要来自于股价的变动。尽管影响股票价格的因素数不胜数，但股价最终是股票价值的反映。股票价格一方面取决于公司的收益，另一方面取决于投资的机会成本——股票资本成本的高低。公司的收益通常与经济环境密切相关，其中也与物价水平相关。上市公司通常有多种手段回避通货膨胀的风险。而由于债券的利息收益是固定的，不管发行者有多大能力来回避通货膨胀的风险，购买者只能获得名义上固定的利息。这就给投资者带来很高的风险。

总之，违约风险、流动性、税收政策风险和购买力风险这些因素都对期限相同的各种债券之间的利率差异起作用，这几种因素较好地解释了债券的风险结构。

（二）利率的期限结构

前面讨论了利率的风险结构问题，这个部分我们来研究利率的期限结构问题。利率的期限结构是指在违约风险、流动性及税收因素相同的情况下，利率的大小与其到期日的时间长短之间的关系，即利率与期限之间的变化关系。一般来说，利率随期限的延长而增加。

利率的期限结构可以用利率（收益率）曲线表示。

1. 利率（收益率）曲线

利率（收益率）曲线是在假定证券市场上证券价格、证券面值及各期收益等已知的条件下，反映证券的利率（收益率）随证券期限的变化而变化规律的曲线。这条曲线是这样得到的：把期限不同但风险、流动性和税收因素都相同的回报率连成一条曲线，即利率（收益率）曲线。

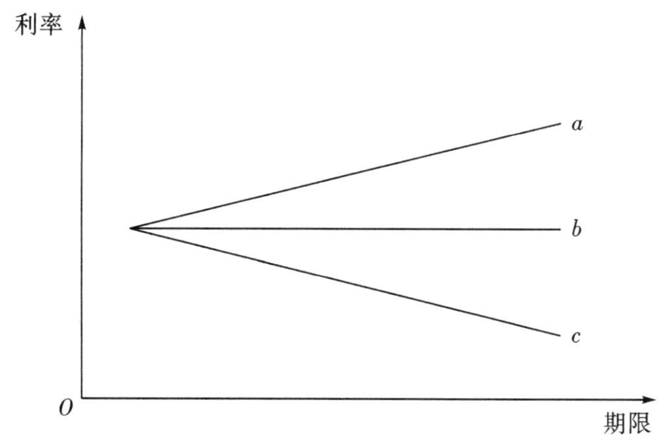

图 3-4　利率（收益率）曲线

我们以期限为横轴，利率水平为纵轴，将利率（收益率）曲线描述在这一坐标空间内，则利率（收益率）曲线形状大致可能会呈现如图 3-4 所示的三种情况。如图 3-4 中 a 所示，向右上方倾斜的形状表明期限越长，利率越高。这种形状的曲线被称为"正常的"或"正的"收益曲线。除此之外，还有两种其他类型的曲线：呈水平状和向右下方倾斜，如图 3-4 中 b、c 所示。

水平形状的曲线表明利率与期限无关系，长期利率与短期利率相等。此种情况下将造成对长期证券的需求减少，继而长期利率将逐渐大于短期利率。向右下方倾斜的曲线，表明期限越长，利率将逐渐小于短期利率，表明期限越长，利率越低。目前，有三种利率的期限结构理论对利率（收益率）曲线的不同状况进行解释。

2. 利率的期限结构理论

（1）预期理论

预期理论假定整个债券市场是统一的，不同期限的债券之间具有完全的替代性，也就是说，债券的购买者在不同期限的债券之间没有任何特殊的偏好。在此基础上，预期理论断言，利率的期限结构是由人们对未来短期利率的预期决定的。预期假说解释了利率期限结构随着时间不同而变化的原因。

① 收益率曲线向上倾斜时，短期利率预期在未来呈上升趋势。由于长期利率水平在短期利率之上，未来短期利率的平均数预计会高于现行短期利率，这种情况只有在短期利率预计上升时才会发生。

② 收益率曲线向下倾斜时，短期利率预期在未来呈下降趋势。由于长期利率水平在短期利率之下，未来短期利率的平均数预计会低于现行短期利率，这种情况只有在短期利率预计下降时才会发生。

③ 当收益率曲线呈水平状态时，短期利率预期在未来保持不变。

尽管预期理论解释了利率（收益率）曲线所呈现的三种情况，但它也面临着一个重要的经验事实的挑战，那就是市场上长期利率一般要高于短期利率，这是否意味着人们总是倾向于相信未来的利率会高于现在呢？这显然没有道理，原因是人们预期的利率水平的变化方向不可能是不变的。针对这一问题，人们提出了市场分割假说。

（2）市场分割假说

市场分割假说理论认为，期限不同的债券市场是完全分离的或独立的，每一种债券的利率水平在各自的市场上，由对该债券的供给和需求所决定，不受其他不同期限债券预期收益变动的影响。

一般而言，持有期较短的投资人宁愿持有短期债券，而持有期较长的投资人可能倾向于持有长期债券。由于投资人对特定持有期的债券具有特殊的偏好，因而可以把债券的不同期限搭配起来，使它等于期望的持有期，从而可以获得确定的无风险收益。例如，收入水平较低的投资人可能宁愿持有短期债券，而收入水平较高或相对富裕的投资人选择的平均期限可能会长一些。如果某个投资人的投资行为是为了提高近期消费水平，他可能选择持有短期债券；如果其投资行为有长远打算，那么，他可能希望持有期限稍长的债券。

按照市场分离假说的解释，收益率曲线形式之所以不同，是由于对不同期限债券的供给和需求不同。

① 收益率曲线向上倾斜表明，对短期债券的需求相对高于对长期债券的需求，结果是短期债券具有较高的价格和较低的利率水平，长期利率高于短期利率。

② 收益率曲线向下倾斜表明，对长期债券的需求相对高于对短期债券的需求，结果是长期债券具有较高的价格和较低的利率水平，短期利率高于长期利率。

③ 由于平均看来，大多数人通常宁愿持有短期债券而非长期债券，因而收益率曲线通常向上倾斜。

由于这种理论将不同期限的债券市场看成是分割的，所以它无法解释不同期限的债券利率往往是同向变动的这一经济现象。

（3）偏好停留假说

偏好停留假说是对预期假说和市场分割假说的进一步发展。该理论认为，长期债券的利率水平等于在整个期限内预计出现的所有短期利率的平均数，再加上由债券供给与需求决定的时间溢价。

根据偏好停留假说，可以得出下列几点解释：

① 由于投资者对持有短期债券存在较强偏好，只有加上一个正的时间溢价作为补偿时，投资人才会愿意持有长期债券。因此，时间溢价大于零。即使短期利率在未来的平均水平保持不变，长期利率仍然会高于短期利率。这就是收益率曲线通常向上倾斜的原因。

② 在时间溢价水平一定的前提下，短期利率的上升意味着平均看来短期利率水平将来会更高，从而长期利率也会随之上升，这解释了不同期限债券的利率总是共同变动的原因。

③ 时间溢价水平大于零与收益率曲线有时向下倾斜的事实并不矛盾。因为在短期利率预期未来会大幅度下降的情况下，预期的短期利率的平均数即使再加上一个正的时间溢价，长期利率仍然低于现行的短期利率水平。

④ 当短期利率水平较低时，投资者总是预期利率水平将来会上升到某个正常水平，未来预期短期利率的平均数会相对高于现行的短期利率水平，再加上一个正的时间溢价，使长期利率大大高于现行短期利率，收益率曲线往往比较陡峭地向上倾斜；相反，当短期利率水平较高时，投资者总是预期利率将来会回落到某个正常水平，未来预期短期利率的平均数会相对低于现行的短期利率水平。在这种情况下，尽管时间溢价是正的，长期利率也有可能降到短期水平以下，从而使收益率曲线向下倾斜。

由于偏好停留假说较好地与我们观察到的经验事实吻合，所以它是一种最被人们接受的利率期限结构理论。

第五节　中国利率制度的改革

一、利率市场化及国外的经验

（一）利率市场化

所谓利率市场化，是指货币当局将利率的决定权交给市场，由市场主体自主决定利率，货币当局则通过运用货币政策工具，间接影响和决定市场利率。利率市场化，简单地讲就是将存款利率上限和贷款利率下限放开，由银行自己决定。它最大的特征就是中央银行确定基准利率，由市场供求来决定交易利率。利率市场化包括利率决定、利率传导、利率结构和利率管理的市场化。

利率市场化在整个金融体系改革中起着核心的作用，利率市场化改革是一项事关金融安全乃至国家经济安全的重要工作，因此更应慎重。在没有以往实践经验的情况下，我们应借鉴国外一些国家和地区的利率市场化改革经验。

（二）国外利率市场化改革实践与启示

1. 国外利率市场化改革实践

（1）美国利率市场化改革。为应对 1933 年大萧条，美联储改变了之前的利率自由化，出台了《Q 条例》管制存款利率上限。在 20 世纪 60 年代通胀率不断走高的背景下，银行资金流失体外，银行通过创新如大额可转让存单（CD）、货币市场账户（NOW 账户）等金融工具，迫使货币当局推进利率自由化：从 1970 年开始先后取消不同额度 CD 和定期存款利率上限管制，允许部分储蓄存单利率与国债利率挂钩；1980 年出台《吸收存款机构放松管制和货币控制法》，按照先大额定期存款、其次小额定期存款、最后储蓄存款的顺序取消了存款利率管制；贷款利率除房贷等少数利率外，其他贷款利率也相应逐步放开；1986 年废除《Q 条例》后全面实现了利率自由化。随着放松利率管制，金融机构高息揽存的竞争加剧，为消化成本争取盈利，大量资金投入房地产领域，后因房地产泡沫导致 1 000 多家存款类机构倒闭，国家为此付出了 1 500 亿美元的救助成本。

（2）日本利率市场化改革。日本从 1978 年开始利率自由化，先允许银行拆借利率弹性化，后放开银行间票据市场利率，发行利率不受限制的 CD；1984 年降低 CD 发行标准，先后放开定期和流动存款利率，贷款利率由法定水平决定改为由平均融资利率确定；1991 年停止利率窗口指导；1993 年实现小额定期存款利率自由化，1994 年全面实现利率自由化。日本利率改革伴随着汇率升值等改革出现了货币高增长经济低通胀、金融资产高收益低成本现象，导致企业和居民更偏好将为实体经济配置的资金投资到金融市场的资产组合，企业的实体资产和金融资产同步扩张，助涨了土地和股市泡沫。由于贷款利率很难提高以覆盖大额存款成本，出现了资金“脱实转虚”，最终导致泡沫经济破灭。

（3）印度利率市场化改革。印度在 20 世纪 80 年代后期，以放开货币市场利率为起点开始利率市场化改革：1985 年曾允许银行对 15 天至 1 年期存款以 8%为上限自由设定利率，但因发生“价格战”，仅 1 个月就夭折了；1990 年 9 月根据贷款规模设定六档贷款利率下限，1992 年又规定所有 46 天以上的存款统一以 13%为利率上限；1994 年 10 月印度中央银行宣布放开贷款利率，通过各报价行设置最优贷款利率为最低下限，逐步取消贷款利率各档下限，1995 年 10 月、1996 年 7 月和 1997 年 10 月分别放开了对 2 年期以上、1~2 年期及 1 年期以下定期存款利率的管制，至此（除储蓄存款中央银行设置固定利率外）印度银行可以自由设定所有的存款利率；2003 年 4 月印度中央银行要求各银行发布覆盖成本和最低利润的基准最优贷款利率作为全行贷款定价的参考，但取消贷款利率下限约束出现了恶性竞争；2010 年 7 月印度中央银行再次要求各银行自行选择基准利率测算发布其基础利率，作为其贷款利率下限，以防止银行间过度竞争。2011 年 10 月 26 日，印度中央银行宣布商业银行可以从此开始自主确定各种储蓄存款利率，不再执行中央银行统一规定的利率，标志着利率改革全面完成。

（4）韩国的二次利率改革。20 世纪 80 年代韩国金融改革开始时便进行利率改革。1982 年改贷款直接控制为间接控制并于当年 6 月份取消了优势企业政策贷款的优惠利率；1984 年初金融机构可在一定范围自定贷款利率而无须执行管制水平，同年放开了活期存款利率上限；1986 年取消了存款证利率限制；1988 年 12 月放开了贷款利率。这种“先存款后贷款、先短期后长期”的利率改革路径导致国内利率上升，在汇率升值和资本流入等背景下出现了经济下滑，因此于 1989 年又恢复了利率管制。1994 年韩国又开始分四个阶段进行第二次利率自由化改革：放宽短期贷款利率及三年以上存款利率限制；除韩国银行贴现贷款和两年期以上存款外放开金融机构所有贷款利率限制；放宽包含韩国银行贴现贷款及一年期以上存款利率在内的管制；1997 年 7 月所有存款利率实现自由化。韩国“先贷款后存款、先长期存款后短期存款”的第二次利率改革促进了其经济蓬勃发展，防止了存款的过度竞争及期限错配，有利于监管并确保国内市场有序开放竞争。但由于资本账户开放过早，1997 年韩国因外债过多而被拖入东南亚金融危机之中。

（5）北欧利率改革。20 世纪 80 年代北欧国家（不含丹麦）开放了金融业，1978—1991 年实施的改革措施包括开放资本账户、提高银行业竞争、更为灵活的汇率及利率自由化。这些措施造成信贷井喷、资产价格泡沫膨胀、大银行丧失市场主导地位、投资崩溃、货币出现投机性冲击，并因宏观经济政策失误和审慎监管不到位等导致经济衰退和银行危机。

（6）阿根廷利率改革。1971 年 2 月，阿根廷率先在南美洲开始利率自由化改革，但是，在国内经济不稳定背景下，不到一年改革便夭折，原因是大量资金从商业银行流向率先自由化的非银行金融机构。1975 年，在恶性通货膨胀压力下，阿根廷再度推行利率自由化，除了储蓄存款利率上限仍定在 40%外，取消了其他所有利率管制措施。1977 年 6 月全部放开利率管制，在不到两年的时间里就完成了利率的全面自由化。但利率自由化并未有效缓解阿根廷国内通胀率高企、金融市场发展缓慢的局面，反而增加了经济金融的波动性。改革措施实施后，阿根廷国内利率水平迅速上升，利差进一步放大，银行等金融机构放贷热情高涨，国内资金供不应求，在资本账户开放的背景下资金需求者转向利率较低的国际金融市场自由借贷，导致外债过度膨胀，大批企业无法偿还银行贷款而倒闭，最终导致债务危机，阿根廷政府只好在 20 世纪 90 年代初放弃了利率自由化政策。

（7）土耳其利率改革。1980 年土耳其解除存款贷款利率管制，银行为争夺存款不断推高利率水平。由于银行缺乏判断信贷风险的经验而拒绝在同业拆借市场给其他银行借款，以及监管不力和银行间缺乏信任，导致存款囤积和拆借市场不活跃，最终因银行危机令土耳其 1982 年重新实行利率管制。

2. 国外利率改革启示

（1）激进式的利率改革基本失败，如土耳其、北欧、南美等国家和地区；渐进式的利率改革成功概率比较高。改革成功的关键是利率市场化路径。总体来讲，应先放开贷款利率后放开存款利率。在贷款利率方面，先逐步扩大自主定价区间并以下限管理为过渡，最终将基于市场基准利率的最优惠贷款利率作为各自贷款利率下限并自主调整；在存款利率方面，优先放开长期大额定期存款利率，然后放开短期小额定期存款利率，最后放开活期存款和居民储蓄存款利率。提前或同步放开资本账户，最大的冲击是国际资本投机和国内过度借外债。各国放开利率特别是放开存款利率后都出现了利率水平大幅上升、国际投机资本为套利大举流入、国内借款人为节省财务费用过度借外债的现象。为尽快消化资金的高成本，大量资金流入股市和房地产领域，助涨了资产泡沫导致经济萧条。加强宏、微观审慎监管是利率改革成功的保障。利率改革必须同步加强、完善审慎的全面监管，一是防止存、贷款业务的过度竞争带来金融不稳定的破坏性影响，特别是监管小金融机构和风险管理弱、资本不充分、拥有大量按揭业务等长期资产的金融机构；二是防止银行体内资金流出体外，由影子银行体外循环，资金脱离实体经济进入虚拟经济，助涨资产泡沫，造成宏观经济不稳定；三是防止高息揽存，应加强定价秩序的自律管理和金融机构利率定价机制建设，提高风险定价能力和财务硬约束能力。

（2）利率改革必须以宏观经济运行平稳为前提。凡是在经济动荡、通货膨胀高企、预期不稳定和汇率升值过程中实施的利率改革，特别是存款利率改革都付出了较大代价；相反，在经济增长平稳或下行、物价稳定下行和实际利率为正、国际收支基本平衡的背景下实施利率改革则容易成功，因为资金供求平衡或需求减弱下行时，放开利率产生的金融服务竞争不会推升利率水平，也因资产泡沫收缩不会导致炒作。因此，货币政策必须处理好控制信贷扩张、严控通货膨胀并管好预期、防止资产泡沫、保持经济增长基本稳定和金融稳定与利率改革的关系。

（3）金融市场诚信发达、有效便捷是利率改革成功的条件。发达的金融市场可以让利率改革释放出来的资金流入统一的金融市场，通过公开透明、有序竞争的市场机制进行供求匹配，能够有效防止资金体外循环、投机泡沫资产、交易信息不透明、监管困难等问题出现。同时，发达的金融市场有利于金融机构创新市场工具，如大额可转让存单（CD）、货币市场账户（NOW 账户）、固定收益债券和基金等批发性融资产品，为利率改革提供载体。另外，发达的金融市场能够保证全社会的资金供求双方融资便利成交，具有监管保障的诚信生态是有效融资的前提，中央银行流动性调控是保障。

（4）建立存款保险制度是利率改革特别是存款利率改革的前提条件。各国普遍出现存款利率放开以后金融机构竞争加剧、存款利率上升、投资高风险资产消化成本压力增大的情况，一旦经营不当或遇到经济金融波动等市场变化，金融机构将会出现倒闭的情况。因此，必须在监管资本等约束的基础上通过存款保险制度约束其杠杆率，限制其揽存行为中的道德风险，为保障存款人利益还必须依据存款保险制度对存款类金融机构实行逆周期的动态监管调控。

以美国为首的发达国家在利率市场化的初始阶段，宏观经济状况稳定，处于一个低利率的市场环境当中，采取的是渐进的改革模式。在利率市场化的过程当中，各项配套的法律法规也逐渐跟进完善，并且强调监管，最终取得了利率市场化的成功。日本、韩国等亚洲国家采取的利率市场化改革策略采取了渐进的方式，各项配套措施也相对到位，在金融监管不断加强的状态下来进行利率市场化的改革。与之相比，拉美发展中国家在利率市场化过程当中采取的是激进式的方法，在宏观经济不够稳定、各项配套的法律规章不够合理、监管不到位的情况下进行利率市场化的改革，最终以失败而告终。

目前我国的经济发展水平与发达国家还有较大差距，因而对我国利率市场化改革最具有借鉴作用的应是韩国等亚洲国家的利率市场化改革。我国目前采取的利率市场化改革的方案是渐进式的。

二、中国利率市场化改革

我国长期以来一直实行利率管制，各种利率水平的确定主要是通过行政手段直接规定。

我国的利率市场化是在建立社会主义市场经济体制中逐渐提出来的。我国在1978 年以前的计划经济时期，实行的基本上是与计划经济相适应的高度集中、严格管制的固定利率体制。利率管理权限完全集中在中国人民银行总行，对利率的重大调整须报请国务院批准，各级分行和专业银行都无权变动利率，这是僵化的管制利率体制。

改革开放以后，党和国家逐步认识到利率对经济的调节作用，非常重视我国的利率市场化改革。1993 年，党的十四大《关于金融体制改革的决定》提出，我国利率改革的长远目标是：建立以市场资金供求为基础，以中央银行基准利率为调控核心，由市场资金供求决定各种利率水平的市场利率管理体系。党的十四届三中全会通过的《中共中央关于建立社会主义市场经济体制若干问题的决定》中提出，中央银行按照资金供求状况及时调整基准利率，并允许商业银行存贷款利率在规定幅度内自由浮动。此后，根据党的十六届三中全会精神，结合我国经济金融发展和加入世贸组织后开放金融市场的需要，中国人民银行提出了利率市场化改革的基本思路：按照先外币、后本币，先贷款、后存款，先大额长期、后小额短期的基本步骤，逐步建立由市场供求决定金融机构存、贷款利率水平的利率形成机制，中央银行调控和引导市场利率，使市场机制在金融资源配置中发挥主导作用。

（一）放开银行间同业拆借市场利率

我国自1996年1月3日建立和启动了全国统一的同业拆借市场，并从当年6月1日起取消了原来按同档次再贷款利率加2.88个百分点确定同业拆借利率最高限的规定，实行由拆借双方根据市场资金供求状况自主确定拆借利率水平。1997年开始公布“全国银行间同业拆借利率”（CHIBOR），从而使利率市场化找到了恰当的突破口。1998年，中央银行又撤销了各地的融资中心和二级拆借市场，全国的银行间拆借统一在原一级市场上进行。这表明我国真正的、较为成熟的货币子市场正在形成，这对利率市场化改革和货币政策的有效发挥具有里程碑意义。到目前为止，我国银行间同业拆借市场利率已经实现了市场化，同业拆借利率完全由市场资金供求状况决定。2013年6月7日，由于市场资金供应紧张，上海银行间同业拆放利率（Shibor）包括隔夜、7天期、14天期、1月和3月拆放利率全线飙升；2013年6月20日，银行间质押式回购隔夜加权平均利率飙涨至13.881%，隔夜回购最高成交利率达到30%，创历史最高点。银行间7天回购最高利率创纪录达到28%，银行出现“钱荒”现象。进入7月，随着银行的内部调整以及流动性的增强，银行的“钱荒”现象基本已经解除，各项利率回到之前的3%~5%的水平。

（二）放开国债市场利率

1997年6月银行间债券市场正式启动，与此同时放开了债券市场的债券回购和现券交易利率。1998年9月，放开了政策性银行发行金融债券的利率。1998年9月2日，国家开发银行在银行间债券市场首次运用市场利率招标方式发行1年期金融债券，获得成功；同年11月，进出口银行也成功发行了1年期金融债券。随后，银行间债券市场债券发行利率全面放开。

国债发行利率的市场化，必须以国债市场的开放为前提。中国人民银行自1996年4月开展国债公开市场操作以来，交易对象不断扩大，交易方式日益多样化，操作力度也在加强，国债市场逐步开放。1999年9月，成功实现了国债在银行间债券市场上通过利率招标发行。

（三）放开了贴现和转贴现利率

1998年3月，我国改革再贴现利率及贴现利率的生成机制，放开了贴现和转贴现利率。在此之前，根据规定，贴现利率在同档次贷款利率基础上最大下浮幅度不超过10%，再贴现利率在再贷款利率基础上最大下浮幅度不超过10%。由于贷款利率与再贷款利率变动不一致，出现了贴现利率与再贴现利率倒挂的现象，限制了票据市场的发展。1998年3月以后，我国实行贴现和转贴现利率在再贴现利率的基础上加点生成，再贴现利率由中央银行根据货币市场利率单独确定的机制，实际上放开了贴现和转贴现利率。

（四）实现了境内外币利率的市场化改革

2000 年 9 月 21 日开始，我国改革了外币利率管理体制。具体内容如下：

（1）放开外币贷款利率。由金融机构根据国际金融市场利率的变动情况以及资金成本、风险差异等因素，自行确定各种外币贷款利率及计结息方式。

（2）大额外币存款利率由金融机构与客户协商确定。300 万美元以上（或 300 万美元）或等值其他外币的大额外币存款，其利率水平由金融机构与客户协商确定，并报当地人民银行备案。今后，大额外币存款起存金额由中国银行业协会负责调整。

（3）小额外币存款利率由银行业协会统一制定，各金融机构统一执行。对 300 万美元（或等值其他外币）以下的小额外币存款，其利率水平由银行业协会统一制定，经中国人民银行核准后对外公布。各金融机构统一按中国银行业协会公布的利率水平执行。

（五）对保险公司大额定期存款实行协议利率

从 1999 年 10 月开始，对保险公司 3 000 万元以上和 5 年（不含 5 年）以上的大额定期存款实行保险公司与商业银行双方协商利率的办法，实际上放开了这项存款利率。这是首次对大额长期存款利率进行市场化的改革尝试。

（六）公开市场业务操作

1996 年 4 月，中央银行启动了以国债回购为主要形式的公开市场操作，经过多年来的努力，公开市场业务操作已经成为中央银行调控基础货币的主要政策工具。

（七）改革法定存款准备金制度

改革法定存款准备金制度是利率市场化改革的重要内容。1998 年 3 月 21 日，中国人民银行对存款准备金制度进行了改革，恢复了存款准备金的支付、清算和货币政策工具的功能，消除了商业银行一方面过多向中央银行借款、一方面又过多向中央银行存款的怪现象。但是，对准备金存款支付利率的做法，仍在一定程度上保留了准备金分配信贷资金的功能，不利于准备金制度功能的发挥，也不利于形成合理的中央银行利率。

（八）存贷款利率调整频繁，逐步扩大存贷款利率浮动幅度

从 1993 年 5 月到 2008 年，我国对存贷款利率进行了多次调整，其中 1993 年 5 月 15 日、7 月 11 日，1995 年 1 月 1 日是提高存贷款利率。从 1996 年 5 月 1 日到 2002 年 2 月 21 日，连续 8 次降低利率。2004 年 10 月 29 日起上调金融机构存贷款基准利率。金融机构 1 年期存款基准利率上调 0.27 个百分点，由 1.98%提高到 2.25%，1 年期贷款基准利率上调 0.27 个百分点，由 5.31%提高到 5.58%。其他各档次存、贷款利率也相应调整，中长期上调幅度大于短期。每一次利率调整都是根据当时的经济形势而进行的。提高利率是为了抑制经济过热，而降低利率是为了刺激投资，拉动经济增长。

1998 年和 1999 年，中国人民银行连续三次扩大金融机构贷款利率浮动幅度。2004 年 1 月 1 日，中国人民银行再次扩大金融机构贷款利率浮动区间。商业银行、

城市信用社贷款利率浮动区间扩大到0.9~1.7，农村信用社贷款利率浮动区间扩大到0.9~2，贷款利率浮动区间不再根据企业所有制性质、规模大小分别制定。扩大商业银行自主定价权，提高贷款利率市场化程度，企业贷款利率最高上浮幅度扩大到70%，下浮幅度保持10%不变。在扩大金融机构人民币贷款利率浮动区间的同时，推出放开人民币各项贷款的计、结息方式和5年期以上贷款利率的上限等其他配套措施。

从2004年10月29日起放宽人民币贷款利率浮动区间和允许人民币存款利率下浮，金融机构（不含城乡信用社）的贷款利率原则上不再设定上限，贷款利率下浮幅度不变，贷款利率下限仍为基准利率的0.9倍。对金融竞争环境尚不完善的城乡信用社贷款利率仍实行上限管理，最高上浮系数为贷款基准利率的2.3倍，贷款利率下浮幅度不变。以调整后的1年期贷款基准利率（5.58%）为例，城乡信用社可以在5.02%~12.83%的区间内自主确定贷款利率。允许存款利率下浮，即所有存款类金融机构对其吸收的人民币存款利率，可在不超过各档次存款基准利率的范围内浮动，存款利率不能上浮。2004年11月，放开1年期以上小额外币存款利率。

2008年11月，为贯彻落实适度宽松的货币政策，保证银行体系流动性充分供应，促进货币信贷稳定增长，发挥货币政策在支持经济增长中的积极作用，中国人民银行决定下调人民币存贷款基准利率和金融机构存款准备金率：从2008年11月27日起，下调金融机构1年期人民币存贷款基准利率各1.08个百分点，其他期限档次存贷款基准利率作相应调整。同时，下调中央银行再贷款、再贴现等利率。进入2009年以来，鉴于银行间资金一直保持极度充裕的状态，中央银行采取了以公开市场操作为主的货币调控手段。

为进一步推进利率市场化改革，中国人民银行决定，自2012年6月8日起，金融机构一年期存贷款基准利率分别下调0.25个百分点；其他各档次存贷款基准利率及个人住房公积金存贷款利率相应调整。自同日起：①将金融机构存款利率浮动区间的上限调整为基准利率的1.1倍；②将金融机构贷款利率浮动区间的下限调整为基准利率的0.8倍。本次中央银行首次同时对存贷款基准率实行“差别化”浮动的“非对称性降息”，即存款利率可上浮1.1倍，贷款利率可下浮20%，即0.8倍。市场认为，这是中央银行实行“利率市场化”的重要举措。这标志着中国利率市场化的大幕正式开启。这将促使银行加强管理，降低成本，也会促使银行发展中间业务等收费业务，进行产品和服务创新。国内银行业必须通过综合经营等手段增加非利息收入，但更要积极采取措施防控利息收入的大幅下降。这是中央银行自2008年12月以来首次降低基准利率。本次中央银行政策的最大亮点是，差别化存贷款利率，从这天起市民存款可“货比三家”。

中国人民银行决定，自2012年7月6日起下调金融机构人民币存贷款基准利率。金融机构一年期存款基准利率下调0.25个百分点，一年期贷款基准利率下调0.31个百分点；其他各档次存贷款基准利率及个人住房公积金存贷款利率相应调整。自同日起，将金融机构贷款利率浮动区间的下限调整为基准利率的0.7倍。个人住房贷款利率浮动区间不作调整，金融机构要继续严格执行差别化的各项住房信贷政策，继续抑制投机投资性购房。

经国务院批准，中国人民银行决定，自 2013 年 7 月 20 日起全面放开金融机构贷款利率管制。取消金融机构贷款利率 0.7 倍的下限，由金融机构根据商业原则自主确定贷款利率水平。个人住房贷款利率浮动区间不作调整，仍保持原区间不变，继续严格执行差别化的住房信贷政策。取消票据贴现利率管制，改变贴现利率在再贴现利率基础上加点确定的方式，由金融机构自主确定。取消农村信用社贷款利率 2.3 倍的上限，由农村信用社根据商业原则自主确定对客户的贷款利率。中国利率市场化改革又迈出重要一步。党的十八届三中全会决定加快推进利率市场化。

（九）利率市场化基本完成

2005 年以来的利率市场化改革不断深入，特别是 2013 年以后进入到新的阶段。一是人民币汇率形成机制改革后，政府频繁运用货币政策工具小步微调。二是利率金融产品进一步丰富，我国利率衍生产品启动创新。2006 年，人民币利率互换交易试点在银行间债券市场展开。2008 年 1 月，我国全面推出利率互换业务。2007 年 9 月我国在银行间市场推出远期利率协议业务。三是利率市场化基本完成。货币市场基准利率体系建设稳步推进，上海银行间同业拆放利率（Shibor）自 2007 年 1 月 4 日正式运行以来，在货币市场的基准利率地位初步确立。2013 年，人民银行通过放松利率管制、加强机制建设和推动产品创新等多个层面加快推进利率市场化改革，建立健全市场化利率形成机制，更好地发挥市场在资源配置中的决定性作用，具体有两个方面的措施：

一方面，人民银行全面放开贷款利率管制。第一，人民银行取消金融机构贷款利率 0.7 倍的下限，放开贴现利率管制，对农村信用社贷款利率不再设立上限。第二，建立健全市场利率定价自律机制。2013 年 9 月 24 日，自律机制成立会议召开。首批自律机制成员包括工商银行等 10 家银行。自律机制下设合格审慎及综合实力评估、贷款基础利率（LPR）、同业存单、上海银行间同业拆借利率（Shibor）等四个专门工作小组，已在建立贷款基础利率报价机制、发行同业存单中发挥了积极作用。2014 年 1 月 29 日，中国人民银行办公厅转发了市场利率定价自律机制制定的《金融机构合格审慎评估实施办法》。第三，贷款基础利率集中报价和发布机制正式运行。第四，同业存单发行交易稳步推进。2013 年 12 月 8 日，人民银行发布《同业存单管理暂行办法》并于 12 月 9 日正式实施。12 月 12 日至 13 日，中国银行、建设银行、国家开发银行等 10 家金融机构分别发行了首批同业存单产品，并在此后陆续开展了二级市场交易，并初步建立同业存单双边报价做市制度。2015 年 6 月 2 日，人民银行发布了《大额存单管理暂行办法》，并在市场利率定价自律机制核心成员范围内试点发行，大额存单发行利率以市场化方式确定。

另一方面，人民银行逐步放宽并最后放开对存款利率的管制。首先，2014—2016 年，人民银行三次调整存款利率浮动区间，从基准利率的 1.1 倍调整到 1.2、1.3 和 1.5 倍。同时，人民银行简并存贷款基准利率期限档次。存款利率方面，人民银行不再公布人民币5年期定期存款基准利率。贷款利率方面，贷款基准利率期限档次简并为一年以内（含一年）、一至五年（含五年）和五年以上三个档次。其次，2015年8月26日起，人民银行放开金融机构一年以上（不含一年）定期存款利率浮动上限。其中，一年以上整存整取、零存整取、整存零取、存本取息定期存款利率可由金融机构参考对应期限存款基准利率自主确定；其余期限品种存款利率浮动上限仍为基准利率的1.5倍。最后，2015年10月24日起，人民银行放开商业银行、农村合作金融机构、村镇银行、财务公司、金融租赁公司、汽车金融公司等金融机构活期存款、一年以内（含一年）定期存款、协定存款、通知存款利率上限。上述金融机构以上期限品种存款利率可参考对应期限存款基准利率自主确定，至此存款利率上限全面放开。

至此，我国的利率市场化改革取得了巨大进展，市场化基本完成。利率市场化有利于金融机构提高定价能力，防范金融风险。但是我国仍然存在银行存贷利差较大、顾客谈判能力较低、信贷市场分割、利率期限结构不合理等深层次问题。

相关链接

余额宝与利率市场化

近几年互联网金融盛行，以支付宝推出的余额宝为代表的互联网金融产品，弯道超车，成为散户投资的重要渠道。对老百姓来说，存钱到银行，一年定期存款的利率不过3.85%，更不用说活期存款那等同于无的利息。此时的货币市场基金收益率的峰值近7%，货币基金流动性高，安全性也可与存款媲美，收益率又长期远高于活期存款。但货币基金的投资门槛远远高于存款，普通居民投资货币基金不方便，单只货币基金的规模大多也不大。而支付宝、微信提供的余额宝、理财通直接打通老百姓与货币基金的障碍，甚至比去银行存款还方便，而超过6%的货币基金的收益率意味着一年期及以下的存款将开始搬家。目前余额宝开启的这个势头也已经蔓延到各大银行、基金。

中国的利率长期以来受到抑制，存贷款利率由中央银行决定，使得居民存款的收益率远远低于投资其他金融产品，这既成为银行获得超额利润的源泉，也是近十几年来中央企业和地方政府融资平台低成本贷款的基础。随着金融市场的深化，资本市场的利率相较于信贷市场越来越高，金融市场的利率整体趋向于市场化。企业、金融机构与大额资产所有者通过PE、信托、股票一级市场等多种投资方式获取收益，就算存在银行里，也可以享受协议存款的高利率优惠。相反，一个存款不多的小老百姓却没什么好的办法分享这种收益（银行理财产品大多有5万元的门槛）。这也符合过去经验上的利率自由化的进程，先惠及金融机构再惠及零散储户，先惠及大额资金持有人再惠及小额储蓄，先惠及富人然后惠及穷人。在改革议程的设计上也是遵循这种路径，普通小储户的利益总是被放在最后。

抛开小储户人多力散、无法形成有效的推动改革的力量等原因以外，传统社会，要收集小储户的钱，就要建立更多的网点，打更多的广告，养更多的客户经理，为小储户的钱进行理财的成本太高，不合算。其他金融机构没这个积极性去抢银行的这个客户群体。但到了互联网时代，互联网公司的优势就是以技术进步降低收集用户的成本，低成本吸引大量用户后，为他们提供多元化的服务，增加用户的黏性。此后，互联网巨头们一面维护着海量用户，一面与传统金融机构合作设计金融产品，用“余额宝”“理财通”让小储户直面高收益的金融产品，这实在是再容易不过的事情。

这种存款利率市场化的路径是发达国家经验中闻所未闻的。这也意味着，中国的存款利率市场化必须正视互联网金融所带来的变化，如果放任这种情况而不改变，银行的存款将迅速向资本市场搬家，尤其是那些最基础的储蓄存款。这将带来多方面的风险。首先，银行将不得不更早就开始高息揽储，银行的经营风险会迅速抬升；其次，资本市场的高收益对应着高风险，但小储户并没有意识到这一点，一旦风险来临，尤其是较大面积或系统性风险出现时，将严重影响社会的稳定性。

货币基金的收益率如此之高，已经是相当的不正常，它对应着近几年社会融资利率水平的全面抬升，全社会的企业利润和居民收入能否有7%的增长都很难说。货币基金也并不是保本保收益的，2008年就曾出现过负收益。可想而知，当储户辛辛苦苦把钱搬到余额宝，居然还亏钱了，小储户们能接受这一现实吗？化解这一切的唯一路径，只有让存款利率更快地走向市场化。为了防止道德风险和搭国家信用的便车，就必须让银行自担经营风险。这意味着酝酿已久的存款保险制度需要尽快面世，在保障小储户利益的情况下，让银行自行决定存款利率，吸纳存款，也让各类储户自行权衡收益与风险。

本章小结

1. 利息是指债权人于借贷期满后收回资金中超过本金的差额部分。

2. 利率就是利息率，是指借贷期间所形成的利息额与本金的比率。用公式表示为：利率=利息/本金。

3. 现值是未来某一时点上的一定量资金折算到现在所对应的金额。终值又称为将来值，是指现在一定量的资金折算到未来某一时点所对应的金额。现值和终值是一定量资金在前后两个不同时点上对应的价值，其差额即为资金的时间价值。

4. 利率市场化，是指货币当局将利率的决定权交给市场，由市场主体自主决定利率，货币当局则通过运用货币政策工具，间接影响和决定市场利率。

5. 我国利率市场化改革的基本思路：先外币、后本币；先贷款、后存款；先大额长期、后小额短期。

重要概念

利息　利率　利率风险结构　利率期限结构　利率市场化　现值　终值

进一步阅读推荐

[1] 王曙光. 金融自由化与经济发展 [M]. 北京：北京大学出版社，2003.

[2] 易纲. 中国的货币化进程 [M]. 北京：商务印书馆，2003.

[3] 刘义圣. 中国利率市场化改革论纲 [M]. 北京：北京大学出版社，2002.

[4] 搜狐财经. 余额宝与存款利率市场化：http://business.sohu.com/20140123/n394055744.shtml.

复习讨论题

1. 判断题

(1) 凯恩斯认为，利率仅仅决定于两个因素：货币供给与货币需求。（　）

(2) 实际利率是以实物为标准计算的，即物价不变，货币购买力不变条件下的利率。（　）

(3) 负利率是指名义利率低于通货膨胀率。（　）

(4) 在通货膨胀条件下，实行固定利率会给债务人造成较大的经济损失。（　）

(5) 在我国，月息5厘是指月利率为5%。（　）

2. 单项选择题

(1) 在多种利率并存的条件下起决定作用的利率是（　）。

A. 差别利率　B. 实际利率　C. 公定利率　D. 基准利率

(2) 认为利息实质上是利润的一部分，是剩余价值特殊转化形式的经济学家是（　）。

A. 凯恩斯　B. 马克思　C. 杜尔阁　D. 俄林

(3) 认为利率纯粹是一种货币现象，利率水平由货币供给与人们对货币需求的均衡点决定的理论是（　）。

A. 马克思的利率决定理论　B. 实际利率理论

C. 可贷资金论　D. 凯恩斯的利率决定理论

(4) 下列利率决定理论中，（　）理论是着重强调储蓄与投资对利率的决定作用的。

A. 马克思的利率理论　B. 流动偏好理论

C. 可贷资金理论　　　　　　D. 实际利率理论

(5) 国家货币管理部门或中央银行所规定的利率是（　　）。

A. 实际利率　　B. 市场利率　　C. 公定利率　　D. 官定利率

(6) 名义利率与物价变动的关系呈（　　）。

A. 正相关关系　　B. 负相关关系　　C. 交叉相关关系　　D. 无相关关系

(7) 当前我国银行同业拆借利率属于（　　）。

A. 官定利率　　B. 市场利率　　C. 公定利率　　D. 基准利率

(8) 由非政府部门的民间金融组织确定的利率是（　　）。

A. 市场利率　　B. 优惠利率　　C. 公定利率　　D. 官定利率

(9) 西方国家所说的基准利率，一般是指中央银行的（　　）。

A. 贷款利率　　B. 存款利率　　C. 市场利率　　D. 再贴现利率

(10) 我国习惯上将年息、月息、拆息都以“厘”做单位，但实际涵义却不同，若年息 6 厘、月息 4 厘、拆息 2 厘，则分别是指（　　）。

A. 年利率为 6%，月利率为 0.04%，日利率为 0.2%

B. 年利率为 0.6%，月利率为 0.4%，日利率为 0.02%

C. 年利率为 0.6%，月利率为 0.04%，日利率为 2%

D. 年利率为 6%，月利率为 0.4%，日利率为 0.02%

(11) 提出“可贷资金论”的经济学家是（　　）。

A. 凯恩斯　　B. 马歇尔　　C. 俄林　　D. 杜尔阁

3. 简答题

(1) 怎样认识利息的来源与本质？

(2) 简述利率的经济杠杆功能。

4. 计算题

(1) 银行向企业发放一笔贷款，额度为 2 000 万元，期限为 5 年，年利率为 7%。试用单利和复利两种方式计算银行应得的本利和。(保留两位小数)

(2) 一块土地共 10 亩，假定每亩的年平均收益为 500 元，在年利率为 10% 的条件下，出售这块土地的价格应是多少元？

(3) 一个人的年工资为 36 000 元，年平均利率为 3%，请计算其人力资本的价格是多少。

(4) 借贷资本金为 10 000 元，1 年的利息额为 1 200 元，年利息率为多少？

第四章　外汇与汇率

学习目的

通过本章学习，你应该能够：

（1）明确外汇的涵义、特征、种类和作用；

（2）理解汇率的涵义和种类；

（3）掌握汇率的决定和汇率制度；

（4）了解我国人民币汇率制度的演变。

随着我国加入 WTO 及改革开放的纵深发展，我国的金融业走上了高速发展的“快车道”，获得了前所未有的进步。伴随而来的是，我国企业和个人的对外交往活动越来越频繁，涉外经济活动深入到国民经济的各个领域。而国际间经济往来所产生的债权和债务关系，最终要通过结算的方式来了结，这种结算方式与国内结算方式不同，必须设计国际上公认的外国货币即外汇，以及外国货币与本国货币之间的兑换即汇率。本章将围绕外汇与汇率的基础知识做重点阐述。

第一节　外汇概述

一、外汇的概念

外汇（Foreign Exchange）是国际汇兑的简称，它有动态和静态之分。动态的外汇是指把一国货币兑换成另一国货币以清偿国际间债务的金融活动。静态的外汇是指以外币表示的用于国际结算的支付手段。

国际货币基金组织（IMF）对外汇的定义是："外汇是货币行政当局（中央银行、货币管理机构、外汇平准基金及财政部）以银行存款、国库券、长短期政府债券等形式所持有的在国际收支中可以使用的债权。"此定义强调的是外汇的储备资产职能。

我国1997年公布的《中华人民共和国外汇管理条例》第三条规定：

外汇是以外币表示的可用于国际清偿的支付手段和资产，包括：

（1）外国货币，包括纸币、铸币；

（2）外币支付凭证，包括票据、银行存款凭证、邮政储蓄凭证等；

（3）外币有价证券，包括政府债券、公司债券、股票等；

（4）特别提款权、欧洲货币单位（欧元）；

（5）其他外汇资产。

二、外汇的特征

虽然外汇是指外国货币或以外国货币表示的能用来清算国际收支差额的资产，但是，并不是所有的外国货币都能成为外汇，它需要具备以下特征：

（1）自由兑换性，即这种外币能自由地兑换成本币；

（2）普遍接受性，即这种外币在国际经济往来中被各国普遍地接受和使用；

（3）可偿性，即这种外币资产是可以保证得到偿付的。

三、外汇的种类

（一）根据外汇可否自由兑换，外汇主要可以分为自由兑换外汇和记账外汇

（1）自由兑换外汇，是指在国际结算和国际金融市场上，不需要货币发行国的批准，就可以自由兑换成其他国家货币的货币。换言之，凡是在国际经济与贸易交往中可以自由兑换并自由转让的外币，均称为自由兑换外汇。一般来说，一国的货币要成为自由兑换外汇必须具备三个条件：①在本国国际收支中对资金的转移不受任何限制；②不可采取双重汇率制度和歧视性货币政策；③在另一国的要求下，可以随时赎回对方国家经常项目中结存的本国货币。

（2）记账外汇，又称协议外汇或双边外汇，是指在两国政府间签订的贸易协议或支付协议中使用的外汇，只能用于两国之间的经济贸易往来收支的结算。这种外汇未经货币当局的批准，不能自由兑换成其他国家的货币。其特点是：它用于两国之间协定范围内的交易，一般采用记账的方式；记账外汇可以是本国的货币、外国货币或第三国的货币；不可以转让给第三国使用。

（二）根据外汇来源的不同，外汇主要分为贸易外汇和非贸易外汇

（1）贸易外汇。出口商品赚取外汇，进口商品支付外汇，这种由进出口贸易所引发的外汇收支，就是贸易外汇。贸易外汇的收入是一国外汇的主要来源，贸易外汇的支出就是一国外汇的主要用途。

(2) 非贸易外汇。由非商品贸易的往来所引发的外汇收支，主要包括劳务外汇、旅游外汇和侨民外汇等，统称为非贸易外汇。随着世界服务贸易的发展，非贸易外汇对一国的外汇来源和用途有着重要的影响。

(三) 根据外汇交割日期的不同，外汇主要分为即期外汇和远期外汇

(1) 即期外汇，又称现汇，是指外汇买卖成交之后，在两个营业日交割完成的外汇。根据支付凭证的不同，可分为电汇、信汇和票汇。

(2) 远期外汇，又称期汇，是指外汇买卖合同签订后，双方约定在未来某一时间办理交割手续的外汇。远期外汇，通常是由国际贸易结算中的远期付款条件引起的。远期外汇的用途主要有：避免国际贸易中收付的汇率风险；套利并锁定远期汇率风险；外汇银行外汇头寸的调整；进行外汇投机。

四、外汇的作用

外币与本币一样，是国民经济建设中不可缺少的重要资源。同时，它作为国际结算的支付手段，也是国际经济往来中不可缺少的工具。随着国际经济、政治、文化交往的发展，外汇在促进国际贸易和国际经济合作方面发挥着重大的作用。

(一) 实现了国际购买力的转移，促进了各国之间的相互交流

当今世界各国实行的是纸币流通制度，由于各国货币不同，一国货币一般不能在别国流通，对于别国市场上的商品和劳务没有直接的购买力。而外汇作为国际支付手段被各国所普遍接受，它使不同国家间的货币购买力的转移得以实现，极大地促进了世界各国在经济、政治、科技、文化等领域的相互交流。

(二) 充当国际结算支付手段

利用国际信用工具（汇票等），通过在有关银行账户上的转账或冲抵的方法来办理国际支付，这种国际间非现金的结算方式，既安全迅速又简单方便，还可节省费用，加速了资金周转，促进了国际经贸关系的发展。

(三) 调剂国际间资金余缺

由于世界经济发展不平衡，各国资金的余缺程度不同，客观上需要在世界范围内进行资金的调剂。不同国家的资金调剂，不能像一国范围内资金余缺部门那样可以直接进行。外汇的可兑换性，使各国余缺资金的调剂成为可能，从而推动了国际信贷和国际投资活动，使资金的供求在世界范围内得到调节，发挥着重大的作用。

(四) 政府调节宏观经济的重要工具

外汇储备是国际储备资产的主体，是可以随时用来支付国际收支差额，干预外汇市场，维持本币汇率稳定的流动性资产，从而成为政府进行宏观经济调控的重要工具。

第二节　汇率与汇率种类

一、汇率的涵义及标价方法

（一）汇率的涵义

汇率（Rate of Exchange）是以一国货币单位表示的另一国货币单位的价格，或者说，汇率是不同货币兑换的比率。汇率又称为汇价，与外汇行市、外汇牌价是同义语。

折算两种货币的比率，首先要确定以哪一国货币作为标准，这称为汇率的标价方法。

（二）汇率的标价方法

国际上常用的汇率标价方法有两种：直接标价法（Direct Quotation）和间接标价法（Indirect Quotation）。

直接标价法又称应付标价法，是指以一定单位（1、100、10 000 个单位）的外国货币为标准，折算为若干单位本国货币的表示方法。在直接标价法下，等式左边的外国货币数额固定不变，外汇汇率涨落均以等式右边相对的本国货币数额的变化来表示。如果需要比原定更多的本国货币才能兑换原定数额的外币，这说明外国货币价值上升，本国货币对外国货币的比值下降，通常可称之为外汇汇率上涨，或本币汇率下跌。假定以比原定数额较少的本国货币就能兑换原定数额的外国货币，这就说明本币币值上升，外币对本币的比值下降，通常称之为外汇汇率下跌，或本币汇率上涨。目前除美元、英镑、欧元以外，世界上绝大多数国家的货币均采用直接标价法。我国国家外汇管理局公布的外汇牌价也采用直接标价法。

间接标价法又称应收标价法，是指以一定单位的本国货币为标准，折算为若干单位外国货币的表示方法。在间接标价法下，等式左边的本国货币数额固定不变，外汇汇率涨落均以等式右边相对的外国货币数额的变化来表示。一定单位的本国货币折算的外国货币增多，即等式右边的外国货币数额增大，说明外汇汇率下降，本币汇率上升。如果外币数额减少，则说明外币币值上升，本国货币币值下降，本币汇率下跌，外汇汇率上升。

直接标价法和间接标价法之间存在着一种倒数关系，即直接标价法的倒数就是间接标价法；反之亦然。在国际间进行外汇业务交易时，银行之间的报价通常以美元为基础来表示各国货币的价格，这一标价法称为美元标价法（US Dollar Quotation）。

二、汇率的种类

从不同角度出发，汇率可划分为不同的种类。

(一) 按制定汇率的不同方法来划分，可分为基本汇率与套算汇率

基本汇率是指一国（本国）货币对某一关键货币的比率。所谓关键货币，是指该国国际收支中使用最多的、外汇储备中所占比重最大的、国际上普遍接受的自由兑换货币。第二次世界大战结束以来，大多数国家均把美元当成关键货币以制定基本汇率。

套算汇率又称交叉汇率，是指两种货币通过第三种货币（即某一关键货币）为中介，而间接套算出来的汇率。在实务操作中，套算汇率就是利用基本汇率推算出来的。

(二) 按银行买卖外汇的角度来划分，可分为买入汇率和卖出汇率

买入汇率（Buying Rate），也称买价或银行出价，它是指银行向同业或客户买入外汇时所使用的汇率。采用直接标价法时，外币折合本币数较少的那个汇率是买入价；采用间接标价法时则相反。

卖出汇率（Selling Rate），也称卖价或银行要价，它是指银行向同业或客户卖出外汇时所使用的汇率。采用直接标价法时，外币折合本币数较多的那个汇率就是卖出价；采用间接标价法时则相反。

买入卖出都是从银行买卖外汇的角度来看的，两者之间有个差价。这个差价是银行买卖外汇的正常收益，通常为0.1%~0.5%。

银行同业之间买卖外汇时使用的汇率也称同业买卖汇率，实际上也就是外汇市场买卖价。在正常情况下，银行同业买卖汇率的差价比银行与一般客户的买卖差价要小。买入汇率与卖出汇率的算术平均数就是中间价，即：

(买价+卖价) ÷2=中间价

(三) 按汇兑方式来划分，可分为电汇汇率、信汇汇率、票汇汇率

电汇汇率（Telegraphic Transfer Rate，T/T Rate）是指银行以电报、电传等方式委托其国外分支机构或代理人付款给受款人所使用的一种汇率。在国际支付中，大额的资金调拨一般都采用电汇。由于电汇付款时间快，一般可以当天到达，银行无法占用客户的资金头寸。国际电报电传费用也较高，使得电汇汇率较信汇汇率、票汇汇率高。电汇汇率在外汇交易中占有较大的比重，成为计算并框定其他汇率的基础，因此，电汇汇率又称基础汇率。

信汇汇率（Mail Transfer Rate，M/T Rate）是指用信函通知付出外汇时的汇率。邮寄信函需要一定时间，银行在这段时间内可以占用客户的资金。因此，需要把邮程时间的利息在汇率内扣除，于是信汇汇率比电汇汇率低。

票汇汇率（Banker's Demand Draft Rate，D/D Rate）是指银行通过签发一纸由其在国外的分支行或代理行付款的支付命令给汇款人，由其自带或寄往国外取款的一种汇率。票汇汇率分为两种：一种是即期票汇汇率，另一种是远期票汇汇率。由于卖出汇票与支付外汇间隔一段时间，因此票汇汇率也需在电汇汇率的基础上对利息因素做些调整，并且期限越长，价格越低。即期票汇和远期票汇都是外汇交易的重要形式。

（四）按汇率制度来划分，可分为固定汇率和浮动汇率

固定汇率是指货币的汇率基本固定，波动被限制在较小幅度之内的汇率。

浮动汇率是指各国货币之间的汇率波动不受限制，而听任外汇市场供求关系自由波动的汇率。

（五）根据国家对汇率管制的宽严程度划分，可分为官方汇率与市场汇率

官方汇率是指政府机构（如中央银行或外汇管理机构）制定和公布的汇率，并规定一切外汇交易都以此汇率为准。

市场汇率是指在外汇市场上自由买卖外汇的实际汇率。

（六）按外汇买卖交割时间来划分，可分为即期汇率和远期汇率

即期汇率是指买卖双方成交后，于当天或次日办理交割的汇率。

远期汇率是指银行向客户买卖外汇，签订成交合同，预约在未来一定时期进行交割所使用的预定汇率。买卖远期外汇的期限一般为1、3、6、9、12个月等。银行把几个月以后的交易金额及汇率在合同中先预定下来，以后不论市场汇率如何变动，交易双方都要履行合同，按合同预定汇率办理支付。远期汇率是在即期汇率的基础上加减一定差额形成的，这个差额称为远期差价。即：

远期汇率=即期汇率±远期差价

远期差价（Forward Margin）用升水（Premium）、贴水（Discount）、平价（At Par）来表示。升水表示远期汇率比即期汇率贵，贴水表示远期汇率比即期汇率便宜，平价表示远期汇率等于即期汇率。远期差价值在实务中常用点数表示，每点为万分之一，即0.0001。

（七）从衡量货币价值的角度来划分，可分为名义汇率、真实汇率和有效汇率

名义汇率是指未经调整的汇率。

真实汇率又称实际汇率。它是一种对价格进行调整后的名义汇率。具体地说，真实汇率是把名义汇率中的物价因素扣除后得出的。

有效汇率是各种双边汇率的加权平均。衡量一种货币的价值仅靠双边汇率是不够的。在外汇市场上，常可以看到一种货币对某种外币的价值在上升，但对另一种外币的价值却在下降。在这种情况下，双边汇率无法说明这种货币在世界范围内的变动情况，因此要用有效汇率来综合衡量一种货币的变化情况。

第三节　汇率的决定

货币制度的每一次改变都伴随着汇率决定理论的变迁，从历史悠久的购买力平价理论，到各种新兴的理论，无一不体现出这一趋势。这里介绍不同货币制度下汇率的决定与变动。

一、金本位制度下的汇率决定与变动

（一）汇率决定因素：铸币平价（Mint Parity）

金本位制度的特点是：①各国货币均以黄金铸成，金铸币有一定重量和成色，有法定含金量；②金币可以自由流通、铸造、具有无限清偿能力；③辅币和银行券可以按其票面价值自由兑换为金币；④黄金可自由输出入国境。在国际结算和国际汇兑中，可以按不同货币各自的含金量多少加以对比，从而确定货币比价，因此，金本位制度下两种货币之间含金量之比，即铸币平价，就成为决定两种货币汇率的基础。

（二）汇率变动因素：供求关系和黄金输送点（Gold Points）

金本位制度下外汇供求关系变化的主要原因在于国际债权债务关系的变化，尤其是由国际贸易引起的债权债务清偿。当一国在某个时期出口增加，有大量贸易顺差时，外国对该国货币的需求旺盛，同时本国的外汇供给增加，导致本币升值，当本币汇率上涨超过某一界限时，引起黄金大量输入；反之，当一国在某个时期进口增加，出口减少，有大量贸易逆差时，本国对外汇需求增大，同时外国对本国货币需求减少，从而导致本币贬值，当本币汇率下降超过某一界限时，引起黄金大量输出。黄金输入点和黄金输出点共同构成了金本位制度下汇率波动的上下线，即黄金输送点。所谓黄金输送点是指在金本位制下汇率涨落引起黄金输入或输出的界限。所以说，供求关系导致的外汇市场汇率波动是有限度的，汇率制度也是相对稳定的。

二、纸币制度下的汇率决定与变动

（一）汇率决定因素：汇率的价值基础以及外汇市场的供求

名义上或法律上的金平价已经不能作为决定两国货币汇率的价值基础，取而代之的是纸币所实际代表的含金量。纸币之所以能与一定的商品形成交换比例，是因为它是金的符号，代表了一定金量，从而代表了一定的价值量；同时，在给定商品价值的条件下，单位纸币购买力的大小取决于纸币所代表的金量的大小，从而取决于它所代表的价值的大小。纸币流通制度下的汇率的决定依然是以价值为基础的，它的本质还是两国货币所代表的价值量之比。

西方经济学家十分重视外汇市场供求关系对汇率形成的作用。他们认为：当外汇供不应求时，外汇汇率上升，当外汇供过于求时，外汇汇率下降；当外汇供求相等时，外汇汇率达到均衡，实际汇率由外汇市场供给与需求的均衡点所决定。

（二）汇率变动因素

在纸币制度下，国际汇率制度经历了布雷顿森林体系下的固定汇率和20世纪70年代以后的浮动汇率两个时期，与金本位制度下的汇率截然不同：一方面纸币制度下的汇率无论是固定的还是浮动的，都已经失去了保持稳定的基础，这是由纸币的特点造成的。另外，外汇市场上的汇率波动也不再具有黄金输送点的制约，波动是无止境的，任何能够引起外汇供求关系变化的因素都会造成外汇行情的波动。主要影响因素有：

（1）国际收支差额。外汇供求是影响汇率的最直接因素。外汇供给与需求体现着国际收支的各种国际经济交易，国际收支平衡表中经常账户以及资本与金融账户的贷方项目构成外汇供给，借方项目构成外汇需求。如果贷方余额大于借方余额，即是国际收支盈余，意味着外汇供过于求，外汇汇率下降，本币升值；若贷方余额小于借方余额，也即国际收支赤字，则意味着外汇供不应求，于是外汇汇率上升，本币贬值。

（2）财政及货币政策。货币政策的主要形式是改变经济体系中的货币供给量。当货币供给发生变化时，利率也随之变化。就货币政策而言，货币供给量的变化是主要的。虽然人们主要根据利率来决定自己的经济行为，但在分析过程中，利率只是一个中间变量。这说明，货币供给的增加会造成货币的贬值。在货币的需求不变的情况下，增加货币供给会引起利率下降。从利率平价定理可知，利率下降的结果是本国货币相对外币贬值。反之，如果货币供给减少，汇率便会升值。财政政策的主要形式是改变政府支出和税收的水平。税收的改变，可以纳入政府支出的变化中一起分析。当政府支出增加时，货币会升值，也是因为利率。政府支出增加，对货币的需求也相应地增加。如果货币供给不变，货币需求又有所增加，可引起利率上升，也就是汇率的升值。

（3）通货膨胀。通货膨胀意味着该国货币所代表的价值量的下降，由两国货币所代表的价值量决定的汇率必将随两国通货膨胀率的差异而发生变化。如果一国通货膨胀率高于他国，该国货币对内贬值的同时也会带来对外贬值，导致本币汇率下降。

（4）利率水平。利率的变化直接引起该国资本账户的变化。在资金流动极为频繁的情况下，利率作为金融市场上资金的价格，成为影响汇率的一个极其重要的因素。它不仅通过资本账户的变化而直接影响汇率，同时作为一个重要的经济杠杆，它对国内经济也将产生影响，进而间接影响汇率。

（5）经济增长率。一国经济增长率高，意味着收入上升，由此会带来进口需求水平和进口支出的提高，导致经常项目逆差，造成该国货币币值下降的压力；若经济持续较快增长，往往也意味着生产力的迅速提高，从而提高本国的出口能力，使出口增长大于进口的增长，将使该国货币币值坚挺；有助于吸收外资流入进行直接投资，从而改善资本账户收支；有助于增强外汇市场上对其货币的信心。

（6）总需求和总供给。若总需求中对进口的需求增长快于总供给中出口供给的增长，意味着外汇需求上升，从而本币汇率下降；若总需求增长快于总供给增长，其超额总需求将转向国外产品，引起进口增加，从而引起本币汇率下降。

第四节 汇率制度

一、汇率制度的种类

汇率制度是各国普遍采用的确定本国货币与其他货币汇率的体系，具体规定了汇率的确定及变动的规则，对各国汇率的决定有重大影响。汇率制度是国际货币制度的有机组成部分，是在不同的国际货币体系下产生和发展起来的。自19世纪后期至今，对应于国际货币体系的演变，前后一共出现了三种汇率制度，即金本位体系下的固定汇率制、布雷顿森林体系下的固定汇率制和浮动汇率制。

汇率制度又称汇率安排，是指一国货币当局对本国汇率水平的确定、汇率变动方式等问题所做出的一系列安排或规定。按照汇率波动有无平价及汇率波动幅度的大小，可将汇率制度分为固定汇率制度和浮动汇率制度。

（一）固定汇率制度

固定汇率制度（Fix Rate System）是指两国货币的比价基本固定，现实汇率只能围绕平价在很小的范围内上下波动的汇率制度。如在外汇市场上两国汇率波动超过规定的幅度时，有关国家的货币当局有义务站出来干涉，以维持汇率保持不变。

从历史发展进程来看，自19世纪中末期金本位制在西方各国确定以来，一直到1973年，世界各国的汇率制度基本上属于固定汇率制度。固定汇率制度经历了两个阶段：一是从1816年到第二次世界大战前国际金本位制度时期的固定汇率制；二是从1944年到1973年的布雷顿森林体系下的固定汇率制度（也称为纸币流通条件下的固定汇率制度）。

1. 金本位制度下的固定汇率制度

在实行金本位制度的国家，其货币汇率是由铸币平价决定的；由于金币可以自由铸造、银行券可以自由兑换金币、黄金可以自由输出输入，汇率受黄金输送点的限制，波动幅度局限于很狭窄的范围内，可以说金本位制度下的固定汇率制度是典型的固定汇率制度。

2. 布雷顿森林体系下的固定汇率制度

1944年，在美国布雷顿森林召开了一次国际货币金融会议，确定了以美元为中心的汇率制度，被称为布雷顿森林体系下的固定汇率制度。其核心内容为：美元规定含金量，其他货币与美元挂钩，两种货币兑换比率由黄金平价决定，各国的中央银行有义务使本国货币与美元汇率围绕黄金平价在规定的幅度内波动。汇率波动一旦超出规定的幅度，政府有义务干预外汇市场，使汇率回到规定的幅度内。各国中央银行持有的美元可按黄金官价向美国兑取黄金。

（二）浮动汇率制度

浮动汇率制度（Floating System）是指一国不规定本国货币对外币的平价及上下波动的幅度，汇率由外汇市场的供求状况决定并上下浮动的汇率制度。按照不同的划分标准可将浮动汇率划分为不同种类。

1. 按政府是否干预来划分

按政府是否干预来划分，可分为自由浮动或清洁浮动、管理浮动或肮脏浮动、联合浮动汇率。

（1）自由浮动或清洁浮动是指汇率完全由外汇市场上的供求状况决定，自由涨落、自由调节，政府不加干预。

（2）管理浮动或肮脏浮动是指一国货币当局为使本国货币对外的汇率不致波动过大或使汇率向着有利于本国经济发展的方向变动，通过各种方式，或明或暗地对外汇市场进行干预。

（3）联合浮动汇率是指当一些经济关系密切的国家组成集团，在成员国货币之间实行固定汇率制的同时，对非成员国货币实行共升共降的浮动汇率。比较典型的例子是原欧洲货币体系即现在的欧元区。

2. 按汇率浮动程度或浮动方式划分

按汇率浮动程度或浮动方式划分，可分为钉住型或无弹性型、有限灵活型或有限弹性型、更为灵活型或高度弹性型。

（1）钉住型或无弹性型。钉住型或无弹性型是指将本币按固定比价同某一种外币或混合货币单位相联系，而本币对其他外币的汇率随钉住货币与其他外币汇率的浮动而浮动。

① 钉住某一种货币：由于历史、地理等诸方面原因，有些国家的对外贸易、金融往来主要集中某一工业发达国家，或主要使用某一外国货币。为了使这种贸易、金融关系得到稳定发展，免受相互间汇率频繁变动的不利影响，这些国家通常使本币钉住该工业发达国家的货币。

② 钉住“一篮子”（也称“一揽子”）货币。一篮子货币通常是由几种世界主要货币或由与本国经济联系最为密切的国家的货币组成的。特别提款权是一种最有名的一篮子货币，它由美元、日元、英镑、欧元（原是德国马克和法国法郎）按不同的比例构成，其价格随着这几种货币的汇率变化每日都进行调整，由国际货币基金组织逐日对外公布。其他一篮子货币的货币构成都是由实行钉住政策的国家自由选择和调整的。这种浮动有两个特点：一是保值；二是波动幅度小，汇率走势稳定。

（2）有限灵活型或有限弹性型。有限灵活型或有限弹性型是指一国货币的汇价钉住某一种货币或一组货币浮动，但与钉住货币之间的汇率有较大的波动幅度。

① 钉住某一货币浮动。也称相对于一种货币的有限浮动型。它的最大特点在于允许有一定的波动幅度，这个幅度必须维持在所钉住货币汇率的 2.25%范围内。

② 钉住一组货币浮动。也称联合浮动或整体浮动，是指一些经济关系密切的国家组成集团，在成员国中的货币之间实行固定汇率并规定波动幅度，对其他国家货币则实行联合浮动，即浮动幅度保持大致一致。

（3）更为灵活型或高度弹性型是指汇率波动不受幅度的限制，以独立自主的原则进行汇率调整。

① 根据一套指标浮动。该指标因国而异，但大都是以本国的外汇储备、国际收支状况、消费物价指数及与本国贸易关系密切的有关国家物价变动的情况等作为调整本国货币汇率浮动的依据。实行这种制度的国家有智利、厄瓜多尔、尼加拉瓜等国家。

② 较灵活的管理浮动。较灵活的管理浮动是指一国政府对汇价的制定与调整有一定程度的干预。但这种浮动方式常常达不到预期效果，从而使汇率处于持续的波动之中。采用这种浮动方式的有中国、新加坡、韩国等 32 个国家。

③ 单独浮动。单独浮动是指一国货币不与任何外国货币形成固定比价，其汇率根据外汇市场的供求状况实行浮动。采用这种浮动方式的有美国、日本、英国等 58 个国家。

上述根据浮动弹性分类是国际货币基金组织归纳的方式，易于被人们广泛地接受。

二、人民币汇率制度的演变

（一）物价对比法阶段（1949—1953 年）

中国人民银行于 1948 年 12 月 1 日发行人民币时，并没有规定含金量。而当时以美元为中心的布雷顿森林货币体系已经在运转，主要资本主义国家的货币都有含金量。人民政府为了稳定物价和人民币的币值，人民币的国内价值采取“折实制度”，即以粮、布、煤、油、盐五种商品的综合物价指数作为“折实单位”，并以之作为发行公债、吸收储蓄存款和支付工资的计算标准。“折实制度”一直实行到 1955 年 3 月发行新人民币并以 1∶10 000 的比例收回旧人民币时才取消。

这一时期人民币对外币的汇价是以“物价对比法”为基础进行计算的，即根据人民币内外购买力的变化，参考进出口理论比价和国内外生活物价指数，并根据“奖励出口、兼顾进口、照顾侨汇”的政策而制定的。所谓奖励出口，即是照顾资本主义的出口商经营 75%～80%的商品获得 5%～15%的利润，并照顾华侨汇款换取的人民币的实际购买力。当时人民币汇率根据人民币对美元的出口商品的比价、进口商品的比价和华侨的日用品生活费的比价三者的加权平均数来调整，比较真实地反映出人民币的对外价值。

（二）稳定汇价阶段（1953—1973 年）

这一时期我国开始了有计划的社会主义建设，基本经济情况是计划经济体制正在逐步健全，国内物价趋于长期稳定；私人对外贸易行业的社会主义改造提前完成，国营外贸企业已经在对外贸易中居统治地位；我国对西方国家没有直接借贷关系。这一时期，国际上以美元为中心的布雷顿森林货币体系开始运转，维持纸币流通下的固定汇率制，各资本主义国家的货币基本稳定。我国在这一时期采取了“稳定汇价”的政策，即人民币汇率同资本主义国家公布的法定汇率相适应，主要同英镑联系，相对固定，只是在某种货币公开升值或贬值时才做相应调整。从 1953 年起，人民币对英镑的汇率一直是 1 英镑折合 6.893 0 元人民币，只是在 1967 年 11 月英镑贬值14.3%时才调整过一次，调整为1英镑折合5.908 0元人民币。而这一时期人民币对美元的汇率始终是1美元兑换2.461 8元人民币，一直没有变动。在此阶段，人民币汇率不再充当对外经济交往的工具，外汇盈亏全部由国家财政负担与平衡。

（三）“一篮子”货币定值阶段（1973—1980年）

1973年，布雷顿森林货币体系瓦解，世界各国货币取消与美元的固定比价，主要的西方国家采取浮动汇率制取代固定汇率制，而大多数发展中国家实行钉住汇率政策（有的钉住一种主要货币，有的钉住一组主要货币），世界各国货币汇率波动频繁而剧烈。这一时期人民币汇率的确定原则也发生了变化，由过去的国内外物价对比法，改为按“一篮子”货币的方法来定值，即选择我国对外经贸活动中经常使用的若干种货币，按照其重要程度和政策需要确定不同的加权比重组成“货币篮”，根据“篮子”货币变动情况加权计算人民币的汇率。

（四）贸易内部结算价和非贸易双重汇率阶段（1981—1984年）

这一时期，我国的外贸管理体制开始改革，对外贸易由国家垄断，外贸部门所属专业公司统一经营逐步改为多家分散经营，并批准一些工贸联合企业直接经营进出口业务。这些公司和企业实行独立经济核算，自负盈亏，他们在核算成本和利润时不能不考虑汇价的因素，要求人民币汇价必须同进出口贸易的实际状况相适应。但当时的人民币汇价难以适应这一要求，因为当时我国物价一直由国家规定，多年保持不变，形成价格背离价值、国内价格与国际价格相脱节的局面。国内消费品的价格比国外低，工业品的价格比国外高，形成了生活消费品和劳务费用国内外比价与进出口商品的比价相差悬殊的局面，从而使人民币的汇价用于非贸易方面偏低，用于贸易方面偏高。为解决这一问题，从1981年1月1日起，我国实行了贸易内部结算价，即该汇价只适用于贸易收支的内部结算，内部贸易结算价为1美元=2.8元人民币。而非贸易结算价仍维持原来公开牌价，即1美元=1.5元人民币的水平上。双重汇率制的实行有利于鼓励出口，避免了非贸易外汇收入的损失，但两种汇率制度在使用范围上出现混乱，造成外汇结算和外汇管理的复杂。

（五）单一汇率制阶段（1985—1986年）

由于双重汇率不利于使汇率真正反映货币比价，并且在实际工作中难以分清贸易和非贸易的界限，加上当时我国国内价格还没放开，进出口由盈转亏，财政补贴增多，加重了财政负担。所以，国务院决定从1985年1月1日起取消贸易内部结算价，恢复单一汇率，并将人民币汇率进一步下调。1985年10月30日，人民币对美元的汇率由1美元兑换2.8元人民币下调为1美元兑换3.2元人民币，下调幅度为12.5%。

（六）外汇调剂市场开放，重新形成双重汇率阶段（1986—1993年）

1986年7月5日，人民币汇率的官方牌价由1美元兑换3.2元人民币下调为1美元兑换3.722 1元人民币，下调幅度为14.03%；1989年12月16日，由1美元兑换3.722 1元人民币下调到1美元兑换4.722 1元人民币，下调幅度为21.18%；1990年11月17日，由1美元兑换4.722 1元人民币下调到1美元兑换5.222 1元人民币，下调幅度为9.57%。同时，人民币对其他外币的汇率也在此基础上做了相应的调整。在这以后几年中，人民币汇率逐步向下进行了小幅度调整，到1993年底官方汇率调整为1美元兑换5.8元人民币。人民币汇率适时下调，在一定程度上纠正了人民币币值被高估的问题，为扩大出口、抑制非正常进口、平衡我国的国际收支起到了积极的推动作用。

我国自实行外汇留成制度以来，开展了外汇调剂业务。20世纪80年代中期，随着留成外汇的增加，外汇体制的改革，1986年7月1日我国开放了外汇调剂市场，各地银行成立了外汇调剂所，协助有关各方调剂留成外汇，随着外汇调剂业务量的扩大，调剂价格也逐渐放开。1986—1990年，根据国内物价多次大规模调整汇率。1991年汇率转入微调方式，当时，全国外汇调剂价格基本上是由市场上的外汇供求关系决定的，行政干预减少。例如，1992—1993年，由于国内经济建设加快，进口需求增加，外汇调剂价格曾经达到1美元兑换10元人民币的水平。1993年7月11日，由于中国人民银行提高人民币存贷款利率和中央加强宏观调控的措施，外汇调剂价格又降到1美元兑换8元人民币左右的水平。1993年12月31日，官方汇率为1美元=5.8元人民币，而外汇调剂价格为1美元=8.7元人民币。

（七）单一的有管理的浮动汇率制阶段（1994—2005年）

1994年1月1日，我国进行了外汇体制重大改革，实行汇率并轨，即把外汇调剂市场的汇价与官方牌价合二为一，保留一个汇价，实行银行结售汇。建立以市场供求为基础的单一的有管理的浮动汇率制。即建立全国银行间的外汇市场，取消1美元=5.8元人民币的官价，合并到市价中来，实行单一汇率制；国家不再以行政命令的方式规定汇价，市场供求关系将是决定汇率的主要依据；中国人民银行通过在外汇市场吞吐外汇来维持人民币与美元汇率的基本稳定。中国人民银行根据前一天银行间外汇市场买卖外汇形成的价格，每日公布人民币的汇率。国家主要运用经济手段，如货币政策、利率政策和调节外汇的供求来保持汇率的稳定。

1994年1月1日，汇率制度改革的当天，人民币的汇率水平是1美元兑换8.7元人民币。1994年1月1日—1997年7月1日的3年半的时间里人民币的汇率由1美元兑换8.7元人民币上涨到1美元兑换8.28元人民币，人民币对美元的汇率上涨了5.1%。1997年7月—2005年7月21日，人民币对美元的汇率一直稳定在1美元兑换8.27~8.28元人民币的水平上，没有太大变化。其原因主要是由于1997年7月2日亚洲金融危机爆发后在我国周边地区不断蔓延，许多亚洲国家的货币对美元的汇率贬值了百分之几十甚至百分之几百，人民币贬值的预期加剧。在这种形势下，中国作为一个负责任的大国，为了防止亚洲周边国家和地区的货币轮番贬值而使危机深化，郑重承诺人民币不贬值，主动加大了对人民币汇率的调控和管理力度，收窄了人民币汇率的波动区间。虽然使我国付出了相当的代价，但成功地抵御了亚洲金融危机的冲击，赢得了广大的发展中国家乃至发达国家的一致赞誉和好评。正是在这种特殊的历史条件下，人民币对美元的汇率基本上在较窄的区间里波动，实际上在1994年改革形成的"有管理的浮动汇率"不知不觉发展成了"钉住美元的固定汇率制度”。

（八）以市场供求为基础、参考“一篮子”货币进行调节、有管理的浮动汇率制度阶段（2005 年至今）

为建立完善社会主义市场经济体制，充分发挥市场在资源配置中的基础性作用，建立健全以市场供求为基础的、有管理的浮动汇率制，经国务院批准，我国于 2005 年 7 月 21 日进行完善人民币汇率形成机制改革。主要内容是：

（1）自 2005 年 7 月 21 日起，我国开始实行以市场供求为基础、参考“一篮子”货币进行调节、有管理的浮动汇率制。人民币汇率不再钉住单一美元，形成更富弹性的人民币汇率机制。

（2）中国人民银行于每个工作日闭市后公布当日银行间外汇市场美元等交易货币对人民币汇率的收盘价，作为下一个工作日该货币对人民币交易的中间价格。

（3）2005 年 7 月 21 日 19 时，美元对人民币的交易价格调整为 1 美元兑换 8.11 元人民币（或者说略微升值了 2%以上），作为次日银行间外汇市场上外汇指定银行之间交易的中间价，外汇指定银行可自此时起调整对客户的挂牌汇价。

（4）每日银行间外汇市场美元对人民币的交易价仍在人民银行公布的美元交易中间价上下 0.3%的幅度内浮动，非美元货币对人民币的交易价在人民银行公布的该货币的交易的中间价上下一定幅度内浮动。

至此人民币汇率不再钉住单一美元，而是按照我国对外经济发展的实际情况，选择若干种主要货币，主要有美元、欧元、日元、港元等，赋予各种货币相应的权重，组成一个“货币篮子”。同时根据国内外经济金融形势，以市场供求为基础，参考“一篮子”货币计算人民币多边汇率指数的变化，对人民币汇率进行管理和调节，维护人民币汇率在合理、均衡水平上的基本稳定。参考“一篮子”货币，外币之间的汇率变化会影响人民币的汇率，但参考“一篮子”并不等于钉住“一篮子”货币，它还需要将市场供求关系作为另一个重要依据，据此形成有管理的浮动汇率制。

虽然改革后中央银行将参考一个关键贸易伙伴国的“货币篮子”来调节汇率，而不再只参考美元。然而美元依旧重要。中央银行声明人民币“不再钉住美元”，多少有些误导性。新的改革将人民币相对美元可以升值（或贬值）的幅度明确为每天 0.3%。具体地说，新政策设定每天的交易区间为前一工作日交易闭市价值加减 0.3%。美元在“货币篮子”中的权重没有公布。实际上，可以肯定其权重非常高，反映了美元作为贸易活动计价货币的主导地位。21 日行动的真正的意义是中央银行具有了新的能力，可以允许人民币相对美元升值。如果人民币按照每天的波动上限升值，那么每个月就几乎可以升值 6%。这是对“爬行钉住”制度的恢复。在这种情况下，货币以事先确定的速度升值（或者，更常见的情况是贬值，巴西雷亚尔就是如此），这一速度可以公开，也可以不公开。就中国对升值有确切的时间表而言，新制度是“爬行篮子区间”。

自 2005 年 7 月 21 日以来，由于诸多原因，我国人民币升值较快，例如，2006

年9月1美元约等于7.9元人民币；2007年1月11日人民币对美元7.80关口告破，13年来首次超过港币；2008年4月10日人民币对美元汇率中间价突破7.00；2009年2月1美元约等于6.8元人民币，而2014年3月2日1美元约等于6.1人民币。主要的原因是：①我国在与美国的出口贸易中一直保持顺差的优势，导致美国对我国施压，迫使人民币升值；②我国的人民币逐渐作为强势货币出现在国际金融市场上。

2007年5月21日，人民币对美元汇率的日波幅从±0.3%扩大到±0.5%。2012年4月16日，银行间即期外汇市场人民币兑美元交易价浮动幅度由0.5%扩大至1%，即每日银行间即期外汇市场人民币兑美元的交易价可在中国外汇交易中心对外公布的当日人民币兑美元中间价上下1%的幅度内浮动。外汇指定银行为客户提供当日美元最高现汇卖出价与最低现汇买入价之差不得超过当日汇率中间价的幅度由1%扩大至2%，其他规定仍遵照《中国人民银行关于银行间外汇市场交易汇价和外汇指定银行挂牌汇价管理有关问题的通知》执行。

2014年3月17日，银行间即期外汇市场人民币兑美元交易价浮动幅度由1%扩大至2%，即每日银行间即期外汇市场人民币兑美元的交易价可在中国外汇交易中心对外公布的当日人民币兑美元中间价上下2%的幅度内浮动。外汇指定银行为客户提供当日美元最高现汇卖出价与最低现汇买入价之差不得超过当日汇率中间价的幅度由2%扩大至3%，其他规定仍遵照《中国人民银行关于银行间外汇市场交易汇价和外汇指定银行挂牌汇价管理有关问题的通知》执行。

中国人民银行将继续完善人民币汇率市场化形成机制，进一步发挥市场在人民币汇率形成中的作用，增强人民币汇率双向浮动弹性，保持人民币汇率在合理、均衡水平上的基本稳定。

由于目前中国外汇市场健康发展，交易主体自主定价和风险管理能力不断增强，此举也是为了顺应市场发展的要求，加大市场决定汇率的力度，建立以市场供求为基础、有管理的浮动汇率制度。扩大人民币汇率浮动幅度，有利于增强人民币汇率浮动弹性，不断优化资金配置效率，进一步增强市场配置资源的决定性作用。

扩大人民汇率浮动区间是增强人民币汇率双向浮动弹性的制度安排，与人民币汇率升贬没有直接关系。人民币汇率变化主要取决于以国际收支为基础的外汇供求状况。2013年我国经常项目顺差与GDP之比已降至2.1%，国际收支趋于平衡，人民币汇率不存在大幅升值的基础。同时，我国财政金融风险可控，外汇储备充裕，抵御外部冲击的能力较强，人民币汇率也不存在大幅贬值的基础。

随着汇率市场化形成机制改革的推进，未来人民币将与国际主要货币一样，有充分弹性的双向波动会成为常态。人民币汇率形成机制改革会继续朝着市场化方向迈进，加大市场决定汇率的力度，促进国际收支平衡。发展外汇市场，丰富外汇产品，扩展外汇市场的广度和深度，更好地满足企业和居民的需求。进一步发挥市场汇率的作用，中国人民银行基本退出常态式外汇干预，建立以市场供求为基础，且有管理的浮动汇率制度。

相关链接

中国香港的联系汇率制

联系汇率是与港币的发行机制高度一致的。香港特别行政区没有中央银行，是世界上由商业银行发行钞票的少数地区之一。而港币则是以外汇基金为发行机制的。外汇基金是香港特别行政区外汇储备的唯一场所，因此是港币发行的准备金。发钞银行在发行钞票时，必须以百分之百的外汇资产向外汇基金交纳保证，换取无息的负债证明书，以此作为发行钞票的依据。换取负债证明书的资产，先后是白银、银元、英镑、美元和港币，实行联系汇率制度后，则再次规定必须以美元换取。在香港地区历史上，无论以何种资产换取负债证明书，都必须是十足的，这是港币发行机制的一大特点，实行联系汇率制则依然沿袭。

联系汇率制度规定，汇丰、渣打和中银三家发钞银行增发港币时，须按7.8港元等于1美元的汇价以百分之百的美元向外汇基金换取发钞负债证明书，而回笼港币时，发钞银行可将港币的负债证明书交回外汇基金换取等值的美元。这一机制又被引入了同业现钞市场，即当其他持牌银行向发钞银行取得港币现钞时，也要以百分之百的美元向发钞银行进行兑换，而其他持牌银行把港元现钞存入发钞银行时，发钞银行也要以等值的美元付给它们。这两个联系方式对港币的币值和汇率起到了重要的稳定作用，这是联系汇率制的另一特点。

但是，在香港地区的公开外汇市场上，港币的汇率却是自由浮动的，即无论在银行同业之间的港币存款交易（批发市场），还是在银行与公众间的现钞或存款往来（零售市场），港币汇率都是由市场的供求状况来决定的，实行市场汇率。联系汇率与市场汇率、固定汇率与浮动汇率并存，是中国香港联系汇率制度最重要的机理。一方面，政府通过对发钞银行的汇率控制，维持着整个港币体系对美元汇率的稳定联系；另一方面，通过银行与公众的市场行为和套利活动，使市场汇率一定程度地反映现实资金供求状况。联系汇率令市场汇率在1：7.8的水平上做上下波动，并自动趋近之，不需要人为去直接干预；市场汇率则充分利用市场套利活动，通过短期利率的波动，反映同业市场情况，为港币供应量的收缩与放大提供真实依据。

联系汇率真正成为中国香港金融管理制度的基础，是在经历了一些金融危机和1987年股灾之后的事情。主要是香港特别行政区金融管理当局为完善这一汇率机制，采取了一系列措施来创造有效的管理环境，如与汇丰银行的新会计安排，发展香港式的贴现窗，建立流动资金调节机制，开辟政府债券市场，推出即时结算措施等。此外，还通过货币政策工具的创新，使短期利率受控于美息的变动范围，以保障港元兑美元的稳定。而对于联系汇率制最有力的一种调节机制，还在于由历史形成的、约束范围广泛的和具有垄断性质的利率协议，其中还包括了举世罕见的“负利率”规则，它通过调整银行的存、贷利率，达到收紧或放松银根，控制货币供应量的目的，因此至今仍然是维护联系汇率制度的一项政策手段。

思考题：联系汇率制对香港地区经济发展的意义。

本章小结

1. 外汇是国际汇兑的简称，它有动态和静态之分。动态的外汇是指把一国货币兑换成另一国货币以清偿国际债务的金融活动。静态的外汇是指以外币表示的用于国际结算的支付手段。

2. 汇率是以一国货币单位表示的另一国货币单位的价格，或者说，汇率是不同货币兑换的比率。汇率又称为汇价，与外汇行市、外汇牌价是同义语。

3. 汇率制度又称汇率安排，是指一国货币当局对本国汇率水平的确定、汇率变动方式等问题所做出的一系列安排或规定。按照汇率波动有无平价及汇率波动幅度的大小，可将汇率制度分为固定汇率制度和浮动汇率制度。

重要概念

外汇　汇率　直接标价法　间接标价法　市场汇率　汇率制度　固定汇率制
浮动汇率制　管理浮动　铸币平价

进一步阅读推荐

［1］国际外汇市场行情可以查阅伦敦《金融时报》网站：http://www.ft.com.

［2］人民币行情可以查阅中国国家外汇管理局网站：http://www.safe.gov.cn；或 http://www.bank-of-china.com.

［3］有关汇市行情可以查询中国国家外汇管理局网站。

复习讨论题

1. 判断题

（1）非钞票和硬币形态的外汇是外汇存在的主要形态。（　　）

（2）我国采用的是直接标价法，美国采用的是间接标价法。（　　）

（3）浮动汇率制下，一国货币汇率下浮则意味着该国货币法定贬值。（　　）

（4）外汇就是外国货币。（　　）

（5）在间接标价法下，汇率数值下降表示外国货币贬值，本国货币升值。（　　）

2. 不定项选择题

(1) 我国外汇管理的主要负责机构是（　　）。

A. 银监会　　B. 国家外汇管理局

C. 财政部　　D. 中国银行

(2) 在采用直接标价的前提下，如果需要比原来更少的本币就能兑换一定数量的外国货币，这表明（　　）。

A. 本币币值上升，外币币值下降，通常称为外汇汇率上升

B. 本币币值下降，外币币值上升，通常称为外汇汇率上升

C. 本币币值上升，外币币值下降，通常称为外汇汇率下降

D. 本币币值下降，外币币值上升，通常称为外汇汇率下降

(3) 目前，我国人民币实施的汇率制度是（　　）。

A. 固定汇率制　　B. 弹性汇率制

C. 有管理浮动汇率制　　D. 钉住汇率制

(4) 我国外汇管理条例中所称的外汇是指（　　）。

A. 外国货币　　B. 外币支付凭证

C. 外币有价证券　　D. 其他外汇资产

(5) 下列（　　）因素能够影响汇率。

A. 一国的利率水平

B. 一国的财政状况与经济生产状况及国际收支

C. 重大国际政治因素

D. 外汇供求

(6) 下列国家中实行间接标价法的国家是（　　）。

A. 中国　　B. 英国　　C. 美国　　D. 日本

(7) 以下不属于汇率的标价法的是（　　）。

A. 直接标价法　　B. 间接标价法　　C. 欧元标价法　　D. 美元标价法

(8) 金币本位制度下，汇率决定的基础是（　　）。

A. 法定平价　　B. 铸币平价　　C. 通货膨胀率差　　D. 利率差

3. 简答题

(1) 简述外汇的作用。

(2) 如何理解直接标价法、间接标价法和美元标价法?

(3) 试分析影响汇率变动的主要因素。

(4) 汇率的种类有哪些?

第二篇　金融体系篇

第五章　金融市场

学习目的

通过本章学习，你应该能够：

(1) 明确金融市场的涵义，理解金融市场的功能，了解金融市场的分类与发展趋势；

(2) 理解货币市场与资本市场的特点与功能，熟悉货币市场和资本市场的交易活动；

(3) 了解外汇市场与黄金市场的交易活动与特点；

(4) 理解金融衍生工具的涵义，了解几种主要的金融衍生工具市场的基本运行机制；

(5) 了解中国金融市场的发展现状及特征

现代经济体系中，有三类市场对经济运行起着主导作用，即要素市场、产品市场与金融市场。其中，要素市场是指配置土地、劳动与资本等生产要素的市场；产品市场是指商品和服务进行交易的市场；而通过资金配置，引导资金由盈余部门流向短缺部门的市场即金融市场，是市场经济条件下诸要素市场的核心和枢纽。

第一节　金融市场概述

一、金融市场的涵义

金融市场是指以金融资产为交易对象而形成的供求关系及其机制的总和。它包含三层涵义：①它是金融资产进行交易的一个有形或无形的场所；②它反映了金融资产的供应者和需求者之间所形成的供求关系；③它包含了金融资产交易过程中所产生的运行机制，其中最主要的是价格（包括利率、汇率及各种证券的价格）机制。

狭义的金融市场仅仅是指直接融资市场，而广义的金融市场还包括间接融资市场。直接融资是指资金需求者直接从资金盈余者那里获得货币资金，不需要中介，比如我们熟悉的股票市场和债券市场都属于直接融资市场。间接融资是指资金盈余者将资金交给中介机构，再由中介机构把资金提供给资金需求者。为间接融资提供服务的中介机构主要是商业银行等。

金融市场与要素市场的差异在于：①在金融市场上，市场参与者之间的关系已不是一种单纯的买卖关系，而是一种借贷关系或委托代理关系，是以信用为基础的资金的使用权和所有权的暂时分离或有条件的让渡。②交易对象是一种特殊的商品即货币资金。货币资金可以进行借贷及有条件的让渡，是因为当其转化为资本时能够得到增值。③交易场所通常是无形的，通过电信及计算机网络等进行交易的方式越来越普遍。

金融是现代经济的核心。经济的发展依赖于资源的合理配置，而资源的合理配置主要靠市场机制的有效运行来实现。金融市场在市场机制中扮演着主导和枢纽的角色，发挥着极为关键的作用。在一个有效的金融市场上，金融资产的价格能及时、准确地反映所有公开信息，引导资金迅速、合理地流动。金融市场作为货币资金交易的渠道，通过特有的运作机制将居民、企业和政府部门的储蓄汇集成巨大的资金流，维持并推动着商品市场经济这个巨大的经济及其运转。同时，金融市场通过灵敏的信号系统和有力的调控机制，引导经济资源向着合理的方向流动，优化资源的配置。在金融市场上，价格机制是其运行的基础，完善的法规制度、现金的交易手段是其有效运行的保障。

二、金融市场的构成要素

同任何市场一样，金融市场也具备市场四要素，即交易主体、交易对象、交易工具和交易价格。

（一）交易主体

金融市场的交易主体即金融市场的参与者，可以分为资金的供应者、需求者、中介者和管理者。具体地讲，包括金融机构、企业、政府、个人及海外投资者。市场交易主体基于利益的驱动参与交易。而交易主体之间的双向竞争推动着资金在交易主体间的流动，也促使着各主体运行效率的提高，它们的活动引导着资金的流向、流速和流量。

1. 金融机构

它是金融市场的主导力量。它既是资金的供应者，也是资金的需求者。作为资金的供应者，它通过发放贷款、拆借、贴现、抵押、买进债券等方式，向市场输出资金；作为资金的需求者，它通过吸收存款、再贴现、拆借等方法，将资金最大限度地集中到自己手里；金融机构还提供信用工具，如支票、汇票、保单等，向金融市场提供资金交易的工具。在提供金融工具的同时，金融机构也为自身筹集了资金。此外，金融机构还充当资金交易的媒介，办理金融批发业务，如对信贷资金的批发，对股票、债券的承销等。

2. 企业单位

它是金融市场运行的基础。金融市场是为企业单位提供筹集和运用资金的场所，使其可以保持适度的资本量，因而企业和银行之间总保持着存贷关系（融资关系），也与其他企业或金融机构保持着投融资关系。

3. 家庭和个人

首先它是金融市场上资金的供应者，以储蓄存款的方式参与金融市场。家庭和个人的存款汇成金融市场的一股巨流；此外，个人通过购买证券，也向金融市场输送资金。家庭和个人也是市场资金的需求者。

4. 政府部门

作为金融市场上资金的需求者，政府部门通过在国内外市场上发行国家债券筹集资金，以弥补赤字或者扩大建设规模；作为资金的供给者，它将自己拥有的财政性存款和外汇储备汇集到金融市场上，成为金融机构的重要资金来源。

5. 海外投资者

随着金融市场的对外开放，海外投资者越来越多地来国内投资和筹资，进行存贷款活动、投资活动；当在岸和离岸金融市场进一步开放之后，会有更多的海外投资者投入到国内金融市场上来。

6. 中央银行

除了作为金融市场的管理者外，中央银行还以资金的供给者、需求者、中介者三位一体的身份活动在金融市场上。作为资金的供给者，它向商业银行等金融机构通过再贴现、再贷款、购回证券与票据、收购黄金外汇的方式投放基础货币，从而开辟资金的最初源头。同时，中央银行在提供资金的过程中，它以货币发行者的身份向社会发行货币，向金融市场提供流通工具和支付手段。作为资金的需求者，它主要吸纳商业银行的存款准备金，通过公开市场业务抛售证券、票据，回收金融市场上过多的资金。作为中介者，中央银行为商业银行之间的资金往来提供清算服务。

（二）交易对象

金融市场的交易对象是货币资金。金融市场上每时每刻都在进行各种不同的交易。无论是哪一种交易方式——贷款也好，证券买卖也好，交易目的无非是获取自己所需的货币资金和借出自己所盈余的货币资金，其交易对象都是货币资金。但是，金融市场上货币资金的交易仅仅表现为以信用为基础的资金的使用权和所有权的暂时分离或有条件的让渡，这与商品市场上大多是所有权和使用权同时转移相区别。

（三）交易工具

金融市场上的交易工具是金融工具。金融工具是在信用活动中产生的，对交易的金额、期限、价格等条件加以说明，用以证明交易双方的权利义务，并且具有法律约束力的书面文书。

金融工具也就是金融资产，它在本质上是一种虚拟资本，但在现代社会中，拥有金融资产的多寡，就意味着一个人或一个单位拥有财富的多少。它不但标志着一定的收益权，而且在某种条件下，标志着一定的控制权。金融工具包括票据（支票、汇票、本票）、可转让定期存单、债券、国库券、基金、证券及各种金融衍生工具等。

一般来讲，金融工具具有如下三个特征：

1. 流动性

流动性又称为货币性、变现力，是指金融工具可以用来作为货币，或者很容易转换成货币——“变现”（Encashment）的能力；现金和活期存款这些金融工具本身就是货币，不存在变现的问题，流动性最强。其他金融工具在变现时，有的需要一定时间，有的会蒙受价值损失，流动性各有不同。变现的期限短、成本低的金融工具意味着流动性强；反之，则意味着流动性差。金融工具发行者的资信高低、金融工具交易时的买卖差价等都会对流动性产生影响。一般来说，金融工具发行者的资信等级越高，金融工具交易时的买卖差价越小，金融工具的流动性就越好。

2. 收益性

收益性是指持有金融工具能够获得一定收益的性质，通常用收益率来衡量金融工具的收益性。收益率是持有金融工具所取得的收益与本金的比率，一般有三种计算方法：

（1）名义收益率（Nominal Yield）。它是指金融工具票面收益与票面金额的比率。例如，如果某种债券面值 100 元，偿还期为 10 年，每年支付利息一次，每次 6 元，则该债券的名义收益率即为 6%。

（2）即期收益率（Current Yield）。它是指金融工具的票面收益与当期市场价格的比率，又称当期收益率。如上例，如果债券的市场价格为 95 元，则即期收益率 = $\frac{6}{95}\times100\%=6.32\%$。

（3）平均收益率（Average Yield），是指持有金融工具期间的实际收益与市场价格的比率，又称为实际收益率。即平均收益率 $=\frac{\text{实际收益}}{\text{市场价格}}\times100\%=\frac{\text{票面利息}+\text{资本损益}}{\text{市场价格}}\times100\%$。

其中，资本损益是把债券的卖出价与买入价之间的差值，按持有期限折算成每年收益而得到的。如上例，如果债券持有人在债券发行后的第二年按照 95 元的价格买入债券，持有两年后按照 96 元的价格卖出债券，那么，其实际收益率 = $\frac{6+(96-95)\div2}{95}\times100\%=6.84\%$。如果持有者没有提前卖出债券，那么在债券到期时将获得的实际收益 $=\frac{6+(100-95)\div 8}{95}\times 100\%=6.97\%$。

由于平均收益率的计算既包括了现时收益也包括了资本损益，因此能够比前两种收益率更准确地反映投资者的收益状况。

3. 风险性

风险性是指金融工具的本金是否会遭到损失的可能性。导致本金受损的风险主要有两种：信用风险和市场风险。信用风险也称为违约风险，是指债务人不能履行合约，不按期归还本金的风险，这类风险往往取决于债务人的信誉以及经营状况。比如政府发行的债券就比公司发行的债券风险小；经营状况良好的大公司发行的债券总是比小公司发行的债券信用好。而金融工具的种类也对信用风险有影响。如优先股的风险就小于普通股。市场风险是指由于金融工具市场价格下跌所带来的风险。股票、债券等金融工具的市场价格经常变化，一旦市场价格下跌，持有者的财富必然减少。

（四）交易价格

在金融市场上，交易对象的价格就是货币资金的价格。在借贷市场上，借贷资金的价格就是借贷利率。而在证券市场上，资金的价格较隐蔽，直接表现出的是有价证券的价格，从这种价格反映出货币资金的价格。至于外汇市场，汇率反映了货币的价格。

三、金融市场的分类

（一）按标的物的不同，分为货币市场、资本市场、外汇市场、黄金市场和衍生工具市场

1. 货币市场

货币市场是指以期限在 1 年及 1 年以下的金融资产为交易标的物的短期金融市场。它的主要功能是保持金融资产的流动性，一方面满足了借款者的短期资金需求，另一方面也为暂时闲置的资金找到了出路。在美国金融史上，早期的货币市场概念较为狭义，主要指对证券经纪商和交易商进行通知放款的市场。后来，货币市场的概念得到进一步扩展，主要指短期资金市场。现在，货币市场一般指国库券、商业票据、银行承兑汇票、可转让定期存单、回购协议、联邦资金等短期信用工具买卖的市场，许多国家将银行短期贷款也归入货币市场的业务范围。由于该类市场上的信用工具随时可以在发达的二级市场上出售变现，具有很强的流动性，功能近似于货币，故将其称为货币市场。该市场主要经营短期资金的借贷，故也称为短期资金市场。

货币市场一般没有正式的组织，所有交易特别是二级市场的交易几乎都是通过电信方式联系进行的。市场交易量大是货币市场区别于其他市场的重要特征之一。巨额交易使得货币市场实际上成为一个批发市场。由于货币市场的非人为性及竞争性，因而它又是一个公开市场，任何人或机构都可以进入市场进行交易，不存在固定不变的顾客关系。

2. 资本市场

资本市场是指期限在1年以上的金融资产交易的市场。一般来说，资本市场包括两大部分：一是银行中长期存贷款市场，二是有价证券市场。本章的讨论主要着眼于后者。它的活动为资本的积累和分配提供了条件。在证券市场上，通过股票、债券、基金等信用工具的发行和流通，使社会资金进行新的配置和流动。同时证券市场又成为投资和投机的场所、长短期资本互换的场所及投资变现的场所。

3. 外汇市场

外汇市场是外汇交易的场所。由于国际政治经济文化的广泛联系，各国货币之间的兑换导致了外汇买卖的必要性；此外，随着外汇交易的方式和领域的扩大，外汇交易也成为保值、投机、投资的手段。外汇市场有广义与狭义之分。狭义的外汇市场指的是银行间的外汇交易，包括同一市场各银行间的交易，中央银行与外汇银行间以及各国中央银行之间的外汇交易活动，通常称为批发市场（Wholesale Market）；广义的外汇市场是指由各国中央银行、外汇银行、外汇经纪人及客户组成的外汇买卖、经营活动的总和，包括上述的批发市场以及银行同企业、个人间外汇买卖的零售市场（Retail Market）。

4. 黄金市场

黄金市场是集中进行黄金买卖的交易中心或场所。目前，由于黄金仍是国际储备工具之一，在国际结算中占据着重要的地位，因此，黄金市场仍被视为金融市场的组成部分。但随着时代的发展，黄金非货币化趋势越来越明显，因此，本书不准备介绍黄金市场。黄金市场早在19世纪初就已形成，是最古老的金融市场。现在，世界上已发展到40多个黄金市场，其中，伦敦、纽约、苏黎世、芝加哥和香港的黄金市场被称为五大国际黄金市场。

5. 衍生工具市场

衍生工具市场是各种衍生金融工具进行交易的市场。所谓衍生金融工具，是指由原生性金融商品或基础性金融工具创造出的新型金融工具。它一般表现为一些合约，这些合约的价值由其交易的金融资产的价格决定。衍生工具包括远期（Forward）合约、期货（Futures）合约、期权（Options）合约、互换（Swaps）协议等。由于衍生金融工具在金融交易中具有套期保值、防范风险的作用，衍生工具的种类仍在不断增多。衍生金融工具同时也是一种投机的对象，其交易所带来的风险也应引起注意。

（二）按中介机构特征的不同，分为直接金融市场与间接金融市场

直接金融市场指的是资金需求者直接从资金所有者那里融通资金的市场，一般指的是通过发行债券或股票的方式在金融市场上筹集资金的融资市场。而间接金融市场则是以银行等信用中介机构作为媒介来进行资金融通的市场。在间接金融市场上，资金所有者将手中的资金贷给银行等信用中介机构，然后再由这些机构转贷给资金需求者。在此过程中，不管这笔资金最终归谁使用，资金所有者都将只拥有对信用中介机构的债权而不能对最终使用者具有任何权利要求。直接金融市场与间接

金融市场的差别并不在于是否有金融中介机构的介入，而主要在于中介机构的特征的差异。在直接金融市场上也有金融中介机构，只不过这类公司与银行不同，它不是资金的中介，而大多是信息中介和服务中介。

（三）按金融资产的发行和流通特征的不同，分为初级市场、二级市场、第三市场和第四市场

资金需求者将金融资产首次出售给公众时所形成的交易市场成为初级市场、发行市场或一级市场。在初级市场上，通过银行、企业等发行主体，将金融工具投向社会，同时使资金出现第一次再分配，金融工具向其购买者转移，资金向金融工具的发行者转移。

证券发行后，各种证券在不同的投资者之间买卖流通所形成的市场即为二级市场，又称为流通市场或次级市场。

初级市场是二级市场的基础和前提，没有初级市场就没有二级市场。二级市场是初级市场存在与发展的重要条件之一，无论从流动性上还是从价格的确定上，初级市场都要受到二级市场的影响。

此外，一些发达的市场经济国家还存在着第三市场和第四市场，实际上都是场外市场的一部分。第三市场是原来在交易所上市的证券移到场外进行交易所形成的市场。第三市场的交易相对于交易所的交易来说，具有限制更少、成本更低的优点。第四市场是投资者和证券的出卖者直接交易形成的市场。其形成的主要原因是机构投资者在证券交易中所占的比例越来越大，它们之间的买卖数额很大，因此希望避开经纪人直接交易，以降低交易成本。

（四）按成交与定价的方式不同，分为公开市场与议价市场

公开市场指的是金融资产的交易价格通过众多的买主和卖主公开竞价而形成的市场。金融资产在其偿付之前可以自由交易，并且只卖给出价最高的买者。一般在有组织的证券交易所进行。在议价市场上，金融资产的定价与成交是通过私下协商或面对面的讨价还价方式进行的。在发达的市场经济国家，绝大多数债券和中小企业的未上市股票都通过这种方式交易。最初，在议价市场交易的证券流通范围不大，交易也不活跃，但随着现代电信及自动化技术的发展，该市场的交易效率已大大提高。

（五）按有无固定场所，分为有形市场与无形市场

有形市场即为有固定交易场所的市场，一般指的是证券交易所等固定的交易场地。在证券交易所进行交易首先要开设账户，然后由投资人委托证券商买卖证券，证券商负责按投资者的要求进行操作。无形市场则是指在证券交易所外进行金融资产交易的总称。它的交易一般通过现代化的电信工具在各金融机构、证券商及投资者之间进行，它是一个无形的网络，金融资产及资金可以在其中迅速地转移。

（六）按地域不同，分为国内金融市场和国际金融市场

国内金融市场是指金融交易的作用范围仅限于一国之内的市场，它除了包括全国性的以本币计值的金融资产交易市场之外，还包括一国范围内的地方性金融市场。

国际金融市场则是跨越国界进行金融资产交易的市场，是进行金融资产国际交易的场所。国际金融市场有广义和狭义之分。狭义的国际金融市场是指进行各种国际金融业务的场所，有时又称为传统的国际金融市场，包括货币市场、资本市场、外汇市场、黄金市场以及衍生金融市场等；广义的国际金融市场则包括离岸金融市场。这里，所谓离岸金融市场，是非居民从事国际金融交易的市场。离岸金融市场以非居民为交易对象，资金来源于所在国的非居民或来自于国外的外币资金。离岸金融市场基本不受所在国的金融监管机构的管制，并可以享受税收方面的优惠待遇，资金出入境自由。离岸金融市场是一种无形市场，从广义的市场来看，它只存在于某一城市或地区而不在于一个固定的交易场所，由所在地的金融机构与金融资产的国际性交易而形成。

国内金融市场是国际金融市场形成的基础。实际上，从金融监管角度来看，国内金融市场及传统的国际金融市场都要受到所在国金融监管当局的管制，而新型的国际金融市场如离岸金融市场则可以说是完全国际化的市场，它不受任何国家法令的限制，主要经营境外货币。国际金融市场是国内金融市场发展到一定阶段的产物，是与实物资产的国际转移、资本的国际流动、金融业及现代电子信息技术的高度发展相辅相成的。

四、金融市场的功能

金融市场作为金融资产交易的场所，从整个经济运行的角度来看，它提供如下几种经济功能：

（一）资源配置功能

金融市场最基本的功能是引导货币资金从资金盈余者流向资金赤字者，通过资金的调剂，实现资源配置。图 4-1 给我们描述了金融市场上资金融通的途径。

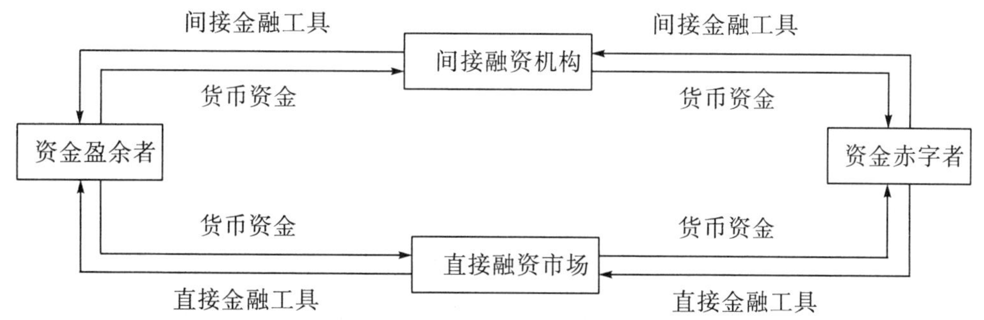

图 4-1　金融市场的资金融通

从图 4-1 中可以看出，货币资金可以通过两个途径从资金盈余者手中到达资金赤字者手中。图 4-1 的上半部分描述了第一种途径——间接融资。资金盈余者把他们多余的资金存入银行等间接融资机构，再由这些间接融资机构贷放给资金赤字者。此时，资金赤字者和资金盈余者之间没有债权债务关系：间接融资机构充当了资金盈余者的债务人和资金赤字者的债权人。图 4-1 的下半部分描述了第二种途径——直接融资。资金赤字者在金融市场上发行股票、债券等直接融资工具，直接从资金盈余者手中获得资金。此时，资金赤字者和资金盈余者之间具有直接的债权债务关系。

通过金融市场的调剂，那些拥有投资机会但缺乏资金的机构、个人可以获得他们所需要的资金，而资金盈余者手中闲置的资金也可以发挥作用。这种余缺的调剂实现了生产要素的重新优化组合，提高了生产效率。此外，金融市场对资金的调剂还可以提高个人的福利。比如，房子、汽车等耐用消费品的消费可能需要一个家庭数十年的积累才能实现，但通过金融市场提供的抵押贷款等工具，我们可以提前享受到这些商品。

（二）分散风险功能

在现代经济生活中，风险无时不在、无处不有。而不同的主体对风险的厌恶程度是不同的。风险厌恶程度极高的人可以利用各种金融工具把风险转嫁给风险厌恶程度较低的人，从而可以达到分散、转嫁风险的目的。例如，市场上农产品的价格总是起伏不定，很可能会在收获时大幅下降。农民为了规避农产品价格变化带来的风险，就可以选择套期保值的方法在金融市场上把风险转移出去。

（三）发现价格功能

金融资产的定价必须依靠金融市场来完成。虽然股票、债券等金融市场上交易的金融资产往往都有票面金额，但这一票面金额并不能代表该种金融工具的内在价值。只有通过金融市场上买卖双方的相互交易才能发现这些金融资产的内在价值，从而确定其价格。在真实有效的价格信号引导下，金融市场就可以实现资源的最佳配置。

（四）增强流动性功能

出于对安全、收益等方面的担心，很少有投资者会愿意把自己手中的资金长期借给他人使用，于是需要长期占用资金的项目就会很难筹集到资金。金融市场的出现很好地解决了这一问题。在金融市场上，人们可以交易未到期的金融资产，从而使得金融资产具有的流动性变为现实。例如，住房抵押贷款往往会占用银行资产数十年，银行资金的流动性因此降低。而通过贷款证券化的方式，银行可以随时把贷款变现，于是长期贷款也具有了很好的流动性。

（五）降低交易成本功能

资金需求者和资金盈余者为了成功地进行交易，一般会产生两类成本：搜寻成本和信息成本。搜寻成本是指为了寻找合适的交易对象而产生的成本；信息成本是为了评价金融资产价值而产生的成本。而金融市场上各类专业金融机构的存在，可以极大地降低交易成本。

金融市场发挥如上所述的五种经济功能需要一定的条件。一般认为，金融市场本身的效率和质量决定了金融市场经济功能的发挥程度。金融市场的效率越高，金融市场就越能发挥自身的经济功能，进而促进经济的发展。

第二节　货币市场

一、货币市场的概念

货币市场（Money Maket）是1年期以内的短期金融工具交易所形成的供求关系及其运行机制的总和。货币市场的活动主要是为了保持资金的流动性，以便随时可以获得现实的货币。短期金融工具的交易，一方面满足了资金需求者的短期资金需要，另一方面也为资金盈余者的暂时闲置资金提供获取盈利的机会。同时，短期金融工具还为中央银行实施货币政策提供操作手段。这些短期金融工具一般期限较短，最短的只有一天，最长的也不超过1年，较为普遍的是3~6个月。正因为这些工具期限短，可随时变现，有较强的货币性，所以短期金融工具又有“准货币”之称。

二、货币市场的特点

由于货币市场的交易期短而频繁，其特点是风险性低和流动性高。

货币市场由于期限比较短，价格波动范围较小，因此投资者受损失的可能性较小，获得的收益也较低。货币市场的期限最长为1年，最短仅为1天甚至半天，因此价格不可能有剧烈的波动。

货币市场的流动性主要是指金融工具的变现能力。货币市场由于期限短，变现速度较快，变现容易实现，易为融资者所接受。正因为时间短、流动性高，融资者不易遭受损失，所以所获收益也十分有限。因此，流动性高与风险低是密切联系的。

三、货币市场的交易主体

货币市场的参与者主要有机构、个人及货币市场的专业人员。机构参与者包括商业银行、中央银行、非银行金融机构、政府、非金融性企业；货币市场专业人员包括经纪人、交易商、承销商等。

商业银行参与货币市场的目的是为了灵活调度头寸，以期达到既不影响经营又不影响信誉的目的。其参与形式主要是短期借贷和买卖短期债券。因为银行是货币资金的经营机构，它们在货币市场上的交易额既大且频繁，是货币市场中的大户。

中央银行参与货币市场是为了通过公开市场业务的操作实现货币政策目标。其参与形式主要是买卖短期国债。买卖短期国债是中央银行吞吐基础货币、实现货币政策目标的理想手段。中央银行公开市场业务操作，对市场价格、收益率、利率都有举足轻重的影响。人们往往将中央银行公开市场业务内容作为预测货币市场走向的重要依据。

政府参与货币市场的主要目的是筹集资金，弥补财政赤字，解决财政收支过程中短期资金不足的困难。

非银行金融机构（保险公司、证券公司、养老基金以及各种投资基金等）参与货币市场的目的是希望货币市场为其提供低风险、高流动性的金融工具，以实现投资的最佳组合。它们可以用货币市场的低风险来抵消长期投资的高风险，用变现快来弥补长期投资变现慢的不足。

货币市场的经纪人，交易商或承销商，他们接受客户委托交易或自身直接参与交易，以取得佣金收入和差价收入。

非金融性企业参与货币市场是为了调整流动性资产比重，取得短期投资收益。

个人参与货币市场是为了取得短期资金融通。

四、货币市场的主要类型

按照交易的金融产品不同，可以把货币市场划分为如下几个子市场：同业拆借市场、回购市场、票据市场、中央银行票据、大额可转让定期存单市场、短期政府债券市场、货币市场共同基金市场等。

（一）同业拆借市场

同业拆借市场也称为同业拆放市场，是指金融机构之间以货币借贷方式进行短期资金融通活动的市场。市场的参与者为商业银行以及其他各类金融机构。同业拆借市场的资金主要用于弥补短期资金的不足、票据清算的差额以及解决临时性的资金短缺需要。同业拆借市场交易量大，能敏感地感觉资金供求关系和货币政策意图，影响货币市场利率，因此，它是货币市场体系的重要组成部分。

金融机构在日常进行存贷款和票据清算业务活动中，总会有一些机构发生头寸不足，而另一些机构则可能出现头寸多余的情况。为了相互支持对方业务的正常开展，并使多余资金产生短期收益，需要进行短期资金融通。这种融通在金融术语上称为拆借。意为拆取别人的资金以补我之不足。同业拆借能够调剂各个金融机构的头寸，或者应付一些临时性的资金短缺。这样，商业银行不必保持大量超额准备金就能满足意外的提款要求。

同业拆借市场具有如下特点：①同业拆借市场的拆借期限很短，一般是 1 天、2 天、1 个星期不等，最短的甚至只有几个小时。②参与拆借的金融机构，基本上都在中央银行开立了存款账户，资金的划拨主要通过中央银行的票据结算系统或是电子转账系统完成。③利率由交易双方商定，通常高于中央银行超额准备金利率，低于中央银行再贴现率。同业拆借市场利率变动很快，能够灵敏地反映出市场资金供求状况。④同业拆借市场交易额巨大，体现了其主要交易主体是银行的特点。

由于同业拆借市场的利率基本上代表了资金的市场价格，是确定其他资金价格的基础参照利率，因此中央银行可以通过调控同业拆借市场利率来影响其他利率，从而实现对经济的调控。这样，同业拆借市场就成了中央银行制定和实施货币政策的重要载体。

我国银行间同业拆借市场是 1996 年 1 月联网试运行的，其交易方式主要有信用拆借和回购两种方式，主要是回购方式（见表 5-2）。

表 5-2　　2005—2013 年银行间市场回购与同业拆借情况　　单位：万亿元

年份	回购成交额	同业拆借成交额
2005	15.90	1.28
2006	26.59	2.15
2007	44.80	10.7
2008	58.13	15.05
2009	69.75	19.35
2010	87.59	27.87
2011	99.48	33.44
2012	141.7	46.7
2013	158.2	35.5

资料来源：各年度《第四季度中国货币政策执行报告》。

由于银行间拆借市场是我国规模最大的一种货币市场，因此该市场也成为中国人民银行进行公开市场操作的场所。

（二）回购市场

回购市场是指通过回购协议进行短期资金融通交易的市场。所谓回购协议（Repurchase Agreement），指的是在出售证券的同时，与证券的购买商签订协议，约定在一定期限后按原定价格或约定价格购回所卖证券，从而获得即时可用资金的一种交易行为。从本质上说，回购协议是一种抵押贷款，其抵押品为证券。提供资金的是证券的买方，买方的操作我们称之为逆回购（Reverse Repurchase）；借入资金的是证券的卖方，卖方的操作我们称之为正回购（Repurchase）。

回购协议的期限从 1 日至数月不等。当回购协议签订后，资金获得者同意向资金供应者出售政府债券和政府代理机构债券以及其他债券以换取即时可用的资金。一般地，回购协议中所交易的证券主要是政府债券。回购协议期满时，再用即时可用资金做相反的交易。从表面上看，资金需求者通过出售债券获得了资金，而实际上资金需求者是从短期金融市场上借入一笔资金。对于资金借出者来说，它获得了一笔短期内有权支配的债券，但这笔债券到时候要按约定的数量如数交回。所以，出售债券的人实际上是借入资金的人，购入债券的人实际上是借出资金的人。出售一方必须在约定日期，以原来买卖的价格再加若干利息，购回该证券。这时，不论该证券的价格是升还是降，均要按约定价格购回。在回购交易中，若贷款或证券购回的时间为 1 天，则称为隔夜回购；如果时间长于 1 天，则称为期限回购。

金融机构之间的短期资金融通，一般可以通过同业拆借的形式解决，不一定要用回购协议的方法。但一些资金盈余部门不是金融机构，而是非金融机构行业、政府机构和证券公司等，它们采用回购协议的办法可以避免对放款的管制。

例如，某公司 3 天后会有一笔资金到账，但该公司当天需要 2 000 万元流动资金。为解决流动性资金不足的问题，该公司进入回购市场，寻找到交易对方，将自已持有的 2 000 万元国债以回购协议的方式出售，承诺 3 天后以 2 005 万元的价格购回。这家公司获得了为期 3 天、本金 2 000 万元、利息 5 万元的贷款。在实际操作中，用于抵押的证券实际价值往往高于交易价值，由此回购协议也被称为过度抵押贷款。

此外，回购协议的期限可长可短，比较灵活，也满足了部分市场参与者的需要。期限较长的回购协议还可以套利，即在分别得到资金和证券后，利用再一次换回之间的间隔期进行借出或投资，以获取短期利润。

（三）票据市场

货币市场中交易的票据有商业票据和银行承兑票据两类。

典型的商业票据产生于商品交易中的延期支付，有商品交易的背景。但商业票据只反映由此产生的货币债券债务关系，并不反映交易的内容。这叫作商业票据的抽象性或无因性。相应的特征则是不可争辩性，即只要证实票据不是伪造的，付款人就应该根据票据所载条件付款，不能以任何借口拒绝履行义务。此外，商业票据的签发不需要提供其他保证，只靠签发人的信用。因此，商业票据能否进入金融市场，要视签发人的资信度（Credit Standing）为转移。

在商业票据中，除了具有交易背景的票据外，还有大量并无交易背景而只是单纯以融资为目的发出的票据，通常叫作融通票据（Financial Paper）。相对于融通票据，有商品交易背景的票据称为真实票据（Real Bill）。在发达市场经济国家商业票据市场上，目前大量流通的是非金融机构的公司所发行的期限在 1 年以内的融通票据，其购买者多为商业银行、投资银行等金融机构。融通票据的票面金额已经标准化。

银行承兑票据（Bank Acceptance）是指在商业票据的基础上，由银行介入，允诺票据到期履行支付义务的一种票据。票据由银行承兑，信用风险相对较小。对于这项业务，银行收取手续费。在发达市场经济国家，银行承兑汇票，其发行人大多是银行自身，是银行筹资的手段。用票据进行短期融资的主要方式是出售票据一方融入的资金低于票据面值，票据到期时按面值还款，差额部分就是支付给票据买方（贷款人）的利息。这种融资的方式叫作贴现（Discount）。利息率则称为贴现率（Discount Rate）。例如，有人要将 3 个月后到期、面额 50 000 元的商业票据出售给银行，银行按照 6%的年率计算，贴息为 750 元[（50 000×6%）÷4]；银行支付给对方的金额则为 49 250 元（50 000−750）。

不仅商业票据、银行承兑票据多采用贴现方式，国债的发行也是采用贴现的规则，因此，短期融资的市场也称为贴现市场。

相关链接

商业票据

商业票据是货币市场上历史最悠久的工具，最早可以追溯到 19 世纪初。商业票据起源于商品交易中的延期支付，以商品交易为背景，是工商业者之间由于信用关系形成的短期无担保债务凭证。早期商业票据的发展和运用几乎都集中在美国，发行者主要为纺织品工厂、铁路、烟草公司等非金融性企业。大多数早期的少数隔夜票据通过经纪商出售，主要购买者是商业银行。

具有交易背景的票据被称为真实票据，与之相对应的是没有交易背景、只是为了融通资金而签发的融通票据。20 世纪 20 年代以来，汽车和其他耐用消费品的进口引发了消费者对短期季节性贷款的需要。而其资金来源则通过发行商业票据来进行。首家发行商业票据的大消费信贷公司是美国通用汽车承兑公司，它发行商业票据主要是为购买通用汽车的汽车融资。通用汽车承兑公司进行的改革是将商业票据直接出售给投资者，而不通过商业票据经纪商销售。

20 世纪 60 年代，商业票据的发行迅速增加。其原因有三：①持续 8 年的经济增长。这段时间企业迅速增加，资金短缺，从银行贷款的费用增加，于是企业便转向商业票据市场求援。②联储体系实行紧的货币政策。1966 年和 1969 年，那些过去使用银行短期贷款的公司发现由于《Q 条例》利率上限的限制使银行无法贷款给它们。这样，许多公司向商业银行票据市场寻找替代的资金来源。③银行为了满足其资金需要，自己发行商业票据。为逃避《Q 条例》的限制，银行仅在 1969 年就发行了 110 多亿美元的商业票据。

历史上，商业银行是商业票据的主要购买者。自 20 世纪 50 年代初期以来，由于商业票据风险较低、期限较短、收益较高，许多公司也开始购买商业票据。现在，商业票据的主要投资者是保险公司、非金融企业、银行信托部门、地方政府、养老基金组织等。由于许多商业票据是通过“滚动发行”偿还，即发行新票据取得资金偿还旧票据，加之许多投资者选择商业票据时较为看重银行的信用额度支持，因此，商业银行的信用额度对商业票据的发行影响极大。

（四）中央银行票据

中央银行票据（Central Bank Bill），简称央行票据或者央票，是中央银行向商业银行发行的短期债务凭证，其目的是调节商业银行的超额准备金。中央银行票据其实是一种中央银行债券，之所以成为中央银行票据，是为了突出其短期性特征。

中央银行票据与金融市场上其他类型的债券有着显著区别：发行各类债券的目的是筹集资金，而中央银行票据则是中央银行调节基础货币的一项货币政策工具，其目的是减少商业银行的可贷资金规模。商业银行在认购中央银行票据的同时，其可贷资金规模将会相应减少。

中央银行票据主要采用回购交易方式，回购交易分为正回购和逆回购两种。正回购意味着中央银行从市场收回流动性，逆回购则意味着中央银行向市场投放流动性。

在我国，中央银行票据的发行始于 20 世纪 90 年代初。2009 年 6 月以来，为了控制银行信贷快速增长，中国人民银行在银行间市场重新启动正回购操作，随后也重启发行 1 年期中央银行票据，同时还向部分商业银行发行惩罚性的定向中央银行票据。

（五）大额可转让定期存单市场

大额可转让定期存单市场是指进行可转让大额定期存单交易的市场。可转让大额定期存单（Certificates of Deposit，CDs）是由商业银行发行的一种金融产品，是存款人在银行的存款证明。可转让大额定期存单与普通的存款单相比，一是不记名；二是存单上金额固定，而且面额较大，比如美国规定向机构投资者发行 CDs 的最低面额是 10 万美元，一般都在 50 万美元以上，二级市场上的交易单位为 100 万美元，但向个人投资者发行的 CDs 面额最少为 100 美元，在香港最小面额为 10 万港元；三是不可提前支取，可以转让和流通。可转让大额定期存单的期限，通常不得少于 14 天，一般在 1 年以内，以 3~6 个月的居多。

可转让大额定期存单最早产生于美国。美国《Q 条例》规定商业银行对活期存款不能支付利息，定期存款利率不能突破一定限额。20 世纪 60 年代，美国市场利率上涨，高于《Q 条例》规定的上限，资金从商业银行流入金融市场。为了吸引客户，商业银行推出可转让定期存单，购买存单的客户随时可以将存单在市场上变现出售。这样，客户实际上以短期存款取得了按长期存款利率计算的利息收入，可转让大额定期存单提高了商业银行的竞争力，而且也提高了存款的稳定程度：对于发行存单的银行来说，存单到期之前，不会发生提前提取存款的问题。

可转让大额定期存单按照发行者的不同，可分为国内存单、欧洲美元存单、扬基存单和储蓄机构存单。

存单市场最大的买主是大企业，其次为货币市场基金、商业银行、政府和其他非金融机构等机构投资者。可转让大额定期存单的市场收益率高于同期限国库券。

相关链接

我国大额可转让存单市场

我国的大额可转让定期存单市场始办于 1986 年 10 月。交通银行上海分行筹备成立之初，面对各专业银行的强大竞争，经中国人民银行上海市分行批准，设计推出了大额可转让定期存单这一新兴融资工具。由于大额可转让定期存单具有存期短、利率高、转让方便的特点，受到许多企事业单位的欢迎。1989 年，中国人民银行总行制定了《大额可转让定期存单管理办法》，批准在全国推行大额可转让定期存单。由于存单在市场上流通转让很少，二级市场极其清淡，与不可转让存单没有实质区别，大额可转让定期存单业务无疾而终。2004 年，中国人民银行在第四季度《中国货币政策执行报告》中正式提出，开展大额可转让定期存单的研究工作。

2013 年 12 月中国人民银行发布实施《同业存单管理暂行办法》，中国银行、中国建设银行、国家开发银行等 10 家金融机构分别发行了首批同业存单产品，并陆续开展了二级市场交易，初步建立了同业存单双边报价做市制度。截至 2014 年 3 月末，银行间市场已陆续发行同业存单 25 只，累计发行金额为 687.7 亿元，二级市场交易共成交 55.8 亿元。我国同业存单市场初具规模，市场影响力逐步扩大。《2014

年第一季度中国货币政策执行报告》明确指出，作为大额存单的先行探索，推出同业存单有利于进一步拓宽银行业存款类金融机构的融资渠道，改善金融机构的流动性管理等。下一步在总结相关经验的基础上，将逐步推出面向企业、个人的大额可转让存单，进一步扩大商业银行负债类产品市场化定价范围，有序推进存款利率市场化改革——放开存款利率上限。

（六）短期政府债券市场

短期政府债券是政府部门以债务人身份承担到期偿付本息责任的期限在 1 年以内的债务凭证。从广义上看，政府债券不仅包括国家财政部门发行的债券，还包括地方政府及政府代理机构所发行的证券。狭义的短期政府债券则仅指国库券（Treasury-bills）。一般来说，政府短期债券市场主要指的是国库券市场。

短期政府债券市场具有以下特征：①贴现发行。国库券的发行一般都采用贴现发行，即以低于国库券面额的价格向社会发行。②违约风险低。国库券是由一国政府发行的债券，它具有国家信用作担保，故其信用风险很低，通常被誉为“金边债券”。③流动性强。由于国库券的期限短、风险低，易于变现，故其流动性很强。④面额较小。相对于其他的货币市场工具，国库券的面额比较小。目前美国的国库券面额一般为 10 000 美元，远远低于其他货币市场工具的面额（大多为 10 万美元）。

国库券被认为是安全性和流动性最好的信用工具，几乎所有的金融机构和一些非金融的公司企业都会参与这个市场的交易。同时，由于国库券市场具有流动性好、规模大的特点，因此，许多国家的中央银行都选择国库券市场开展公开市场业务。

（六）货币市场共同基金市场

货币市场共同基金是美国 20 世纪 70 年代以来出现的一种新型投资理财工具。共同基金是将众多的小额投资者的资金集中起来，由专门的经理人进行市场运作，赚取收益后按一定的期限及持有的份额进行分配的一种金融组织形式，而对于主要在货币市场上运作的共同基金，则称为货币市场共同基金。

货币市场共同基金最早出现在 1972 年。当时，由于美国政府出台了限制银行存款利率的《Q 条例》，银行存款对许多投资者的吸引力下降，它们急于为自己的资金寻找到新的能够获得货币市场现行利率水平的收益途径。货币市场共同基金正是在这种情况下营运而生的。它能将许多投资者的小额资金集合起来，由专家操作。货币市场共同基金出现后，其发展速度是很快的。目前，在发达的市场经济国家，货币市场共同基金在全部基金中所占比重最大。

货币市场基金一般属于开放性基金，即其基金份额可以随时购买和赎回。与一般的基金相比，除了具有一般基金的专家理财、分散投资等特点外，货币市场共同基金还具有如下一些投资特征：①货币市场共同基金投资于货币市场中高质量的证券组合；②货币市场共同基金提供一种有限制的存款账户；③货币市场共同基金受到的法规限制相对较少。

相关链接

中国货币市场基金的产生与发展

早在2002年年末至2003年年初，国内几家基金公司就在酝酿推出货币市场基金。直到2003年12月9日，中国证监会终于下达了批文，货币市场基金投入市场发行，标志着货币市场基金正式进入我国资本市场。当时由于受到政策限制，基金都回避了国际通用的叫法，以“现金基金”为名，因而被认为是“准货币市场基金”。2004年8月，中国证监会和中国人民银行联合发布了《货币市场基金管理暂行规定》。该规定的发布规范了货币市场基金的名称、投资品种和剩余期限，同时也推动了货币市场基金的进一步发展。截至2014年6月27日，我国货币市场基金发展到了346只。

2013年下半年，互联网金融热潮推动了公募基金的“触网热”，多家公募基金成立自己的电商部，并与各家互联网平台联合推出多款产品。截至2014年第一季度末，互联网基金产品已经超过30只，合计资产规模达到1万亿元，在全部1.47万亿元货币市场基金中占据了主流位置。

第三节　资本市场

资本市场（Capital Market）是期限在1年以上的中长期金融市场，其基本功能是实现并优化投资与消费的跨时期选择。资本市场是政府、企业、个人筹措长期资金的市场，主要包括中长期借贷市场和中长期证券市场。在证券市场上，交易对象主要是股票、债券、投资基金，它们的交易及运行机制各不相同。另外，风险投资这一市场方兴未艾，发展商前景远大。

一、股票市场

（一）股票的发行过程

股票是由股份公司发行的，表明投资者份额及其权利和义务的所有权凭证。它是重要的金融工具。股票有多种形式，但最基本的是普通股；股票价格有多种表现，最主要的是发行价格和交易价格。

一级市场也称为发行市场、初级市场。它是指股份公司向社会增发新股，包括公司初创时期发行的股票及公司增资扩股所发行的股票的交易场所。在这个市场上，是股票从无到有的创造过程，也是股份公司借以筹集资金的过程。

一级市场的整个运作过程通常由咨询与准备、认购与销售两个阶段构成。

1. 咨询与准备

这是股票发行的前期准备阶段，发行人（公司）需听取投资银行的咨询意见并对一些主要问题做出决策。这个过程包括以下几个方面：

（1）发行方式的选择。股票发行的方式一般可以分成公募和私募两类。

公募是指面向市场上大量的非特定的投资者公开发行股票。其优点是：可以扩大股票的发行量，筹资潜力大；无须提供特殊优厚的条件，发行者具有较大的经营管理独立性；股票可在二级市场上流通，从而提高发行者的知名度和股票的流动性。其缺点是：工作量大，难度也大，通常需要承销商的协助，发行者必须向证券管理机关办理注册手续，必须在招股说明书中如实公布有关情况，以供投资者做出正确决策。

私募是指只向少数特定的投资者发行股票，其对象主要有个人投资者（如使用发行公司产品的用户）或本公司的职工和机构投资者（如大的金融机构或与发行者有密切业务往来关系的公司）两类。私募具有节省发行费用、通常不必向证券管理机关办理注册手续、有确定的投资者从而不必担心发行失败等优点。但也有需向投资者提供高于市场平均条件的特殊优厚条件、发行者的经营管理易受干预、股票难以转让等缺点。

对于再发行（增资扩股）的股票可以采取有限认股权方式，也称配股，它给予现有股东以低于市场价值的价格优先购买一部分新发行的股票，其优点是发行费用低并可维持现有股东的权益比例不变。在认股权发行期间，公司设置一个除权日，在这一天之前，股票带权交易，即购得股票的同时也取得认股权；而除权日之后，股票不再附有认股权。还有一种增发股票的方式是派送红股，这是一种股票股利的形式，它在无偿向股东按比例发送红股的同时，也加大了股票的发行量。

（2）选定作为承销商的投资银行。公开发行股票一般都通过投资银行来进行，投资银行的这一角色称为承销商。许多公司都与某一特定承销商建立起牢固的关系，承销商为这些公司发行股票而且提供其他必要的金融服务。在有多家承销商竞争的情况下，公司通过竞争性招标的方式来选择承销商，这种方式有利于减低发行费用，但不利于与承销商建立持久牢固的关系。承销商的作用除了销售股票外，事实上还为股票的信誉做担保，这是公司试图与承销商建立良好关系的基本原因。当发行数量很大时，常由多家投资银行组成承销团来处理整个发行，其中一家投资银行作为牵头承销商。我国当前尚未组建投资银行，其职能由证券公司或信托投资公司来承担。

在私募的情况下，发行条件通常由发行公司和投资者直接商定，从而绕过了承销环节。在这种情况下，投资银行的中介职能减弱了。

（3）准备招股说明书。招股说明书是公司公开发行股票的书面说明，并且是投资者准备购买的依据。招股说明书必须包括财务信息和公司经营历史的陈述、高级管理人员的状况、筹资目的和使用计划、公司内部悬而未决的问题，如诉讼等。

（4）发行定价。发行定价是一级市场的关键环节。如果定价过高，会使股票的发行数量减少，进而使发行公司不能筹到所需资金，股票承销商也会遭受损失；如果定价过低，则股票承销商的工作容易，但发行公司却会蒙受损失。对于再发行的股票，价格过低还会使老股东受损。

股票发行价格是指股份有限公司将股票公开发售给特定或非特定投资者所采用的价格。确定股票发行价格的方法有三种：市盈率法、净资产倍率法和竞价确定法。

第一，市盈率法。市盈率是指股票市场价格与每股净收益的比率。通过市盈率法确定股票发行价格，首先应根据专业会计师审核后的盈利预测计算出发行人的每股净收益，然后根据二级市场上的平均市盈率、发行人所在行业同类公司的股票市盈率等确定出发行市盈率，最后计算发行价。即：

发行价=每股净收益×发行市盈率

第二，净资产倍率法。净资产倍率法又称为资产现值法，是指通过资产评估和相关会计手段确定发行人拟募股票的资产净现值和每股净资产值，然后根据证券市场的状况将每股净资产值乘以一定折扣，以此确定股票发行价格的方法。即：

发行价=每股净资产值×溢价倍率（或折扣倍率）

第三，竞价确定法。竞价确定法式是指投资者在指定时间内通过交易柜台或者证券交易所交易网络，以不低于发行底价的价格并按限购比例或数量进行认购委托，申购期满后，由交易所的交易系统将所有有效申购按照价格优先、同价位申报按照时间优先的原则，将投资者的申购委托由高价位向低价位排队，并由高价位到低价位累计有效认购数量，当累计数量恰好达到或超过本次发行数量的价格，即为本次发行的价格。如果在发行底价仍不能满足本次发行股票的数量，则以竞价的底价位发行价。

发行底价可以由发行人和承销商根据发行人的经营业绩、盈利预测、投资的规模、市盈率、发行市场与股票交易市场上同类股票的价格及影响发行价格的其他因素，共同协商确定。

2. 认购与销售

发行公司着手完成准备工作之后，即可按照预定的方案发售股票。对于承销商来说，就是执行承销合同批发认购股票，然后发售给投资者。具体方式通常有包销和代销两种。

（1）包销。它是指承销商以低于发行定价的价格把公司发行的股票全部买进，再转卖给投资者，这样承销商就承担了在销售过程中股票价格下跌的全部风险。承销商所得到的买卖差价是对承销商所提供的咨询服务以及承担包销风险的报偿，也称为承销折扣。

（2）代销。即“尽力销售”，是指承销商许诺尽可能多地销售股票，但不保证能够完成预定销售额，没有售出的股票可退给发行公司。这样，承销商不承担风险，但所收手续费也较低。

（二）股票二级市场的结构和交易

二级市场（Secondary Market）也称为交易市场、流通市场，是指投资者之间买卖已发行股票的场所。这一市场为股票创造流动性，即投资者能够迅速脱手换取现款。在“流动”的过程中，投资者将自己获得的有关信息反映在交易价格中，而一旦形成公认的价格，投资者凭此价格就能了解公司的经营概况；公司则知道投资者对其股票价值即经营业绩的判断，通过这样一个“价格发现过程”降低了交易成本。同时，流动也意味着控制权的重新配置。当公司经营状况不佳时，大股东通过卖出股票放弃其控制权，这实质上是一个“用脚投票”的机制。它使股票价格下跌以“发现”公司的有关信息并改变控制权分布状况，进而导致股东大会的直接干预或外部接管，而这两者都是“用手投票”行使控制权。由此可见，二级市场的另一个重要作用是优化控制权的配置，从而保证权益合同的有效性。

二级市场通常可分为有组织的证券交易所和场外交易市场，但也出现了具有混合特征的第三市场和第四市场。

1. 证券交易所

证券交易所（Stock Exchange）是由证券管理部门批准，为证券的集中交易提供固定场所和有关设施，并制定各项规则以形成公正合理的价格和有条不紊的秩序的正式组织。它的具体作用是：

（1）提供买卖证券的交易席位和有关交易设施。交易所的交易大厅设置有计算机终端和其他通信工具，在高度计算机化的情况下，可以在无形席位进行交易。此外，还提供交易显示系统、清算、保管、信息分析、监管等项设施。交易所本身不参与交易，它只为客户提供交易的手段。

（2）制定有关场内买卖证券的上市、交易、清算、交割、过户等各项规则。挂牌上市（Listing）是赋予某个证券在证券交易所内进行交易的资格，上市股票的发行公司必须向交易所提交申请，经审查满足交易所对股票上市的基本要求，方能在交易所挂牌上市交易。但获得上市资格并不等于一劳永逸，证券交易所为了保证上市股票的质量，会对其进行定期和不定期的复核，不符合规则要求者可暂停上市或予以摘牌。上市股票的交易一般采取公开竞价发行：在不同价位，买方最高申报价格和卖方最低申报价格优先成交；在同一价位，指令先到者优先成交。申报竞价有口头唱报竞价、计算机终端申报竞价和专柜书面竞价等形式。股票买卖成交后，就进入交割过户阶段。交割一般分为证券商之间的交割和证券商与委托客户之间的交割。前者在证券交易所的结（清）算部进行，通常采用余额交割制，后者则在成交后完成。至于成交后要相隔多少天才交割，各证券交易所有不同的规定，如T+0、T+1、T+2……对于记名股票，还须办理过户手续以享受股东的各种权益。但目前大多数股票均已实现无纸化交易，过户和交割同时完成。

（3）管理交易所的成员，执行场内交易的各项规则，对违纪现象做出相应的处理等。

（4）编制和公布有关证券交易的资料。

2. 场外交易市场

场外交易是相对于证券交易所交易而言的，凡是在证券交易所之外的股票交易活动都可称为场外交易。由于这种交易最初主要是在各证券商的柜台上进行的，因而也称为柜台交易（OTC，Over the Counter）。

场外交易市场与证券交易所相比，没有固定的集中的场所，而是分散于各地，规模有大有小，由自营商来组织交易。自营商（Dealers）的作用与证券交易所的专营商类似，他们自己投入资金买入证券后随时随地将自己的存货卖给客户，以维持市场的流动性和连续性，因而也被称作"市场组织者"。买卖差价可以看成自营商提供以上服务的代价。但是，自营商又不像证券交易所的特种会员一样有维持价格稳定的义务，在价格大幅波动的情况下，它们将停止交易以避免更大的损失。

场外交易市场无法实行公开竞价，其价格是通过商议达成的，一般是由自营商挂出各种证券的买入和卖出两种价格，如果某种证券的交易不活跃，只需一两个自营商作为市场的组织者；当交易活跃时，更多的市场组织者会加入竞争，从而降低买卖差价。

场外交易币证券交易所管制少，灵活方便，因而称为中小型及具有潜质的公司提供交易的场所，如 Microsoft、Intel 等公司均在此交易。美国于 1939 年建立了全国证券交易商协会这一自我规范组织，1971 年该组织启动全国证券商协会自动报价系统（NASDAQ），取代了以往电话报价的方式。该系统发展很快，其成交量一度超过纽约证券交易所，成为第一大市场。

3. 第三市场

第三市场是指原来在证券交易所上市的股票移到场外进行交易而形成的市场。第三市场交易的是既在证券交易所上市又在场外市场交易的股票，以区别于一般涵义的柜台交易。

第三市场最早出现于 20 世纪 60 年代的美国。长期以来，美国的证券交易所都实行固定佣金制，导致买卖大宗证券的机构投资者（如养老基金、保险基金、投资基金）和个人投资者通过场外交易上市股票以降低交易费用，以后随着机构投资者的增多而迅速成为一种专门的市场。但 1975 年以后，美国取消了固定佣金制。由证券交易所会员自行决定佣金，并改善了服务质量，从而大大削弱了第三市场的吸引力。

4. 第四市场

第四市场是指大机构或大的个人投资者绕开经纪人和自营商，彼此之间利用计算机网络进行的大宗证券交易。这种交易可以最大限度地降低交易费用，它的发展对证券交易所和场外市场形成了巨大的压力，从而促使市场降低佣金，改进服务。

二、债券市场

债券是投资者向政府、公司或金融机构提供资金的债权债务合同，该合同载明发行者在指定日期支付利息并在到期日偿还本金的承诺。债券的种类有国债、金融债券和企业债券，其价格表现主要有发行价格和交易价格。

从企业债券看，它的发行与股票类似，不同之处主要是有发行合同书和债券评级两个方面。同时，由于债券是有期限的，因而其一级市场多了一个偿还环节。

（一）债券发行的准备阶段

在我国，发行债券必须控制在国家制定的年度发行指标范围之内，发债企业必须经中央或省级人民银行、计委批准方可发行。发债企业要符合如下的基础条件：一是企业规模和财务制度符合国家要求；二是具有偿债能力；三是经济效益良好，发行债券前3年连续盈利；四是所筹资金的用途符合国家的产业政策。

发行债券应制定具体的发行基准和发行条件，一般在发行章程或发行合同书中加以确定。发行基准是指企业的经营状况和财务状况，包括资产负债率、盈利水平及累计利润额、资本比率等项指标。发行条件是指发债的一些具体安排，它应使发行者和投资者均能接受。这些条件是：发行对象、时间、期限、方式以及债券种类、期限、利率、面额、总发行额、还本付息方式等。

（二）债券的评级审批阶段

（1）债券评级。债券违约风险与投资者的利益密切相关，也直接影响着发行者的筹资能力和成本。为了较客观地估计不同债券的违约风险，通常需要由中介机构进行评级。评级是否具有权威性取决于评级机构。目前，国际上最著名的两大评估机构是标准普尔公司和穆迪投资者服务公司，前者的评级标准按信用水平分为AAA、AA、A、BBB、BB、B、CCC、CC、C九级。另外，还设置了CI级（无利息收入的债券）和D级（处于违约状态的债券）。在我国，发行债券须经认可的债券评级机构加以评级。

（2）发行审批。发债企业将发债申请书、发行章程、经审计的财务报告、营业执照、评级报告等材料上报债券管理机构，由债权管理机构进行审批，经批准后方可发行。

（三）债券的发行与交易

经批准发行的债券，如为实物债券，可按照国家对票面样式的要求，印制债券加以发行；如为记账式债券，则无凭证而由计算机记载。债券的发行一般由证券经营机构承销。

债券交易在二级市场进行，即在证券交易所或国家批准的证券交易机构进行。在国外，证券交易所、场外店头市场、第三市场、第四市场等交易场所都可承担债券的交易。国债不经申请即可上市流通，而企业债券的场外交易要大于场内交易。

债券的转让价格受持有期、计息方式等条件的影响。下面仅以按年付息的方式来说明债券发行价格的计算公式：

$$债券发行价格 = \sum_{t=1}^{n} \frac{债券年利息}{(1 + 市场收益率)^t} + \frac{债券面值}{(1 + 市场收益率)^n}$$

在我国，债券采取单利形式，故其转让的理论价格适用以下公式：

$$债券转让价格 = \frac{面额+面额\times票面利率\times发行年限}{(1+1\ 年期储蓄利率)^{残存年限}}$$

三、投资基金

投资基金是资本市场的一个新的形态，它本质上是股票、债券及其他证券投资的机构化和集中化。它不仅有利于克服个人分散投资的种种不足，而且成为个人投资者分散投资风险、求得满意回报的最佳选择，从而极大地推动了资本市场的发展。

（一）投资基金的概念和种类

1. 投资基金的概念

投资基金是通过发行基金券（基金股份或收益凭证）将投资者分散的资金集中起来，由专业管理人员分散投资于股票、债券或其他金融资产，并将投资收益分配给基金持有者的一种投资制度。

投资基金在不同的国家和地区有不同的称谓，美国称之为“共同基金”或“互助基金”，也称“投资公司”；英国和中国香港称之为“单位信托基金”，日本、韩国和中国台湾称之为“证券投资信托基金”。虽然称谓有所不同，但无本质区别，可以归纳为如下几个方面：

（1）规模经营——低成本。投资基金将小额资金汇集起来，其经营具有规模优势，可以降低交易成本，对于筹资方来说，也可以有效降低其发行费用。

（2）分散投资——低风险。投资基金可以将资金分散投到多种证券或资产上，通过有效组合最大限度地降低非系统风险。

（3）专家投资——更多的投资机会。投资基金是由具有专业化知识的人员进行管理的。特别是由精通投资业务的投资银行参与，从而能够更好地利用各种金融工具，抓住各个市场的投资机会，创造更好的收益。

（4）服务专业化——方便。投资基金从发行、收益分配、交易、赎回都由专门的机构负责，特别是可以将收益自动转化为再投资，使整个投资过程轻松、简便。

2. 投资基金的种类

投资基金的种类，根据不同的标准，有不同的分类：

（1）根据组织形式不同，可分为公司型基金和契约型基金

公司型基金（Corporate Type Fund）。公司型基金是指依据公司法成立的以营利为目的的股份有限公司形式的基金。其特点是：基金本身是股份制的投资公司，基金公司通过发行股票筹集资金，投资者通过购买基金公司股票而成为股东，享有基金收益的索取权。

公司型基金又可细分为开放型（Open-end）和封闭型（Close-end）两种。开放型基金是指基金可以无限地向投资者追加发行股份，并且随时准备赎回发行在外的基金股份，因此其股份总数是不固定，这种基金就是一般所称的投资基金或共同基金。而封闭型基金是基金股份总数固定，且规定封闭期限，在封闭期限内投资者不得向基金管理公司提出赎回，而只能寻求在二级市场上挂牌转让，其中以柜台交易为多。

契约型基金（Contractual Type Fund）。契约型基金是指依据一定的信托企业组织起来的基金。其中作为委托人的基金管理公司通过发行受益凭证筹集资金，并将其交由受托人（基金保管公司）保管，本身在负责基金的投资营运，而投资者则是受益人，凭基金受益凭证索取投资收益。契约型基金也有开放式和封闭式之分，其分类与公司型相同。我国目前的基金均为契约型基金。

（2）根据投资目标不同，可分为收入型基金、成长型基金和平衡型基金

收入型基金（Income Funds）是指以获取最大的当期收入为目标的投资基金。其特点是损失本金的风险小，但长期成长的潜力也相应较小，适合较保守的投资者。收入型基金又可分为固定收入型（Fixed-income）和权益收入型（Equity-income）两种。前者主要投资于债券和优先股股票，后者则主要投资于普通股。

成长型基金（Growth Funds）是指以追求资本的长期增值为目标的投资基金。其特点是风险较大，可以获取的收益也较大，适合能承受高风险的投资者。成长型基金又可分为三种：一是积极成长型。这类基金通常投资于高成长潜力的股票或其他证券。二是新兴成长型。这类基金通常投资于新行业中有成长潜力的公司或有高成长潜力行业（如高科技）的小公司。三是成长收入型。这类基金兼顾收入，通常投资于成长潜力大、红利也较丰厚的股票。

平衡型基金（Balanced Funds）是指以净资产的稳定、可观的收入及适度的成长为目标的投资基金。其特点是具有双重投资目标，谋求收入和成长的平衡，故风险适中，成长潜力也不大。

（3）按投资对象不同，可分为股票基金、债券基金、货币市场基金、专门基金、衍生基金与杠杆基金、对冲基金与套利基金、雨伞基金、基金中的基金

股票基金，即基金的投资对象是股票，这是基金最原始最基本的品种之一。

债券基金，即投资于债券的基金，这是基金市场上规模仅次于股票基金的另一重要品种。

货币市场基金，即投资于存款证、短期票据等货币市场工具的基金，属于货币市场范畴。

专门基金，是指从股票基金发展而来的投资于单一行业股票的基金，也称次级股票基金。

衍生基金和杠杆基金，即投资于衍生金融工具，包括期货、期权、互换等并利用杠杆比率进行交易的基金。

对冲基金（Hedge Funds），又称套期保值基金，是指在金融市场上进行套期保值交易，利用现货市场和衍生市场对冲的基金，这种基金能最大限度地避免和降低风险，因而也称避险基金。套利基金（Arbitrage Fund）是在不同金融市场上利用其价格差异低买高卖进行套利的基金。

雨伞基金（Umbrella Funds）。严格说来，雨伞基金并不是一种基金，只是在一组基金（称为“母基金”）之下再组成若干个“子基金”，以方便和吸引投资者在其中自由选择和低成本转换，并借此稳定投资者队伍。

基金中的基金（Funds of Funds）。基金中的基金是以其本身或其他基金单位为投资对象的基金，其选择面比雨伞基金更广，风险也进一步分散降低。

（4）根据地域不同，可分为国内基金、国家基金、区域基金和国际基金（略）

(二) 投资基金的设立和募集

1. 投资基金的设立

设立基金首先需要发起人，发起人可以是一个机构，也可以是由多个机构共同组成。一般来说，基金发起人必须同时具备下列条件：①至少有一家金融机构；②实收资本在基金规模一倍以上；③均为公司法人；④有两年以上的盈利记录；⑤首次认购基金份额不低于20%，同时保证基金存续期内持有基金份额不低于10%。

发起人要确定基金的性质并制定相关的要件，如属于契约型基金，则包括信托契约；如属于公司型基金，则包括基金章程和所有重大的协议书，这些文件规定基金管理人、保管人和投资者之间的权利和义务关系，会计师、律师、承销商的有关情况以及基金的投资政策、收益分配、变更、终止和清算等重大事项。发起人准备好各项文件后，报送主管机构，申请设立基金。

在很多情况下，基金是由基金管理公司下设基金管理部的投资银行作为发起人，在基金设立后往往成为基金的管理人。设立基金的另一重要当事人是保管人，即基金保管公司，一般由投资银行、商业银行或保险公司等金融机构充当，担任保管公司也是投资银行基金管理的重要业务之一。

2. 投资基金的募集

基金的设立申请一旦获主管机关批准，发起人即可发表基金招募说明书，着手发行基金股份或收益凭证。该股票或凭证由基金管理公司和基金保管公司共同签署并经签证后发行，发行方式可分为公募和私募两种，类似于股票的发行。

(三) 投资基金的运作与投资

1. 投资基金的运作与投资

按照国际惯例，基金在发行结束一段时间内，通常为3~4个月，就应安排基金证券的交易事宜。对于封闭性基金股份或受益凭证，其交易与股票、债券类似，可以通过自营商或经纪人在基金二级市场上随行就市，自由转让。对于开放型基金，其交易表现为投资者向基金管理公司认购股票或受益凭证基金的净资产价值来计算，大部分基金是每天报价一次，计价方式主要采用“未知价”方式，即基金管理公司在当天收市后才计价以充分反映基金净资产和股份或受益凭证总数的变化。

2. 投资基金的投资

投资基金的一个重要特征是分散投资，通过有效的组合来降低风险。因此，基金的投资就是投资组合的实现，不同种类的投资基金根据各自的投资对象和目标来确定和构建不同的证券组合。

四、风险投资

风险投资也叫创业投资，是当前证券市场上的一种新兴投资品种。它是高风险投资，其投资对象为暂无良好市场条件，但具有发展潜力的技术、资本密集、需投入巨额资金且回收期较长的投资，如具有失败风险和高回报可能的研究开发与产业化的项目。风险投资由高级专业人员管理，以尽量减少损失、扩大收益，使资本得到最大的增值。

风险投资最大的特点是以股权方式参与投资，但不占有和控制企业，待所投资企业股权增值后，通过企业上市和被并购实现资本的最大增值。

最早的风险投资可追溯到19世纪末，美国银行资本家提供资金，投资到钢铁、石油、铁路等新兴行业，获取了巨大利润。20世纪70年代起，美国的风险投资由小公司、富裕家庭为主转向大财团、大公司和投资基金，80~90年代得到迅速发展，其资金拥有量在1995年已达400亿美元。世界各国的风险投资大都投向高科技产业，其原因是这些产业成功后，可以得到较高的回报。

建立风险投资市场，关键是要解决投资资金的“入口”和“出口”问题。关于资金的“入口”问题，资金来源的对象主要是有实力的大企业，还有科研机构、外资和一些机构投资者（如证券公司、保险公司、信托投资公司等）。关于资金的“出口”（又称为“退出”或投资变现）问题，这是由风险投资的内在特性所决定的。其解决方法是：①公开上市；②私募转售；③兼并和收购等；④到境外上市二板市场。美国的NASDAQ市场就是一个具有良好的退出机制，有利于投资资本流动，保证风险投资成功的市场。它在风险企业的上市、并购等方面为风险投资的成功推出提供了便利。NASDAQ市场是世界上最先进的店头交易市场，按交易排名，是全球第二大证券交易场所。1997年计算机软件、生物工程计算机制造、电讯器材、电子零件和通信服务在此市场交易的分别达到83%、82.4%、83.6%、79.7%和65%。高科技公司云集NASDAQ，主要是因为它对上市要求宽松，满足了中小企业的需要，而成为“风险投资的沃土”。中国香港在1999年11月推出创业板市场，为风险投资提供股权市场“出口”，有利于扩大高科技企业融资渠道，促进对高科技领域的投资，推进中国高科技产业的发展和提升中国经济的整体竞争能力。

 第四节　其他金融市场

一、外汇市场

（一）外汇市场的涵义及类型

1. 外汇市场的涵义

外汇市场是指由各国中央银行、外汇银行、外汇经纪人和客户组成的买卖外汇的交易系统。外汇市场不像商品市场和其他的金融市场那样，一定要设有具体的交易场所。它主要是指外汇供求双方在特定的地区内，通过现代化的通信设备及计算机网络系统来从事外汇买卖的交易活动。

外汇市场的产生，起初是由于国际贸易的大规模发展而产生的汇兑及避险需要，后来人们发现汇率的波动差价能够带来巨大的投机收益，于是外汇市场逐渐发展成以投机目的为主的市场。现在，每天巨大的成交量当中，为贸易和避险需要的只占

据了大约5%，而95%的交易是由于投机而产生的。

2. 外汇市场的类型

（1）按照外汇交易参与者的不同，外汇市场有狭义的外汇市场和广义的外汇市场之分。狭义的外汇市场又叫外汇批发市场，特指银行同业之间的外汇交易市场，包括外汇银行之间、外汇银行与中央银行之间以及各国中央银行之间的外汇交易；广义的外汇市场，除了上述狭义的外汇市场之外，还包括银行同一般客户之间的外汇交易。

（2）按照外汇市场经营范围的不同，外汇市场有国内外汇市场和国际外汇市场之分。国内外汇市场一般适用于发展中国家，该种市场主要进行的是外币与本币之间的交易，其参加者主要限于本国居民，并且所进行的外汇交易要受制于国内金融制度。而国际外汇市场是指各国居民都可以自由参加多种货币的自由买卖，交易不受所在国金融制度的限制。这种外汇市场是一个基本上完全自由的市场，是一种发达的外汇市场。

（3）按外汇交易的方式来划分，外汇市场有有形市场和无形市场之分。有形市场是指从事交易的当事人在固定的交易场所和规定的营业时间里进行外汇买卖。这种形式的外汇市场主要存在于欧洲大陆的法国巴黎、德国的法兰克福、比利时的布鲁塞尔等国家。由于其交易方式和交易目的都很有限，主要用于调整即期的外汇头寸，决定对顾客交易的公定汇率，因此不是外汇市场的主要形式。无形市场是指一个由电话、电报、电传和计算机终端等现代化通信网络所形成的一个抽象的市场。这种外汇市场没有固定的外汇交易场所，也没有固定的开、收盘时间。抽象的外汇市场形式普遍流行于美国、瑞士、远东等国家和地区。所以人们一般都将典型的外汇市场理解为一种抽象市场。

（二）外汇市场交易的层次

外汇市场的交易可以分为三个层次的交易，即银行与顾客之间、银行同业之间、银行与中央银行之间的交易。在这些交易中，外汇经纪人往往起着中介作用。

1. 银行与顾客之间的外汇交易

顾客出于各种各样的动机，需要向外汇银行买卖外汇。银行在与顾客的外汇交易中，一方面从顾客手中买入外汇，另一方面又将外汇卖给顾客，实际上是在外汇的最终供给者和最终使用者之间起中介作用，赚取外汇的买卖差价。

2. 银行同业间的外汇交易

银行在每个营业日，根据顾客的需要与其进行外汇交易的结果，难免产生各种外汇头寸的多头或空头，统称敞开头寸。当银行各种外汇头寸处于不平衡时，银行便承担了外汇风险。银行要回避外汇风险，就需通过银行同业间的交易“轧平”外汇头寸。此外，银行还出于投机、套利、套期保值等目的从事同业外汇交易。因此，银行同业间的外汇交易占外汇市场交易总额的90%。

3. 银行与中央银行之间的外汇交易

中央银行为了使外汇市场上自发形成的供求关系所决定的汇率能相对地稳定在

某一期望的水平上，可通过其与外汇银行之间的交易对外汇市场进行干预。如果某种外币兑换本币的汇率低于期望值，中央银行会向外汇银行买入该种外币，增加市场对该外币的需求量，促使银行调高其汇率；反之，如果中央银行认为该外币的汇率偏高，就向银行出售该种外汇的储备，促使其汇率下降。

（三）外汇交易的特点

1. 无形市场

外汇交易是交易双方通过电话或者电子交易网络而达成的，并不像股票和期货交易市场那样是集中在某一个交易所里进行的。

2. 24 小时交易

外汇市场一周交易 5 天，且是 24 小时交易，而股票只能在白天特定时间进行交易。

3. 品种少，便于操作

外汇市场主要的交易品种为美元/欧元、美元/英镑、美元/瑞郎、美元/日元、美元/澳元、美元/加元 6 个货币对，相对来说便于操作，而股票市场有几百上千只股票，选股难度可想而知。

4. 成交量大，不易被操纵

汇市是全球最大的金融市场，参与者非常广泛，包括商业银行、基金公司、企业、个人，甚至中央银行。无论小户还是大户，都很难对外汇市场造成持续的影响。不像股市中存在庄家操纵股市、信息不对称、不透明等问题，造成对普通投资人不利。

（四）外汇市场的交易方式

外汇市场上的各种交易可按不同的标准做不同的种类划分。若按合同的交割期限或交易的形式特征来区分，可分为即期外汇交易和远期外汇交易两大类；若按交易的目的或交易的性质来区分，那么除了因国际结算、信贷融通和跨国投资等所引起的一般商业性外汇交易以外，外汇买卖还可分为套利交易、掉期交易、互换交易、套期保值交易、投机交易以及中央银行的外汇干预交易等。

1. 即期外汇交易

即期外汇交易（Spot Foreign Exchange Transaction）又称为现汇买卖，是指交易双方以当时外汇市场的价格成交，并在成交后的两个营业日内办理有关货币收付交易的外汇交易。即期外汇交易是外汇市场上最常见、最普遍的买卖形式。即期外汇交易可以分为电汇、信汇和票汇三种方式。随着计算机的广泛应用和国际通信的电子化，各种汇款方式的差别正在逐渐消除。目前，电汇汇率已成为外汇市场的基本汇率，其他汇率都以电汇汇率作为计算标准。

2. 远期外汇交易

远期外汇交易（Foreign Exchange Forward Transaction）又称为期汇交易，是指买卖外汇双方先签订合同，规定买卖外汇的数量、汇率和未来交割外汇的时间，到了规定的交割日期买卖双方再按合同规定办理货币收付的外汇交易。在签订合同时，除交纳10%的保证金外，不发生任何资金的转移。远期交易的期限有1个月、3个月、6个月和1年等几种。其中，3个月最为普遍，远期交易很少超过1年，因为期限越长，交易的不确定性越大。

人们进行期汇交易的具体目的是多方面的，但不外乎是为了套期保值和进行投机：

（1）套期保值往往是由于进出口商和外币资金借贷者为避免商业或金融交易遭受未来汇率变动的风险而进行的期汇买卖。在国际贸易中，自买卖合同签订到货款清算之间有相当一段时间，为了规避汇率风险，进出口商往往会预先向银行买入或者卖出远期外汇，待支付或收进货款时就可以按原先约定的汇率来办理交割。同样的，拥有外币的债权人和债务人可能在到期收回或偿还资金时因外汇汇率变动而遭受损失。因此，他们也可以在贷出或者借入资金时，就相应卖出或买进相同期限、相当金额的期汇，以防范外汇风险。

（2）外汇投机是指根据对汇率变动的预期，有意保持某种外汇的多头或空头，希望从汇率变动中赚取利润的行为。外汇投机有两种形式：①先卖后买，即卖空（Sell Short）或空头（Bear）。预期某种外汇的汇率将下跌时，投机者进行卖空操作将有可能获利。②先买后卖，即买空（Buy Long）或多头（Bull）。这种交易往往发生在预期某种外币的汇率将上升时。

3. 掉期交易

掉期交易（Swap）又称时间套汇（Time Arbitrage），是指同时买进和卖出相同金额的某种外汇但买与卖的交割期限不同的一种外汇交易。进行掉期交易的目的也在于避免汇率变动的风险。掉期交易可以分为即期对远期、明日对次日和远期对远期三种形式。

4. 套汇交易

套汇交易（Arbitrage Transaction）是套利交易在外汇市场上的表现形式之一，是指套汇者利用不同地点、不同货币在汇率上的差异进行贱买贵卖，从中套取差价利润的一种外汇交易。由于空间的分割，不同的外汇市场对影响汇率诸因素的反应速度和反应程度不完全一样，因此在不同的外汇市场上，同种货币的汇率有时可能出现较大差异，这就为异地套汇提供了条件。套汇交易又可分为直接套汇和间接套汇。利用两个外汇市场之间某种货币汇率的差异进行的套汇，称为直接套汇，也叫两点套汇或两地套汇。间接套汇又称为三点套汇或三角套汇，是指套汇者利用三个不同外汇市场中三种不同货币之间交叉汇率的差异，在同一时点在这三个外汇市场上贱买贵卖，从中赚取汇率差额的一种套汇交易。

5. 套利交易

套利交易（Interest Arbitrage Transaction）又称为利息套利，是指套利者利用不同国家或地区短期利率的差异，将资金从利率低的国家或地区转移到利率较高的国家或地区，从中获取利息差额收益的一种外汇交易。套利与套汇一样，是外汇市场上重要的交易活动。由于目前各国外汇市场联系十分密切，一有套利机会，大银行或大公司便会迅速投入大量资金，最终促使各国货币利差与货币远期贴水率趋于一致，使套利无利可图。套利活动使各国货币利率和汇率形成了一种有机的联系。

（五）我国的外汇市场

我国的外汇市场有两个层次，第一个层次是客户与外汇指定银行之间的零售市场；第二个层次是银行之间买卖外汇的同业市场，又称为银行间外汇市场，包括银行与银行相互之间的交易以及外汇指定银行与中央银行之间的交易。

我国银行间外汇市场的正式名称为中国外汇交易中心暨全国银行间同业拆借中心，成立于 1994 年 4 月，总部设在上海，中国人民银行公开市场业务操作室为外汇市场调控部门，设于交易中心。银行间市场交易以美元/人民币的交易为主。外币成交品种主要为美元/港币、美元/日元和欧元/美元。

办理外汇零售业务的银行是外汇指定银行。外汇指定银行根据中国人民银行公布的基准汇率，在规定的幅度内制定挂牌汇率，买卖外汇。

与合法的外汇市场并行，存在外汇黑市。外汇黑市上的需求包括两部分：一部分是本身即属于非法交易，如走私、洗钱、非法转移个人资产、违规对外投资等交易所形成的需求。另一部分是一些政党宣布，如个人因私用汇和符合国家规定的对外投资等，但或因审核手续烦琐，或因对有关规定不清楚，或因国家对购汇有所限制等，以至于进入非法交易渠道。黑市上的外汇供给有的是黑钱，有的也是合法收入。

由于外汇黑市交易通常与走私、洗钱、非法资产转移等活动联系在一起，因此已成为国家规范和整顿的重点。同时，管理部门还不断创造条件，通过放宽用汇限制，提供满足企业和个人合理外汇需求的措施，从根源上减少非法外汇交易。

二、黄金市场

黄金市场是集中进行黄金买卖的交易场所。黄金交易与证券交易一样，都有一个固定的交易场所，世界各地的黄金市场就是由存在于各地的黄金交易所构成。黄金交易一般都是在各个国际金融中心，是国际金融市场的重要组成部分。

世界上最早的国际黄金市场于 19 世纪初在伦敦产生。目前世界上最主要的黄金市场在伦敦、苏黎世、纽约、香港等地。伦敦黄金市场的价格对世界黄金行市有较大影响。进行黄金交易的有世界各国的公司、银行和私人以及各国官方机构。黄金交易的去向主要是工业用金、私人贮藏、官方储备、投机商牟利等。各国合法的黄金自由市场一般都由授权经营黄金业务的几家银行组成银行团办理。黄金买卖大部分是现货交易，20 世纪 70 年代以后黄金期货交易发展迅速。但期货交易的实物交割一般只占交易额的 2%左右。黄金市场上交易最多的是金条、金砖和金币。

（一）黄金市场的参与者

国际黄金市场的参与者可分为国际金商、银行、对冲基金等金融机构、各种法人机构、私人投资者以及在黄金期货交易中有很大作用的经纪公司。

1. 国际金商

最典型的就是黄金市场上的五大金行，分别是洛希尔供给投资银行、加拿大丰业银行、德意志银行、美国汇丰银行以及瑞士信贷第一波士顿银行。五大金行其自身就是一个黄金交易商，由于其与世界上各大金矿和许多金商有广泛的联系，而且其下属的各个公司又与许多商店和黄金顾客联系，因此，五大金商会根据自身掌握的情况不断进行买进或卖出黄金。

2. 银行

参与黄金交易的银行又可以分两类：一类是仅仅为客户代行买卖和结算，本身并不参加黄金买卖，以苏黎世的三大银行为代表；另一类是做自营业务的，如在新加坡黄金交易所里，就有多家银行自营商会员。

3. 对冲基金

几乎每次黄金价格大的下跌都与基金公司借人短期黄金在即期黄金市场抛售和在纽约商品交易所黄金期货交易所构筑大量的淡（空）仓有关。一些规模庞大的对冲基金利用与各国政治、工商和金融界千丝万缕的联系往往较先捕捉到经济基本面的变化，利用管理的庞大资金进行卖空和买空而加速黄金市场价格的变化而从中渔利。

4. 各种法人机构和私人投资者

这既包括专门出售黄金的公司，如各大金矿、黄金生产商、黄金制品商（如各种工业企业)、首饰行以及私人购金收藏者等，也包括专门从事黄金买卖的投资公司、个人投资者等。从对市场风险的喜好程度划分，又可以分为避险者和冒险者。前者希望黄金保值而回避风险，希望将市场价格波动的风险降低到最低程度，如黄金生产商、黄金消费者等；后者就是各种对冲基金等投资公司，希望从价格涨跌中获取利益，因此愿意承担市场风险。

5. 经纪公司

经纪公司是指专门从事代理非交易所会员进行黄金交易，并收取佣金的经济组织。有的交易所将经纪公司称为经纪行（Commission House)。在纽约、芝加哥、香港等黄金市场里，活跃着许多的经纪公司，它们本身并不拥有黄金，只是派场内代表在交易厅里为客户代理黄金买卖，收取客户的佣金。

(二) 黄金交易所

从国际经验上来看，黄金交易一般都有一个固定的交易场所。目前世界上共有五大黄金交易所，分别是英国伦敦黄金交易所、瑞士苏黎世黄金交易所、新加坡黄金交易所、中国香港黄金交易所和日本东京黄金交易所。中国上海黄金交易所于2002 年年底成立，位于上海外滩的中国外汇交易中心内。在中国的黄金市场上还不存在类似黄金市场的上对冲基金之类的市场机构。中国黄金市场实行的是会员制，目前共有金融类和非金融类共 108 家会员，其中以商业银行为代表的金融类会员占据了大部分的交易量。随着上海黄金交易所一年多的营运，中国黄金市场最大的供应商也渐渐浮出水面，中国黄金总公司下属的中金股份有限公司成为黄金交易所最大的黄金提供者。

（三）黄金市场交易模式

在各个成功的黄金市场中，为黄金交易提供服务的机构和场所其实各不相同，具体划分起来，又可分为没有固定交易场所的无形市场，以伦敦黄金市场和苏黎世黄金市场为代表，可称为欧式；有在商品交易所内进行黄金买卖业务的，以美国的纽约商品交易所（COMEX）和芝加哥商品交易所（IMM）为代表，可称为美式；有的黄金市场在专门的黄金交易所里进行交易，以香港金银业贸易场和新加坡黄金交易所为代表，可称为亚式。

1. 欧式交易

这类黄金市场里的黄金交易没有一个固定的场所。在伦敦黄金市场，整个市场由各大金商、下属公司之间的相互联系组成，通过金商与客户之间的电话、电传等进行交易；在苏黎世黄金市场，则由三大银行为客户代为买卖并负责结账清算。伦敦和苏黎世市场上的买家和卖家都是较为保密的，交易量也都难以真实估计。

2. 美式交易

这类黄金市场实际上建立在典型的期货市场基础上，其交易类似于在该市场上进行交易的其他商品。期货交易所作为一个非营利性机构，本身不参加交易，只是为交易提供场地、设备，同时制定有关法规，确保交易公平、公正地进行，对交易进行严格监控。

3. 亚式交易

这类黄金交易一般有专门的黄金交易场所，同时进行黄金的现货和期货交易。交易实行会员制，只有达到一定要求的公司和银行才可以成为会员，并对会员的数量配额有极为严格的控制。虽然进入交易场内的会员数量较少，但是信誉极高。以香港金银业贸易场为例，其场内会员交易采用公开叫价、口头拍板的形式来交易。由于场内的金商严守信用，鲜有违规之事发生。

（四）黄金市场的特点

1. 价格波动率较低

黄金同市场上其他货币及商品一样都存在着市场风险。通常与货币相比，黄金的波动率较低（价值的上下波动），然而这些年来随着投机行为的增加黄金的波动变大了。

2. 流动性高

一直以来投资者对黄金市场都抱有极大的兴趣，这导致其市场流动性高于其他市场的市场流动性。在黄金市场上人们可以投资买卖金币和金条、珠宝、期货和期权、交易所买卖基金甚至黄金证。与众多其他物品交易相比，黄金交易不但快而且价差小。

3. 购买力稳定

市场条件在不断变化，然而黄金一直保持着它的购买力。从其相较于商品和服务的购买力来看，黄金的价格一直很坚挺。因此，一些投资者买入黄金来对冲通货膨胀和货币价值变化造成的影响。

4. 投机性强

在外汇交易中，投资者买卖黄金大多出于投机目的而不是为了长期的投资。在外汇市场，交易者可在买入黄金几小时后卖出，凭借黄金价格的小幅波动（变动）获利。

（四）我国的黄金市场交易

新中国成立以来，我国一直对黄金流通实行严格的计划管理体制：由中国人民银行统一收购和配售黄金，统一制定黄金价格，严禁民间黄金流通。

1982 年放开了黄金饰品零售市场，1993 年改革了黄金定价机制，允许黄金收售价格随国际金价波动。1999 年，取消了白银的统购统配制度。同年 12 月，我国在部分城市首次向社会销售金条。自 2001 年开始，取消黄金的统购统配，实现市场配置黄金资源。2002 年 10 月 30 日，上海黄金市场正式开始交易。

三、衍生工具市场

金融衍生工具是指价值依赖于原生金融工具的一类金融产品。也就是说，金融衍生工具的价值由衍生金融工具预期价格的变化决定。这些衍生金融工具一般指股票、债券、存单、货币等。

20 世纪 70 年代，伴随着布雷顿森林体系的崩溃，西方各国开始实行浮动汇率制，国际金融市场上的汇率波动既频繁又剧烈，外汇风险日益增加。此外，由于石油危机的爆发，西方国家通货膨胀率居高不下，不得不运用利率工具对付通货膨胀，又使金融市场的利率大幅波动。各经济主体都希望能够通过金融交易规避汇率风险和利率风险。与此同时，各国政府逐渐放松金融管制，金融创新成为可能。多方面的因素共同促使金融衍生工具迅速繁衍发展。

（一）远期市场

远期（Forward）合约是最简单的一种金融衍生工具。合约双方约定，在未来某一日期按照约定的价格买卖约定数量的某种资产。一般称双方约定买卖的资产为标的资产，约定的成交价格为期货价格、执行价格或协议价格，卖出资产的一方为空头，买入资产的一方为多头。

远期交易最早起源于农产品交易。农产品的生产周期比较长，而且农产品价格具有在收获季节下降、非收获季节上涨的季节性波动规律，无论是农民还是农产品需求者都面临农产品价格波动带来的风险。为了消除农产品价格波动风险，农民和农产品需求者都希望能够提前确定农产品价格，于是诞生了以农产品为代表的资产的远期交易。通过远期交易，农民和农产品需求者可以在播种时就商定农产品的销售价格和数量，等到收获之后再交货付款。

目前，远期合约主要在场外市场进行交易，标的资产的数量、质量、交货时间、交货地点等交易条件由交易双方自行商定。

（二）期货市场

1. 期货的定义

期货合约（Futures）是由期货交易所统一制定的、规定在将来某一特定的时间和地点交易一定数量和质量的商品的标准化合约。其最大的特点就是每张合约所包含的内容，如标的资产的种类、数量、交货地点等都标准化了。期货是标准化了的远期合约，主要在交易所市场进行交易。

期货交易采取保证金制度。即交易双方在开始交易时，不需要支付全部款项，只需要在各自经纪商那里存入一定比例的保证金，用于结算。保证金一般占期货合约价值的5%~10%。期货交易所在每个交易日结束时，根据当天的收盘价，将投资者的损益计入其保证金账户，超过保证金的部分投资者可以支取使用，不足的部分必须由投资者在24小时内追加，否则经纪商就会强行平仓。

2. 期货的种类

根据标的资产的不同，我们可以把期货分成商品期货和金融期货。商品期货是以实物商品为标的资产的期货合约，如交易大豆、玉米等的期货就属于商品期货。金融期货是以各种金融商品为交易对象的期货合约，如外汇期货、利率期货、股票价格指数期货等。

（1）外汇期货

外汇期货又称为货币期货，是金融期货中最早产生的品种。外汇期货是为适应人们管理外汇风险的需要而产生的。通过外汇期货，交易者可以实现确定外汇汇率，以避免由汇率波动而带来的损失。虽然远期外汇交易和期货外汇交易非常类似，但大型金融机构一般采用远期外汇交易，而规模较小的商户和投资者一般采用期货外汇交易。

（2）利率期货

利率期货是继外汇期货之后产生的又一个金融期货类别，其标的物是一定数量的某种与利率相关的商品，即各种固定利率的有价证券。当利率发生变化时，固定利率有价证券的价格就会随之发生变化，给证券持有者带来风险。利率期货能够帮助持有者规避国债等固定利率有价证券的利率风险。

（3）股票价格指数期货

股票价格指数期货是金融期货中最晚产生的一个品种，是20世纪80年代金融创新中出现的最重要、最成功的金融工具之一。第一份股票指数期货是芝加哥商品交易所于1982年4月设计的标准普尔500种股票指数期货合约。

股票价格指数是反映整个股票市场上各种股票的市场价格总体水平及其变动情况的一种指标，而股票价格指数期货即是以股票价格指数为标的物的期货交易。股票市场上的股票价格处于不断波动之中，股票价格指数期货是为适应人们管理股市风险，尤其是系统性风险的需要而产生的。股票价格指数期货采用现金结算的方式，其合约的价值通常是以股票指数乘以一个固定的金额来计算。

3. 期货的功能

(1) 套期保值功能

套期保值是指在现货市场与期货市场同时做相反的交易，从而达到为其现货保值的目的。套期保值的操作原理是标的资产的期货价格和现货价格受相同经济因素的制约和影响，具有相同的变动趋势。其操作方法是：投资者在现货市场买进或卖出某种标的资产的同时，做一笔与现货交易品种、数量、期限性相当但方向相反的期货交易，以期在未来某一时间通过期货合约的对冲，以一个市场的盈利来弥补另一个市场的亏损，从而回避现货价格变动带来的风险，实现套期保值的目的。

例如，一家美国公司从日本进口电子设备，双方也约定货款为 1.25 亿日元，45 天后支付。此时 1 美元=120 日元。这家美国公司担心 45 天之后，日元对美元汇率升值，加大公司进口商品的成本。因此，公司进入期货市场，购买了如下内容的期货合约：约定在 45 天之后按照 1 美元=120 日元的汇率，购买 1.25 亿日元。假设在交割日，日元兑美元的汇率上升到 1 美元=115 日元，那么该公司在期货市场上将收入 45 300 美元（1.25 亿÷115-1.25 亿÷120）。同时，日元汇率的上升会导致公司在现货市场上损失 45 300 美元（1.25 亿÷115-1.25 亿÷120）。两相抵消，该公司通过套期保值的方法规避了汇率风险。

当然，只有在期货交易和现货交易完全匹配的情况下，套期保值才能规避所有的风险。

(2) 价格发现功能

价格发现功能是指在一个公开、公平、高效、竞争的期货市场中，通过集中竞价形成期货价格的功能。由于期货价格与现货价格走向一致，并逐渐趋同，因此今天的期货价格可能就是未来的现货价格。这一关系使世界各地的套期保值者和现货经营者都利用期货来衡量相关现货商品的近远期发展趋势，利用期货价格和传播的市场信息来制定各自的经营决策。这样，期货价格就成为世界各地现货成交价的基础。

期货市场之所以具有价格发现功能，是因为期货市场将众多的、影响供求关系的因素集中在交易场所内，通过买卖双方公开竞价，集中转化为一个统一的交易价格。这一价格一旦形成，立即向世界各地传播，并影响供求关系，从而形成新的价格，如此循环往复，使价格不断趋于合理。

当然，期货价格并非时时刻刻都能准确地反映市场的供求关系。但这一价格克服了分散、局部的市场价格在时间上和空间上的局限性，具有公开性、连续性、预测性的特点。应该说，它比较真实地反映了一定时期世界范围内供求关系影响下的商品或金融资产的价格水平。

(三) 期权市场

1. 期权的定义

期权（Options）又称选择权，是指期权的买方有权在确定的时间或约定的时期内，按照约定的价格买进或卖出一定数量的相关资产，也可以根据需要放弃行使这一权利。期权的买方为了取得这样一种权利，必须要向卖方支付一定数额的费用，这笔费用就是期权费。

期权交易实际上是一种权利的单方面有偿让渡。期权的买方以支付一定数量的期权费为代价而取得了这种权利，而不必承担必须买进或卖出的义务；期权的卖方则在收取了一定数量的期权费后，在一定期限内必须无条件服从买方的选择，履行成交时的承诺。与期货不同，期权赋予买方将风险锁定在一定范围之内的权利，可以实现有限的损失（即期权费）和无限的收益。

2. 期权的种类

（1）看涨期权和看跌期权

看涨期权又称为买入期权，是指期权的买方具有在约定的期限内按约定价格买入一定数量的标的资产的权利。投资者之所以会买入看涨期权，是因为他预期标的资产的价格将会上涨。如果判断正确，投资者可以按照约定价格买入该项资产并以市价出售，赚取市价与约定价格之间的差额；如果判断失误，则损失期权费。如图 4-3 所示，约定价格和 A 点之间的差额即为期权费。

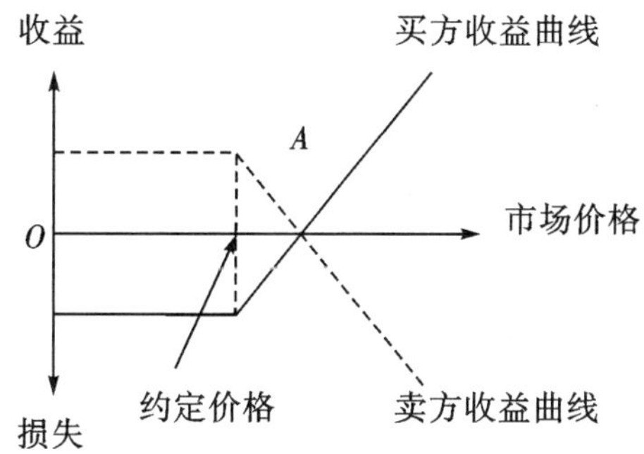

图 4-3 看涨期权收益曲线

看跌期权又称卖出期权，是指期权的买方具有在约定期限内按约定价格卖出一定数量标的资产的权利。投资者之所以会买入看跌期权，是因为他预期标的资产的价格将会下跌。如果判断正确，投资者可以按照市价买入该项资产并以约定价格出售，赚取约定价格与市价之间的差额；如果判断失误，则损失期权费。如图 4-4 所示，约定价格和 A 点之间的差额即为期权费。

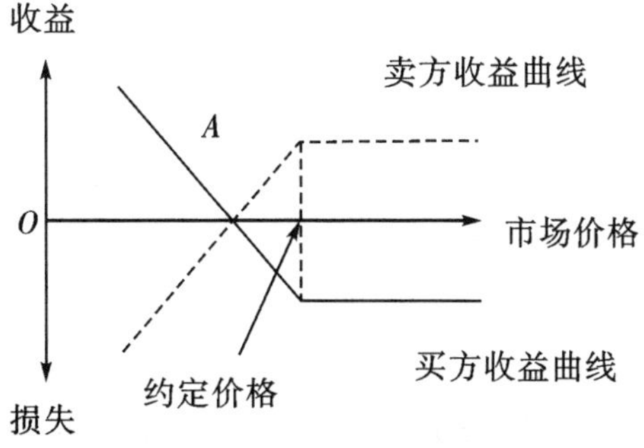

图 4-4 看跌期权收益曲线

(2) 欧式期权和美式期权

按照期权合约所规定的履约时间不同，可以把期权分为欧式期权和美式期权。欧式期权的买方只能在合约到期日行使权利，而美式期权的买方则可以在期权的有效期内的任何时间行使权利。显然，美式期权赋予了期权买方更大的选择空间。

(3) 股票期权、股票指数期权、利率期权、货币期权和期货期权

股票期权是指以股票为标的物的期权。股票期权的买方获得的是以一定价格买入或卖出相关股票的权利。

股票指数期权是指以股票指数为标的物的期权。股票指数期权没有可作为实物交割的具体股票，期权的买方取得的是以协定指数与市场实际指数进行盈亏结算的权利，结算时采取现金轧差的方式。

利率期权通常以债券、可转让大额定期存单为标的物。利率期权的买方取得的是以一定利率（价格）买入或卖出标的物的权利。

期货期权通过以某种期货合约为标的物。期货期权的买方取得的是以一定价格买卖某种期货合约的权利。

3. 期权的功能

期权有着和期货类似的功能，同样具有套期保值和发行价格的作用。但那时，期权能够更加有效地控制风险。从这种意义上说，期权是期货的延伸和发展。

相关链接

应用金融衍生产品成功案例

1994 年，美国 TVA 电力公司预测三年后该地区将达到用电高峰，但要增加足够的电力供应，该公司在六年内每年要投入到核能发电项目的投资将是 17 亿美元，而国会对 TVA 公司项目融资的限额是 300 亿美元，至 1994 年该公司已达到 260 亿美元。因此，随后六年内要增加总额 100 多亿美元项目投资国会不会批准。为了既不超出国会对该项目的融资限额，又满足本地区对电力的需求，TVA 购买了“电力买入期权”。TVA 购买了买入期权，相当于拥有了一种在未来时间内，以一定约定价格从其他电厂购买电力的权利。这样，公司可以结合客户各时期需求状况和自己生产能力，确定购入不同期限的期权合约数量。同时，可以根据市场需求状况及价格情况，决定是否履行期权合约。如果市场预测有偏差，届时电力需求较低时，TVA 可以放弃执行一部分期权合约，而损失的仅是部分期权金；如果实际电力需求多时，则可选择履行全部期权合约。

法国兴业银行巨亏案（2008）

2008 年 1 月 24 日，在位于巴黎的法国兴业银行总部，法国兴业银行负责对冲欧洲股市的股指期货交易员热罗姆·凯维埃尔利用银行漏洞，通过侵入数据信息系统、滥用信用、伪造及使用虚假文书等多种欺诈手段，擅自投资欧洲股指期货，造成该行税前损失 49 亿欧元（约 560 亿元人民币）。该行股票当天下跌 4.1%。这次案件触发了法国乃至整个欧洲的金融震荡，并波及全球股市，引发暴跌。该事件发

生之后，兴业银行董事长兼总裁溥敦提出辞职。该行已就此次事件向全体股东公开致歉，法国银行业监察委员会对法国兴业银行在风险管理中的失职处以400万欧元罚款。

第五节　中国金融市场的发展

一、中国货币市场的特征

中国货币市场经历了一段相对漫长的演变发展历程。我国于1981年开始发行国库券，1984年开始建立同业拆借市场，1985年开始建立票据贴现市场，1986年开始发行大额可转让存单，1987年开始试点发行企业短期融资票据，1988年开始建立国库券的二级市场，1991年开始建立国债回购市场。目前我国货币市场主要包括同业拆借市场、短期债券市场、债券回购市场和票据贴现市场四个子市场。

我国的货币市场近年来得到了迅速发展，交易品种逐渐增加，交易规模持续增长，市场成员不断扩大，中央银行的货币政策间接调控方式的有效性也随之不断提高。但我国的货币市场换处于发展的初期，由于多方面的原因，可供交易的货币市场工具还比较少，交易规模偏低，货币市场的变化对其他金融市场的影响还相对有限。

（一）同业拆借市场

中国拆借市场产生于20世纪80年代初期。但在1993年前后，拆借市场非常混乱，一些金融机构将拆借市场作为长期融资的渠道。将拆入的资金投入到证券市场和房地产市场，加大了金融风险。为此，中国银行对拆借市场进行了多次整顿。

1996年1月，中国人民银行开始建立全国银行同业拆借市场。商业银行总行及其授权分行、城市商业银行等金融机构成为全国银行间拆借市场成员，直接通过全国银行间同业拆借中心提供的电子交易系统进行拆借交易，其他金融机构的拆借交易在当地进行，并须报中国人民银行分支行备案。从1998年开始，中国人民银行陆续批准了部分证券公司和财务公司成为全国银行间同业拆借市场交易成员，拆借市场覆盖的金融机构更加广泛。

中央银行对各商业银行的拆借资金的期限和额度进行了限制。各商业银行拆借资金最长期限不得超过4个月，拆借额度根据存款余额按比例确定。1996年起6月起，中国人民银行规定，金融机构可根据市场资金供求状况，自行确定拆借利率，并开始定期公布银行间拆借市场利率（CHIBOR）。这是中国利率改革的重要一步。

随着有关政策的实施，拆借市场交易日趋活跃，同业拆借市场已经成为金融机构之间调节短期头寸的重要场所。2000年，银行间拆借市场交易额为6 728亿元，比上一年增长1.04倍。但总体而言，相对于中国的金融体系的规模而言，这一交易规模仍然偏低，其主要原因是我国对商业银行在中央银行的超额准备金付息。因此商业银行缺乏减少超额准备金的动机，从而使同业拆借特别是隔夜拆借需求不高。从货币市场交易的期限结构看，1997 年 7 天以内（包括隔夜）的同业拆借的比重为 32.5%；而 2000 年同业拆借的期限结构发生了根本性的改变，7 天以内（包括隔夜）的同业拆借比重已上升为 71.4%。到 2012 年回购和拆借隔夜品种的成交量分别占各自总量的 80.74%和 86.3%。这一指标的变化表明，同业拆借市场已经成为金融机构之间调节短期头寸的重要场所。目前，我国同业拆借市场参与主体包括：①中资大型银行。包括中国工商银行、中国农业银行、中国银行、中国建设银行、国家开发银行、交通银行、中国邮政储蓄银行。②中资中小型银行。包括招商银行等 17 家中型银行、小型城市商业银行、农村商业银行、农村合作银行、村镇银行。③其他金融机构及产品。包括城市信用社、农村信用社、财务公司、信托投资公司、金融租赁公司、资产管理公司、社保基金、投资公司、企业年金、其他投资产品等（其中部分金融机构和产品未参与同业拆借市场）。

由于交易品种少、融资主体结构上的缺陷（大型银行是市场资金的主要供给方，中小型银行、证券及基金公司、保险公司、外资金融机构等是市场资金的主要需求方），外加其他货币市场的发育程度还较低，特别是票据市场发展的滞后性，同业拆借市场利率依然还不能完全反映货币市场真实的资金供求水平。

（二）短期债券市场

我国的短期债券市场由两个交易系统组成：银行间债券市场和证券交易所债券市场（即以沪深证券交易所为依托的债券交易系统）。银行间债券市场的成员是金融机构，其他非金融机构和个人投资者在证券交易所市场交易，两个市场相互分离。短期债券的交易品种包括短期国债、短期政策性金融债、短期企业债券、中央银行融资票据和企业短期融资票据，其中以国债和政策性金融债为主，企业债券发行量很少。中国人民银行曾允许企业发行过 1 年期的短期融资票据，实行滚动发行、余额控制，但没有形成二级市场。

在银行间债券市场建立以前，商业银行主要通过证券交易所进行国债买卖。1997 年 6 月，银行间债券市场建成，商业银行全部退出证券交易所，进入银行间债券市场进行交易。1998 年，中央银行对证券性银行债券发行机制进行改革，开始推动债券发行的市场化。当年，国家开发银行采用招标等市场化的方式发行政策性金融债。1999 年 10 月，财政部首次在银行间债券市场招标发行债券。2000 年，财政部在银行间债券市场上发行的国债全部采用市场化招标方式发行。目前，银行间债券市场上的债券的发行利率和买卖价格完全由市场决定。

银行间债券市场已构成中国债券市场的主体。2013 年银行间债券市场现券累计成交 41.6 万亿元，证券交易所国债现券成交 804 亿元。从银行间债券市场现券交易主体看，中资大型银行、保险机构、外资金融机构和其他金融机构及产品是银行间现券市场上的主要净买入方，全年分别净买入现券 2 747 亿元、1 143 亿元、1 728 亿元和 2 903 亿元；中资中小型银行、证券及基金公司是主要净卖出方，全年分别净卖出现券 6 848 亿元和 1 673 亿元。但是，由于参与银行间债券市场的投资者主要是金融机构，市场主体有限，这就降低了债券市场的流动性，对债券发行产生不利影响。

（三）债券回购市场

我国的债券回购业务始于1991年。为了提高债券流动性，全国证券交易自动报价系统（STAQ系统）于1991年7月宣布试办债券回购交易，随后，以武汉证券交易中心为代表的各证券交易中心也纷纷推出了债券回购业务。然而，作为一种新的金融交易方式，债券回购市场在我国出现后不久就暴露出了诸多的问题。例如，交易形式和资金用途不规范；金融机构的违规经费吸纳和运用情况较为严重；一些金融机构用回购资金绕开当局的信贷规模控制扩张贷款，逃避中央银行的监管；交易双方直接进行的“地下交易”也很活跃。

有鉴于此，1995年8月，我国开始对债券回购市场进行规范清理，场外交易基本被遏制，回购市场的混乱状况有了明显改善。对我国债券回购市场进行清理之后，债券回购就主要在上海证券交易所进行交易。从此，我国的债券回购实现了集中交易和集中托管。由于商业银行也广泛参与到了证券交易所的债券回购交易中，一些证券公司和机构投资者便通过债券回购从商业银行获得大量资金后，转而投资于股票市场。这种状况使商业银行面临较大风险。

在1998年，又对债券市场进行了一项重大的改革，将商业银行的债券交易业务从证券交易所分离出来，组建专门供商业银行之间进行债券回购交易的银行间市场，形成了两个相互平行的债券回购市场。最初，银行间债券市场与其名称是完全相对应的，即只有商业银行才能参与，包括证券公司在内的非银行金融机构则被排斥到了这个市场之外。自2000年起，证券公司、基金管理公司等，只要满足一定的条件也可以进入这一市场参与回购交易。自此，中国的货币市场与资本市场之间就正式建立起了资金流通的正规渠道和机制。

2004年4月17日，在充分借鉴国外发达债券市场回购基本经验的基础上，财政部、中国人民银行和中国证监会颁布了《关于开展国债买断式回购交易业务的通知》，推出债券买断式回购业务，明确买断式回购的功能以融资为主；同时，要达到市场成员合理利用其派生的融债功能，以方便债券资产管理，为以后的债券借贷业务、远期交易、利率期货和其他利率衍生产品的发展创造了条件。

2013年，银行间市场债券回购累计成交158.2万亿元，期限结构主要集中于隔夜品种；证券交易所债券回购累计成交66万亿元。大型银行是回购市场资金的主要供给方，包括中资中小型银行、包括城市信用社、农村信用社、财务公司、信托投资公司、金融租赁公司、资产管理公司、社保基金、投资公司等在内的其他金融机构是回购市场资金的主要需求方。

（四）票据贴现市场

票据市场在我国的发展起始于20世纪80年代，最初是企业作为一种延期支付的信用工具而诞生。1996年《中华人民共和国票据法》正式实施，票据市场的各项功能逐步健全，步入了发展的初期阶段。2000年11月9日，经中国人民银行批准，我国在上海开办了内地第一家专业化票据经营机构——中国工商银行票据营业部，标志着票据市场的发展进入了专业化、规模化和规范化的新阶段。2003 年 6 月 30 日，中国票据网正式启用，为全国统一票据市场的形成提供了必要的平台。票据市场是我国货币市场的重要组成部分，商业汇票的承兑、贴现、再贴现是目前我国票据业务的主要形式。2013 年，金融机构累计贴现 45.7 万亿元。

票据贴现市场的成员主要是商业银行，交易对象是真实票据，没有融通票据。在票据结构中，银行承兑汇票所占比重很高，商业承兑汇票在票据市场中处于被排斥的地位。从行业结构看，企业签发的银行承兑汇票余额仍集中在制造业、批发和零售业；从企业结构看，由中小型企业签发的银行承兑汇票约占三分之二。目前我国票据贴现市场工具单一，票据业务由各银行分散经营，没有形成一个全国性的有形市场。

二、中国资本市场的特征

19 世纪 70 年代清政府洋务派开始兴办企业。随着这些股份制企业的出现，企业股票和债券营运而生，随之产生了证券市场。我国最早的证券交易市场是 1891 年由上海外商经纪人组织的上海股份公所和上海众业公所，这两个交易所买卖的主要是外国企业股票、公司债券、南洋一带的橡胶股票、中国政府的金币公债以及外国在华机构发行的债券等。1918 年，成立了第一家由中国人自己创办的北平证券交易所；1920 年，上海证券物品交易所成立。此后，全国各地陆续成立了证券交易所。形成了旧中国的证券市场。中华人民共和国胜利后，证券交易所停止活动。

改革开放以来，企业及政府开始发行股票、债券等有价证券。1986 年 8 月至 1989 年，一些不规范的、属于尝试性的证券交易市场开始运行。1990 年 12 月，上海证券交易所建成；1991 年 6 月，深证证券交易所建成。这两个证券交易所的交易和结算网络覆盖了全国各地，交易技术手段处于世界先进水平，股票、基金、债券全部采用无纸化发行和交易。

中国的中长期债券市场由银行间市场和证券交易所市场组成，交易品种有国债金融债和公司信用类债等。2013 年发行各类中长期债券 54 187 亿元人民币。其中，国债 20 230 亿元、金融债 26 310 亿元、企业债 7 647 亿元。金融债券（国家开发银行及政策性金融债占 75%以上）的发行规模已经超越国债，成为我国中长期债券市场的非常重要的一个主体。

中国的股票市场经过近年来的股权分置改革，正日益成为国民经济的重要组成部分。

三、中国货币市场与资本市场之间的关系

从社会资金总量看，货币市场和资本市场的资金客观上存在此消彼长的关系。在追求利润的动机驱动下，货币市场资金往往通过多种渠道流向资本市场，资本市

场资金也通过上市公司在商业银行存款以及证券公司在商业银行的保证金存款形成信贷资金来源。市场参与者为了获得高收益，使资金频繁地在货币市场和资本市场流动，哪个市场的收益高，资金就流向哪里。货币市场和资本市场二者之间由于存在这种互动、竞争关系，金融市场才能形成合理的资金价格，在此基础上资金的流动性能引导资源的有效配置。因此，货币市场和资本市场之间的价格存在一种均衡关系。

利率是货币市场的价格。股票价格是资本市场的典型价格，因此货币市场与资本市场的均衡关系就表现为利率与股票价格的均衡关系。一般认为，股票价格与货币市场利率成反向关系。利率越高，股票市场价格指数就会越低；反之亦然。当股票市场价格指数和货币市场利率两者之中任何一个发生变化时，必然会引起另一个价格不同程度的变化。

目前，中国货币市场与资本市场处于割裂状态，主要表现在两个方面：

（1）现行金融分业的法律架构将各个市场截然分开。《中华人民共和国商业银行法》《贷款通则》《中华人民共和国证券法》均规定：商业银行在境内不得从事信托投资和股票业务，证券公司也不得经营商业银行业务。银监会、证监会、保监会的分设，从组织体系上构建了我国金融分业经营、分业监管的格局。

（2）在市场体系上，中央银行推出银行与非银行金融机构的分业管理措施、设立银行间债券市场，形成了两个分割、封闭的债券市场：一个是银行间债券市场，另一个是沪、深证券交易所的债券市场。由此产生了市场参与者不同、发行券种不统一、融资期限不一致、回购抵押券种不相同、债券抵押定价方式不相同、结算方式不相同和债券价格也不同的市场格局，大大减弱了两个市场之间的利率关联度。市场分割的体制壁垒，致使多数非银行金融机构难以获取市场准入资格，或者使市场操作受限。

中国货币市场和资本市场的相互分割，对中国金融体系的建设和完善造成了一定的负面影响。①货币市场和资本市场的割裂，致使资金不能在货币市场和资本市场之间顺畅流动，这就导致社会资源不能按市场化的要求进行优化配置。虽然资本市场的风险比较高，但完全可以通过市场和上市公司的规范运作来交易防范。②在金融市场处于分割的状态下，居民的资产选择行为受到约束，难以对金融商品的成本与收入变化做出灵敏反应，这样就会影响到中央银行货币政策的实施效果。③由于市场分割，货币市场不能为资本市场主体提供合适的资金来源，资本市场的投资者无法通过货币市场进行流动性管理，融资渠道的狭窄会迫使金融机构进行体制外融资和违规操作。或者是把货币市场当作资本市场，短期资金长期占用；或者是把资本市场当作货币市场，利用闲置资金进行短期炒作。④受市场分割的影响，中国金融机构无论是在规模和效率方面，与服务一体化、现代化的国外金融机构相比都将在竞争中处在不利的位置，将影响到我国金融机构的国际竞争力。⑤市场的分割将阻碍金融机构的业务创新，货币市场与资本市场的分割使得市场中的金融工具品种大大减少，阻碍了金融市场投资者的风险规避能力。

目前，随着中国货币市场与资本市场有关政策的不断演变，中国货币市场与资本市场的也呈现出从分割走向连通的趋势。1998 年 8 月 20 日颁布的《证券公司进入银行间同业市场管理规定》，允许符合条件的证券公司进入银行间同业拆借市场，为银行资金通过证券公司间接进入股市提供了合法渠道；1999 年 10 月 12 日颁布的《基金管理公司进入银行同业市场管理规定》，允许基金公司进入银行间同业拆借市场，为银行资金通过基金管理公司进入股票市场提供了合法通道；2000 年 2 月 13 日颁布的《证券公司股票质押贷款管理办法》，允许符合条件的证券公司以自营的股票和证券投资基金券作抵押向商业银行借款，从而为证券公司自营业务提供了新的融资渠道；2001 年 6 月中国人民银行颁布的《商业银行中间业务管理暂行规定》指出：商业银行经人民银行批准后，可以开办金融衍生业务、代理证券业务以及投资基金托管、信息咨询、财务顾问等投资银行业务。它为商业银行资金进入股市提供了一条合法渠道，同时，严格的分业经营管理模式受到挑战。2002 年中国人民银行发出第五号公告，境内的商业银行及其授权分行、信托投资公司、企业集团财务公司、金融租赁公司、农村信用社、城市金融机构，以及经金融监管当局批准可投资于债券资产的其他金融机构加入全国银行间债券市场，实行准入备案制。准入备案制的建立，标志着中国货币市场和资本市场的融合迈出了实质性的一步。2004 年 1 月 13 日国务院出台的《国务院关于推进资本市场改革开放和稳定发展的若干意见》，充分肯定了我国资本市场发展的重要意义，并对推进资本市场的改革和发展提出了原则性的指导意见。2004 年 9 月 15 日，中央银行同意商业银行发起设立基金管理公司，此举被视为中央银行落实《国务院关于推进资本市场改革开放和稳定发展的若干意见》的具体举措，对中国资本市场的发展必将产生了积极的影响。2004 年 10 月 18 日中国人民银行发布的《证券公司短期融资券管理办法》，受困于资金的证券公司将首度获准进入银行间债市发债融资，这是中央银行首度允许符合资格的证券公司进入银行间债券市场短期融资。

尽管目前流向资本市场的资金渠道还不通畅，但这种趋势已经是无法逆转，中国货币市场与资本市场将逐步走向连通和融合。目前的两个市场连通的一些合法渠道有：①通过银行间同业拆借市场拆借资金。②通过国债回购市场回购国债获取资金。通过正常的国债回购，证券公司能够从银行间同业拆借市场中获得最长不超过一年的回购资金。③通过向银行申请股票质押贷款获取资金。④通过发行金融债券获取资金。

本章小结

1. 金融市场是交易各种金融产品的市场。狭义的金融市场仅指直接融资市场。金融市场最基本的功能是引导货币资金从资金盈余者流向资金赤字者，通过资金的调剂，实现资源配置。此外，金融市场还发挥着分散风险、发现价格、增强资产流动性、降低交易成本的功能。

2. 金融市场的交易对象是货币资金，交易主体是金融机构、非金融机构和个人，交易工具是各种金融工具，交易价格主要表现为利率。金融工具具有流动性、偿还性、风险性和收益性这几个基本特征。

3. 货币市场是短期融资市场，融资期限在1年以内，其功能在于满足交易者的流动性资金需求。货币市场包括银行同业拆借市场、回购市场、票据市场、国库券市场、大额可转让定期存单，以及货币市场共同基金等短期金融工具市场。

4. 资本市场是长期融资市场，融资期限一般在1年以上，其功能在于满足交易者的长期资金需求。资本市场主要包括中长期借贷市场和中长期证券市场。中长期借贷市场是银行向资金需求者提供中长期贷款的场所；中长期证券市场是股票和中长期债券发行、流通的市场。狭义的资本市场主要指的是中长期证券市场。

5. 外汇市场是由各外汇市场参与者组成的买卖外汇的交易系统。按照外汇交易参与者的不同，外汇市场有狭义和广义之分。外汇市场的主要作用是实现购买力的国际转移、为国际经济交易提供资金融通、为外汇保值与投机提供交易场所。

6. 黄金市场是集中进行黄金买卖的交易场所。黄金市场具有价格波动率较低、流动性高、投机性强的特点。黄金市场不但为投资者提供了一种资产保值增值的投资渠道，而且为中央银行提供了一个新的货币政策操作的工具。

7. 衍生工具市场就是交易金融衍生工具的市场。金融衍生工具是指其价值依赖于衍生金融工具的一类金融产品。这些衍生金融工具一般指股票、债券、存单、货币等。衍生金融工具的种类非常多，其中，期货和期权的出现比较早、规模比较大，已经形成了比较成熟的交易市场。

8. 经过近三十年的改革探索，我国已经建立起了相当规模的货币市场和资本市场，有力地推动了我国经济的发展。但是，无论是货币市场还是资本市场都存在许多有待解决的问题，有待进一步的发展完善。

重要概念

金融市场　金融资产　金融工具　货币市场　资本市场　外汇市场　黄金市场　衍生市场　直接金融市场　间接金融市场　初级市场　二级市场　第三市场　第四市场　公开市场　议价市场　资产证券化　同业拆借　回购协议　大额可转让定期存单　政府债券　货币市场共同基金　普通股　优先股　债券　投资基金　开放型基金　封闭性基金　风险投资　远期合约　期货合约　套期保值　期权　看涨期权　看跌期权

进一步阅读推荐

[1] Rose P S. Money and Capital Markets [M]. 北京：机械工业出版社，1998.

[2] Grinblatt M，Titman S. 金融市场与公司战略 [M]：2版. 贺书婕，等，译. 北京：清华大学出版社，2002.

[3] Mishkin F S. Eakins S G. Financial markets and institutions [M]. 北京：清华大学出版社，2001.

[4] Fabozzi F J，Modigliani F. Capital Markets：Institutions and Instruments [M]. New York：Prentice Hall，2003.

[5] 郑振龙. 各国股票市场比较研究 [M]. 北京：中国发展出版社，1996.

[6] 陈蓉，郑振龙. 期货价格能预测未来的现货价格吗？——期货的价格发现、风险管理与市场效率 [R]. http://efinance.org.cn/cn/interest/1.asp，2007.

复习讨论题

1. 选择题

(1) 某企业一方面通过发行债券，另一方面通过向银行申请贷款来解决其扩大生产经营所需的资金。下列说法正确的是（　　）。

A. 前者属于直接融资，后者属于间接融资

B. 前者属于间接融资，后者属于直接融资

C. 两者均属于间接融资

D. 两者均属于直接融资

(2) 某种债券面值100元，偿还期为2年，每年支付利息一次，每次6元。某投资者在债券发行1年后以98元购得。如果该投资者没有提前卖出债券，那么在债券到期时该债券的平均收益率是（　　）。

A. 6%　　B. 6.12%　　C. 8%　　D. 8.16%

(3) 金融机构之间融通资金以解决临时资金不足的市场是（　　）。

A. 货币市场　　B. 资本市场　　C. 同业拆借市场　　D. 股票市场

(4) 某银行出售某证券的同时，与买方约定31天后按照双方事先商定的价格将等量的该证券再买回来。这种融资方式是（　　）。

A. 贴现　　B. 承兑　　C. 回购　　D. 折借

(5) 公开向社会非特定的投资者发行证券的方式被称为（　　）。

A. 公募发行　　B. 私募发行　　C. 直接发行　　D. 间接发行

(6) 货币市场有许多子市场，下列（　　）不属于货币市场。

A. 票据与贴现市场　　B. 银行同业拆借市场

C. 长期债券市场　　　　D. 回购市场

(7) 目前一些经济发达国家以证券交易方式实现的金融交易，已占有越来越大的份额。人们把这种趋势称为（　　）

A. 收益资本化　　　　B. 金融市场化

C. 融资证券化　　　　D. 交易电子化

(8) 下列关于初级市场与二级市场关系的论述正确的是（　　）

A. 初级市场是二级市场的前提

B. 二级市场是初级市场的前提

C. 没有二级市场初级市场仍可存在

D. 没有初级市场二级市场仍可存在

(9) 证券交易双方在成交后，按照契约规定的数量和价格，在将来的某一特定日期进行清算交割的交易方式是（　　）。

A. 现货交易　　B. 远期交易　　C. 期权交易　　D. 互换交易

2. 简答题

(1) 金融市场的功能是什么?

(2) 金融工具有哪些特征?

(3) 货币市场有什么特点?

(4) 资本市场有哪些子市场? 主要功能是什么?

(5) 外汇市场的特点及基本功能是什么?

(6) 黄金市场有什么特点?

(7) 什么叫金融衍生工具市场? 金融衍生工具市场主要有何作用?

3. 论述题

试述全球金融市场的发展趋势以及中国金融市场的发展现状。

第六章　金融资产的组合与选择

学习目的

通过本章学习，你应该能够：

(1) 掌握风险的涵义及种类，了解投资收益和风险的度量；

(2) 理解投资分散化与风险之间的关系；

(3) 了解投资组合、有效集合、最优投资组合的构建；

(4) 理解股票与债券价值评估模型；

(5) 理解资产定价理论的意义，熟悉资本资产定价模型与套利定价模型的主要内容；

(6) 了解资本结构理论研究的主要内容。

在现实经济生活中，微观经济主体总是面临着投资与融资的决策。作为投资者，人们持有资产的目的就是期望实现其资产的市场价值最大化，那么哪些因素影响着人们购买哪种资产、购买多少以及何时购买的决定呢？作为融资者，企业筹集资金的方式包括股权融资与债权融资两种基本形态，企业为了使现有股东财富最大化，将如何安排这些资金来源之间的相互组合关系呢？本章将要介绍金融市场的不确定性以及由此而来的金融投资结构的决策问题。

第一节　风险与资产组合

一、金融市场上的风险

从投资的意义上说，风险就是不确定性，就是未来结果的不确定性。不确定的程度越高，风险就越大。

在理解风险的涵义时，需要注意以下两点：

（1）风险仅指不确定性。金融资产的收益率可能高于投资者的预期值，也可能低于预期值。只要可能出现收益率与预期值不一致的现象，就可以认为存在风险。

（2）风险不仅指可能的损失，也指可能的获利。在证券投资理论中，风险的概念还包括未预期到的收益。只有这样，才能有风险损失和风险回报、风险回避者和风险偏好者这样的说法。换句话说，在判断是否存在风险时，其衡量标准不是投资是否能够获利，而是实际收益和预期收益之间是否存在差距。因此，如果我们说某个项目的风险很大，那么不仅意味着该项目可能会带来很大的损失，也意味着该项目可能会带来很高的收益。

二、金融风险的种类

金融风险大致可以分为市场风险、信用风险、流动性风险、操作风险、法律风险和政策风险。此外，还有道德风险。

（1）市场风险（Market Risk）是指由基础金融变量，如利率、汇率、股票价格、通货膨胀率等方面的变动所引起的金融资产或负债的市场价值变化会给投资者带来损失的可能性。

（2）信用风险（Credit Risk）是指交易对方不愿意或者不能够履行契约的责任，导致另一方资产损失的风险。信用风险也包括主权风险（Sovereign Risk），如当某个交易对方因为所在国实行外汇管制而不能履行责任之类的情况。

（3）流动性风险（Liquidity Risk）有两种涵义：一种是由于市场的流动性不高，导致证券持有者无法及时变现而出现损失的风险；另一种是金融交易者本身在现金流方面出现困难，不得不提前将金融资产低价变现，以致账面损失变为实际损失的风险。

（4）操作风险（Operational Risk）是指由于技术操作系统不完善、管理控制缺陷、欺诈或其他人为错误导致损失的可能性。比如，交易未能得到执行的执行风险（Execution Risk）；工作人员蓄意隐瞒信息的欺诈风险（Fraud Risk）；自然灾害、不可抗力以及关键人物事故导致的风险等。

（5）法律风险（Legal Risk）是指如签署的合同因不符合法律规定而造成损失的风险。法律风险还包括由于违反政府监管而遭受处罚的风险。

（6）政策风险（Policy Risk）是指货币当局的货币政策以及政府的财政政策、对内对外的经济政策乃至政治、外交、军事等政策的变动，可能给投资者带来的风险。

（7）道德风险（Moral Hazard），又译“道德公害”。投资者和融资者对信息的掌握是不对称的，市场上投资者面对的招股说明书、发债说明书以及银行所面对的贷款申请书等，都有可能包含着道德风险。对于融资成立之后，融资者不按约定的方向运用所融入的资金，这类问题也归入道德风险的范围。

三、风险的度量

市场中的投资者绝大多数都属于风险厌恶者，人们希望能够构建一种比较有效的资产组合，在投资收益和投资风险中找到一个平衡点，即在风险一定的条件下实现收益的最大化，或在收益一定的条件下使风险尽可能地降低，就很有必要实现对风险的精确管理。1952 年，美国经济学家、诺贝尔经济学奖获得者马科维茨提出资产组合理论，首次对风险的衡量做出数量化的描述，成为研究金融资产组合与选择的基础，开创了对投资进行整体管理的先河。马科维茨数量化方法提出了确定最佳资产组合的基本模型，此后经济学家利用数量化方法，不断丰富和完善组合管理的理论和实际投资管理方法，并使之成为投资学中的主流理论。

（一）资产风险的度量

1. 资产投资收益率与期望收益率

度量风险，首先需要知道投资收益率。投资收益率可以用这样一个公式计算：

$$r=\frac{C+\ (P_1-P_0)}{P_0}$$

式中：C 表示投资的资产收入，如利息、股息等；P_1 表示资产的期末价格；P_0 表示期初价格；两者相减表示资本收入——资产市价变化所带来的收入，也就是资本溢价。

例如，某投资者以每股 20 元的价格购买了某公司股票，一年之后以每股 22 元的价格卖出，同时在当年获得每股 0. 5 元的股票。那么该投资者的投资收益率是：

$$r=\frac{0.5+\ (22-20)}{20}\times 100\%=12.5\%$$

所谓期望收益率就是未来收益率的各种可能结果，乘以它们相对出现的概率，然后相加。如表 5-1 所示，某项投资可能会有多种投资结果，每种投资结果出现的可能性都不一样。期望收益率的计算公式如下：

$$\bar{r}=\sum_{i=1}^{n} p_i \cdot r_i$$

式中：r_i 是投资的未来第 i 种可能的收益率；p_i 是第 i 种收益率出现的概率。

表 5-1　未来收益率状况的估计

收益率（r）	r_1	r_2	…	r_n
概率（p）	p_1	p_2	…	p_n

例如，如果某项投资项目 A 可能会出现三种投资组合：第一种结果是收益率 50%，出现的可能性是 20%；第二种结果是收益率 30%，出现的可能性是 50%；第三种结果是收益率 10%，出现的可能性是 30%。那么这项投资的期望收益率就是：

$$\bar{r}=\sum_{i=1}^{n} p_i \cdot r_i = 50\% \times 20\% + 30\% \times 50\% + 10\% \times 30\% = 28\%$$

2. 资产风险度的测定

如果我们将风险定义为未来结果的不确定性，那么用数理统计的语言描述，投资风险就是各种未来投资收益率与期望收益率的偏离程度。这样，我们就可以用方差 δ^2 或标准差 δ 来表示风险，也就是收益率与期望收益率的偏离度。其计算公式如下：

$$\delta = \sqrt{\sum_{i=1}^{n}(r_i - \bar{r})^2 \cdot p_i}$$

把上例的数字代入公式，我们可以计算出项目 A 的标准差：

$$\delta = \sqrt{(50\%-28\%)^2\times20\%+(30\%-28\%)^2\times50\%+(10\%-28\%)^2\times30\%}$$
$$=0.337$$

资产组合理论认为，在一定统计期内已经实现的投资收益率变化及其发生的概率，基本符合正态分布。一些学者对股票收益率的历史数据研究证实了这一点。如果未来的收益率概率分布类似于过去的、已经实现的情形，那么可以认为未来收益率波动的概率分布基本符合正态分布。于是，测算标准差的意义就是：已经知道投资的期望收益率和标准差，即可计算收益率发生在一定区间的概率。以上面的投资项目 A 为例，投资的期望收益率和标准差分别是 28%和 33.7%，那么投资收益率在 28%±33.7%区间变化的可能性是 68%，在 28%±2×33.7%区间的可能性约是 95%等。

（二）资产组合的风险

1. 资产组合的期望收益率

将资金按一定的比例投资于不同的资产就形成一个资产组合。资产组合的收益率相当于组合中各类资产期望收益率的加权平均，权数是各资产价值在资产组合总价值中所占的比重。其计算公式如下：

$$r_p = \sum_{i=1}^{n} w_i \bar{r}_i$$

式中：r_p表示资产组合的期望收益率；w_i表示第 i 种资产所占的比重；$\bar{r}_i$ 表示第 i 种资产的期望收益率。其中，$\sum_{i=1}^{n} w_i = 1$。

2. 资产组合的风险度

尽管资产组合的期望收益率等于各个资产期望收益率的加权平均，但是资产组合的方差不但与各资产的权重和方差相关，还与资产之间的相关系数或协方差有关。在统计中采用相关系数与协方差来表达变量之间的关系。如果两个资产的收益率之间表现为同向变化，那么它们之间的相关系数或协方差就是正值；如果两个资产的收益率之间表现为反向变化，那么它们之间的相关系数或协方差就是负值；如果两者之间没有关系，那么它们之间的相关系数或协方差就等于零。其计算公式如下：

$$\delta_p = \sqrt{\sum_{i=1}^{n} w_i^2\delta_i^2 + 2\sum_{0\leqslant i<j\leqslant n} w_i w_j \delta_i \delta_j \rho_{ij}}$$

式中：δ_p表示组合的风险度；下标 j 表示第 j 种资产；ρ_{ij}表示第 j 种资产的收益率与第 i 种资产的收益率之间的相关系数。

四、投资分散化与风险

传统的投资理念告诉我们，规避风险的一个好方法就是不要把所有的鸡蛋放在一个篮子里，也就是用投资分散化来降低组合风险。现实生活中，人们经常会自觉不自觉地应用投资分散化的原理，但这需要分析。

资产组合的风险分为两类：系统性风险（Systematic Risk）和非系统风险（Non-systematic Risk）。非系统性风险是指那种通过增加持有资产的种类数量就可以相互抵消的风险。经验数据证明，如果持有的资产种类数超过 20 种，资产组合中的非系统性风险就会被完全抵消掉。显然，可以相互抵消的风险是分别由各资产自身的原因引起的。如某上市公司更换总经理，可能使股票价格下降，而更换总经理这种事件不会同时在许多公司发生；如某一家公司推出一个新兴产品，可能导致该公司股票价格上升，而新兴产品也不会同时普遍推出。假如这两个事件恰好同时发生，而一个人碰巧持有这两只股票，那么，这个人的总投资收益可能不升也不降，利好、利空相互抵消，收益率不变。系统性风险则是指无法通过增加持有资产的种类数量而消除的风险。比如经济衰退的预期可能使所有股票的价格下跌。这时，整个资产组合的价值都会贬值，投资收益率必然下降。

资产组合中的系统性风险与非系统性风险可以用图 6-1 来表示。

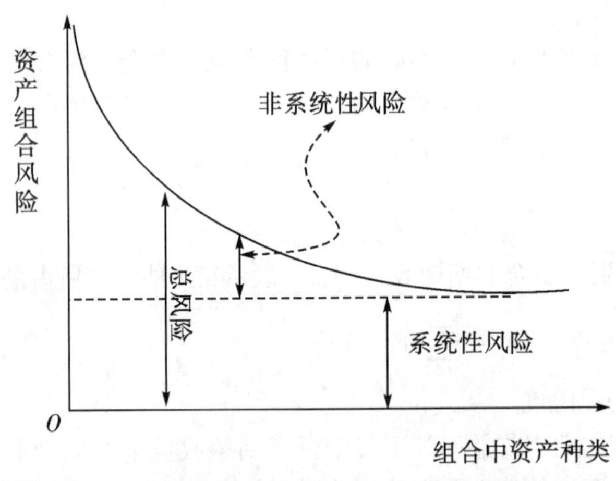

图 6-1　资产组合中的系统性风险与给系统性风险

从图 6-1 中可以看出，随着资产种类在组合中数量的增加，非系统性风险被全部抵消掉，剩下的只有系统性风险。既然如此，人们总是希望在不影响投资收益的情况下适当地分散投资，消除非系统性风险，从而降低整体风险。

相关链接

多样化投资的另一种视角

沃伦·巴菲特相信多样化投资是投资人为了掩盖自己的愚蠢所采取的行为。投资人往往缺乏足够的才能来对几个企业进行大规模投资。于是，为了弥补自己的无知与愚蠢，他们就把资金分散在许多不同的投资项目上。

我们都知道，格雷厄姆的投资策略要求投资组合必须由百种以上的股票构成。这样做的目的是为了防止某些企业或股票不盈利的可能性。格雷厄姆觉得企业的性质可以由投资组合的数目来决定，但是他不可能全面地了解他拥有的所有企业。

沃伦·巴菲特曾经一度采纳了格雷厄姆的观点，但后来发现，他就像是拥有一座动物园而不是股票的多样化组合。沃伦·巴菲特因此转向了费雪和门格的理论。并且认为他必须比格雷厄姆更了解他所投资的这些企业。

尽管费雪承认一些多样化投资者是必不可少的，但多样化投资作为一种投资理论却被炒得太厉害了。他认为这是因为这种理论非常简单，以至于一般股票经纪人都能理解。费雪认为，投资者为了避免将所有的鸡蛋放在一个篮子里，而把鸡蛋分在很多不同的篮子里，最后的结果是许多篮子里装的全是破鸡蛋，而且投资者也不可能照看所有这些篮子的全部鸡蛋。费雪认为，由于许多投资者太迷信多样化投资理论，结果他们对自己所投资企业的性质一无所知，或者知之甚少。

沃伦·巴菲特深受英国经济学家约翰·梅纳德·凯恩斯的影响。凯恩斯在投资领域有独到的见解。他曾经说过，他的大部分资产都投在几种他可以算出投资价值的企业证券上。

沃伦·巴菲特信奉集中资产组合的理论，这就意味着他只持有几个企业的股票，而对这几个企业他都有一定的了解，而且持有股票的时间也很长，这样就可以非常认真地来考虑是否需要进行某种投资。沃伦·巴菲特相信，他正是用这样一种认真负责的态度来考虑投资于什么和以什么价格来投资这两个问题，从而可以降低风险。也就是说，这个投资策略使得他仅仅投资于一些价钱合适的优秀企业，这样可以减少遭受损失的风险。

沃伦·巴菲特经常说，如果一个人一生只做 10 次决定，那么他做出错误决定的次数就比较少，因为总共只有 10 次机会，他会仔细地考虑这些决定。

五、有效资产组合

马科维茨的资产组合理论假定投资者偏好期望收益率而厌恶风险。因此，在给定相同方差水平的那些组合中，投资者会选择期望收益率最高的组合，而在给定相同期望收益率水平的那些组合中，投资者会选择方差最小的组合。这些选择会导致产生一个有效边界（Efficient Frontier）。

假定投资者选择 n 种资产进行投资，对它们的任何一种组合都会形成特定的组合风险与组合收益。在图 6-2 中，落在 BAC 区间内的任何　点都代表在 n 种资产范围内所组成的某一特定组合的组合风险与组合收益关系。

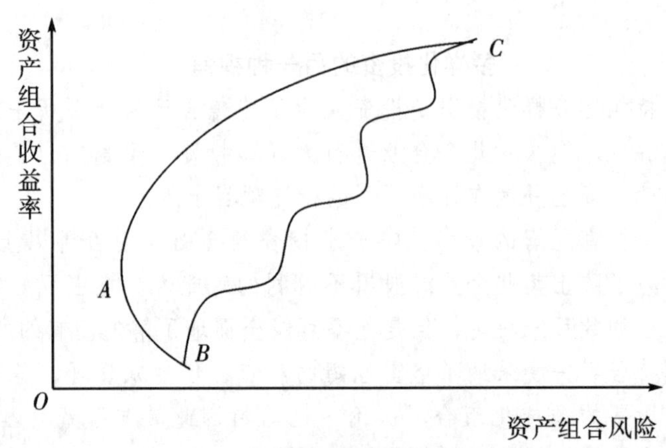

图 6-2 资产组合的有效组合

按照资产组合理论，在所有期望收益率水平相同的组合中，投资者会选择标准差最小的组合，这些组合正好构成可行区域的左边界，即 BAC 线段；而在所有标准差水平相同的组合中，投资者会选择期望收益率最大的组合，这些组合正好构成可行区域的上边界，即 AC 线段。综合上述两个方面，投资者实际上选择位于可行区域的左边界和上边界的公共部分，即 AC 线段。我们将这一部分称之为有效边界，有效边界上的点所对应的资产组合即为有效资产组合（Efficient Portfolio）。有效边界之外的点不具备这样一种组合效果，则是无效的资产组合。

有效资产组合的提出正是资产组合理论精髓之所在。

六、最优资产组合的选择

有效资产组合向我们揭示，投资总会在有效边界上选择投资组合，追求同样风险下的最高收益。但是有效边界值是提供了一个有效区间的 AC 线段，最后具体选择哪一个点作为投资组合，则取决于投资人对风险的偏好。如果投资人承受风险能力低，那么对他来说，最好的组合位于效益边界偏低的一段；如果投资人富于冒险精神，那么，以低的风险取得相对低的收入不是他的理念——理想的组合点位于效益边界偏高的一端。

马科维茨通过建立无差异曲线来寻找最优资产组合。如图 6-3 所示，对一个特定的投资者而言，任意给定一个资产组合，根据他对期望收益率和风险的偏好态度，即按期期望收益率对风险补偿的要求，可以得到一系列满意程度相同的资产组合。所有这些组合在均值方差坐标系中形成一条曲线，即图 6-3 中的 I_1、I_2、I_3。所有这些无差异曲线的全体便成为该投资者的无差异曲线族。每个投资者都有自己的无差异曲线族，它反映了该投资者的偏好态度。不同投资者因为偏好不同，会拥有不同的无差异曲线族。无差异曲线越陡，表明投资者对风险越厌恶。

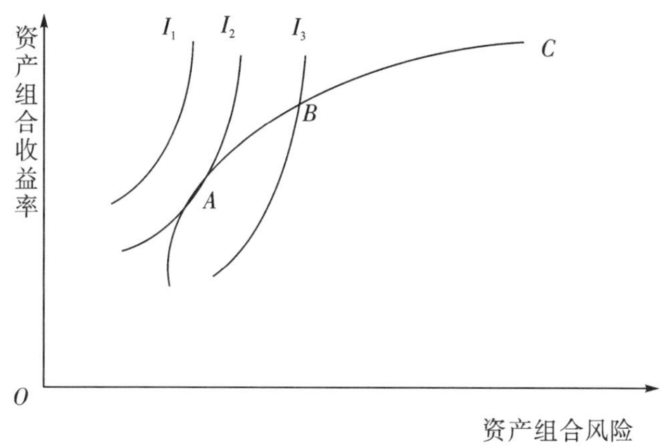

图 6-3　最优资产组合

无差异曲线位置越高，该曲线上的组合的满意程度越高，即 I_1 的满意程度高于 I_2，I_2 的满意程度高于 I_3。图 6-3 中的无差异曲线族与有效边界相切于 A 点，相交于 B 点，显然 A 点的满意程度高于 B 点，而且 A 点是无差异曲线族与有效边界的最高交点，因此投资者会选择 A 点，也就是无差异曲线族与有效边界的切点。因此，所谓的最优资产组合事实上就是无差异曲线与有效边界相切的切点所对应的组合。

第二节　证券价值评估

一、证券价值评估及其思路

有价证券的价格随行就市，似乎变幻无常，但无论它怎样变化，均会围绕其内在价值形成有规律的变化区间。如果某证券的市场价格低于其内在价值，就会上涨；如果某证券的市场价格已经远远高出其内在价值，则将回落。因此，了解证券的内在价值，也就是对证券的价值进行评估（Evaluation），对于制定正确的投资方案十分重要。

一个被普遍使用的估计内在价值的方法是对该项投资形成的未来收益进行折现值的计算，即现金流贴现法。用这个方法计算证券价值包括三步：第一步，估计投资对象的未来现金流量；第二步，选择可以准确反映投资风险的贴现率；第三步，根据投资期限对现金流进行贴现。

二、债券价值评估

多数债券的票面利率是固定的，只需要按照固定的利率计算定期支付的利息即可。如果买进债券以后一直保持到债券期满，最后一期的现金流就是利息加上债券面值。需要分析的是确定适当的贴现率，一般债券的贴现率可根据债券的信用等级确定。如果知道了债券的未来现金流、债券的贴现率以及持有期限，就有了计算债券价值的公式。

（1）到期一次性支付本息的债券。其价值的计算公式为：

$$P_B=\frac{A}{(1+r)^n}$$

式中：P_B表示债券的价格；A 表示债券到期时的本利和；r 表示贴现率；n 表示债券到期前的剩余期限。

（2）定期付息、到期还本的债券。这是一种最常见的债券形式。其价值的计算公式为：

$$P_B=\sum_{t=1}^{n}\frac{C}{(1+r)^t}+\frac{M}{(1+r)^n}$$

式中：C 表示定期支付的利息；M 表示债券的面值。

如果投资人在债券尚未到期时出售债券，则上述公式需要改写为：

$$P_B=\sum_{t=1}^{n}\frac{C}{(1+r)^t}+\frac{P}{(1+r)^n}$$

式中：P 表示出售债券时的价格。

（3）定期付息、没有到期日的债券。这种债券也称永久性债券。对持有人来说，这类债券意味着永久性的定期收入，在票面利率固定的情况下，每期的现金流是同样的。其价格计算公式可以写成：

$$P_B=\frac{C}{r}$$

从债券价值的计算公式中可以看到，影响债券价格波动的因素主要是贴现率，也就是利率的变化。

三、股票价值评估

如果投资的对象是股票，则评估价值的工作复杂很多。股票不像债券，没有偿还期限；除优先股以外，普通股股票的收益不确定。

对于普通股股票，计算价值的关键之一是估计未来的现金股票分红——投资人预期可以达到的未来收益。由于逐年的红利金额绝非必然等同，故普通股股票价值的一般公式为：

$$P_S=\frac{D_1}{1+r}+\frac{D_2}{(1+r)^2}+\cdots=\sum_{t=1}^{\infty}\frac{D_t}{(1+r)^t}$$

式中：D_t为第 t 期的现金红利。

企业的盈利，在其发展过程中，不仅不会永远持平，也罕见永远递增或永远递减。因而，持有剩余要求权的股东可以分得的现金红利也不会是一成不变的格局。比如处于创业期和增长期的企业，一般来说，利润增速不稳定，但增速比较高；进入成熟期以后，增长速度会降下来，但增速趋于稳定。因而，根据企业在不同寿命期的利润以及红利有不同增长速度的判断，需建立红利分阶段增长模型。

四、市盈率

在评估股票价值时，除了现金流贴现法以外，还有一种相对简单的方法——市盈率（Price-Earning Ratio）方法。所谓市盈率，是指股票的市场价格与每股盈利的比值。如果能够找到一个可以参照的合理的市盈率，用它乘以股票的预期盈利，就可以很快地计算出股票的价值。其计算公式是：

股票价值=市盈率×预期每股盈利

由于市盈率在相当程度上反映着股票价格与其盈利能力的偏离程度，所以市盈率如果太高，可能意味着股票的价格较大地高于价值，这是就需要卖出手中持有的股票，或不购买这种股票。如果市盈率太低，可能意味着股票的价值被低估，正是投资的好时机。

第三节　资产定价模型

讨论有价证券价值确定的内容中，需选取与风险相匹配的贴现率 r。资产定价模型（Asset Pricing Model）就是帮助我们找到适当的贴现率并确定资产价值的一种有用工具。

资产定价模型主要是资本资产定价模型（Capital Asset Pricing Model，CAPM）。后来有多要素模型和套利定价模型之类的发展。

一、资本资产定价模型

马科维茨的资产组合理论使用期望收益率和方差来选择最优资产组合。这种方法虽然完全精确，但是计算量太大。在面临大规模市场上成千上万种资产的情况下，哪怕是借助高速计算机也难以计算，更无法满足实际市场上对时间的要求，严重阻碍了马科维茨方法在实践中的应用。资本资产定价模型（CAPM）则用比较简化的计算方法，探讨均衡条件下风险与预期收益率之间的关系，使得资产组合理论应用于实际市场成为可能。该模型是在 1964 年由威廉・夏普（William Sharp）、约翰・林特纳（John Linter）和简・莫辛（Jan Mossin）三人在马科维茨资产组合理论的基础上分别独立提出的。夏普还因此获得了诺贝尔经济学奖。

资本资产定价模型的导出需要依赖一定的假设。这些假设忽略了现实生活中的各种复杂现象，大大简化了模型的建立过程。这些假设可以概括为：

（1）投资者是风险回避者，并以期望收益率和风险（用方差和标准差衡量）为基础选择投资组合，而且投资者的行为遵循最优化原则。

（2）所有投资者的投资仅为单一投资期，投资者对投资回报率的均值、方差以及协方差具有相同的预期，因此他们以最优的方式按同样的相对比例持有风险资产。

因为资本资产定价模型已经假设所有投资者对投资回报率的均值、方差以及协方差具有相同的预期，所以每位投资者所持有风险资产的相对比例都是一样的。这样，资本市场达到均衡状态时，投资者所持风险资产的最优相对比例就应该是风险资产的市场价格比例。按市场价格的同比例持有所有资产的投资组合，称为市场投资组合。因此，在资本资产定价模型中，任何投资者所持风险资产的相对比例等于市场投资组合的比例。

在资产组合理论中，我们假设构造的组合中所有资产都是风险资产，而资本资产定价模型则引入了无风险资产的概念。无风险资产是指没有风险的资产，通常是指政府债券。根据人们对风险的厌恶程度不同，投资者会持有不同比例的无风险资产和风险资产，但是每个投资者持有的风险资产的相对比例都相同，等于市场投资组合。

资本资产定价模型说明，所有的投资者，无论他们的具体偏好有何不同，都会将市场投资组合与无风险资产混合起来作为自己的最优组合。这种在无需确知投资者偏好之前，就可以确定风险资产最优组合的特性就被称为分离定理。

因为投资人持有的是一组而不是单一资产，因此对于每一项资产，投资人所关心的不是该资产本身的风险，而是持有该资产后，对整个资产组合风险的影响程度。所以，资本资产定价模型引入β系数来表示单个资产与整个市场组合风险之间的关系。这一系数相当于资产i与市场组合的协方差除以市场组合方差（$\beta_i=\delta_{iM}/\delta^2{}_M$）。$\beta$系数反映了资产收益率受市场组合收益率变动影响的敏感性，衡量了单个资产系统风险的大小。

这样，单个资产的期望收益率就可以用下面的公式表示；

$\bar{r}_i=r_f+\beta_i\ (\bar{r}_m-r_f)$

式中：$\bar{r}_i$是第i种资产期望收益率；r_f是无风险利率；β_i是第i种资产的β值；$\bar{r}_m$是市场投资组合的期望收益率。该公式即为资本资产定价公式。

从资本资产定价公式中可以知道，无风险资产的β系数为零，即β_f；市场组合的β系数为1，即$\beta_m=1$。

资本资产定价模型反映的是一个特定资产的风险与其期望收益率的关系。公式右边的第一项表示投资的机会成本补偿，用无风险利率表示，第二项表示投资的风险补偿，用对于市场风险溢价调整以后的数据表示。通过资本资产定价模型，只要给定特定资产的β值，以及无风险利率和市场风险溢价，就可以得到该资产的期望收益率。

需要注意的是，资本资产定价模型是一个一般均衡模型，给出的是期望形式下的风险与收益关系。在事后关系中，有时我们会发现高β值资产的实际收益率会低于低β值资产的实际收益率，这并不能说明资本资产模型的无效性。资本资产定价模型只是表明我们期望高β值资产会获取较高的收益，并不说明高β值的资产在任何时候都能获得比低β值资产高的收益。不然的话，高β值资产就称为风险较低的资产。正因为高β值资产的风险较大，因此有时收益较低也就是一种正常现象。不过，长期而言，高β值资产会取得较高的平均收益，这才是“期望”关系的真谛。如果某一特定资产和资产组合的期望收益率与资本资产定价模型所预期的收益不一致，该理论会认为市场是非均衡的，而资本资产定价模型本身则是正确的。

不难看出，在均衡条件下，某一特定资产和资产组合的期望收益率为资本资产定价模型所内生决定。而在前面的马科维茨模型中，资产和资产组合的期望收益率则是外生给出的。

资本资产定价模型表明在风险和收益之间存在一种简单的线性替代关系，从而在投资收益与风险之间建立了一种非常明确的关系。而过去投资管理关注的主要是投资的收益方面，资本资产定价模型使得基金管理发生了从过去的收益管理模式向现代的风险管理模式的根本性转变。此外，由于资本资产定价模型提供了计算资产期望收益率的公式，因此可以用来评价证券的定价是否合理。资本资产定价模型是现代金融学研究中具有里程碑意义的成果，使现代投资管理日益科学化、系统化。

但是，资本资产定价模型在应用上也存在一些问题。比如，资本资产定价模型对风险—收益率关系的描述是一种期望形式，因此本质上是不可检验的；资本资产定价模型的假设不符合现实；选取不同的市场指数，会得到不同的β值，而且证券和投资组合的β值在考察期内并非一成不变；β值作为解释收益的唯一因子过于简单化。

二、套利定价模型

虽然资本资产定价模型已经在实践中获得了认可，但是一些经济学家认为，资本资产定价模型中资产的预期收益率仅仅由该资产的β值来决定的分析过于笼统。影响经济生活中总体市场风险变化的因素很多，除了资本资产定价模型中所考虑的系统风险以外，还有诸如通货膨胀、能源价格等其他风险。于是耶鲁大学教授斯蒂芬·罗斯在 1976 年提出了套利定价模型，这是另一个有关资产定价的均衡模型，为说明证券价格的均衡过程提供了另一个视角。

套利定价模型认为经济中不能用多样化来消除的风险有几种，这些风险来源于整体经济领域，因此不止系统风险一项会影响资产的预期收益率。所以，套利定价模型需要计算多个β值，即计算资产的期望回报率对各种因素变动的敏感程度。假定有k个因素会影响资产的期望回报率，那么资产的期望回报率公式将在资本资产定价公式的基础上被改写为：

$$\begin{aligned}\bar{r}_i &= r_f + \beta_1(\bar{r}_1 - r_f) + \beta_2(\bar{r}_2 - r_f) + \cdots + \beta_k(\bar{r}_k - r_f) \\ &= r_f + \sum_{j=1}^{k}\beta_j(\bar{r}_j - r_f)\end{aligned}$$

式中：$\bar{r}_i$是第i种资产期望收益率；r_f是无风险利率；β_j是该种资产对第j种因素的β值；$\bar{r}_j$是第j种因素的期望收益率。

影响资产期望收益率的因素可以是国民生产总值、通货膨胀率、失业率、国债利率、市场指数等，但套利定价模型并不在意一共会有多少系统因素以及这些因素是什么的问题。

假设某一证券的收益率受经济增长率和通货膨胀率两个因素的影响，其收益率对这两个因素的敏感性分别是 1.2 和 0.8。假设人们普遍预测今年的经济增长率为 7%，通货膨胀率为 4%，但实际公布的经济增长却是 7.5%，通货膨胀率为 6%，不难得出由于共同因素的意外变化而给证券带来的收益率影响将是 2.2%。如果将风险因素固定为一种，而这一因素就是市场因素本身，套利定价模型就会与资本资产模型在形式上取得高度一致，但应该注意的是，市场组合在套利定价模型中并没有任何特别的作用。

在资本资产定价模型中，证券的风险只与市场组合的敏感系数 β 相关，它只能告诉投资者市场风险的大小，却无法告诉投资者市场风险来自何处。与此不同，套利定价模型承认有多种因素影响股票价格，因此扩大了资产定价的思考范围。在实践中，经验表明确实存在多个重要因素影响证券的回报率，从而也就为识别影响证券回报率的主要来源、风险的大小以及组合分析提供了新的工具。

套利定价模型在应用上的问题主要体现在，该模型表明在决定风险资产的均衡价格上可能存在多种影响因素，但不能确定这些因素是什么以及这些因素的可能数量。在实践中，相关风险因素的选择是以它们过去是否对证券收益产生影响以及是否具有预测性为基础的。

第四节　资本结构

企业的资金来源有两种：一种是内部融资，即企业通过运营获得资金，如留存的收益等；另一种是外部融资，即企业通过向外部借款或是发行股票等方式来获得资金。资本结构（Capital Structure）是指企业取得长期资金的各项来源、组合及其相互关系。企业的长期资金来源一般包括权益资本和长期负债，因此，资本结构主要指这两者的组合和相互关系。与个人投资者一样，企业也必须对资本结构进行选择，构建最优资本结构。所谓最优资本结构，是指在充分权衡融资成本和融资风险的情况下，能使企业市场价值最大的资本结构。在现代企业融资活动中，如何通过融资方式选择来实现企业市场价值最大化，即如何确定最优资本结构，一直是财务理论和实践中人们十分关注的问题。在这个领域的探索和研究已形成较完整的理论体系，即资本结构理论，它是现代企业财务经济学的核心内容之一。

一、MM 定理

现代企业资本结构理论以美国著名财务经济学家、诺贝尔经济学奖获得者费朗科·莫迪利亚尼（Franco Modigliani）和金融学家莫顿·米勒（Merton H. Miller）所建立的资本结构模型（即著名的MM定理，也称MM模型）为代表。1958年，莫迪利亚尼和米勒在《美国经济评论》上共同发表了《资本成本，公司财务和投资理论》一文，得出了MM定理，创建了现代资本结构理论。

（一）MM定理的假设条件

MM定理建立的假设条件主要有：

（1）资本市场是完善的，股票债券无交易成本；

（2）投资者个人的借款利率与企业的借款利率相同，且无负债风险；

（3）投资者可按个人意愿进行各种套利活动，不受任何法律的制约，无公司和个人所得税；

（4）企业的经营风险是可以计量的，经营风险相同的企业可被看成同类风险企业；

（5）投资者对企业未来经营利润和取得经营利润的风险有同样的预测；

（6）企业的增长率为零，即息税前盈利固定不变，财务杠杆收益全部支付给股东；

（7）各期的现金流量预测值为固定量，构成等额年金，且会持续到永远。

（二）MM定理的内容

简单地说，MM定理的内容就是在以上假设条件下，企业的价值与他们所采取的融资方式，即资本结构无关，因此MM定理又称为“资本结构无关论”。

MM定理实际上是两个命题的统称。其内容主要包括：

（1）定理Ⅰ。任何企业的市场价值与资本结构无关，取决于按照预期风险程度相适应的预期收益率进行资本化的预期收益水平。

（2）定理Ⅱ。股票每股预期收益率应等于处于同一风险程度的纯粹权益流量相适应的资本化率，再加上与其财务风险相联系的溢价。其中，财务风险是以负债权益比率与纯粹权益流量资本化率和利率之间差价的乘积来衡量。

（三）修正的MM定理

由于MM定理是在严格的假定条件下得出的结论。它与现实经济相差较远。在现实经济中，不同行业里每个企业的最优资本结构都是各不相同的，如几乎所有的航空公司，公用事业和房地产开发公司及大部分资本密集型工业企业的负债比例很高，而制药公司和广告公司几乎全依赖于自有资金。出现这种情况的原因是，这些不同的行业都有各自特定的资产结构和收益的稳定性，从而决定不同产品生产具有不同的内部风险性。这样，MM定理问世以来就受到许多学者的批评，如针对负债无风险这一假定，舒尔茨就提出，负债与所有者权益并非可完美替代，风险因素会使负债的成本高于权益的成本。而且，随着负债对权益比例的提高，无论是债权人还是股东的风险都要增加。因此，只要企业资产的边际收益率是递减的，在企业目标是使股东的股票长期价值最大化的假设下，每个单独的企业都存在一个最优的资本结构。例如，舒尔茨与阿罗森通过分析1923—1961年4各行业（铁路、电力和燃气公用、矿业和工业）、32家企业（每个行业8家）的资本结构发现：①同行业企业具有相似的资本结构，不同行业的资本结构有差别；②近40年来，尽管税收和经济结构有所变化，但行业的资本结构仍然呈现相对稳定性。

MM定理中没有公司和个人所得税这一假定与现实经济相差更远。那么，在存在所得税的情况下，MM定理还会成立吗？对这个问题的回答就是MM定理的修正结论。所谓MM定理的修正结论是指在引入公司所得税后资本结构对企业市场价值的影响，也称为修正的MM定理，或MM公司税模型。修正的MM定理的要点是：由于负债会因利息具有减税作用，从而使企业价值随着负债融资程度的提高而增加，因此，企业负债率越高越好。MM公司税模型也提出了两个命题。

命题1：无负债企业的价值等于企业所得税后利润除以企业权益资本成本率；而负债企业的价值则等于同类风险的无负债企业的价值加上负债节税利益，负债节税利益等于公司所得税率乘上负债总额。

命题2：负债企业的权益资本成本率等于同类风险的无负债企业的权益资本成本率，加上风险报酬，风险报酬则取决于公司的资本结构和所得税税率。

关于所得税对企业价值的影响，米勒在1977年建立了一个包括公司所得税和个人所得税在内的模型，并得出以下结论：如果普通股收益的个人所得税少于债券收益的个人所得税，则在其他条件相同的情况下，债券的税前收益必须要达到足以补偿普通股收益的个人所得税和债券收益的个人所得税之间的差额，否则，没有人愿意持有债券。同理，对于一个负债融资的企业来说，虽然企业可以通过利息减少企业所得税，但因为利息是支付给债券持有者个人的，他们必须支付与普通股收益不同的个人所得税。因此，一个层面上的税收减免正好被另一个层面上的税收增加所抵消。这样，米勒又得出与MM定理相一致的结论，即负债的节税利益恰好被个人所得税所抵消，不论企业是使用债务融资还是权益融资，都无法获得税收上的利益好处，在这种情况下，资本结构对企业价值或资本无影响。

（四）MM定理的意义

MM定理的提出标志着现代资本结构理论的确定。MM定理力图通过企业资本结构的表面现象，探寻企业资本结构的规模，最终目的是要探求在风险资产定价的基础上通过价格体系来就稀缺资源分配做出决策，从而找出企业价值与资本结构的内在联系。随着MM定理的不断修正与完善，资本结构理论逐步完成了从传统观点向现代理论的过渡，这是资本结构理论史上一次质的飞跃。有经济学家甚至认为MM定理对财务经济学的影响可以与凯恩斯对宏观经济学的影响相比媲美。

二、J-M模型

J-M模型就是詹森和麦克林模型，也就是新资本结构理论的一个主要代表——代理成本说，它通过引入代理成本这个概念来分析企业最优资本结构的决定。詹森和麦克林认为，债权融资和股权融资都存在代理成本，最优资本结构由所有者愿意承担的代理成本决定，该成本包括债务发行和新股发行的代理成本。

詹森和麦克林认为资本结构的选择源于利益冲突形成的代理人成本。主要有两种利益冲突：一是股东和管理层之间的冲突，二是股东和债权人之间的冲突。他们认为，最优的资本结构由两种代理人成本的相互作用来决定。当较多使用债务融资时，管理层的代理成本下降，而债务融资的代理成本上升；反之亦然。因此，能够找到一个债务水平，在此水平上，管理层代理成本和债务融资代理成本之和为最小，此债务比例就是最优资本结构。

根据詹森和麦克林的理论，债券之所以被使用是由于所有者为了获取因自身的资源限制无法得到的潜在有利可图的投资机会。但是，债务的发行在债权人和所有者之间形成一种代理关系，从而产生代理成本，代理成本包括主人监督费用、代理人受限制费用和剩余损失之和，它会随着负债水平的增加而增加。发行新股则等于是现有所有者以股权来换取新所有者的资金，新旧所有者之间不可避免地会引发利益冲突。这样，新的所有者为保证他们的利益不受原所有者的损害，也必须付出监督费用等代理成本。因此，所有者必须在债务的代理成本和股票的代理成本之间进行权衡，以使其所承担的总代理成本最小。使所有者承担的总代理成本最小的债权与股权比例就是最优资本结构。

三、资本结构的选择

虽然根据 MM 定理，在无摩擦的经济环境下，资本结构与公司的价值无关。然而，现实社会存在许多摩擦因素，MM 定理的假设无法成立。例如，对于投资者和公司而言，债券和权益证券的利息所得税及费用是不一样的。而且，在所有的情况下都坚持不同等级债券的持有人获得同样的现金流，它的成本非常高。因此，在现实社会中，资产结构会对公司的价值产生很大的影响。此外，由于法律以及规章条例会随时间和地点的改变而改变，因此不存在一个适用于所有企业的最佳的资本结构。所以，必须根据公司所处的特定法律和税收环境，为公司选择最佳的资本结构。

根据现实社会中存在的有关公司融资方面的因素，管理者可以通过下述三条途径来调整资本结构，以实现增加公司价值的目的。

（一）通过资本结构的选择可以消减公司成本，增加公司价值

企业的利润除了要向股东和债权人分配之外，还需要缴纳税收。税收的存在，使得企业的资本结构会影响企业的价值。这是因为企业在缴纳所得税时，利息等财务费是在税前从利润中扣除，而向股东支付的股利则是在税后扣除。因此，如果企业选择债务融资的方式，那么就可以减少所得税的支出。因此，企业的管理者可以通过增大资本结构中的负债比例来减少企业的税收支出。

不过，虽然债务融资可以获得降低税收的好处，但是随着企业资本结构中债务所占的比例逐步提高，企业会面临越来越大的违约风险。公司管理者必须花费大量的时间和精力对企业的债务进行管理，而且过高的负债率会使得外界对企业的经营状况充满疑虑，不利于企业经营。为了对违约风险进行管理，企业必须承担种种成本，如财务危机成本，最终可能会使得债务融资的弊大于利。

（二）通过资本结构的选择，可以减少公司内部各风险承担者之间潜在的、会造成较大成本的利益冲突

企业的管理者与股东、股东与债权人之间的利益有时并不一致。但企业管理者在决定如何分配公司空闲的现金流时，可能会选择一些虽然不能增加股东财富，但是对自己有利的项目。例如，管理者可能会投巨额装修办公场所，负债可以强迫管理者按预先约定的方式把现金以还本付息的方式分配给债券持有人，从而减少管理者能够支配的空闲现金流，避免出现损害股东利益的现象。

如果公司破产清算，那么公司的财产将优先分配给债权人，剩余部分才会在股东之间进行分配。因此，一旦公司的负债金额很大时，与债权人相比，公司的股东并不关心公司破产清算之后剩余的价值。这样股东和债权人之间就会存在利益冲突。公司管理层代表的是股东的利益，他们会选择风险很大的投资，从而以损害债权人的利益为代价来增加股东的财富。因此，当债权人向此类公司提供贷款时，会面临潜在的道德风险，此时债权人会不愿意提供贷款。所以，公司管理者也会避免出现负债比率过大的状况。

（三）通过资本结构的选择，公司可以向股东提供一些原本不能得到的金融资产，为股东创造价值

在不改变公司营运资产的构成或大小的情况下，公司通过改变发给股东的索求权，也可以为公司创造出价值。例如，如果公司把养老金计划作为一种融资形式，那么公司通过向员工提供一种原来没有的退休福利，激励员工为公司创造更多的价值。此时公司股东获取劳动力成本的现值将低于原有成本的现值。

本章小结

1. 风险是指不确定性，就是未来结果的不确定性。不确定的程度越高，风险就越大。我们可以选择套期保值、保险或是分散投资的方式来分散风险。

2. 马科维茨的资产组合理论用数量化的方法衡量投资的预期收益水平和风险，通过建立均值方差模型来阐述如何全盘考虑上述两个目标，从而使得投资者可以在风险和收益之间做出权衡取舍。

3. 包括股票、债券在内的有价证券内在价值的估计方法通常采用该证券投资形成的未来收益进行折现值的计算，即现金流贴现法。用这个方法计算证券价值包括三步：第一步，估计投资对象的未来现金流量；第二步，选择可以准确反映投资风险的贴现率；第三步，根据投资期限对现金流进行贴现。

4. 威廉·夏普等人在马科维茨的资产组合理论基础上提出了资本资产定价模型，通过一种简化的数量方法，使得资产组合理论应用于实际市场操作成为可能，开创了资产组合理论数理化分析的时代。

5. 套利定价模型是建立在对资本资产定价模型的批判和吸收之上，在资本资产

定价模型基础上增加了一些风险因素，提出了多因素模型，使模型的表达更加准确。

6. 资本结构理论研究的是公司的资本结构对于公司价值的影响。著名的 MM 定理提出，在无摩擦的金融环境下，公司的资本结构对于公司的价值没有影响。J-M 模型引入了代理成本这一摩擦因素，找出最优资本结构取决于所有者愿意承担的总代理成本，包括债务发行和新股发行的代理成本。现实经济生活部不存在无摩擦的金融环境，因此公司可以通过改变资本结构来提高公司价值。

重要概念

风险　系统风险　非系统风险　有效边界　有效资产组合　最优资产组合
分离定理　β 系数　现金流贴现法　市盈率　资本资产定价模型
套利定价模型　最优资本结构　资本结构

进一步阅读推荐

[1] Arrow K. The role of securities in the optional allocation of risk-bearing [J]. Review of Economic Studies, 1964 (31): 91-96.

[2] Markowitz H M. Portfolio selection [J]. Journal of Finance, 1952 (7): 77-91.

[3] Markowitz H M. Portfolio selection, efficient diversification of investments [M]. New York: Wiley, 1959.

[4] Sharpe, W. Capital asset prices: a theory of market equilibrium under conditions of risk [J]. Journal of Finance, 1964 (19): 425-442.

[5] Ross S A. The arbitrage theory of capital asset pricing [J]. Journal of Economic Theory, 1976 (13): 341-360.

复习讨论题

1. 判断题

(1) 根据资产组合理论，投资者将选择期望收益率越高越好、方差越小越好的投资组合。（　）

(2) 资产组合的方差由各资产的权重和方差决定，与各资产之间的协方差无关。（　）

(3) 资产组合的风险可以通过增加组合中资产种类的方式被完全清除。（　）

(4) 根据资产组合理论，反映投资者偏好的无差异曲线越陡，说明投资者对风险越厌恶。（　　）

(6) 资产组合理论假设组合中所有资产都是风险资产。（　　）

(7) 套利定价模型认为只有市场组合的系数才会影响股票价格。（　　）

(8) 根据MM定理，在存在所得税的情况下，企业的负债率越高越好，因此企业的资本结构会影响企业价值。（　　）

(9) MM定理的假设条件在现实社会中无法成立，因此资产结构会对公司的价值产生很大的影响。（　　）

(10) 企业的管理者与股东、股东与债权人之间的利益总是一致的。（　　）

2. 选择题

(1) 最早引入系数来说明单个资产与整个市场组合风险之间关系的理论是（　　）。

A. 最优资产组合理论　　B. 资本资产定价模型

C. 套利定价模型　　D. MM定理

(2) 无风险资产的β系数等于（　　）。

A. -1　　B. 0　　C. 1　　D. 无法判断

(3) 市场组合的β系数等于（　　）。

A. -1　　B. 0　　C. 1　　D. 无法判断

(4) 资本资产定价模型假定所有的投资者都是（　　）。

A. 风险偏好者

B. 风险中性者

C. 风险回避者

D. 该模型没有对投资者的风险态度做出假定

(5) 根据MM定理，企业价值与负债在该企业资本结构中所占比重之间的关系是（　　）。

A. 两者正相关　　B. 两者无关　　C. 两者负相关　　D. 难以判断

3. 计算题

(1) 假定有两种债券有相同的违约风险，都是3年到期。第一种是零息票债券，到期支付1 000美元；第二种是息票率为8%，每年付80美元的债券。如果市场利率为8%，它们的价格各是多少?

(2) 假如你将持有一只普通股1年，你期望获得1.5元/股的股息并能在期末以26元/股的价格卖出。如果你的预期收益率是15%，那么在期初你愿意支付的最高价是多少?

4. 简答题

(1) 风险一定代表损失吗?

(2) 什么是有效资产组合，最优资产组合如何确定?

(3) MM定理在现实生活中成立吗? 为什么?

(4) 如果考虑代理成本这一因素，公司管理者将如何确定公司的最佳资本结构?

5. 论述题

(1) 简述资本资产定价模型的内容。

(2) 简述 MM 定理的假设条件和主要内容。

(3) 资本结构的调整如何增加公司价值?

第七章　金融机构体系

学习目的

通过本章学习，你应该能够：

(1) 了解金融中介体系的演变和发展趋势；

(2) 了解西方国家的金融中介体系和中国金融中介体系；

(3) 掌握非银行性金融机构有哪些；

(4) 掌握影子银行的特征；

(5) 掌握中央银行的性质与职能、中央银行的业务；

(6) 掌握商业银行的性质和职能；

(7) 掌握商业银行的主要种类；

(8) 了解现代商业银行管理的理论和方法。

金融中介机构是资金盈余者和资金不足者相互联系进而实现资金余缺调剂的桥梁或纽带，在金融活动中发挥着重要作用。在银行之外，证券公司、投资基金、养老基金等金融中介机构为什么蓬勃发展，银行的相对重要性为何在不同时期及不同国家表现为不同的特点，由此引出了对金融中介机构演变发展规律和融资效率的极大关注。本章主要讨论金融中介体系的结构、产生与发展的原因和趋势，中外金融中介体系的不同特点等。

第一节　金融机构体系的构成

一、金融中介体系概述

（一）金融中介体系的演变

在现代经济中，除极少数不发达国家外，世界上绝大多数国家和地区都已形成了比较复杂的金融中介体系，这个复杂体系的形成都经过了一个相当长的发展演进过程。早期金融中介机构的出现是与商品经济和对外贸易的发展联系在一起的，最早的金融中介机构便产生于商品经济和对外贸易比较发达的地区。最早的金融中介机构是商业银行，最早出现在中世纪的欧洲。

商业银行的前身是货币经营业，货币经营业主要是从事与货币（早期的货币是实物形态的铸币）流通有关的各种技术性业务，如货币的兑换和收付、往来账目的登记、货币的保管等。国际贸易中大量使用铸币带来了铸币兑换的问题。不同国家使用的铸币的单位、成色和品种不一样，还有一些人出于自利的目的，降低铸币的成色，削减铸币的质量，因而需要有人专门对贸易中的铸币进行鉴定、称量。早期从事货币鉴定和称量的人是专门从事铸币兑换的私人货币兑换商，他们的任务除了把不同的货币兑换为能为商人接受的货币外，还要把不同材质、不同规格的铸币转化为共同的价值单位。货币兑换业务最初由一些从事国际贸易的大商人兼为承担，但不久一些商人对商品贸易的兴趣下降，放弃了贸易业务，转而专门从事与铸币流通有关的各种技术性业务，如货币的兑换与收付、往来账户的登记和货币的保管等，这些商人后来成为汇票经纪人或银行家。

货币兑换业的形成还不能表明商业银行的出现，因为商业银行最重要、最基本的功能之一是提供信贷。在长期从事货币兑换和保管业务的过程中，货币经营商发现总有部分货币沉淀在手中，威尼斯和意大利其他几个城市的一些精明的商人尝试着将这些沉淀的货币贷出，贷款主要用于对国际贸易活动进行融资，从而导致了商业银行的正式形成。

（二）金融中介体系的发展趋势

商业银行的出现极大地促进了经济与贸易的发展。在这个过程中，金融的重要性日益突出，金融活动也日益复杂，金融业务的快速发展又使许多专业化的金融中介机构发展起来，如合作银行、储蓄银行、保险公司的建立和养老基金的形成以及投资银行的出现。金融中介体系在经济发展中的地位和作用越来越突出，以其巨大的力量影响着世界经济发展的进程。随着世界经济全球化和金融自由化的不断发展，各国金融体系的变迁虽然在表现形式和表现速度上存在诸多不同，但总体具有一些共性，呈现出业务多元化、机构大型化、市场层次化、工具多样化等结构变化的特点。具体表现在以下几个方面：

1. 金融业界限模糊化

20 世纪 70 年代以来，在金融自由化的冲击下，发达国家的金融行业开始以各种形式的金融创新摆脱约束，追求多样化的金融产品、“一站式”的金融服务，实现业务领域的不断扩大。1999年，美国取消了限制金融机构跨业经营的《格拉斯—斯蒂格尔法》，标志着全能银行动作在美国得到了推广。随着欧洲国家相继效仿、亚洲国家的借鉴，世界各国的金融机构呈现出金融业务多元化发展，金融机构行业界限越来越模糊，金融控股公司的成长，推动了金融产业结构的多元化变化趋势的进程。

2. 货币市场与资本市场的配合

资本市场主要满足长期性资金需求，货币市场在短期资金方面提供流动性，货币市场与资本市场是金融市场两种相互补充的制度安排，分担着不同的金融功能。随着货币市场的发展，货币市场除了提供流动性的最基本的功能之外，所具有的微观经济主体管理效率的功能和为政府宏观调控提供传导渠道的功能得到了关注。英国、美国等以金融市场为基础的发达国家通过实践，充分认识到高效的金融体系，有赖于发达的资本市场和工具种类齐全的货币市场的支持。货币市场与资本市场同等重要的趋势必将具有长期性，两者搭配的配合，决定着金融市场对金融体系的稳健作用。

3. 证券性金融资产不断攀升

随着金融市场的发展，金融资产证券化已成为必然趋势。从各国实践看，资产证券化在品种上经历了从住房抵押贷款证券化到汽车贷款、信用卡贷款、企业应收款以及资产支撑商业票据等非抵押债权资产证券化的过程。从范围看，经历了从美国、欧洲等国家的起步到韩国、日本、中国香港等亚洲地区的响应，无论是发达国家还是发展中国家、国内市场还是国际市场，资产证券化都迅速发展。在各国的金融资产结构中，证券性金融资产呈现不断攀升的趋势，具有广阔的发展空间。

4. 直接融资与间接融资协调发展

随着金融发展的深化，形成了直接融资与间接融资并存的融资结构形式，股权融资与债权融资也逐渐形成并存的局面。在信用体系不断拓展下，经济主体对于风险性和多元性投资的需求呈现上升趋势，信息透明度高的直接融资有利于提升资金配置效率，因而得到迅速发展。

5. 契约型储蓄机构和投资型中介机构的重要性日益凸显

发达国家最近三四十年各类金融中介机构持有总资产的结构变化明显，其显著特征是个人养老基金、州和地方政府退休基金、投资基金等呈现快速增长势头，并极大地改变了家庭金融资产分配的结构。在我国现阶段，虽然人们以储蓄存款、持有股票、债券、保单等方法保有其金融资产，但也出现了一些苗头，开放式的证券投资基金蓬勃发展，保险公司推出了投资连接保险的险种。

二、西方国家的金融中介体系

为适应高度发达的市场经济的要求，西方国家都各有一个庞大的金融中介体系。对其各类繁多、形式各异的金融中介机构，可粗略地概括为众多银行与非银行金融机构并存的格局。就银行体系而言，其设置形式和具体内容在西方国家不尽相同，但从整体银行体系的组成来看，主要分为中央银行、商业银行和各式各样的专业性、政策性银行四大类。其中，中央银行是金融机构体系的核心，商业银行是金融机构体系的主体。至于非银行金融机构，其构成则极为复杂，包括信托投资公司、保险公司、退休养老基金、投资基金、金融公司、租赁公司等。此外，随着经济全球化、金融全球化的发展，各国还普遍存在为数众多的外资及合资金融机构。

（一）银行体系

西方国家的银行体系包括中央银行、商业银行、专业银行和政策性银行四种类型。在现代金融中介机构体系中，中央银行是这个体系的核心，商业银行是主体和基础，专业银行及其他金融机构则起补充作用，它们相互协调、共同发展。

1. 中央银行

在现代金融中介体系中，中央银行和各种金融监管机构也包括在其中，但是中央银行是一国金融管理和调节的特殊金融机构，它不对一般客户和公众开办业务，而只与金融机构进行管理性业务往来，并执行货币政策，它实质上是政府的一个职能机构，处于金融体系的中心环节。

2. 商业银行

商业银行也称为普通银行、存款货币银行或存款银行。在金融机构体系中，商业银行以其机构数量多、业务渗透面广和资产总额比重大等优势居于重要地位，是西方各国银行体系中的骨干。从一般意义上讲，商业银行是以经营工商业存放款为主要业务，并提供多种金融服务的金融机构。近年来，随着西方各国对金融管制的放松，各国商业银行又纷纷涉足证券业务、投资银行业务、保险业务、外汇业务、租赁、信托业务等。

3. 专业性银行

在西方国家，专业银行是指专门经营指定范围内的业务和提供专门性金融服务的银行机构。它主要包括储蓄银行和不动产抵押银行。

（1）储蓄银行。储蓄银行是指专门办理居民储蓄，以储蓄存款为主要资金来源的银行。储蓄银行通过储蓄形式将社会各阶层的闲散资金汇集在一起，然后再以购买政府债券、公司债券或股票的形式进行投资，也可发放不动产抵押贷款。在西方国家，储蓄银行大多是专门设立的。为了保护小额储蓄者的利益，这些国家对储蓄银行一般都有专门的立法，限制通过吸收储蓄所筹集资金的投资领域。储蓄银行所汇集起来的储蓄存款余额较为稳定，所以主要用于长期投资，有些国家明文规定了必须投资于政府公债的比例。

（2）不动产抵押银行。不动产抵押银行，简称抵押银行，是指专门以不动产作为抵押，办理长期放款业务的银行。作为抵押品的不动产，一般为土地和房屋，但也收受股票、债券和黄金等作为贷款的抵押品。抵押银行的资金来源主要是通过发行不动产抵押债券筹集到的长期性资金。其长期借款业务主要有两类：一类是以土地为抵押的长期贷款，贷款对象是房屋或购买土地的农场主；另一类是以城市不动产为抵押的长期贷款，贷款对象是房屋所有者和建筑商。

4. 政策性银行

政策性银行一般是由政府设立，以贯彻国家产业政策、区域发展政策等为目标的金融机构。盈利目标居次要地位。政策性主要依靠财政拨款、发生政策性金融债券等方式获得资金，而且自有特定的服务领域，不与商业银行竞争。政策性银行一般不普遍设立分支机构，其业务通常由商业银行代理。政策性银行一般有三种类型：一是支持国家重点产业发展和新兴产业开发方面的金融机构；二是农业信贷方面的金融机构；三是外贸信贷方面的金融机构。

(二) 非银行金融中介体系

非银行金融中介体系在整个金融中介体系中是非常重要的组成部分，它的发展状况是衡量一国金融体系是否成熟的重要标志之一。这类金融机构主要包括保险公司、养老基金、投资信托类金融机构、投资银行、合作金融机构、金融租赁公司、财务公司。

1. 保险公司

保险公司是一种专门经营保险业务的非银行金融机构，在各国国民经济中发挥着越来越重要的作用。保险公司主要是依靠投保人缴纳保险费和发行人寿保险单筹集资金，对那些发生意外灾害和事故的投保人，予以经济补偿，是一种信用补偿方式。保险公司筹集的资金，除保留一部分以保证赔偿所需外，其余部分主要投向收入稳定的政策债券、企业债券和股票，以及发放不动产抵押贷款、保单贷款等。

保险业务的各类因划分标准不同，分类也不一样。按照保险标的不同，分为两大类：一是财产保险业务，具体包括财产损失险、责任保险、信用保险等业务；二是人身保险业务，具体包括人寿保险、健康保险、意外保险等业务。此外，按保险人是否承担全部责任，可分为保险和再保险；按保险经营的性质，可分为政策性保险和商业性保险；按保险实施方式，可分为自愿保险和强制保险等。

2. 投资银行

投资银行是经营长期投资的非银行金融机构。“投资银行”的名称，通用于欧洲大陆及美国等工业化国家，在英国称为“商人银行”，在日本称为“证券公司”。此外，与这种银行性质相同的还有其他各种各样的形式和名称，如长期信贷银行、开发银行、实业银行、金融公司、持股公司、投资公司等。投资银行的资金来源主要依靠发行自己的股票和债券来筹集，即便有些国家的投资银行被允许接受存款，也主要是定期存款。此外，它们也从其他银行取得贷款。

3. 养老基金

养老基金是西方国家首创，是实行福利制度的一个重要内容。这类机构是指雇主或雇员按期缴付工资的一定比例，在退休后，可取得一次付清或按月支付的退休养老金。养老基金的资金运用主要是投资于公司股票、债券，购买银行发行的贷款、不动产抵押贷款等。养老基金通常委托专门的金融机构，如银行、保险公司来管理动作。养老基金可以分为私人养老基金和公共养老基金。私人养老基金通常是由企业为其雇员设立的，养老金预付款由雇员和雇主共同分担，同时政府还给予某些税收上的减免。公共养老基金则包括各级政府为其雇员所设立的养老社会保障系统。

4. 投资信托类金融机构

投资信托类金融机构包括投资公司、信托投资公司和投资基金。它们通过发行股票、债券和受益凭证等来筹集资金，用来购买股票、公司债券、政府等各种有价证券，也可投资不动产和实业。信托投资公司凭借其在投资领域中的信息、经验，汇集中小投资的资金，进行组合投资，在使风险降至最低水平的同时，给中小投资者带来较高的、安全的收益。

5. 合作金融机构

合作金融是指个人筹资联合组成，以互助合作为主要宗旨的金融活动，由此建立的金融机构称为合作金融机构。信用合作社是最主要的合作金融机构。信用合作社是西方国家普遍存在的一种互助合作性的金融组织。有农村农民入股的信用合作社，有城市手工业者等特定范围成员入股的信用合作社。这类金融机构一般规模不大。它们的资金来源于合作社成员缴纳的股金和吸收存款，贷款主要用于解决其成员的资金需要。

6. 金融租赁公司

金融租赁也称为“融资租赁”，一般是指企业、公司（承租人）需要更新或添置设备时，不是以直接购买的方式投资，而是以付租的形式向出租人借用设备。经营这种租赁业务的出租人就是金融租赁公司。金融租赁公司的业务范围很广，涉及单机设备到消费品、工商业设施、办公用品等各个领域，租赁方式也有多种。

7. 金融公司

金融公司是以支持小企业或消费者贷款为主的金融机构。其资金来源主要是接受定期存款或出售债券、短期金融票据以及向银行借款。其资金运用主要是各中小企业发放贷款和向消费者发放消费贷款，常见的有汽车贷款、住房贷款和耐用消费品贷款。近年来，金融公司在发达国家显得异常活跃，有的还经营证券业务，如包销和代销证券；有的还兼营外汇业务，提供金融咨询和其他服务。

三、中国的金融中介体系

经过 40 年的改革开放，我国目前形成了以中国人民银行为领导，大型商业银行为主体，多种金融机构并存，分工协作的金融中介机构体系格局。

（一）中国人民银行

中国人民银行是我国的中央银行，是国务院领导下的负责制定和实施货币政策的国家机关。中国人民银行具有各国中央银行所具有的一般特征，是我国的货币发行的银行、银行的银行、政府的银行。它作为国务院组成部门，是制定和执行货币政策、维护金融稳定、提供金融服务的宏观调控部门。

（二）金融监管机构

金融监管机构是根据法律规定对金融体系进行监督管理的机构。其职责包括：①按照规定监督管理金融市场；②发布有关金融监督管理和业务的命令和规章；

③监督管理金融机构的合法合规运作等。我国实行分业监管体制，金融监管机构包括中国银行业监督管理委员会、中国保险监督委员会和中国证券监督管理委员会①。中国人民银行作为中央银行，也具有部分监管职责。

（三）商业银行

我国的商业银行体系由大型商业银行、中小型商业银行以及外资或中外合资的商业银行等构成。

1. 大型商业银行

我国有五家大型商业银行，即中国工商银行、中国农业银行、中国银行、中国建设银行和交通银行。目前无论在银行职员数量和分支机构网点数量上，还是在银行资产规模和金融市场占有份额上，大型商业银行均处于举足轻重的地位。随着中国农业银行“A+H”上市，大型商业银行相继完成产权制度改革，现代商业银行的经营管理理念得到践行，其现代公司治理机制初步建立，形成了股东大会、董事会、监事会和高级管理层相互制衡并协调运作的公司治理结构，大型商业银行的改革取得了突破性进展。

2. 中小型商业银行

1986 年后，我国在中国工商银行、中国农业银行、中国银行和中国建设银行之外，先后组建了一批股份制商业银行。招商银行（1987 年）、中信实业银行（现为中信银行）（1987 年）、深圳发展银行（现为平安银行）（1987 年）、福建兴业银行（1988 年）、广东发展银行（1988 年）、中国光大银行（1992 年）、华夏银行（1992 年）、上海浦东发展银行（1993 年）、中国民生银行（1996 年）等。在我国，对于银行大小的界定，一般以资产额为标准。中小商业银行是指中国工商银行、中国农业银行、中国银行、中国建设银行、交通银行五大国有商业银行以外的全国性商业银行、区域性股份制商业银行与城市商业银行、农村商业银行。

股份制商业银行在筹建之初，绝大多数是由中央政府、地方政府、国有企业集团或合作组织等出资创建，近几年先后实行了股份制改造，形成了全国性股份制商业银行与区域性股份制商业银行两大部分。全国性股份制商业银行是以股份制形式筹资建立，在全国各地设立分支机构开展银行业务活动的商业银行。区域性股份制商业银行是以股份制形式筹资建立在一定区域内设置分支机构开展银行业务活动的商业银行。近年来，随着金融改革的深化，区域性股份制商业银行的经营地界均已越出原来的指定范围，在全国大城市设置了经营性分支机构。

1998 年，从北京开始，陆续出现了以城市命名的商业银行，这些城市商业银行是由城市企业、居民和地方财政投资入股组成的地方性股份制商业银行，主要功能是为本地区的经济发展融通资金，重点为城市中小企业的发展提供金融服务。城市商业银行作为地方性商业银行，分支机构在该城市内设置，业务经营一般被严格限

① 2018 年在深化党和国家机构改革过程中，中国银行业监督管理委员会与中国保险监督委员会合二为一，成立中国银行保险监督管理委员会。

制在某个城市。随着经济城市化推进，许多城市商业银行的业务发展都跨越了区域界限，有的城市商业银行已经上市，如南京银行、宁波银行和北京银行等。

农村商业银行（Rural Commercial Bank）是由辖内农民、农村工商户、企业法人和其他经济组织共同入股组成的股份制的地方性金融机构。其前身是遍布全国、历史悠久的农村信用社。农商银行目前仍然是服务三农、支持乡村振兴和金融扶贫的主力军。近年来，农信社改制为农村商业银行，截至2016年年底，全国共有农村商业银行1 114家。大型的如重庆农商银行、北京农商银行都已经上市，还有一些地方农商银行也已经上市，如常熟农商银行和无锡农商银行。

3. 外资银行

随着对外开放的深入，我国开始引进外资金融机构（包括外资独资、中外合资），经过20多年的发展，在华外资金融机构的数量和业务规模不断扩大，已成为为中国金融体系的重要组成部分。

我国对外资金融机构的引进主要采取三种形式：一是允许其在我国设立代表机构，三是允许其设立业务分支机构，三是允许其与我国金融机构设立中外合资金融机构。截至2012年年底，46个国家和地区的196家银行在华设立了284家代表处。15个国家和地区的银行在华设立了28家外商独资银行（下设分行186家）、2家合资银行（下设分行17家，附属机构3家）、外商独资财务公司2家；另有25个国家和地区的75家外国银行在华设立了116家分行。

（四）政策性银行

1994年，我国相继建立了国家开发银行、中国进出口银行、中国农业发展银行三家政策银行。其资金主要来源于财政拨付、原来的各专业银行划出的资本金以及发行金融债券。

国家开发银行的主要任务是：筹资和引导境内外资金，向国家基础设施、基础产业和支柱产业的大中型基本建设和技术改造等政策项目及配套工程发放贷款，从资金来源上对固定资产投资总量进行控制和调节，优化投资结构，提高投资效率。

中国进出口银行的主要任务是：执行国家产业政策和外贸政策，为扩大机电产品和成套设备等资本性货物出口提供政策性金融支持。

中国农业发展银行的主要任务是：以国家信用为基础，筹集农业政策性信贷资金，承担国家规定的农业政策性金融服务，代理财政性支农资金的拨付，为农业和农村经济发展服务。

（五）农村信用社

农村信用社（Rural Credit Cooperatives，农村信用合作社、农信社）是指经监管部门批准设立、由社员入股组成、实行民主管理、主要为社员提供金融服务的农村合作金融机构。农村信用社是独立的企业法人，以其全部资产对农村信用社债务承担责任，依法享有民事权利。其财产、合法权益和依法开展的业务活动受国家法律保护。其主要任务是筹集农村闲散资金，为农业、农民和农村经济发展提供金融服务。按照现行法律规定，农村信用合作社办理存款、贷款和结算等业务，适用《中华人民共和国商业银行法》。

1. 2003年以前的农村信用社

新中国成立以来我国农村信用社经历了从人民公社、生产大队管理，到中下贫农管理，又到农业银行管理的多次改革。中国农业银行在1979年恢复后，农村信用社成为其下设机构。1984年，国务院审批了中国农业银行的《关于改革信用合作社管理体制的报告》，这次改革强调农村信用社的“三性”，即组织上的合作性、管理上的民主性和经营上的灵活性。但恢复“三性”改革并没有取得显著效果，农村信用社的经营还是按照自上而下的指令式计划进行。1993年国务院下发了《国务院关于金融体制改革的决定》，1994年农业银行、农村信用社开始各自独立办公；1996年国务院出台的《关于农村金融体制改革的决定》，标志着农村信用社完成了与中国农业银行的正式脱钩，并开始由中国人民银行托管。

2. 2003年以后的农村信用社

2003年6月27日，国务院下发了《深化农村信用社改革试点方案》，再次启动了农村信用的新一轮改革，试点工作在浙江等8个省进行。该方案主要有两方面的内容，即改革农村信用社产权制度、改革农村信用社管理体制以及国家帮扶信用社。以法人为单位的产权制度改革是改革工作的重点，各试点省（区、市）农村信用社按照“因地制宜，分类指导”的原则，分别进行了组建农村商业银行、农村合作银行的试点。2004年8月底，将试点地区进一步扩大到了21个省、市、自治区。2007年8月，随着最后一家省级合作社的正式挂牌，我国新的农村信用社经营管理体制框架已经在全国范围内建立起来。这次改革在产权和管理权方面有很大的突破。首先是强调信用社的商业化、市场化，其次是将信用社的管理权下放给了省级政府。

（六）非银行金融机构

1. 国内主要非银行金融机构

我国的非银行金融机构主要有保险公司、证券公司、信托投资公司、金融资产管理公司、财务公司、汽车金融公司、小额贷款公司等。

1979年4月中国人民保险公司成立，恢复了保险业务，在全国各地建立分支机构。特别是近年来，保险业迅速发展，基本形成了以中国人民保险公司为主体、多种保险形式并存、多家保险公司竞争和共同发展的保险机构体系，并成为金融业最具活力、发展最快的行业。

保险公司的业务范围分为两大类：一是财产保险业务，主要包括财产损失险、责任险、信用保险等业务；二是人身保险业务，包括人寿保险、健康保险、意外伤害险等业务。

我国证券公司分为两类：综合类证券公司和经纪类证券公司。综合类证券公司注册资本金要求至少5亿元人民币，可以经营证券经纪业务、证券自营业务、证券承销业务和证券监管机构核定的其他业务。经纪类证券公司的注册资本金要求5 000万元人民币以上，主要办理经纪业务。1990年11月26日，经中国人民银行批准，我国第一家证券交易所——上海证券交易所正式成立；1991年7月，深圳证券交易所正式成立。

信托投资公司是一种以受托人的身份代人理财的金融机构。大多数的信托投资公司是以经营资金和财产委托、代理财产保管、金融租赁、经济咨询、证券发生及投资行为的主要业务。1979 年 10 月，新中国成立以后第一家信托投资机构——中国国际信托投资公司成立，此后，金融信托业在全国范围内快速发展起来。

金融资产管理公司是指经国务院决定设立的收购国有银行不良贷款，管理和处置因收购国有银行不良贷款形成的资产的国有独资非银行金融机构。组建金融资产管理公司是中国金融体制改革的一项重要举措，对于依法处置国有商业银行的不良资产，防范和化解金融风险，促进国有企业扭亏脱困和改制发展，以及实现国有经济的战备重组具有重要的意义。1999 年我国相继成立了信达、华融、东方、长城四家金融资产管理公司，分别负责管理和处置中国建设银行、中国工商银行、中国银行、中国农业银行四家国有商业银行的不良资产。

财务公司是指加强企业集团资金集中管理和提高企业集团资金使用效率为目的，为企业集团成员单位提供财务管理服务的非银行金融机构。财务公司是金融业与工商企业相互结合的产物。财务公司在业务上接受中国人民银行领导、管理、监督与稽核，在行政隶属于各企业集团，是实行自主经营、自负盈亏的独立法人。

汽车金融公司是指经中国银行业监督管理委员会批准设立的，为中国境内的汽车购买者及销售者提供金融服务的非银行金融机构。

小额贷款公司是由自然人、企业法人与其他社会组织投资设立，不吸收公众存款，经营小额贷款业务的有限责任公司或股份有限公司。小额贷款公司在国家金融方针和政策，在法律、法规规定的范围之内，自主经营，自负盈亏，自我约束，自担风险，其合法的经营活动受法律保护，不受任何单位和个人的干涉。

2. 影子银行

影子银行（The Shadow Banking System）的概念始于美国太平洋投资管理公司（PIMCO）的麦卡利，指的是“有银行之实、无银行之名”的金融机构，又称为平行银行系统（The Parallel Banking System），包括投资银行、对冲基金、货币市场基金、债券、保险公司、结构性投资工具（SIV）等非银行金融机构。影子银行是美国次贷危机爆发之后所出现的一个重要金融学概念，它是通过银行贷款证券化进行信用无限扩张的一种方式。这种方式的核心是把传统的银行信贷关系演变为隐藏在证券化中的信贷关系。这种信贷关系看上去像传统银行但仅是行使传统银行的功能而没有传统银行的组织机构，即类似一个影子银行体系存在。

国外所指影子银行的口径定义宽泛程度不一，如金融稳定委员会（FSB）较宽泛地限定影子银行为“非传统银行类信用中介”，包含直接从事信用发放或通过银行表内外交易来发挥信用中介功能的机构和业务，欧盟委员会根据机构类别区别影子银行范畴，包括期限/流动性转移业务的特殊机构（如证券化工具）、存款性投资基金、提供信用杠杆的投资基金、提供信用担保或进行期限/流动性转移业务的金融机构、发行或为信用产品提供担保的保险公司及再保险公司等。由于各国金融结构金融市场发展阶段和金融监管环境的不同，影子银行的形式也各不相同。美国的影子银行体系主要包括货币市场基金等投资基金、投资银行等围绕证券化进行风险分散和加大杠杆等展开的信用中介体系，欧洲的影子银行体系则主要包括对冲基金等投资基金和证券化交易活动。

一般而言，严格意义上的影子银行应该具有以下特征：①影子银行通常都由非银行金融机构主导，普通意义上的商业银行一般都不在主导机构之列；②影子银行的主要业务内容往往都以证券化活动为核心；③具有较高的杠杆率；④依靠批发手段融资，如发行资产支持债券（ABS）或资产支持商业票据（ABCP）；⑤购买影子银行产品的投资者以机构投资者为主体。

在欧美发达国家影子银行体系中占据主导地位的机构在中国的金融中介体系中尚不广泛存在。国内金融理论与实务界对影子银行的界定主要包括如下四个口径：①最窄口径仅包括银行理财业务和信托公司；②较窄口径包括银行理财业务和信托公司、财务公司、汽车金融公司、金融租赁公司、消费金融公司等非银行金融机构；③较宽口径包括较窄口径、银行同业业务、委托贷款等表外业务、融资担保公司、小额贷款公司和典当行等非银行金融机构；④最宽口径包括较宽口径和民间借贷。

中国社会科学院金融所的一项研究指出中国影子银行规模已经超过了 GDP 的 40%，中国影子银行的规模引起了监管部门对其风险的担心。2014 年 3 月，《国务院办公厅关于加强影子银行监管有关问题的通知》将影子银行分为三类：一是不持有金融牌照、完全无监管的信用中介机构，包括新型网络金融公司、第三方理财机构等；二是不持有金融牌照、存在监管不足的信用中介机构，包括融资性担保公司、小额贷款公司等；三是机构持有金融牌照但存在监管不足或规避监管的业务，包括货币市场基金、资产证券化、部分理财业务等。该通知认为当前我国影子银行风险总体可控，但 2008 年国际金融危机表明影子银行风险具有复杂性、隐蔽性、脆弱性、突发性和传染性，容易诱发系统性风险。要认真汲取国际金融危机的深刻教训，进一步增强大局意识和忧患意识，坚持一手促进金融发展、金融创新，一手加强金融监管、防范金融风险，落实责任，加强协调，疏堵结合，趋利避害。在发挥影子银行的积极作用的同时，将其负面影响和风险降到最低。

（七）新型农村金融机构

新型农村金融机构是指 2006 年中国银行业监督管理委员会发布《关于调整放宽农村地区银行业金融机构准入政策，更好地支持社会主义新农村建设的意见》后，按有关规定在农村地区设立的村镇银行、贷款公司和资金互助社。

1. 村镇银行

根据中国银行业监督管理委员会发布的《村镇银行管理暂行规定》，村镇银行是指经中国银行业监督管理委员会依据有关法律、法规批准，由境内外金融机构、境内非金融机构企业法人、境内自然人出资，在农村地区设立的主要为当地农民、农业和农村经济发展提供金融服务的银行业金融机构。2007 年 2 月 8 日，中国首家村镇银行——四川仪陇惠民村镇银行有限责任公司获南充银监分局批准开业，自此，一类崭新的农村银行业金融机构在我国正式诞生。截至2012年年底，经银监部门批准设立的村镇银行数量达到了1 433家。2013年5月，中国银行业监督管理委员会出台《关于鼓励和引导民间资本进入银行业的实施意见》，支持民营企业参与村镇银行发起设立或增资扩股，将村镇银行主发起行最低持股比例由20%降低为15%。出于防范风险及保护存款人利益等因素考虑，中国银行业监督管理委员会要求“银行业金融机构作为村镇银行主发起人”，确保村镇银行股东具备持续履行义务、防范经营风险的能力。村镇银行发放贷款坚持小额、分散的原则，提高贷款覆盖面，防止贷款过度集中。村镇银行对同一借款人的贷款余额不得超过资本净额的5%；对单一集团企业客户的授信余额不得超过资本净额的10%。

2. 贷款公司

贷款公司是指经中国银行业监督管理委员会依据有关法律、法规批准，由境内商业银行或农村合作银行在农村地区设立的专门为县域农民、农业和农村经济发展提供贷款服务的非银行业金融机构，它是境内商业银行和农村合作银行在农村地区设立的专营贷款业务的全资子公司。

3. 农村资金互助社

根据《农村资金互助社管理暂行规定》，农村资金互助社是指经银行业监督管理机构批准，由乡（镇）、行政村农民和农村小企业自愿入股组成，为社员提供存款、贷款、结算等业务的社区互助性银行业金融机构。农村资金互助社的成立起到了与现有农村金融机构互补作用，建立多层次资金融通体制，满足农户多层次融资需求。农村资金互助社是建立在农村的熟人社区内，能有效地利用解决农村信贷市场由于信息不对称导致的经营成本高和风险的问题。

第二节　中央银行

一、中央银行的产生与发展

（一）中央银行产生的客观基础

中央银行的产生有两个基本前提：一是商品经济的发展比较成熟，二是金融业的发展对此有客观需求。在银行业发展的初期，并没有中央银行，随着商品生产和流通的发展，市场不断扩大，银行业的竞争也日趋激烈。在这一背景下，建立中央银行的必要性逐渐凸显出来。于是，在一些商品经济较为发达的国家，一些原本是商业银行的金融机构开始承担中央银行的职能，并逐步向中央银行转化。

1. 统一货币发行的需要

现代银行业最早出现在中世纪的欧洲，当时的银行除了从事传统的货币兑换、保管和汇总业务外，还涉及与工商贸易相关的贷款业务。但是早期分散发行银行券带来了许多问题：一是随着银行数量的不断增加和竞争加剧，一些银行因经营不善而倒闭无法保证银行兑换，使银行券持有人蒙受损失，引发信用危机；二是经济发展、商品流通范围的扩大需要在更大范围内流通的银行券，中小银行发行的银行券只在较小范围流通，与蓬勃发展的社会化大生产不适应，给商品流通带来困难；三是银行业发展过程中难免出现一些恶意欺诈的经营者，扰乱了银行券的发行和兑换；四是从经济发展来看，银行券的发行突破了金属货币的束缚，有利于扩大银行信用，但随之而来的问题是，如果银行提供的信用货币超过了客观需要，会造成银行券贬值，影响经济发展甚至引发社会危机。为了保证银行券币值稳定和流通顺畅，客观上要求银行券发行权走向集中统一，由资金雄厚、有权威和信誉好的大银行发行能够在全社会流通的银行券。于是，国家以法律限制或取消一般银行的发行权，将信用货币的发行权集中到一家大银行统一管理。

2. 票据清算的需要

在商业银行发展初期，银行间的往来与票据结算往往单独进行，没有统一的清算系统，结算效率低下。随着经济发展与市场交易扩大，银行机构数量增多，业务扩张，银行之间往来频繁，需要处理的票据日益增多，清算任务越来越重，不仅异地结算矛盾突出，同城结算也很麻烦。银行间日益复杂的债权债务关系若不及时清算会影响货币流通和商品周转，因此客观上需要一个权威公正的机构统一协调处理银行间票据交换与清算。

3. 稳定信用体系的需要

银行券的发行权利被大银行统一后，商业银行的负债来源只有靠吸收存款。随着近代经济的快速发展，企业对银行贷款的需要不断增长，银行仅靠吸纳存款已难以满足经济发展对贷款的需求，银行为了扩大信用规模、获得更多利润，往往采取降低准备金的方式过多放款，结果削弱了自身的清偿能力，甚至出现因支付能力不足而引发挤兑或破产。因此，客观上需要一家权威机构适当集中各家商业银行的一部分现金，以保证商业银行的清偿能力，或在某一商业银行发生支付困难时给予一定的支持，充当银行体系的最后融资人，以此来减少流动性风险与清偿危机对银行信用体系的冲击。

4. 金融宏观调控与监管的需要

现代经济是货币信用经济，货币信用的运行状况对国民经济的稳定与发展有至关重要的影响，因而对货币信用的调控也成为政府宏观调控的主要内容。通过制定和实施货币政策，对经济运行进行干预和调节，是中央银行的主要职责。同时，银行业经营竞争激烈，银行的破产倒闭会给经济造成极大的震动和破坏。为了建立公平、效率和稳定的银行经营秩序、尽可能避免和减少银行的破坏和倒闭，政策需要对金融业进行监管管理。

（二）中央银行制度的历史演进

中央银行的产生和发展经过了一个漫长的过程，最早设立的中央银行是瑞典银行，它原是在1656年由私人创办的欧洲第一家发行银行券的银行，于1668年由政府出面改组为国家银行，对国会负责，便直到1897年才独占发行权，开始履行中央银行职责，成为真正的中央银行。其次是 1694 年成立的英格兰银行，它虽然晚于瑞典银行成立，但被公认为近代中央银行的鼻祖。

英格兰银行在成立时也是私人银行，并且是按股份的方式组建的，它是世界上最早的私人股份银行。英格兰银行虽然在成立之初是私人股份银行，但一开始就与政府有密切联系，它是国王特准的唯一一个由英国议会批准设立的银行，因此，为政府筹资、接受政府存款和向政府提供贷款是该行成立之初最主要的业务。1833 年，英国议会通过了一项法案，规定只有英格兰银行发行的银行券具有无限清偿的资格，这是英格兰银行成为中央银行决定性的一步，1844 年，由时任英国首相皮埃尔主持拟定，英国议会通过了《英格兰银行条例》，亦称《皮尔条例》。该条例给英格兰银行更大的特权，增加了没有金银准备作保证的银行券发行限额，同时限制减少其他银行的银行券发行量。到 1854 年，英格兰银行基本取得了清算银行的地位，成为英国银行业票据交换和清算中心。到 1928 年，英格兰银行成为英国唯一的发行银行。英国作为早期的资本主义国家，其经济发展的领先地位和英格兰银行的成功运作成为众多国家学习和仿效的榜样，在中央银行制度的初建阶段，世界上约有 29 家中央银行先后相继成立。

第一次世界大战结束后，许多国家经济与金融发行了剧烈波动。面对世界性金融危机和当时严重的通货膨胀，1920 年在比利时首都布鲁塞尔召开的国际经济会议上，提出了中央银行为稳定币值应对政府保持独立性，减少政府控制，执行稳定的金融政策，同时，提出了在世界各国普遍建立中央银行制度的必要性。1922 年在瑞士日内瓦召开的国际经济会议上，又重申和强调了布鲁塞尔会议形成的决议，并且再次建议尚未建立中央银行的国家尽快建立中央银行，以共同维持国际货币体系和经济的稳定。由此推动了中央银行产生与发展的又一次高潮。

从第一次世界大战开始到第二次世界大战结束的 30 多年，世界各国的政治结构和国家间的版图划分有很大的变化，一些新的国家走向独立，也有一些国家联合为一体，因此中央银行的建立与重组亦随之变动较大。由于几十年的战争不断，许多国家的经济发展也出现了停滞局面，经济金融秩序出现混乱。第二次世界大战结束后，为了恢复经济发展，稳定经济金融秩序，各国都对中央银行加强了控制，与此同时，中央银行的权力与责任也大在加强了。从 1944 年国际社会建立布雷顿森林体系到 20 世纪 70 年代该体系解体的近 30 年，中央银行制度的发展主要表现在两方面：一是欧美国家中央银行以国有化为主要内容的改组和加强；二是亚洲、非洲等新独立的国家普遍设立中央银行。

二、中央银行的性质与职能

（一）中央银行的性质

中央银行的性质是指中央银行自身所具有的特有属性，这是由其在国民经济中的地位所决定的，并随着中央银行制度的发展而不断变化。总的来说，中央银行的性质可以从以下几个方面来分析：

1. 中央银行是特殊的金融机构

中央银行的业务活动与普通金融机构有所不同，主要表现在：一是其业务对象仅限于政府和金融机构，不是一般的工商客户和居民个人；二是享有政府赋予的一系列特有的业务权利，如发行货币、代理国库、保管存款准备金、制定金融政策等；三是与政策有特殊关系，中央银行既要与政府保持协调又要有一定的独立性，可独立地制定和执行货币政策，实现稳定的货币政策目标。

2. 中央银行是保障金融稳健运行、调控宏观经济的工具

中央银行通过改变基础货币的供应量，保障社会总需求和总供给在一定程度上的平衡；承担着监督管理普遍金融机构和金融市场的重要使命，保障金融体系稳健运行；中央银行是最后贷款者，它通过变动存款准备金率和贴现率对商业银行和其他信用机构进行贷款规模和结构的调节，间接地调节社会经济活动。

3. 中央银行是国家最高的金融决策机构和金融管理机构，具有国家机关的性质

中央银行通过国家特殊授权，承担着监督管理普通金融机构和金融市场的重要使命。同时，由于中央银行处于整个社会资金运动的中心环节，是国民经济运行的枢纽，是货币供给的提供者和信用活动的调节者，因此，中央银行对金融业的监督管理和对货币、信用的调控对宏观经济运行具有直接的重要影响。由此，中央银行又是宏观经济运行的调控中心。作为国家管理金融业和调控宏观经济的重要部门，中央银行自然具有一定的国家机关性质，负有重要的公共责任。中央银行具有国家机关的性质，但与一般的行政机关又有很大的不同：

（1）中央银行履行其职责主要是通过特定金融业务进行的，对金融和经济的管理调控基本上是采取经济手段，如调整利率和准备金率、公开市场上买卖有价证券等，这些手段的运用更多地具有银行业务操作的特征，这与主要依靠行政手段进行管理的国家机关有明显不同。

（2）中央银行对宏观经济的调控是分层次实现的，即通过货币政策工具操作影响金融机构的行为和金融市场运作，然后再通过金融机构和金融市场影响到各经济部门，其作用比较平缓，市场回旋空间较大，这与一般国家机关的行政决定直接作用于各微观主体而又缺乏弹性有明显的不同。

（3）中央银行在政策制定上有一定的独立性。

（二）中央银行的职能

中央银行的职能，一般被概括为发行的银行、银行的银行和政府的银行三个方面。

1. 中央银行是发行的银行

中央银行是发行的银行，是指国家赋予中央银行集中与垄断货币发行的特权，是国家唯一的货币发行机构（在有些国家，硬辅币的铸造与发行由财政部门负责）。中央银行集中与垄断货币发行权是其自身之所以成为中央银行最基本、最重要的标志，也是中央银行发挥其全部职能的基础。

中央银行垄断货币发行权是统一货币发行与流通和稳定货币币值的基本保证。

在信用货币流通情况下，中央银行凭借国家授权以国家信用为基础而成为垄断的货币发行机构，中央银行按照发展的客观需要和货币流通及其管理的要求发行货币，在发行现钞、供给货币的同时，必须发行保持货币币值稳定的重要职责，这是社会经济正常运行与发展的一个基本条件。

2. 中央银行是银行的银行

中央银行是银行的银行，是指：①中央银行的业务对象不是一般企业和个人，而是商业银行和其他金融机构及特定的政府部门；②中央银行与其业务对象之间的业务往来仍具有银行固有的办理“存、贷、汇”业务特征；③中央银行为商业银行和其他金融机构提供支持、服务，同时也是商业银行和其他金融机构的管理者。银行的银行这一职能，最能体现中央银行是特殊金融机构的性质，也是中央银行作为金融体系核心的基本条件。中央银行作为银行的银行，具体表现在以下三个主要方面：

（1）集中存款准备金。为了保证存款机构的清偿能力，也为了有利于中央银行调节信用规模和控制货币供应量，各国的银行法律一般都要求存款机构必须对其存款保留一定比率的准备金，即法定准备金。这些准备金（包括一部分超额准备金）除一小部分可以库存现金的形式持有外，大部分要交由中央银行保管，即各存款机构在中央银行开立准备金账户，存入准备金。

（2）组织全国范围的资金清算。由于各存款机构都在中央银行设有准备金账户，中央银行就可以通过借记或贷记它们的准备金账户来完成各存款机构之间的款项支付。通常，同城或同地区银行间的资金清算，主要通过票据交换所进行。票据交换所，在有些国家是由各银行联合开办的，在有些国家则由中央银行直接主办。但无论哪种，票据交换的应收应付最后都通过中央银行集中清算交换的差额。对于异地银行间资金划拨，都由中央银行统一办理。

（3）充当最后贷款人。当某一金融机构面临资金困难，而别的金融机构又无力或不愿对其提供援助时，中央银行将扮演最后贷款人的角色。在传统上，中央银行对商业银行贷款主要以再贴现方式进行。此外，在某些情况下再抵押或直接取得贷款也是商业银行从中央银行融资的形式。

3. 中央银行是政府的银行

中央银行是政府的银行是指：①中央银行根据法律授权制定和实施货币政策，对金融业实施监督管理，负有保持货币币值稳定和保障金融业稳健运行的责任；②中央银行代表国家政府参加国际金融组织，签订国际金融协定，参与国际金融事务与活动；③中央银行为政府代理国库，办理政府所需要的银行业务，提供各种金融服务。

中央银行具有政府的银行的职能，主要表现在以下几个方面：

（1）代理国库。国家财政收支一般不另设经办具体业务，而是由中央银行代理。

（2）代理政府债券的发行。

（3）为政府融通资金，提供特定的信贷支持。

（4）为国家持有和经营管理包括外汇、黄金和其他资产形式的国际储备。

（5）代表政府参加国际金融组织和各项国际金融活动。

（6）制定和实施货币政策。

（7）对金融业实施监督管理，维护金融稳定。

（8）为政府提供经济金融情报和决策建议，向社会公众发布经济金融信息。

三、中央银行的业务

一般而言，根据银行资产负债表所反映的资金运动关系，银行业务可以分为负债业务、资产业务和其他业务，中央银行虽然是一个特殊的银行，但其资金运动仍不失这种关系。所以，中央银行的业务仍然可以分为负债业务、资产业务和其他业务。中央银行的负债是指社会集团和个人在一定时点上持有的对中央银行的债权。中央银行的资产是指中央银行在一定时点上所拥有的各种债权。中央银行的性质和职能决定了中央银行的业务不是为了追求盈利，而是为了调节金融，借以实现对金融活动的管理。

（一）中央银行的负债业务

1. 货币发行业务

货币发行是中央银行的职能之一，也是中央银行的主要负债业务。货币发行业务是指中央银行向流通领域投放货币的活动，中央银行所发行的货币主要是中央银行券，即信用货币，此外还有一小部分现钞和用作辅币的金属铸币。无论是哪一种货币都是一种债务凭证。所以，中央银行银行券的发行构成了中央银行的一项重要负债。通过这项业务，中央银行既为商品流通和交换提供流通手段和支付手段，也相应筹集了社会资金，以满足中央银行履行其各项职能的需要。

2. 存款业务

中央银行存款业务完全不同于商业银行和其他金融机构的存款业务。中央银行的存款主要来自以下几个方面：一是来自商业银行缴纳的存款准备金，这是最大的存款项目。该存款包括法定准备金存款和超额准备金存款。二是来自政府和公共部门的存款，政府和公共部门在中央银行存款包括两部分，即财政金库存款、政府和公共部门经费存款。三是来自外国存款。这项存款属于外国中央银行或属于外国政府，它们持有这些债权构成本国的外汇，随时可以用于贸易结算和清算债务。

（二）中央银行的资产业务

中央银行的资产业务，是指中央银行运用货币资金的业务。资产业务是中央银行发挥自身职能的重要手段。一般来说，主要有以下几项：

1. 贷款业务

在中央银行的资产负债表中，贷款是一个大项目，它充分体现了中央银行作为“最后贷款人”的职能作用。

中央银行的贷款业务主要有以下几类：①对商业银行的放款。这是最主要的种类，一般是短期贷款，采用政府证券或商业票据为担保的抵押贷款。②对财政部的放款，包括对财政部的正常借款，对财政部的透支、证券投资性放款（即在二级市场上购买公债）。③其他放款。其中包括中央银行对外国银行和国际性金融机构的贷款以及国内工商业少量的直接贷款等。

2. 再贴现业务

再贴现是指商业银行为弥补营运资金不足，将由贴现取得的未到期的商业票据提交中央银行，请示中央银行以一定的贴现率对商业票据进行二次买进的经济行为。中央银行再贴现是解决商业银行短期资金不足的重要手段，同时也是中央银行实施货币政策的重要工具之一。中央银行是通过对再贴现率的调节，来影响商业银行借入资金的成本，刺激或抑制资金需求，实现对货币供应量的控制和调节。因此，再贴现率对市场利率影响较大。

3. 证券买卖业务

中央银行买卖证券一般都是通过公开市场业务进行的，主要买卖证券种类有国家债券，包括国库券和公债券，其中尤其以国库券为主。中央银行买卖证券，一是可以调节和控制货币供应量，进而对整个宏观经济产生积极的影响；二是通过对证券买卖的公开市场业务与存款准备金率和再贴现率这两大政策工具的配合使用，可以抵消或避免后两种效果猛烈的货币政策工具对经济、金融产生的震动性影响。

4. 保管金银、外汇储备

保管金银、外汇储备是中央银行的基本职责之一，也是中央银行主要的资产业务。各国中央银行在保管黄金外汇储备时，必须从安全性、收益性和可兑换性这三个方面考虑其构成比例问题。其中的灵活兑现性最为重要。黄金的灵活兑现性不够强，且收益低，而外汇资产具有汇率风险，因此各国的普遍做法是努力实现外汇资产的多样化，以争取分散风险，增加收益，同时获得最灵活兑现性。

（三）中央银行的其他业务

1. 资金清算业务

作为银行的银行，各商业银行等其他金融机构中央银行开立账户，它们之间的资金往来和债权债务关系自然就要由中央银行来办理。所谓清算，即指一定经济行为所引起的货币关系的计算和结清，亦称结算。清算又分现金清算和转账清算。现金清算是指直接用现金进行支付清算，转账清算是指收付双方通过银行账户将款项从付款人账户划到收款人账户的货币支付行为。

中央银行的资金清算业务大体分为三类：一是集中票据交换。一般是由中央银行组织票据交换所，各商业银行持本行应付票据参加交换。二是清算交换的差额。各商业银行之间应收应付款的差额，利用其在中央银行的存款账户划转。三是组织异地之间的资金转移。

2. 经理国库业务

“国库”是“国家金库”的简称，是专门负责办理国家预算资金的收纳和支出的机关。中央银行经理国库业务，是指国家委托中央银行经营和办理国家预算开支的保管和出纳工作。中央银行经理国库业务是其履行政府职能的具体体现。

四、中国的中央银行制度

中国人民银行的历史，可以追溯到第二次国内革命战争时期。1931 年 11 月 7 日，在江西瑞金召开的全国苏维埃第一次代表大会上，通过决议成立中共苏维埃共和国国家银行（简称苏维埃国家银行），并发行货币。从土地革命到抗日战争时期一直到中华人民共和国诞生前夕，人民政权被分割成彼此不能连接的区域，各根据地建立了相对独立、分散管理的根据地银行，并各自发行在本根据地内流通的货币。1948 年 12 月 1 日，以华北银行为基础，合并北海银行、西北农民银行，在河北省石家庄市组建了中国人民银行，并发行人民币，成为中华人民共和国成立后的中央银行和法定本位币。中国人民银行成立至今的五十多年，特别是改革开放以来，在体制、职能、地位、作用等方面，都发生了巨大而深刻的变革。

（一）中国人民银行的创建与国家银行体系的建立（1948—1952 年）

1948 年 12 月 1 日，中国人民银行在河北省石家庄市宣布成立。华北人民政府当天发出布告，由中国人民银行发行的人民币在华北、华东、西北三区的统一流通，所有公私款项收付及一切交易，均以人民币为本位货币。1949 年 2 月，中国人民银行由石家庄市迁入北平。1949 年 9 月，中国人民政治协商会议通过《中华人民共和国中央人民政府组织法》，把中国人民银行纳入政务院的直属单位系列，接受财政经济委员会指导，与财政部保持密切联系，赋予其国家银行职能，承担发行国家货币、经理国家金库、管理国家金融、稳定金融市场、支持经济恢复和国家重建的任务。在国民经济恢复时期，中国人民银行在中央人民政府的统一领导下，着手建立统一的国家银行体系：一是建立独立统一的货币体系，使人民币成为境内流通的本位币，与各经济部门协同治理通货膨胀；二是迅速普建分支机构，形成国家银行体系，接管官僚资本银行，整顿私营金融业；三是实行金融管理，疏导游资，打击金银外币黑市，取消在华外商银行的特权，禁止外国货币流通，统一管理外汇；四是开展存款、放款、汇兑和外汇业务，促进城乡物资交流，为迎接经济建设做准备。到 1952 年国民经济恢复时期终结时，中国人民银行作为人民共和国的国家银行，建立了全国垂直领导的组织机构体系；统一了人民币发行，逐步收兑了解放区发行的货币，全部清除并限期兑换了国民党政府发行的货币，很快使人民币成为全国统一的货币；对各类金融机构实行了统一管理。中国人民银行充分运用货币发行和货币政策，实行现金管理，开展“收存款、建金库、灵活调拨”，运用折实储蓄和存放款利率等手段调控市场货币供求，扭转了新中国成立初期金融市场混乱的状况，终于制止了国民党政府遗留下来的长达 20 年之久的恶性通货膨胀。同时，按照“公私兼顾、劳资两利、城乡互助、内外交流”的政策，配合工商业的调整，灵活调度资金，支持了国营经济的快速成长，适度地增加了对私营经济和个体经济的贷款；便利了城乡物资交流，为人民币币值的稳定和国民经济的恢复与发展做出了重大贡献。

（二）计划经济体制时期的国家银行（1953—1978 年）

在统一的计划体制中，自上而下的人民银行体制，成为国家吸收、动员、集中和分配信贷资金的基本手段。随着社会主义改造的加快，私营金融业纳入了公私合营银行轨道，形成了集中统一的金融体制，中国人民银行作为国家金融管理和货币发行的机构，既是管理金融的国家机关又是全面经营银行业务的国家银行。与高度集中的银行体制相适应，从 1953 年开始建立了集中统一的综合信贷计划管理体制。即全国的信贷资金，不论是资金来源还是资金运用，都由中国人民银行总行统一掌握，实行“统存统贷”的管理办法，银行信贷计划纳入国家经济计划，成为国家管理经济的重要手段。高度集中的国家银行体制，为大规模的经济建设进行全面的金融监督和服务。中国人民银行担负着组织和调节货币流通的职能，统一经营各项信贷业务，在国家计划实施中具有综合反映和货币监督功能。银行对国有企业提供超定额流动资金贷款、季节性贷款和少量的大修理贷款，对城乡集体经济、个体经济和私营经济提供部分生产流动资金贷款，对农村中的贫困农民提供生产贷款、口粮贷款和其他生活贷款。这种长期资金归财政、短期资金归银行，无偿资金归财政、有偿资金归银行，定额资金归财政、超定额资金归银行的体制，一直延续到 1978 年，期间虽有几次变动，基本格局变化不大。

（三）从国家银行过渡到中央银行体制（1979—1992 年）

1979 年 1 月，为了加强对农村经济的扶植，恢复了中国农业银行。同年 3 月，为适应对外开放和国际金融业务发展的新形势，改革了中国银行的体制，中国银行成为国家指定的外汇专业银行；同时设立了国家外汇管理局。以后，又恢复了国内保险业务，重新建立中国人民保险公司；各地还相继组建了信托投资公司和城市信用合作社，出现了金融机构多元化和金融业务多样化的局面。日益发展的经济和金融机构的增加，迫切需要加强金融业的统一管理和综合协调，由中国人民银行来专门承担中央银行职责，成为完善金融体制、更好发展金融业的紧迫议题。1982 年 7 月，国务院批转中国人民银行的报告，进一步强调“中国人民银行是我国的中央银行，是国务院领导下统一管理全国金融的国家机关”，以此为起点开始了组建专门的中央银行体制的准备工作。1983 年 9 月 17 日，国务院做出决定，由中国人民银行专门行使中央银行的职能，并具体规定了人民银行的 10 项职责。从 1984 年 1 月 1 日起，中国人民银行开始专门行使中央银行的职能，集中力量研究和实施全国金融的宏观决策，加强信贷总量的控制和金融机构的资金调节，以保持货币稳定；同时新设中国工商银行，将人民银行过去承担的工商信贷和储蓄业务转由中国工商银行专业经营；人民银行分支行的业务实行垂直领导；设立中国人民银行理事会，作为协调决策机构；建立存款准备金制度和中央银行对专业银行的贷款制度，初步确定了中央银行制度的基本框架。人民银行在专门行使中央银行职能的初期，随着全国经济体制改革深化和经济高速发展，为适应多种金融机构、多种融资渠道和多种信用工具不断涌现的需要，中国人民银行不断改革机制，搞活金融，发展金融市场，促进金融制度创新。中国人民银行努力探索和改进宏观调控的手段和方式，在改进计划调控手段的基础上，逐步运用利率、存款准备金率、中央银行贷款等手段来控制信贷和货币的供给，以求达到“宏观管住、微观搞活、稳中求活”的效果，在制止“信贷膨胀”“经济过热”、促进经济结构调整的过程中，初步培育了运用货币政策调节经济的能力。

（四）逐步强化和完善现代中央银行制度（1993 年至今）

1993 年，按照国务院《关于金融体制改革的决定》，中国人民银行进一步强化金融调控、金融监管和金融服务职责，划转政策性业务和商业银行业务。1995 年 3 月 18 日，全国人民代表大会通过了《中华人民共和国中国人民银行法》，首次以国家立法形式确立了中国人民银行作为中央银行的地位，标志着中央银行体制走向了法制化、规范化的轨道，是中央银行制度建设的重要里程碑。1998 年，按照中央金融工作会议的部署，改革人民银行管理体制，撤销省级分行，设立跨省区分行，同时，成立人民银行系统党委，对党的关系实行垂直领导、干部垂直管理。2003 年，按照党的十六届二中全会审议通过的《关于深化行政管理体制和机构改革的意见》和第十届全国人民代表大会第一次会议批准的国务院机构改革方案，将中国人民银行对银行、金融资产管理公司、信托投资公司及其他存款类金融机构的监管职能分离出来，并和中央金融工委的相关职能进行整合，成立中国银行业监督管理委员会。同年 9 月，中央机构编制委员会正式批准人民银行的“三定”调整意见。12 月 27 日，第十届全国人民代表大会常务委员会第六次会议审议通过了《中华人民共和国中国人民银行法》（修正案）。有关金融监管职责调整后，人民银行新的职能正式表述为“制定和执行货币政策、维护金融稳定、提供金融服务”。同时，明确界定：“中国人民银行为国务院组成部门，是中华人民共和国的中央银行，是在国务院领导下制定和执行货币政策、维护金融稳定、提供金融服务的宏观调控部门。”

第三节　商业银行

一、商业银行概述

商业银行是金融业中历史最为悠久、服务活动范围最为广泛、对社会经济生活影响最大的金融机构。商业银行是以追求利润最大化为目标，以多种金融负债筹集资金，以多种金融资产为经营对象，能利用负债进行信用创造，并向客户提供多功能、综合性服务的金融企业。商业银行承担着一国经济活动的最主要的资金集散，一个国家的货币总规模及其结构、货币运行的质量都与商业银行的经营活动有着直接联系。商业银行已成为现代金融制度最重要的组成部分，对促进经济的稳定、健康发展起着十分重要的作用。

（一）商业银行的性质

1. 商业银行具有明显的企业性质

与一般的工商企业一样，商业银行具有业务经营所需要的自有资金，在市场经济条件，实行自主经营、自担风险、自负盈亏、自我约束、自求平衡、自我发展。商业银行追求的最终目标是价值最大化。商业银行与中央银行、政策性银行在性质上有着重要的区别。

2. 商业银行具有特殊的经营规律

商业银行经营的商品是货币，经营内容包括货币收付、借贷以及各种与货币运动有关的或者与之相联系的资金融通服务。作为金融中介机构，商业银行从事货币的负债经营，商业银行经营货币存在广泛的空间差和时间差，这与经营物质产品和劳务的一般工商企业有很大的不同。商业银行对整个社会经济的影响远远大于一般工商企业，商业银行受整个社会经济的影响也比一般企业大得多，金融风险管理已成为商业银行经营的核心内容之一。商业银行业务经营的特殊性决定其有着与一般工商企业不同的经营规律。

（二）商业银行的职能

1. 中介职能

中介职能是指商业银行通过存款等负债业务，把社会上的各种闲散资金集中起来，再通过贷款等资产业务，将吸收的资金投向给银行借款的单位和个人。商业银行的中介职能在国民经济中发挥了重要作用，它将社会闲散资金转化为生产经营资金；将社会的小额资金转化为生产经营所需的大额资金；将社会的短期闲散资金的长期稳定余额转化为长期的生产经营资金；引导社会资金从效益低的部门流向效益高的部门。

2. 支付职能

支付职能是指商业银行代表客户支付商品和服务价款，如签发和支付支票、电汇资金、电子支付等。商业银行通过存款在账户上的转移代理客户支付，在存款的基础上为客户兑付现款。商业银行的支付职能形成了以商业银行为中心的国民经济支付链条和债权债务关系，大大减少了现金的使用，加速了结算过程和货币资金的周转，提高了资金的使用效率，为客户的经济活动提供了方便。

3. 信用创造职能

信用创造职能是指商业银行利用存款发放贷款，在支票流通和转账结算的基础上，贷款又转化为派生存款，在这种存款不提取或不完全提现的情况下，除了必须上存中央银行的法定存款准备金，增加了商业银行可用的资金来源，最后整个商业银行体系形成了数倍于原始存款的派生存款。

4. 金融服务职能

金融服务职能是指商业银行为客户提供担保、信托、租赁、保管、咨询、经纪、代理融通等业务。商业银行通过这些业务扩大了社会联系面，增加了市场份额，同时也增加了非信贷收入。随着经济的发展以及金融市场竞争日益激烈，对商业银行金融服务职能的要求越来越高，商业银行承担的职能也越来越多，这将进一步推动金融服务创新。

二、商业银行的资产负债业务

（一）商业银行的负债业务

商业银行的负债业务是指形成其资金来源的业务。商业银行的全部资金来源包括自有资本和外来资金两部分，其中外来资金又包括存款和借入款。银行有资金来源才能有资金运用，因此，负债业务决定资产业务，负债规模制约着资产规模。

1. 自有资本

商业银行作为金融企业，也与一般企业一样，在设立之初必须有一定数额的原始资金来源即资本金，它是银行得以成立和发展的前提和基础。商业银行具有较强的外部性的特殊企业，各国都采取高额注册资本金要求的方式来提高银行的准入门槛。关于自有资本的构成，《巴塞尔协议》对商业银行有明确的规定，该协议将自有资本划分为核心资本和附属资本两大类。

核心资本包括股本和公开储备，其中股本包括普通股和优先股。股本等于股票发行数量乘以每股面值，是股东行使所有权的依据。公开储备是指通过保留盈余或其他盈余的方式在资产负债表上明确反映的储备，如股票发行溢价、未分配利润和公积金等。

附属资本包括未公开储备、重估储备、普通准备金、混合资本工具，如可转换债券工具、永久性债务工具以及长期附属债务等。

《巴塞尔协议》的核心思想就是，商业银行的最低资本额由银行资产结构的风险程度所决定，资产风险越大，最低资本额越高；银行最低资本额为银行风险资产的8%，其中核心资本不能低于风险资产的4%。

2. 存款类负债

吸收存款是商业银行开展其他业务的基础。一般而言，存款可以分为交易账户和非交易账户。

交易账户是指个人或企业为了交易目的而开立的支票账户，客户可以通过支票、汇票、电话转账等提款或对第三方进行款项支付。它包括活期存款、可转让支付命令账户、货币市场存款账户、自动转账等种类。交易账户是为支付而使用的账户，是商业银行吸收存款类资金来源中成本最低的一类存款。

非交易账户包括储蓄账户和定期存款。储蓄存款一般是个人积蓄货币和取得利息收入而开立的存款账户。储蓄账户一般不能签发支票。定期存款是指存款人在银行存款时要约定存款期限，到期存款户才能提取存款。由于定期存款期限长，到期前一般不能提取，所以银行给予较高的利息。

3. 借入类负债

商业银行在自有资金和存款不能满足放款需要的时候，就会通过借入资金来满足日益增长的放款需要，以扩大其经营规模。商业银行主要通过以下途径来弥补资金来源的不足：

（1）同业拆借。银行同业拆借是指银行之间相互的资金融通，借入的目的主要是用以解决本身临时资金周转困难，期限一般较短，有的只是今日借、明日还，同业拆借的利率水平一般较低。同业拆借一般通过各银行在中央银行的存款账户进行，即通过中央银行把款项从拆出行账户划到拆入行账户。

（2）回购协议。回购协议是指银行向他人出售证券的同时，同意在某一时间以商定的价格购回这批证券。大多数回购协议以政府债券作为担保，从形式上来看是证券的买卖行为，而实际上是银行以证券作为担保资金的借贷行为。

（3）向中央银行贴现或借款。当银行资金来源不足时，也可以向中央银行借款。一般情况下，商业银行向中央银行借款的主要原因在于缓解本身资金暂时不足的情况，而非用来放贷营利。向中央银行借款主要采取再贴现和直接借款两种形式。

（4）在公开市场上发行金融债券和存单。商业银行可以在公开市场上通过发行大额定期存单以及发行金融债券等方式来筹集资金，这是典型的主动负债方式。商业银行的规模和信誉会直接影响其在公开市场上融资的价格。

（5）结算过程中的短期资金占用。商业银行在为客户办理转账结算等业务中可以占用客户的资金，每笔资金占用的时间很短，但由于资金周转数额巨大，因而占用的资金数量也就相当可观。从时点上看，总会有那么一些处于结算过程中的资金，构成商业银行合法运用的资金来源。

（二）商业银行资产业务

商业银行资产业务就是将自己通过负债业务聚集起来的货币资金加以运用的业务。这是商业银行取得收益的重要渠道。

1. 现金资产

现金资产是商业银行资产中最具有流动性的部分，属于一级储备资产，基本上不给银行带来收益。现金资产是直接满足流动性需求的资产，虽然不给银行直接带来收益，但是对商业银行的正常运转至关重要。现金资产包括库存现金、在中央银行的存款、存入同业的资金以及托收中的现金。

2. 贷款

贷款是银行将其所吸收的资金按照一定的利率贷给客户并约定归还期限的业务。贷款与其他业务相比较风险较大，但是利率较高，是银行获取收益的主要来源之一。贷款的种类很多，按期限不同可分为短期贷款、中期贷款和长期贷款；按照保证程度不同可以分为担保贷款和信用贷款，担保借款又可以进一步分为抵押贷款、质押贷款和保证贷款。

3. 证券投资

证券投资可以补充资产流动性。在商业银行资产中，流动性最强的是现金资产，也称一级储备；其次是证券投资，也称二级储备。当银行第一储备不能满足流动性需要时，可动用第二储备，即将短期证券转手出售。一般现金资产是非盈利资产，证券投资在提供流动性的同时，具有一定的收益。

当银行吸收来的资金不能全部用于发放贷款时，可以用于购买有价证券。银行将闲置的资金投资于证券，既使得资金得到充分的运用，又由此增加了银行盈利。证券投资收益包括持有期间的利息或股息收入和金融市场买卖差价形成的资本增值收入。证券投资业务与贷款业务相比较，具有风险小、灵活性大、收益稳定等特点，证券投资对降低和分散风险具有特殊作用。

三、商业银行的表外业务

表外业务是指商业银行所从事的按通行的会计准则要求，不列入资产负债表内，不影响其资产负债总额的经营活动。表外业务虽不列入资产负债表内，但可能出现在财务报表脚注中，也就是说有的表外业务活动需要在银行财务报表脚注中列明，由此表外业务的概念又有狭义和广义之分。

狭义的表外业务是指那些不列入资产负债表，不涉及资产负债表内金额的变动，与资产项目和负债项目密切相关，并在一定条件下转为表内资产业务和负债业务的经营活动。这类经营活动一般被称为或有资产和或有负债业务，它们是有风险的经营活动，而且在一定条件下会转化为表内资产业务和负债业务，因此需要在资产负债表的脚注记载、予以揭示。

广义的表外业务是指所有不列入银行资产负债表的经营活动，除了狭义的表外业务，还包括商业银行从事的不需要列入资产负债表中的金融服务业务。通常所指的表外业务是指狭义的表外业务。根据表外业务性质，可将表外业务分为以下四类：

（一）支付结算类业务

这类业务是指银行为客户办理因债权债务关系引起的与货币支付、资金划拨有关的收费业务。结算业务是由商业银行的存款业务派生出来的一种业务。结算业务通过结算工具来完成。结算工具是银行用于结算的各种票据，主要包括汇票、本票和支票。根据结算方式的不同，结算业务可以分为同城结算和异地结算两种。在同城结算中，银行主要采用支票结算方式；在异地结算中，银行主要采取汇款、托收、信用证和电子资金划拨等方式。

（二）代理类业务

代理业务是指商业银行以代理人的身份代表委托人办理经双方议定的经济事务的业务。在代理业务中，商业银行利用自身的网络优势和专业优势，为客户提供高效的专业服务，并从中收取手续费用获取收益，并借此扩大商业银行与客户的业务整合和联系。在代理业务中商业银行一般不动用自己的资产也不为客户垫款，不参与收益分配、只收取代理手续费。商业银行代理类业务主要有代理收付业务、代理保管业务、代理证券发行业务和偿付业务。

（三）银行卡业务

银行卡是商业银行发行的，供客户办理存取款和转账结算的新型电子化服务工具的总称。银行卡按照其功能一般可以分为借记卡和贷记卡。借记卡通常只能在客户活期存款余额内进行现金存取和转账结算；贷记卡也称信用卡，是具有透支功能的银行卡，可以在客户交易资金不足时通过透支获取商业银行短期信贷支持。随着银行卡使用范围的扩大，不仅可以代替现金和支票的流通，还将使银行业务突破时间和空间的限制，发生根本性的变化。

（四）担保或类似的或有负债业务

担保业务即银行应申请人的要求，承诺当被担保人不能履约时由银行承担对权利人的相关义务的行为。担保业务作为商业银行的表外业务，在被担保人履行约定事项时商业银行无需动用自有资金承担责任，而当被担保人违约时，商业银行就需要履行担保责任代为清偿债务。因为担保类业务作为商业银行一类有风险的表外业务出现，形成银行的或有负债。银行的担保和类似的或有负债业务主要有备用信用证、履约担保书、投标保证书、留置金保函、贷款担保和跟单信用证等。

四、现代商业银行的经营与管理

（一）商业银行的经营原则

商业银行业务经营的特殊性决定了其与一般企业在管理方法上表现出重大的差异性。这种差异性首先表现在商业银行在其最终目标之前还有一个管理的基本目标，即资金来源与运用的安全性、流动性、盈利性“三性”平衡。

1. 安全性

银行在社会经济活动中所处的中介地位决定了其经营安全的重要性。商业银行资金的安全性包含两重意义：一是银行投入的信用资金不受损失的情况下如期收回，能保持和发展银行的经营规模和业务能力；二是银行不会出现因贷款本息不能按期收回而影响客户提取存款的情况。

2. 流动性

流动性是指银行对全部应付款的支付、清偿能力及满足各种合理资产需求的能力。其具体包括两层涵义：一是负债的流动性，即银行能以较低的成本随时获得所需资金的能力；二是资金的流动性，即银行的资产在不发生损失的情况下迅速变现的能力。

3. 盈利性

盈利性是指商业银行经营获取利润的要求。追求盈利、实现利润最大化是商业银行的经营目标，也是商业银行企业性质的集中体现。是否盈利及盈利水平高低是评价和衡量商业银行经营效益的基本标准。商业银行的盈利主要取决于资产收益和资产损失、资金成本、其他营业收支三个因素。

（二）商业银行经营管理理论

商业银行经营管理理论围绕着安全性、流动性和盈利性三者之间的统一与均衡经历了资产管理理论、负债管理理论、资产负债管理理论的演变过程。

1. 资产管理理论

这是20世纪60年代之前盛行的一种传统管理理论，出现于现代商业银行制度产生的初期。由于现代商业银行制度刚刚产生，银行的负债业务是接受客户的存款，处于被动的地位，因此，银行只能通过主动调整其资产结构，在现金、证券、贷款等各种资产持有形式之间进行合理分配，来协调安全性、流动性和盈利性之间的关系。在资产管理中，资产流动性的管理占有特别重要的地位，围绕此方面，商业银行的资产管理理论经历了商业贷款管理理论、资产转换理论和预期收入理论三个发展阶段。

（1）商业贷款理论

商业贷款理论又称真实票据论，这一理论产生于18世纪初的英国，当时以英格兰银行为代表的现代商业银行制度刚刚在英国建立。该理论认为，商业银行当时的资金来源主要是客户存入银行的活期存款，具有高度流动性。因此，为了应付客户不可预期的提取存款的高度流动性需要，商业银行应使其资产保持足够的流动性，所以商业银行的资产业务应为发放短期的商业行为的自偿性贷款。所谓自偿性，是指企业在购买货物或生产产品时所获得的贷款，可以用生产出来的商品或商品销售收入来偿还。该理论强调贷款必须以商业行为为基础，以真实票据为抵押；一旦企业不能偿还贷款，银行即可根据所抵押的票据处理有关商品。根据这一理论，银行不能发放不动产贷款、消费贷款、长期设备贷款和农业贷款、证券投资贷款。

（2）资产转换理论

该理论是在20世纪初由美国经济学家莫尔顿提出的。该理论的主要内容可以概括为：流动性要求仍然是商业银行需特别强调的，但商业银行资产不一定局限于短期自偿性贷款，可将其相当一部分分布在需要款项时立即出售的证券资产上。由于这类证券资产具有信誉高、期限短、转让容易等特点，扩大了商业银行资产范围，从而在保证一定流动性和安全性的基础上增加了银行盈利。显然，这种理论是以金融工具和金融市场的发展为背景的。在这种理论的鼓励下，随着当时社会经济条件的不断变化，商业银行资产组合中票据贴现和短期国债的比重迅速增加。

这一理论的提出为银行的证券投资、不动产贷款和长期贷款打开了大门，在转换理论影响下，银行资产范围显著扩大，业务经营更加灵活多样。但转换理论片面强调证券的转手，而忽略证券的贷款资产的真正质量，忽略了物质保证，为信用膨胀创造了条件。同时，它没有重视经济发展状况的影响，未考虑到危机期间证券的大量抛售和价格暴跌而引发银行资产的巨额损失的可能性。另外，这种理论的实行需要较高的条件，即发达的金融市场和多样化的金融工具。

（3）预期收入理论

该理论为美国金融学家普鲁克诺于1949年在《定期贷款与银行流动性》一书中提出。该理论的主要内容包括：商业银行资产能否到期偿还或转让变现，从根本上讲取决于贷款的按期偿还，这与借款人借款项目的预期收益是否稳定和银行对贷款的安排是否合理密切相关，而与借款的期限长短并无绝对联系，即无论放款期限长短，只要借款人具有可靠的收入，贷款就能按期偿还，就不至于影响银行的流动性。所以，该理论主张商业银行应把借款人的预期收入作为衡量其贷款偿还能力的标准，并以此来重新协调流动性、安全性和盈利性，从而使商业银行跳出了短期性的局限，开始向长期性经济活动大量渗透，促进了资产业务的多样化。

2. 负债管理理论

该理论产生于20世纪60年代中期，这一理论的核心是把保证商业银行流动性的经营作为重点，由资产业务转向负债业务。由于当时直接融资的发展，以及金融监管当局对商业银行吸收存款利率的限制，使得商业银行深感资金短缺，加之流动性的巨大压力，商业银行不得不从货币市场引进资金来保证资产流动性的要求。负债管理理论认为：商业银行在保证流动性方面，应主要通过调整资产负债表负债方的项目，通过货币市场上的主动性负债来实现银行“三性”原则的最佳结合。也就是说，银行的流动性不仅可以通过加强资产管理来获得，也可以通过负债管理，即向外借款来提供。银行应主动借入资金来保持银行的流动性，从而扩大资产业务，增加银行收益。

负债管理开创了保持商业银行流动性的途径，商业银行主动以负债去适应或支持资产，进一步扩大了商业银行的业务规模和范围，同时降低了流动性资产的储备数量，扩大了收益性资产，提高了资产的营利能力。它的提出和实施标志着商业银行在资金管理上更富有进取性，摆脱了被动负债的制约。但负债管理也有明显缺陷：一是提高了银行的融资成本；二是因金融市场的变幻莫测，从而增加了经营风险；三是忽视自有资本的补充，不利于银行稳健经营。

3. 资产负债管理理论

由于资产管理理论和负债管理理论，在保持银行的安全性、流动性和盈利性的统一和均衡方面，都带有偏向性。具体来说，资产管理理论偏向于安全性和流动性，往往牺牲银行的盈利性；而负债管理理论虽然较好地解决了银行流动性和盈利性的矛盾，但这种理论过分的依赖于外部条件，容易给银行带来较高的风险。

20世纪70年代以来，西方各国纷纷放松和取消了利率管制，金融界出现了金融自由化的浪潮，各种形式的浮动利率资产和浮动利率负债应运而生，商业银行在争取到市场上主动融资的同时，也面临许多新的风险，特别是利率风险。另外，利率市场化的趋势，打破了商业银行短期以来短筹长用、靠增大业务量来增加收益的传统格局，使得商业银行的资产负债发生了质的变化，单一的资产管理或负债管理已不能适应银行管理的发展要求，于是资产负债管理理论便产生了。资产负债管理理论又分为资产负债联合管理理论和资产负债比例管理理论。

（1）资产负债联合管理理论

资产负债联合管理理论也称为相机抉择资金管理理论。该理论认为：单纯依靠资产管理或负债管理，都难以形成安全性、流动性和盈利性的统一协调。商业银行只有根据经济形势的发展和变化，通过资产结构和负债结构的共同调整，通过资产负债两方面统一协调，才能较好地实现经营目标。资产负债联合管理方法被称为资金缺口管理法。资金缺口是指商业银行资金结构中，可变利率资产与可变利率负债之间的差额。它有三种可能情况：①零缺口，即可变利率资产等于可变利率负债；②正缺口，即可变利率资产大于可变利率负债；③负缺口，即可变利率资产小于可变利率负债。

资金缺口管理法认为，商业银行应根据对市场利率的预测，适时地对两者的比例进行调节，以保证银行的盈利，同时规避风险。

（2）资产负债比例管理理论

资产负债比例管理是指将资产负债表各项目之间和各项资金按对称比例原则进行安排和管理。其目的是缓和流动性、安全性、盈利性之间的矛盾，达到三者协调统一。资产负债比例管理主要通过规定各类比例指标体系约束商业银行的资金运营。比例指标一般分为四类，即总体控制指标、安全性指标、流动性指标和盈利性指标。据此对资产负债进行综合管理，分类指导。

本章小结

1. 在现代经济中，除极少不发达国家外，世界上绝大多数国家和地区都已形成了比较复杂的金融中介体系，随着世界经济全球化和金融自由化的不断发展，各国金融体系的变迁虽然在表现形式和表现速度存在诸多不同，但在总体具有一些共性，呈现出业务多元化、机构大型化、市场层次化、工具多样化等结构变化的特点。

2. 中央银行的产生有两个基本前提：一是商品经济的发展比较成熟，二是金融业的发展对此有客观需求。中央银行的职能，一般被概括为发行的银行、银行的银行和政府的银行三个方面。

3. 商业银行是以追求利润最大化为目标，以多种金融负债筹集资金，以多种金融资产为经营对象，能利用负债进行信用创造，并向客户提供多功能、综合性服务的金融企业。

重要概念

政策性银行　村镇银行　再贴现　核心资本　回购协议　表外业务
资金缺口　中央银行　商业银行

进一步阅读推荐

[1] 中国人民银行简介（http://www.pbc.gov.cn/renhangjianjie/）

[2] 美国联邦储备系统简介（http://www.federalreserve.gov/）

[3] 中国工商银行简介（http://www.icbc.com.cn/icbc）

[4] 花旗集团简介（http://www.citigroup.com/citi/press/index.htm）

[5] 中华人民共和国商业银行法、中华人民共和国中国人民银行法、中华人民共和国外资银行管理条例（全文均载于中国银监会官方网站 http://www.cbrc.gov.cn/）

[6] 中国人民银行. 金融知识国民读本 [M]. 北京：中国金融出版社，2007.

[7]（美）弗雷德里克·雷德里克·米什金. 货币金融学 [M]. 7 版. 郑艳文，译. 北京：中国人民大学出版社，2006.

复习讨论题

1. 单项选择题

（1）下列不属于中国人民银行具体职责的是（　　）

A. 发行人民币　　B. 给企业发放贷款

C. 经理国库　　D. 审批金融机构

（2）最早发挥中央银行功能的是（　　）。

A. 威尼斯银行　　B. 瑞典银行　　C. 英格兰银行　　D. 美联储

（3）投资银行是专门对（　　）办理投资和长期信贷业务的银行。

A. 政府部门　　B. 工商企业　　C. 证券公司　　D. 信托租赁公司

（4）下列不属于我国商业银行业务范围的是（　　）。

A. 发行金融债券　　B. 监管其他金融机构

C. 买卖政府债券　　D. 买卖外汇

（5）1694 年，由私人创办的、最早的股份银行是（　　）。

A. 英格兰银行　　B. 汉堡银行　　C. 纽伦堡银行　　D. 鹿特丹银行

（6）普通居民存款属于（　　）。

A. 活期存款　　B. 定期存款　　C. 储蓄存款　　D. 支票存款

（7）同早期的银行相比现代商业银行的本质特征（　　）。

A. 信用中介　　B. 支付中介　　C. 融通资金　　D. 信用创造

2. 多项选择题

（1）商业银行的现金资产包括（　　）。

A. 库存现金　　B. 在中央银行中的存款准备金

C. 同业存款　　D. 托收过程中的资金

（2）商业银行贷款业务按担保形式划分，可分为（　　）。

A. 贴现贷款　　B. 质押贷款　　C. 抵押贷款　　D. 信用贷款

（3）商业银行的资产业务包括（　　）。

A. 现金　　B. 贷款　　C. 证券投资　　D. 资本

（4）下列属于在金融创新中出现的新型金融工具的有（　　）。

A. 票据发行便利　　B. 信托业务　　C. 远期利率协议　　D. 互换

(5) 专业银行的主要种类包括（　　）。

A. 开发银行　　B. 储蓄银行　　C. 外汇银行　　D. 进出口银行

(6) 下列属于政策性银行的是（　　）

A. 国家开发银行　　B. 中国进出口银行

C. 中国农业发展银行　　D. 城市商业银行

(7) 作为银行的银行，中央银行的职能主要体现在（　　）。

A. 集中存款准备金　　B. 发行银行券

C. 充当最后贷款人　　D. 组织全国清算

3. 判断题

(1) 商业银行与其他专业银行及金融机构的基本区别在于商业银行是唯一能接受、创造和收缩活期存款的金融机构。（　　）

(2) 商业银行经营的三原则中，流动性与盈利性正相关。（　　）

(3) 信托业务由于能够使商业银行获利，所以是资产业务。（　　）

(4) 商业银行是对企业进行长期投资、贷款、包销新证券的专业银行。（　　）

(5) 在信托关系中，托管财产的财产权即财产的所有、管理、经营和处理权，从委托人转移到受托人。（　　）

4. 简答题

(1) 我国现在的金融中介体系是如何构成的?

(2) 西方国家影子银行的特征是什么?

(3) 中央银行产生的客观原因有哪些?

(4) 试述中央银行的基本职能的主要内容。

(5) 中央银行的资产业务有哪些?

(6) 商业银行经营的原则有哪些?

(7) 现代商业银行负债渠道有哪些?

(8) 阐述商业银行资产负债管理理论的发展。

(9) 非银行性金融机构有哪些?

5. 论述题

论述商业银行的性质和职能。

第八章　金融风险与金融监管

学习目的

通过本章的学习，你应该能够：

（1）了解什么是金融风险和金融危机；

（2）了解金融风险的产生原理；

（3）了解金融监管的主要内容和体系；

（4）了解金融监管制度的发展；

（5）了解中国金融风险现状、成因及监管问题。

金融是现代经济的核心，金融业不仅仅影响到一个国家的经济发展，更为重要的是，它还涉及社会生活的方方面面，进而影响国计民生、政局稳定和国家安全。金融业的健康发展能够促进经济稳定发展、社会安定以及人民安居乐业；而一旦金融形势恶化导致金融危机、经济崩溃、社会动荡不安，进而影响到整个国家安全。1929 年的世界金融危机、1994 年的墨西哥金融危机、1997 年的亚洲金融风暴、2000 年的拉美金融危机以及 2008 年的全球金融危机，都为我们提供了雄辩的事实佐证。本章将从多个层面分析金融风险、金融危机及其生成原理、金融风险的监管和金融监管制度的发展。

第一节　金融的脆弱性

金融所特有的货币信用经济属性，决定着其中的不确定性与投机因素比例比其他任何一种资源配置机制都大，即金融风险是伴随金融制度建立与发展过程的客观问题，能否对金融风险正确认识并予以有效地防范与化解，是确保金融安全的关键，同时也关系到金融制度及金融市场的效率。从现实的经济生活来看，金融风险的产生与许多因素有关。金融风险的形成原因很复杂，但首先需要关注的是金融自身的脆弱性。

一、金融体系不稳定性假说

海曼·明斯基（Hyman P.Minsky）把经济学家凡勃伦（T. Veblen）提出的金融体系内在脆弱性理论系统化，在 20 世纪 60 年代提出“金融不稳定假说”。明斯基认为，一个金融体系自然由稳健的结构向易变的结构转变，或从一个与稳定一致的结构向易于不稳定的结构变化。他强调系统在不断地向易变性变化，“稳定”的状态实际上是短暂的，“稳定是非稳定化”。在长期繁荣时期，经济从有利于稳定系统的金融关系向有利于不稳定系统的金融关系转化。“金融不稳定假说”的另一特性是侧重制度因素。在长期金融缺乏的情况下，明斯基的向易变性的转换不会发生(但不意味着一个较简单的资本主义不会经历非稳定性)。他认为，金融形势从“平衡交易”转为“投机”最后到庞氏金融“Ponzi Finance”①，是由于起先关于未来报酬预期的逐渐乐观，而后来这些预期变得消极或金融安排被破坏的缘故。在任何情形下，“金融不稳定假说”关键取决于现代资本主义经济的制度安排以及在这些安排下易于产生的行为的进展。在明斯基看来，“一个资本主义的或一个市场的经济是一个金融的体系”，新古典的方法仅仅停留在将金融系统从所谓的真实经济中分离开来，而不能清楚地解释金融系统对经济的职能的影响。明斯基的分析通过从金融系统以及分析从“平衡交易”到“投机”的转化开始，从而与真实的资本主义经济联系在一起，缺乏制度的分析是不能清楚地解释真实世界的经济的。他认为，私人信用创造机构特别是商业银行和其他相当的贷款人的内在特性使它们经历周期性危机和破产浪潮。金融中介的困境被传遍到经济的各个组成部分，从而产生宏观经济的动荡和严重风险。明斯基表示，资本主义的繁荣时期埋下了金融动荡的种子。在这个时期，许多企业是投机性的，它们根据预测未来资金短缺程度和时间来确定借款；从事高风险的企业也增多，它们将借款用于投资回收期很长的项目，在较长时期内它们都无法用投资的收益还本付息，而需要滚动融资用于支付本息。当经济增长滞缓或其他打断信贷、资金流入企业的事件发生时，就将引起违约和破产的浪

---

① 庞氏金融（Ponzi Finance），得名于 20 世纪 20 年代发生在纽约的一桩著名金融诈骗案。一名叫查尔斯·庞兹（Charles Ponzi）的法裔美国人策划了一个用后加入者的入伙费充作投资收益付给先来者的连锁性诈骗计划（称“庞兹计划”），后被拆穿。顾名思义，处于庞氏金融状态的行为主体最终不足以支付日常性现金支付及债务利息。如不变卖资产，维持现有经济规模，则不仅要靠滚动负债偿付到期债务的本金，还要不断地累积新债务。长期亏损性企业常常处于此种状态，而具有高赤字的政府部门无疑是最大的庞氏理财者。不过，只要外界相信该行为主体之资本尚足以抵债，而且亏空是暂时性的，将来会向良性发展，则该行为主体仍可正常运作，不至于立即爆发债务危机。

流，而这又反馈到金融体系，使金融体系的资产遭受损失。明斯基进一步提出代际遗忘解释和竞争压力解释，即今天的贷款忘记了过去的痛苦经历，利好事件促进了金融业的繁荣，贪欲战胜了恐惧，价格上涨推动更多的购买，以及贷款人由于竞争的压力，为不失去顾客和市场而做出许多不审慎的贷款决策，这就使金融风险不断积累导致金融危机。

金德尔伯格（C.Kindleberger，1985）同样也从周期性角度来解释金融体系脆弱性的孕育和发展。他认为，经济的扩张会产生疯狂性投机，即疯狂地把货币换成真实资产和金融资产，形成过度交易，这容易导致恐慌和崩溃。一旦出现恐慌，个人就会尽力把对厂商的债权转换为货币和现金，因而引起利率上升、投资削减、利润率下降，使厂商资产价值总量降低，其净值因而减少。可见，在长波周期中，金融体系具有来源于借贷双方行为特性的内在不稳定性。他和明斯基被认为是对金融体系风险的“周期性”解释一派。另一派解释是以弗里德曼为代表的“货币主义解释”。弗里德曼和斯瓦兹认为，如果没有货币过度供给的参与，金融体系的动荡不太可能发生或至少不会太严重，金融动荡的基础在于货币政策，正是货币政策的失误引发了金融风险的产生和积累，结果使得小小的金融困难演变为剧烈的体系灾难，斯瓦兹甚至将没有伴随货币数量显著下降的金融扰动定义为“伪金融危机”。周期性解释把金融体系风险的产生和积累视为非理性或非均衡行为的结果，但它无法说明为什么经济行为人要按照那种破坏自身利益的非理性方式来行事；货币主义解释则太片面，它事先排除了非货币性因素产生的金融动荡的可能性。由于金融体系存在内在脆弱性的主张缺乏微观基础，在很大程度上不得不依赖准心理学的判断来解释金融主体的非理性行为，这种理论也就只能被称为假说。但是，近年来出于博弈论和信息经济学等微观经济学的新进展，经济学家们重新对金融市场的微观行为基础有了深刻理解，金融理论获取得了重大进展。这种新进展集中在两个方面：为什么金融中介机构具有内在的脆弱性和为什么金融资产的价格总是容易出现过度的波动。

二、金融机构的内在脆弱性学说

阿克洛夫（Akerlof）、斯蒂格利茨（Stiglitz）和魏斯（Weiss）等西方经济学家在博弈论和信息经济学基础上提出的包括“道德风险”（Moral Hazard）和“逆向选择”（Adverse Selection）在内的“金融机构的内在脆弱性”是解释金融风险生成机制的重要理论。他们认为不少金融危机的爆发都是起因于某些金融机构的倒闭，而金融机构在金融动荡下的脆弱性又往往使得局部的金融市场扰动演变为全面的金融危机。因此，金融风险的主要来源在于金融机构的内在脆弱性及其积累。

1961 年，斯蒂格利茨发表了《信息经济学》一文，打破了一直统治着经济学理论界的基础假设——完全信息假设，强调信息的不完全性，并首次将信息问题引入经济学领域。信息经济学中最核心的问题是信息不对称，以及信息不对称对个人选择和制度安排的影响。信息经济学认为，现实世界中信息是不完全的，或者是不对称的，即当事人一方比另一方掌握的信息多。当参与人之间存在信息不对称时，任何一种有效的制度安排都必须满足“激励相容”（Incentive Compatible）或“自我选择”（Self-selective）条件。信息的不完全使得市场价格机制不再是使市场均衡的最有效的制度安排。信息经济学建立了“委托—代理”模型来分析当事人行为，进而对经济现象做出解释。该模型认为，契约达成后，当事人双方掌握的信息是不对称的，掌握信息多的一方为代理人（Agent），另一方为委托人（Principal）。委托人欲使代理人按自己的利益行动，但委托人无法直接观测到代理人的行为选择，只能观测到一些变量，因而具有代理人行为的不完全信息。信息不对称造成代理人的机会主义行为。机会主义行为包括事前行为和事后行为，事前机会主义行为称为“逆向选择”①，即在达成协议前，代理人利用信息优势使委托人签订不利的契约。事后的机会主义行为称为“道德风险”，即在达成契约后，代理人利用信息优势不履约或“偷懒”。机会主义行为提高了交易活动中的信息成本，委托人于是有必要采取一定措施（如建立长久的契约关系等）寻找最优契约安排，减少信息成本。信息经济学研究的正是在这种不对称信息情况下的最优契约安排，所以又称为“契约理论”。

斯蒂格利茨和魏斯通过研究证明不对称信息产生逆向选择困境也存在于信贷市场。他们认为，商业银行从历史中得出结论，如果困难重重，政府就会救援，并由于“委托—代理”制度的存在，使银行资产趋于恶化。这是因为经营者的决策一旦成功，个人将会得到奖励，机构将得到较高回报（包括市场占有率等）；而失败时，个人最多只是暂时失去工作。相关的不当激励在信贷膨胀时期，将会导致从众行为。投资项目在经济形势繁荣时期收益丰厚，形势逆转则出现严重困难，给相关金融机构带来损失。当市场信心崩溃时，就会发生囚徒困境和挤兑行为。根据斯蒂格利茨和魏斯的观点，随着对任何一类借款人所收取的实际利率的提高，借款人违约的可能性相应增加。这是因为随着实际利率的提高，必然出现两种结果：一是风险偏好型的借款人将接受贷款人的出价，而风险回避型的借款人将退出申请人的队伍，这就是所谓的“逆向选择”。二是因为银行不可能全面地对借款人的行为进行监控，任何借款人都倾向于改变借款的用途，投入到高风险高收益的项目，这就是“激励效应”。而道德风险是发生在交易之后的信息不对称问题。借贷市场的道德风险有三种具体表现形式：一是改变资金用途。一旦贷款发放出去，贷款人就很难对借款人进行监督，如果借款人有不偿还贷款的动机，借款人就可能去从事贷款人所不希

① 阿克洛夫1970年提出的“旧车市场模型”开创了逆向选择理论的先河。斯蒂格利茨和魏斯将这一模型引入金融市场。在金融市场中，投资者无法确定筹资者的风险高低，只能按反映平均风险程度的价格购买证券，这一价格会低于高质量公司证券的公正市场价格而高于低质量公司证券的公正市场价格，因此，高质量公司便不会在市场上发行证券，而低质量公司则会乐此不疲。由于信息不对称，投资者不能确定公司质量，高质量公司发行证券少，因而市场上流通的大多数是低质量证券。借贷市场上也有同样问题，借款人比贷款人更了解一笔借款的投资方向、投资回报率及可能出现的风险等，银行成为信息劣势一方，难以准确评估借款人的风险状况。如果银行按照以往借款人的平均风险水平确定贷款利率的话，那些风险较大的客户更愿意接受银行的贷款条件，而那些风险较小的客户将退出借贷市场，从而导致借款人的平均风险水平上升。如果银行据此提高贷款利率，势必导致次优的借款人退出市场，银行贷款质量将进一步下降，致使银行贷款进一步缩减。

望看到的高风险投资或投机活动，使贷款人受到道德风险的伤害。道德风险的发生正是因为借款人有从事高风险活动的动机，一旦成功，借款人享受好处，而失败则由贷款人承担大部分损失。借款人还可能将借款用于其他方面，以改善自己的福利。二是一些有还款能力的借款人可能隐瞒自己的收入，有还款能力但不归还银行贷款，特别是在缺乏对违约的相应制裁的情况下更是如此。三是借款人取得资金后，对于借入资金的使用效益漠不关心，不负责任，不努力工作，致使借入资金发生损失。借贷双方的利益冲突（“委托—代理”问题）使许多贷款人决定不再放款，这样整个社会的贷款与投资便会处于非最优状态。总而言之，信息不对称通过逆向选择和道德风险影响金融机构，形成金融机构内在的不稳定性，也埋下了金融风险的“种子”。

三、信用脆弱性理论

马克思对信用的脆弱性做出过深刻描述。马克思认为，金融体系得以生存和运行的前提是：信用仅仅是对商品内在精神的货币价值的信仰，决不能脱离实物经济，但金融资本家的趋利性、虚拟资本运动的相对独立性却为信用崩溃提供了条件。信用在经济运行中具有周期性特点，随着经济运行的周期呈现出膨胀和紧缩的交替。在经济波动剧烈的情况下，信用的猛烈扩张和收缩常常造成信用的严重扭曲。马克思尖锐地指出，信用在过度投机中发挥了杠杆作用。信用不仅加剧了部门之间、企业之间的不平衡性，造成对商品的虚假需求，信用还刺激了金融投机，推动了虚拟资本的过度膨胀，并为信用崩溃和金融风险的爆发创造了条件。

而现代信用理论认为，信用的脆弱性是现代金融风险生成的重要根源，这可以从信用运行的特征来解释：①信用是联系国民经济运行的网络，这个网络使国民经济各个部门环节相互依存、共同发展，但这个网络的任何一个环节即便是偶然的破坏都势必会引起连锁反应，信用良好的金融机构或企业也会因此受到牵连而陷入信用混乱之中，因此，信用的广泛连锁性和依存性是信用脆弱、产生金融风险的一个重要原因。②金融过程的时空分离是导致信用关系脆弱性的决定性因素。金融的基本表现形式是金融中介或经纪机构通过信用关系将资金提供者和资金需求者连接在一起。金融机构的介入以及信用的作用，使金融过程在时间上和空间上出现了分离。商品交易市场上存在买与卖的分离；信贷市场上存在存款与取款、贷款与收回以及借款与偿还等环节在时间上的分离；股票市场上存在筹资与项目投资和买股与卖股的时间分离。时间因素对衍生金融市场的影响更是具有决定性的意义。金融经济活动各环节在时间上的分离是形成不确定性的基础。金融过程在空间上的分离，同样增加了交易的不确定性。金融活动在地理空间上的不断扩展使金融过程的空间分离更为明显。通信技术的发展为这种分离提供了便利。空间分离不等于空间的隔绝，而是金融过程不同环节在中间上的分布和紧密的联系。一旦这种联系变动甚或中断，就可能严重影响各地的金融过程，同时这种影响还能相互传递和扩散。因此，信用关系在空间上的广泛连接和日益延伸，也在不断地增加其自身的脆弱性。③金融业的过度竞争以及信用监管制度的不完善是信用脆弱性的又一表现。为了争夺存款客户，金融机构通常提高存款利率；为了吸引贷款客户，增加市场信用份额，金融机构通常的做法是降低贷款利率。存贷款利差的减小，在其他条件即定时，使金融机构盈利水平下降，经营风险增加。在这种情况下，许多金融机构不得不越来越重视发展高风险业务，以图取得较高收益。"趋利性"促使金融机构放弃稳健经营原则；加之金融市场的证券化和脱媒趋势，使许多信誉较高的大公司转向金融市场直接融资，金融机构被迫转向信誉较低、风险较大的中小企业，从而使其资产质量下降，经营风险加大。为了绕过信用监管，金融机构不断地进行金融创新，大力发展表外业务，如担保、承兑、贷款出售、代理等，从而使传统的货币概念和测量口径逐渐趋于失效，使金融监管难度加大，削弱了金融当局的监控能力。

相关链接

美国次级抵押贷款

美国次级抵押贷款就是典型的信用风险事件。应该说美国次级抵押贷款的出发点是好的，在最初10年里也取得了显著的效果，1994—2006年，美国的房屋拥有率从64%上升到69%，超过900万的家庭拥有了自己的房屋。在利用次级房贷获得房屋的人群里，大部分是低收入者，这些人由于信用记录较差或付不起首付而无法取得普通抵押贷款，次级抵押贷款为低收入者提供了选择权，但次级抵押贷款的高风险性也随之而来，次级房贷的利率有可能高达10%～12%，而且大部分次级抵押贷款采取可调整利率（ARM）的形式，随着美联储多次上调利率，次级房贷的还款利率越来越高，最终导致拖欠债务比率和丧失抵押品赎回率的上升，形成"次贷危机"。

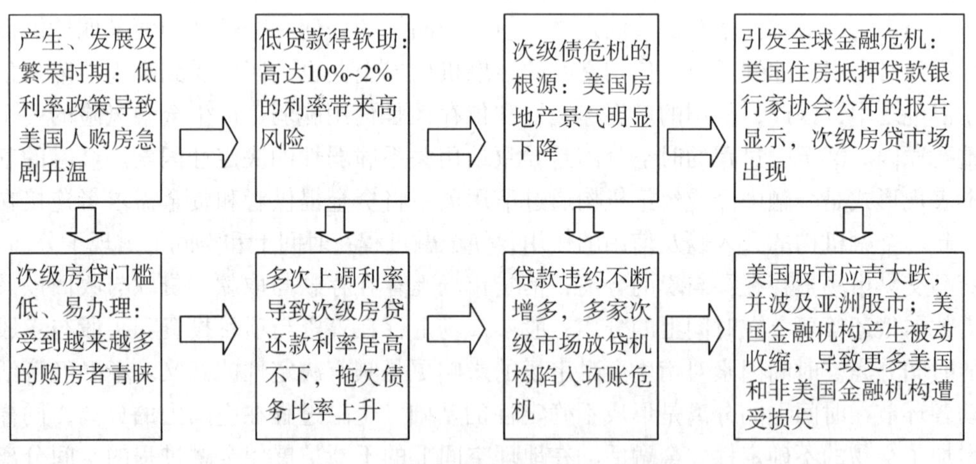

图 8-1 "次级债危机"形成示意图

四、金融资产价格波动性理论

金融资产价格的波动主要表现为股票、外汇等资产价格的波动，造成这些金融资产价格波动的原因与信息不完全有关。信息的不完全决定了经济主体的有限预期，即经济主体不可能完全了解决定金融资产未来收入流量变化的各种因素，从而使金融市场的有效性和完善性大大降低，加剧了金融市场的失衡状态，造成了金融资产价格的不稳定性。而且，不同金融资产价格之间呈现出一定的互动性，通货膨胀率、利率、汇率和股价之间存在联动效应，彼此相互影响。

（1）股票价格的内在波动性。对股票价格波动性做出解释的代表性理论主要有：①周期性崩溃理论。麻省理工学院博弈论学者克瑞普斯（L. Kreps，1987）认为，股票市场本身就是使价格不稳定的投机，股市投资者个体的非理性行为足以导致整个市场的周期性崩溃。无论股市与实物经济是否相符，如果投资者对股市保持较为乐观的预期，则股票行情将持续上升，直至极度不合理后导致风险爆发、市场崩溃；如果投资者的预期是悲观的，则会由于恐慌心理而抛售股票，直至摧毁健康的股市。②“乐队车效应”理论。明斯基和金德尔伯格认为，股市存在“乐队车效应”（Bandwagen Effect）。当经济繁荣推动股价上升时，幼稚的投资者开始拥向价格“乐队车”，促使市场行情上升，直至股票价格上升到无法用基础经济因素来解释的水平，导致股市预期发生逆转，价格崩溃。明斯基和金德尔伯格对资产价格波动性的解释强调市场集体行为的非理性导致的过度投机对资产价格的影响。

（2）汇率的内在波动性。汇率的波动性（或不稳定性）包括两种：一种是固定汇率的波动性（或不稳定性），即指货币对外价值发生意外的变化，使得固定汇率水平难以维系；另一种是浮动汇率的波动性（或不稳定性），即指市场汇率的波动幅度超过了能够用真实经济因素来解释的范围。如果一国实行的固定汇率制度，货币当局应将本国货币的汇率维持在可持续水平上，否则当市场成员对该货币当前汇率能否维持下去失去了信心时，他们都将抛售该货币，导致固定汇率水平难以维持，这样金融风险便产生了。造成金融市场信心丧失的原因通常是当局把本国货币汇率定在了同其宏观经济政策不相符合的水平上，虽然政府通过动用储备对汇市进行干预或采用其他手段能够使得汇率在一定时期内稳定，但当不持续汇率引起的一些不利后果（如贸易收支发生巨额赤字）出现后，市场预期就会转向，引起汇率崩溃。如果一国实行的是浮动汇率制度，汇率水平也可能过度波动，布雷安（D. Brilllian）指出金融衍生工具的出现及其迅速增长可能造成“汇率错乱”（Exchange Rate Misalignment），从而对真实经济产生一系列的不利影响。布雷安认为，从某种程度上说，金融衍生物是不存在的东西，仅仅是个赌注，全球 100 万亿美元金融衍生品交易中仅有不足 2%与实物经济相关。这是汇率从根本上脱离实际经济运行无序浮动的基础，结果汇率波动几乎不可避免，货币危机或经济泡沫在当前国际金融体系下也相应地无法消除。

第二节 金融风险与金融危机

金融风险是每个投资者和消费者所面临的重大决策问题，也是各经济实体（尤其是金融机构）生存和发展的关键问题，它直接影响着经济生活中的各个方面，也影响着一个国家的宏观决策和经济发展。因此，如何减少和回避金融风险已成为现代金融界的首要话题。基于此，为了更好地、有针对性地防范金融风险，加强金融风险管理，我们有必要首先对金融风险的内涵有一个清楚的认识。

一、金融风险的涵义

在任何学科领域中，深深困扰人们的往往是一些最基本的概念和定义，这在经济学上表现得尤其突出。亚洲金融危机的爆发使得国际经济学界对金融风险的认识进一步加深。但是由于分析问题的侧重点和角度不同，学者对金融风险内涵的认识存在较为明显的区别，尚未形成一个普遍接受的统一的观点或结论。而金融风险作为风险的范畴之一，我们要想准确把握其内涵，就必须先了解风险的概念，这样才能在此基础上精确地定义好金融风险的涵义。

（一）风险的涵义

风险，辞典一般解释为“危险、遭受损失、伤害、不利或毁灭的可能性。”而在英文中风险一词用“Risk”来表示，其解释则为“含有某种机会、冒险、损失或面临危险的可能性”。从两种文化对同一概念所做的解释可以看出，汉语中的风险更强调的是导致某种不利局面（危险）的可能性，而英语中除强调引致负面的可能性外，还蕴含着某种达到成功的机会。而在经济学界，早在1901年，美国学者威雷特就将风险定义为“关于不愿发生的事件发生的不确定性之客观体现”。其后美国经济学家、芝加哥学派创始人奈特（Knight，1921）在其经典名著《风险、不确定性和利润》中给出一个经典性定义：风险是一种可测度的不确定性，可通过概率计算获得其大小。奈特认为，只有不确定性才能给企业家带来利润；经概率计算得出大小的风险已转化为确定性因素，被纳入经济主体的成本——收益规划中，并且如其他确定性因素一样为交易各方所共同认定。因此，风险是从事后角度来看的由于不确定性因素而造成的损失①。诺贝尔经济学奖得主莫顿（Robert · C. Merton）和博迪（Zvi Bodie）则认为风险即不确定性，但是不确定性是风险的必要条件而非充分条件；任何一种存在风险的情况都是不确定的，但在没有风险的情况下也存在不确定性②。

---

① PETER NEWMAN，MURRY MILGATE，JOHN EATWELL. The New Palgrave Dictionary of Money and Finance（Ⅲ）［M］. London：Macmillan Press Limited，1992.

② 兹维·博迪，罗伯特·莫顿. 金融学［M］. 欧阳颖，等，译. 北京：中国人民大学出版社，2000.

在最近几十年中，理论界关于风险的认识逐步深化，对于风险的理解也体现出更多的层次性，归纳起来主要表现在以下几个方面：

（1）从收益的角度去定义风险。这种观点认为风险虽然会导致某种不确定性的损失，但它也会带来不确定性的收益，损失的概率越大，获取更高收益的机会就越大。换言之，风险恰恰是获取某种收益的必要条件。关键要看人们对风险的把握和化解程度，把握得好了，获取收益的概率就会大一些，否则就有可能导致损失。

（2）从机会成本的角度对风险进行分析。这种观点认为风险决策必须考虑机会成本。人们往往认为获取收益就是成功，就避免了损失，就保证了资源的有效利用。其实这种认识是不全面的，至少它忽视了机会成本的存在。机会成本是人们可以预见和认知的将要被放弃或已经放弃的最佳机会和最高收益。真正的收益不仅仅是指某种选择获取的收益减掉会计意义上的成本，还需减掉机会成本。在资源有限的情况下，若决策者选择一种手段来获取收益，就必须放弃用其他手段来实现收益。选择正确，效率很高，则收益就有可能会实现；反之，就会有所损失。这时候风险分析是必须考虑的因素。

（3）从预期的角度剖析风险的内涵。这种观点认为风险概念与预期是密不可分的，预期是各种主体对与当前行为决策相关不确定变量所做的主观预测，来指导相应行为决策。在经济环境中的不确定性只是构成了风险的可能性，而行为主体所做的主观预期在有限信息和有限理性的约束下，在不确定中选择错误的方向和不当措施，才使风险从可能成为现实。

（4）从风险与危险的关系给出风险的概念。这种观点认为风险是一种不确定性，是为获取某种收益而不得不承担遭受某种损失的可能性，它有可能会向坏的方向发展（丧失机会），也有可能会向好的方向发展（把握机会），因而损失有可能发生，也有可能不会发生；即使损失发生了，其影响可能大些（有的会导致危险），也可能很小（化解和削弱）。而危险则不一样，它是一种有可能失败、灭亡或遭受损害的境况，它的发生只会产生不利结果，如果不加以解决，会直接导致毁灭。可以说，风险可能会导致危险，但不等同于危险，关键看风险发生的概率和破坏程度。从这一角度来看，金融风险与金融危机并不是等同的概念。

（5）从不同决策者对待风险的不同态度展开对风险的研究。这种观点用效用这一指标来量化决策者对待风险的态度，可以给每个决策者测定他的对待风险的态度的效用曲线（函数），这就能得到不同形状的效用曲线，并表示了不同决策者对待风险的不同态度，可以将决策者分为保守型、中间型、冒险型三种。

综合以上各种风险定义的合理因素，可以得出在现代经济领域比较公认的风险定义：所谓风险，系指由于不确定性而引发的出现损失（或获利）的可能性；这一可能性的分布状况显示风险的程度；风险的实现或发生依赖于经济主体对风险的预期与态度。对于经济个体而言，风险因其偏好的不同而表现为或正（对风险偏好者）或负（风险厌恶者）的效用；对于经济整体而言，风险过大会导致市场稳定预期难于形成，交易后果难于预测，风险厌恶者退出交易，交易规模下降，从而使市场先是动荡，既而萎缩，经济发展停滞，甚或倒退，因此主要表现为负面因素；但从另一方面看，风险又有促进分工、推动制度变迁，进而促进经济发展和社会进步的作用。

（二）金融风险的涵义

在了解什么是风险以后，再来回答什么是金融风险就容易了许多。国内外关于金融风险的解释比较多，比较典型的包括：

①克罗凯特（A. Crodkett，1997）认为，“金融风险是价格的不正常活动，或大量的经济和金融机构背负巨额债务及其资产负债结构恶化使得它们在经济冲击下极为脆弱并可能严重地影响宏观经济的正常运行”。②英国金融学家格利茨（L. Galitz，1998）认为，“金融风险是对暴露于风险中的任何金融实体在财务经营方面所造成的冲击”[①]。③史密斯（Smith C W，1995）认为，金融风险是指在经济活动中，由资金筹措和运用所产生的风险，即由不确定性引起的在资金筹措和运用中形成损失的可能性。

中国经济学者对风险的解释也很多。例如，刘力（1997）认为，金融风险在中文中通常有三种解释：第一种解释是指企业负债经营导致其权益投资者在企业经营状况和经营风险不变的情况下，其收益风险的增加。第二种理解是指投资者投资于金融资产而面临的投资风险，如投资者投资于银行存款、股票、债券、期货及各种其他衍生金融工具而面临的投资风险。第三种解释是指金融机构运行过程中存在的风险，如银行、证券公司、信托投资公司等在投资和资产运用中存在的风险。魏加宁（1998）认为，金融风险应当是指经济主体在从事资金融通过程中遭受资产或收入损失的可能性。王春峰（2001）认为，金融风险是由于金融市场因素发生变化而对企业的现金流产生负面影响，导致企业的金融资产或收益发生损失并最终引起企业价值下降的可能性。

基于此，可认为“金融风险”（Financial Risk）是指包括金融机构在内的各种经济主体在金融活动或经营活动中，因经济原因或金融制度、金融运行与金融管理等各种因素的不确定变动使经济主体的实际收益与预期收益目标发生偏差，从而导致其在经济活动中遭受损失（或获利）的可能性。准确把握这一定义，必须明确：

（1）金融风险不等于经济损失，它有两种可能，既有蒙受经济损失的可能，又有获得超额收益的可能，其直接表现为货币资本的损失或收益。我们不仅要注意它的消极方面，更要注意它的积极因素和积极作用。例如，东南亚金融危机在使东南亚各国经济遭受破坏，产生巨大的损失的同时，也使东南亚各国政府更加重视对金融体系建设的完善和对宏观经济、经济结构的调整。这样有助于各国的经济发展更加稳定，有助于东南亚各国经济向高层次转变。

（2）金融风险仅指存在和发生于资金的借贷和经营过程中的风险，只要一进入

---

① 格利茨对金融风险所下的定义在西方有一定的代表性。但是，20世纪90年代以来许多国家和地区接连发生的金融危机表明，在当代金融领域里不仅存在微观金融活动的风险，还存在着宏观金融活动的风险。

这个领域，也就是说只要一进行资金的借贷和经营活动，金融风险就随之形成并可能产生实际的损失。

（3）不确定的经济活动是产生金融风险的必要条件，预期行为目标的偏离是金融风险产生的充分条件。

（4）金融风险中包括金融机构在内的各个经济主体主要指从事资金筹集和经营活动的经济实体，它包括居民个人、企业、事业单位、银行、非银行金融机构，甚至政府等。

二、金融风险的类型

金融体系庞大而复杂，金融风险具体的存在形式也是多种多样的，这是金融客观性的一种外在表现。关于金融风险的分类，由于研究的角度不同，存在着多种分类方式。根据不同的标准，可以将金融风险划分为不同类型。不同类型的金融风险，其构成要素、形成机理、发展趋势和后果各不相同。因此，从不同的角度对金融风险进行分类，并掌握其构成要素有助于全面、深刻地认识各类金融风险，有针对性地采取防范、化解措施。

（一）按金融风险的性质划分

按金融风险的性质划分主要将金融风险分为两大类：系统性金融风险和非系统性金融风险。这也是最为常见的一种分类方式。

1. 系统性金融风险

系统性金融风险是指由金融活动主体本身不可控制的因素所引起的，金融市场所有参与者共同面临的风险。这里的不可控制的因素包括政治、经济及社会心理等因素，其后果往往是在整个金融体系中，引发“多米诺骨牌”式爆发的金融风险。系统性金融风险又有周期性金融风险和结构性金融风险之分。周期性金融风险是由经济周期引起的，周期性经济危机往往形成周期性金融危机。结构性金融风险也可以说是特殊性金融风险，通常是由经济、政治或军事事件、自然灾害等特殊原因引起的。系统性金融风险不能通过资产多样化来分散和回避，因此又称为不可分散风险。

2. 非系统性金融风险

非系统性金融风险是指由于内部和外部的一些因素的影响，使个别经济主体（或金融机构）遭受损失甚至倒闭的可能性。非系统性金融风险往往是由于金融活动主体由于经营不善从而造成损失的情形，是除了系统风险以外的其他风险。非系统性金融风险属于个别经济主体的单个事件，对其他经济主体没有产生影响或者影响不大，没有引起连锁反应。非系统性金融风险可以通过分散化投资策略来规避，因此又称为可分散风险。这样的划分也不是绝对的。由于金融风险具有传染性，非系统性金融风险一旦发生，可能向整个经济金融领域扩散，从而转化为系统性金融风险，或者非系统性金融风险积累到一定程度，也有可能转化为系统性金融风险。

（二）按金融风险的层次划分

长期以来，金融风险在国外被许多人看成一种微观金融活动的风险。但是，20世纪90年代以来许多国家和地区接连发生的金融危机表明，在当代金融领域里不仅存在微观金融活动的风险，而且存在着宏观金融活动的风险。按金融风险的层次划分，金融风险可分为微观金融风险和宏观金融风险。

1. 微观金融风险

微观金融风险是指微观金融活动主体在其金融活动和管理过程中发生的资产损失或收益损失的可能性。从微观层面看，金融企业经营不善，经营风险控制不力，如汇率波动造成巨额损失、资产质量低下，银行信用等级不断下降，导致存款人挤兑、亏损破产等；金融企业大肆进行金融投机，发生巨额亏损，导致破产倒闭；从事洗钱等非法活动被揭露查处造成停业倒闭等，都是这一类金融风险的典型表现。

2. 宏观金融风险

在现代金融制度下，居民、企业、银行、政府各主体之间，特别是企业与企业、银行与银行之间，存在着纵横交错的债权债务链条。这些债务链条从另外一个角度看，就是传递或扩散金融风险的通道，在特定情况下，往往一个债务人发生支付危机就能诱发连锁反应。因此，微观层面的个别和局部的金融风险控制不力，波及范围迅速扩张，则可能演进成为宏观层面金融风险。

宏观金融风险是从整个国家或全球角度所言的金融风险。宏观层面的金融风险可以分为调控偏差型和制度缺陷型两类。调控偏差型金融风险是由于宏观调控部门，尤其是金融调控当局在进行经济、金融调控运作过程中，因调控目标、调控时机、调控力度以及调控手段等选择偏差造成的金融风险。如墨西哥金融危机就是因在不适宜的时机（政局动荡、外国投资者信心减弱、经济严重依赖进口、贸易连年逆差、外资流入、中短期投机性资金比重过高等情况下）宣布比索贬值引发的。泰国金融危机也属此类型。制度缺陷型金融风险则是由于宏观调控部门，特别是金融调控当局对经济、金融制度建设、安排的缺陷导致的金融风险。如日本金融危机的产生，一是政府任由股票、房地产等资产价格飞涨，没有安排相应的约束制度，以至于经济泡沫不断膨胀；二是金融监管当局对金融机构大量资金进入房地产领域对泡沫经济推波助澜，没有建立有效监管和控制制度。又如，韩国发生的金融危机，也主要是因为制度上的缺陷，使得银企之间的不良信用膨胀，企业规模盲目扩大。在出现大批企业破产的情况下，产生连锁反应，酿成空前的“信用恐慌”，再加上长期以来的金钱与权力的勾结与交换，政府控制不力，从而引发了本次严重的金融危机。

（三）按金融风险产生的根源划分

按金融风险产生的根源划分，可以将其分为自然风险、社会风险、经济风险、政治风险、技术风险五种类型。

（1）自然风险是指由于自然力的不规则变化，引起的种种物理和化学的实质性的危险因素，造成的物质财产损毁和人员伤亡所引起的风险。如水灾、火灾、风灾、雷电、地震等自然灾害，都可能使银行蒙受经济损失。

（2）社会风险是指由于反常的个人行为或不可预料的团体行为所导致的风险。如抢劫、盗窃、诈骗、冒领、罢工、故意破坏等事故，都可能给金融机构经济上造成灾害性损失。

（3）经济风险是指金融机构在货币经营和信用活动中由于主观努力的程度和客观条件的变化而引起的风险。如经营管理不善、资金需求变化、利率与汇率变动、通货膨胀等，都可能使金融机构遭受意外的经济损失。

（4）政治风险是指由于政局的变化、政权更替、战争、种族冲突、恐怖活动等，给整个金融业造成的风险。如2001年美国遭受的“9·11”恐怖袭击事件，使美国的金融业遭受了相当沉重的打击，甚至波及全球金融市场。

（5）技术风险是指由于科学技术发展所带来的某些不利因素而导致的金融风险，类似于前面微观金融风险中的系统风险。例如，计算机系统出现故障和运行差错，各种银行经营器具的故障，都可能给金融业带来不同程度的经济损失。

（四）按金融风险涉及的范围划分

按金融风险涉及的范围划分，可以将金融风险分为单项业务风险、个别金融机构风险、区域性风险和国家风险四种类型。

（1）单项业务风险是指金融机构在办理某项具体业务时，由于各种因素的影响，使实际收益低于预期收益或资产流失，而使金融机构蒙受损失的风险。如某笔贷款因借款人意外事故而不能收回贷款本息造成的风险。

（2）个别金融机构风险是指个别金融机构在筹措资金经营资产、开展业务、进行经营管理的过程中，由于主客观各种复杂因素的影响，使其整体上出现支付困难，甚至破产的风险。

（3）区域性风险是指某一地区由于许多复杂因素的组合和偶然事件的引发，使整个地区的绝大多数金融机构均出现支付困难，社会金融监控体系处于失控、失效状态的风险。

（4）国家风险是指由于复杂、深刻的社会经济矛盾的作用，由偶然事件触发而引起巨大的金融风险，迅速波及整个国家范围，需要政府以国家代表的身份来承担和化解的金融风险。

另外，按金融风险的形态划分，金融风险可以分为信用风险、利率风险、流动性风险、操作风险、汇率风险、法律风险和政策风险等。这些在前面章节已有介绍，此处不再赘述。

三、金融危机

由于金融机构之间存在密切而复杂的债权债务联系，因此金融风险具有很强的传染性（Financial Risk Contagiosity）。金融风险可以由一个经济主体传递给别的经济主体，可以由一家金融机构传递给别的金融机构，可以由一个国家传递扩散给别的国家，结果可能导致系统性金融风险甚至世界性金融危机。一旦某个金融机构的金融资产价格发生贬损以至于不能保证正常的流动性头寸，则单个或局部的金融困难很快便演变成了全局性的金融动荡。金融危机就是金融风险由小到大、由此及彼、由单个金融机构到整个金融体系、由一个国家到另一个国家甚至全球化发展的过程，是金融风险的范围和强度不断放大的过程。金融危机的生成与传导主要基于以下两个方面：

（一）金融危机传递扩散的乘数效应具有递增性

金融机构破产的影响和扩散与普通企业是不同的，金融机构破产倒闭的影响和扩散的乘数效应具有递增性。普通企业的破产也会通过乘数效应而扩散，但每一轮的次级效应都是递减的。而金融体系内的各个金融机构之间是以信用链互相依存的，如果一家金融机构发生困难或破产，就会影响到它的存款人完成各自商业义务的能力，影响到同破产机构有业务联系的其他金融机构，还会影响到它的借款人（使借款人不得不提前偿还贷款或者得不到本来预料中的追加贷款）。其负面影响会随着每一轮而增强，少数金融体系的风险就变得越来越大，金融危机便会爆发。

（二）银行间的支付清算网络的“多米诺骨牌效应”

银行同业支付清算系统把所有的银行联系在一起，从而造成了相互交织的债权债务网络，这既不允许金融机构出现流动性不足，也不允许其在汇市或股市的资产贬损，因为基于营业日结束时的多边差额支付清算系统使得任何微小的支付困难都可能酿成全面的流动性危机。曾有过模拟试验来测算其中一家参与者无力支付对其他机构产生的连锁反应，结果表明一家参与行暂时丧失支付能力时将引起“米诺骨牌效应”，最终导致其他近一半参与者无力支付的结果；同时信息的不对称使债权人不能像对其他产业那样根据公开信息来判断某个金融机构的清偿能力，因此债权人便会将某一个金融机构的困难视为其他所有者表面相似业务的机构发生困难的信号，从而引发对其他金融机构的挤兑行为，最终导致金融危机。

相关链接

1997 年亚洲金融危机

1997 年 6 月，一场金融危机在亚洲爆发，这场危机的发展过程十分复杂。到 1998 年年底，大体上可以分为三个阶段：1997 年 6 月至 12 月；1998 年 1 月至 1998 年 7 月；1998 年 7 月到年底。

第一阶段：1997 年 7 月 2 日，泰国宣布放弃固定汇率制，实行浮动汇率制，引发了一场遍及东南亚的金融风暴。当天，泰铢兑换美元的汇率下降了 17%，外汇及其他金融市场一片混乱。在泰铢波动的影响下，菲律宾比索、印度尼西亚印尼盾、马来西亚林吉特相继成为国际炒家的攻击对象。8 月，马来西亚放弃保卫林吉特的努力。一向坚挺的新加坡元也受到冲击。印度尼西亚虽是受“传染”最晚的国家，但受到的冲击最为严重。10 月下旬，国际炒家移师国际金融中心中国香港，矛头直指香港联系汇率制。而中国台湾当局突然弃守新台币汇率，一天贬值 3.46%，加大了对港币和香港股市的压力。10 月 23 日，香港恒生指数大跌 1 211.47 点；28 日，下跌 1 621.80 点，跌破 9 000 点大关。面对国际金融炒家的猛烈进攻，中国香港特别行政区政府重申不会改变现行汇率制度，恒生指数上扬，再上万点大关。接着，11 月中旬，东亚的韩国也爆发金融风暴，17 日，韩元对美元的汇率跌至创纪录的 1 008：1。21 日，韩国政府不得不向国际货币基金组织求援，暂时控制了危机。但到了 12 月 13 日，韩元对美元的汇率又降至 1 737.60：1。韩元危机也冲击了在韩国有大量投资的日本金融业。1997 年下半年日本的一系列银行和证券公司相继破产。于是，东南亚金融风暴演变为亚洲金融危机。

第二阶段：1998 年年初，印度尼西亚金融风暴再起，面对有史以来最严重的经济衰退，国际货币基金组织为印度尼西亚开出的药方未能取得预期效果。2 月 11 日，印度尼西亚政府宣布将实行印尼盾与美元保持固定汇率的联系汇率制，以稳定印尼盾。此举遭到国际货币基金组织及美国、西欧的一致反对。国际货币基金组织扬言将撤回对印度尼西亚的援助。印度尼西亚陷入政治经济大危机。2 月 16 日，印尼盾同美元比价跌破 10 000：1。受其影响，东南亚汇市再起波澜，新元、马币、泰铢、菲律宾比索等纷纷下跌。直到 4 月 8 日印度尼西亚同国际货币基金组织就一份新的经济改革方案达成协议，东南亚汇市才暂告平静。1997 年爆发的东南亚金融危机使得与之关系密切的日本经济陷入困境。日元汇率从 1997 年 6 月底的 115 日元兑 1 美元跌至 1998 年 4 月初的 133 日元兑 1 美元；5、6 月，日元汇率一路下跌，一度接近 150 日元兑 1 美元的关口。随着日元的大幅贬值，国际金融形势更加不明朗，亚洲金融危机继续深化。

第三阶段：1998 年 8 月初，乘美国股市动荡、日元汇率持续下跌之际，国际炒家对中国香港发动新一轮进攻。恒生指数一直跌至 6 600 多点。中国香港特别行政区政府予以回击，金融管理局动用外汇基金进入股市和期货市场，吸纳国际炒家抛售的港币，将汇市稳定在 7.75 港元兑换 1 美元的水平上。经过近一个月的苦斗，使国际炒家损失惨重，无法再次实现把中国香港作为“超级提款机”的企图。国际炒家在中国香港失利的同时，在俄罗斯更遭惨败。俄罗斯中央银行 8 月 17 日宣布年内将卢布兑换美元汇率的浮动幅度扩大到 6.0：1 至 9.5：1，并推迟偿还外债及暂停国债券交易。9 月 2 日，卢布贬值 70%。这都使俄罗斯股市、汇市急剧下跌，引发金融危机乃至经济、政治危机。俄罗斯政策的突变，使得在俄罗斯股市投下巨额资金的国际炒家大伤元气，并带动了美欧国家股市和汇市的全面剧烈波动。如果说在此之前亚洲金融危机还是区域性的，那么俄罗斯金融危机的爆发，则说明亚洲金融危机已经超出了区域性范围，具有了全球性的意义。到 1998 年年底，俄罗斯经济仍没有摆脱困境。1999 年，金融危机结束。

第三节 金融监管

由于金融业在国民经济中的特殊重要地位以及金融风险的巨大危害性，加强对金融业的监管，一直受到各国政府的高度重视。有效的金融监管是稳定金融体系的保障，金融监管制度也成为现代金融制度的一个重要组成部分。金融监管是金融监督（Supervision）和管理（Regulation）的复合词，它的涵义有狭义与广义之分。狭义的金融监管是指金融监管当局为保障金融机构的稳健经营和金融市场的健康发展，保护公众利益并促进社会经济发展，对金融机构及其业务活动实施的外部监督和管理。广义的金融监管是指金融监管当局对金融业的监督和管理，还可以指金融机构的自我监督管理和内部控制，以及金融机构同业自律与社会监督的全方位的综合监管体系。本节将在金融监管理论介绍的基础上，重点介绍金融监管的目标、原则、内容、体系和国际合作等内容。

一、金融监管的理论

（一）金融监管的基础理论

目前，一般都把用来解释社会管制的三种理论运用在金融监管中。一是社会利益论。该理论认为监管通常发生在市场失灵的领域，目的是为了保护公众的利益。二是捕获论或追逐论。该理论认为监管当局往往被监管者所利用，监管提高的是被监管者的利益，而不是社会福利。三是经济监管论。该理论是到目前为止较为确切的一种理论，它提出了可检验的假设和一系列合乎逻辑的推理。这三种理论基本上将金融监管看成一国政府对市场失灵的反应，在金融领域由于存在外部效应、公共产品和不完全竞争，无法保证资源的配置达到帕累托最优。概括为以下四点：

（1）金融体系的负外部效应尤为严重。外部效应是指一些产品的生产与消费会不直接参与这种活动的企业或个人带来有害或有益的影响。其中有益的影响即为正外部效应，否则就是负外部效应。金融机构的破产与倒闭及其连锁性反应将通过货币信用紧缩破坏经济增长的基础，则是金融体系的负外部效应。

第一，金融机构的高杠杆率决定了当其发生倒闭时金融机构所遭受的损失要远远小于广大客户，故其负的外部效应要大得多。

第二，金融领域出现的问题具有“传染性”的特点，其负的外部效应有可能会自我放大。典型的例子是一家银行的挤兑引发整个银行业的危机。

第三，金融领域负的外部效应的自我放大发展到极端，有可能导致系统崩溃，进而可能使宏观经济的稳定性也遭到破坏。此外，即使没有发生上述传染性行为的蔓延，也有可能发生系统危机，这最有可能发生在清算体系或机制之中。

按照福利经济学的观点，外部效应可以通过征收“庇古税”来进行补偿，但是金融活动巨大的杠杆效应——个别金融机构的利益与整个社会的利益之间的严重不对称性使这种办法变得毫无效力可言。另外，科斯定理从交易成本的角度说明，外部效应不可能通过市场的自由机制得以消除。因此，需要一种市场以外的力量介入来限制金融体系的负外部效应。

（2）稳定、有效而公平的金融体系是一种公共产品。公共产品是指其消费既不具有排他性又不具有竞争性的物品。由于金融体系带来的利益为社会公众共同享受，无法排除某一部分人享受此利益，而且增加一个人享用这种利益也并不影响生产成本。因此，金融体系对整个社会经济具有明显的公共产品特性。作为公共产品会面临一个“免费搭车”的问题，人们虽有内在动力消费这一物品，却得不到有效的激励为这一公共产品的提供做出贡献，从而导致这一公共品的提供不足。因此，政府应通过外部监管来保持金融体系的健康稳定。

（3）信息不完备或信息不对称。在古典经济学和新古典经济学中，理想的市场机制是处于信息充分且对称的状态下，因此将不确定性排除在理论视野之外。而事实上，任何市场体系都不能满足上述假设条件，尤其是金融市场体系，信息不完备与不对称现象更为突出，导致即使主观上愿意稳健经营的金融机构也有可能随时因信息问题而陷入困境。然而，收集和处理信息的高昂成本又使金融机构往往难以承受，因此，政府及金融监管当局就有责任采取必要的措施减少金融体系中的信息不完备和信息不对称。

（4）金融市场是不完全竞争的市场。不完全竞争主要有两种情形：一是垄断行为，包括自然垄断和人为垄断；二是竞争中存在不正当的或欺骗的行为。首先，金融业务存在规模经济，规模越大，成本越低，报酬越高。这意味着它具有一定的自然垄断倾向。典型的例子是清算中介，如果所有交易可通过一家清算机构处理，则会极大地便利交易的进行。此外，银行的规模越大、分支机构分布越广，就越有可能为客户提供安全和便捷的服务，因而就能吸引更多的客户。而一旦一家金融机构占据了相当的市场份额，其他类似的金融机构的进入障碍就会加大，竞争就会减少，因而就有可能形成收取垄断价格的市场势力。其次，金融领域还可能发生不正当竞争，如银行业和证券业的从业者利用所掌握的有关企业和证券市场的内部信息谋一己私利；又如银行对特别的客户发放不正常的“关系贷款”；再如金融机构为争夺储户而不计成本地提供过分的优惠条件或者做虚假的广告宣传都属于恶性竞争，会破坏正常的市场秩序。因此，必须通过实施监管以纠正市场缺陷，避免市场失灵。

（二）金融监管理论的历史演进

政府干预还是自由放任问题历来是各派经济学家争论的焦点，尽管金融监管本身并不等同于政府干预，但是金融监管理论却受着政府干预理论的强力支持，因而也随着争论双方的此消彼长而发生变化。

（1）20 世纪 30 年代以前，金融监管理论的自然发展阶段。20 世纪 30 年代以前自由市场经济盛行，因而有关金融监管理论主要集中在实施货币管理和防止银行挤兑的政策层面，而对于金融机构经营行为的规定、监管和干预很少涉及，金融监管没有什么固定制度可以遵循。在17世纪荷兰“郁金香泡沫”事件、英国“南海泡沫”事件和18世纪初法国“密西西比泡沫”事件等几场金融风波的推动下，1720年6月英国颁布旨在防止过度证券投机的《泡沫法》，标志着世界金融史上政府实施金融监管的正式开始，它的许多重要原则一直持续影响到今天，但它并非是完全现代意义上的金融监管。

真正意义上的金融监管，是与中央银行制度的产生和发展直接相联系的，19世纪末20世纪初中央银行制度的普遍确立是现代金融监管的起点，有关的金融监管理论也从此发端。建立中央银行制度最初的目的在于统一管理发行货币，而不是监管整个金融体系，更不涉及金融机构的微观行为。

在古典和新古典经济学里，货币是“中性的”，对经济没有实质性的影响，因此中央银行所进行的统一货币发行，并不是进行政府干预。统一货币发行之后，货币信用的不稳定问题仍然没有消失，许多金融机构常常由于不谨慎的信用扩张而引发金融体系连锁反应式波动。因此，为防止信用危机导致的银行倒闭从而给金融业乃至整个经济活动带来的剧烈影响，中央银行逐渐开始对金融机构提供必要的资金和信用支持从而担当起最后贷款人的角色，对金融机构的客户承担信用保险的责任。这样，中央银行就从以统一货币发行和提供弹性货币供给为特征的货币管理职能，又逐渐衍生出最后贷款人的职能，承担稳定金融和经济体系的责任。最后贷款人制度为中央银行自然演变为更加广泛的金融活动的监管者奠定了基础。因为中央银行的最后贷款可以成为迫使金融机构遵从其指示的一个重要砝码，由此，中央银行就有可能而且也有必要进一步对金融机构的经营行为进行检查。但这种检查主要是基于贷款协议的安排，类似于商业银行对借贷企业所进行的财务及信用检查，而不是行政上或法律上的行为。所以，真正意义上的金融监管是20世纪30年代大危机后，美国通过立法赋予了中央银行和后来设立的证券监管机构以真正的监管职能开始的。

总而言之，20世纪30年代以前的金融监管理论主要集中在实施货币管理和防止银行挤提政策层面，对于金融机构经营行为的规则、监管和干预都很少论及。这种状况与当时自由市场经济正处于鼎盛时期有关。然而，20世纪30年代的大危机最终扭转了金融监管理论关注的方向和重点。

（2）20世纪30~70年代，严格监管、安全优先。真正现代意义上的金融监管是在20世纪30年代大危机后，大危机最终扭转了金融监管理论关注的方向和重点。大危机中大批金融机构的倒闭，表明金融市场具有很强的不完全性，“看不见的手”无所不能的作用只是理想上的。在金融市场上，由于市场信息的不完全和金融体系自身的特点，使得市场的运作可能出现失灵。立足于市场不完全、主张国家干预政策的凯恩斯主义取得了经济学的主流地位，成为当时金融监管理论快速发展的经济学理论背景。由于大危机的影响，本时期产生的金融监管理论的主要内容和出发点是维护金融体系安全，主张政府的宏观政策干预，弥补市场缺陷，强化金融监管。这段时期的金融监管理论研究认为，自由的银行制度和全能的金融机构具有较强的脆弱性和不稳定性，因而银行过度参与投资银行业务，并最终引发连锁倒闭是经济危机的导火索。

这一时期金融监管理论主要是顺应了凯恩斯主义经济学对“看不见的手”的自动调节机制的怀疑，为20世纪30年代开始的严格而广泛的政府金融监管提供了有力的注解，并成为第二次世界大战后西方主要发达国家对金融领域进一步加强管制的主要论据。在凯恩斯主义宏观经济理论的影响下，传统上中央银行的货币管理职能也转化为制定和执行货币政策并服务于宏观经济政策目标，金融监管更加倾向于政府的直接管制，并放弃自由银行制度，从法律法规和监管重点上，对金融机构的具体经营范围和方式进行规范和干预逐渐成为这一时期金融监管的主要内容。

（3）20世纪70~80年代末：金融自由化，效率优先。严厉的金融监管付出了金融体系效率损失的沉重代价，20世纪70年代困扰西方国家十年之久的“滞账”宣告了凯恩斯主义宏观经济政策的破产，以新古典宏观经济学和货币主义、供给学派为代表的自由主义理论和思想开始复兴。在金融监管理论方面，金融自由化理论也随之逐渐发展起来，其影响也在学术界和实际金融部门不断扩大。

金融自由化理论主要从两个方面对20世纪30年代以后的金融监管理论提出了挑战。一方面，金融自由化理论认为政府实施的严格、广泛的金融监管使金融机构和金融体系的效率低下，压制了金融的发展，从而最终导致了金融监管的效果和促进经济发展的目标不一致；另一方面，金融监管作为一种政府行为，其实际效果也受到政府在解决金融领域市场不完全问题上的能力限制，市场机制中存在的信息不完备和不对称现象，在政府金融监管过程中同样会遇到，而且可能更加严重，即政府也会失灵。因此，金融自由化理论以“金融压制”和“金融深化”理论为代表，主张放松对金融机构过度严格的管制，特别是利率管制、经营范围限制、经营地域限制，以恢复金融业的竞争，提高金融业的活力和效率。

20世纪30年代以前的自由金融体系，基本不受管制，导致了其在20世纪30年代的大危机中的崩溃，因而在20世纪30年代至70年代，金融体系的安全成为优先考虑的目标。然而随着金融监管，特别是直接的价格管制和对经营行为的行政管制的日益广泛和深入，使得金融机构自主经营和自我发展的步伐受到严重束缚。特别是在存款保险制度已充分发挥其稳定作用、银行挤兑现象已经大为减少的情况下，金融机构的效率、效益的重要性逐渐显现出来，并超越了安全性目标的重要性。所以，金融自由化理论也不是全面否认和摒弃金融监管，而是要求政府金融监管做出适合于效率要求的必要调整。

（4）20世纪90年代至今：安全与效率并重的金融监管理论。80年代后半期、90年代初，金融自由化达到了高潮，全球化、开放式的统一金融市场雏形形成。但随着20世纪90年代初开始的系列区域性金融危机的相继爆发，迫使人们又重新开始关注金融体系的安全性及其系统性风险，金融危机的传染与反传染一度成为金融监管理论的研究重点。在1997年亚洲金融危机之前，面对世界各国金融开放的热潮，一批有识之士，如斯蒂格利茨和青木昌彦就提出了金融约束论，该理论是金融监管理论进一步发展的标志。对于金融危机爆发的原因，在理论界研究甚多，一般倾向于认为，金融自由化和金融管制的放松并不是最主要的原因。事实证明，很多高度开放的经济体，同时拥有较高的金融自由度和市场稳定性，并且为经济发展提供了效率保证。一些专家认为，问题的关键可能在于那些实行金融自由化的国家，其政府管理金融活动的能力，以及经济发展和开放策略的顺序存在差异。

因而，金融监管理论逐步转向如何协调安全稳定与效率。现在的金融监管理论研究重点除了继续以市场的不完全性为出发点对金融监管进行研究之外，也开始越来越注重金融业自身的独特性对金融监管的要求和影响。这些理论的出现和发展，不断推动金融监管理论向管理金融活动和防范金融体系中的风险、金融危机的传播方向转变。鉴于风险和效益之间存在着替代效应，金融监管理论这种演变的结果，既不同于效率优先的金融自由化理论，也不同于20世纪30~70年代安全稳定优先的金融监管理论，而是二者之前的新的融合与均衡。另外，面对经济一体化、金融全球化的发展，对跨国金融活动的风险防范和跨国协调监管也已成为当前金融监管理论的研究重点，金融监管必须加强国际合作与协调。

二、金融监管的作用和原则

（一）金融监管的作用

纵观当今西方国家金融监管的作用，主要在于保障金融机构稳健经营和社会公众利益，促进金融市场的公平竞争与效率。具体有以下几个方面：

（1）保持金融体系的稳定、维护正常的金融秩序。一国经济的平稳运行高度依赖于该国金融体系所提供的正常服务。银行业提供的支付结算和资金清算服务保障了经济交易活动的正常进行，使得债权债务能够得到及时清偿；银行经营的货币更因其作为现代银行制度的核心要素，成为各国政府、中央银行监管和货币政策的主要标的物，因而银行业历来是受严格监管的行业。证券业为企业直接融资提供极其重要的途径，同时也为社会公众提供更多的投资选择机会。保险业不仅对各种灾害损失和风险提供赔偿，并且作为社会保障体系的重要组成部分为社会公众提供人寿和养老保险服务。由此看来，如果金融体系运行出现问题，会对整个国民经济和社会公众利益造成损害或者“接触性传染”进而产生灾难性的影响。因而，保持金融的稳定和安全有序地运行就成为金融监管的一个主要目标。

（2）保护存款人、投资者和消费者的利益。金融业在社会经济生活中涉及面很广，保护存款人利益就是保障广大储户存入金融机构的资金安全。存款人由于在同金融机构的交易活动中处于信息劣势，难以了解金融机构的业务经营情况和财务状况，其自身利益往往得不到保护，因此许多国家实施金融监管的基本动因就是要保护存款人利益。近些年来，各国银行法还将这种保护银行债权人利益的监管目标，扩展到保证和维护借贷双方的正当权益，保护金融投资者和消费者利益。体现在要求债权人向债务人提供公开、公平的信贷条件，确保所有客户都享受公平合理的信息条件和待遇，以便消费者在各个贷款提供者之间做出理性的分析和选择，并进而促使金融机构的安全与效率性经营。

（3）促进金融市场的竞争和高效运行。良好金融市场的一个特征是以具有竞争力的价格提供优质的金融产品和服务。因此，金融监管的目标之一就是创造出一种提高效率并鼓励竞争的管理结构，促使金融服务适度化，在市场经济中更好地运作。效率可以被定义为以一定量的资源投入获得最大的产出，适度竞争是高效率的手段，而过度竞争则增加金融市场的风险。要实现高效率、富有竞争性的金融管理体制的监管目标，必须做到银行准入和适度规模经济的控制，保持公平竞争的环境。金融监管应该具有良好的适应能力，适时地以新的监管方式、更适宜的制度与规则替代旧的管理方式，促成金融机构能够尽快地适应经济环境的变化和技术进步；同时，不过度限制金融机构的活力或以监管政策代替其经营决策，允许和鼓励正常合理的金融创新，提高金融市场的效率。按照市场有效竞争的法则，监管不是保证所有银行不倒闭，否则会使经营不善的银行在竞争中得到过度保护，客户也不得不接受质次价高的服务，这是对金融业竞争和效率的损害。

（二）金融监管的原则

1997 年 9 月，巴塞尔委员会公布了《有效银行监管的核心原则》，这些原则涉及监管体系的各个方面，渗透到监管工作的各个环节，贯穿于监管行为的整个过程。因此，各国基本上都将其作为金融监管的指导原则。

（1）监管主体的独立性原则。这一原则要求金融监管机构有明确的责任和目标，享有操作上的自主权和充分的资源。同时，为了监管的有效性，还应提供一些条件，如稳健而连续的宏观经济政策、完善的金融部门公共设施、有效的市场约束机制、高效率解决金融问题的程序和提供适当的系统性保护机制等。

（2）依法监管原则。依法监管是各国都严格执行的原则。这一原则包括两个方面：一是金融监管部门严格依法监管，保持监管的严肃性、权威性、一贯性和强制性；二是金融机构必须依法接受金融监管部门的监管，不能有任何特殊和例外。要做到这一点，金融监管法规的完善是前提条件。

（3）内控与外控相结合原则。由于各国金融监管模式、具体的监管风格的不同，其监管工作中内控和外控侧重点也有所差异。有的以外部强制性监督管理为主，如美国和日本等国的情况；有的则以诱导劝说基础上的内部自我约束和自我管理为主，如英国及其他一些西欧国家。外部控制主要是指市场准入、日常监管等。内部控制主要是组织机构健全、会计准则严格规范以及业务操作上的“双人原则”。事实上，要保证金融监管的有效性，需要内控和外控的结合。因为无论外控多么缜密严格，如果监管对象不配合、不合作，设法逃避应付，那么外控监管的效果就会大打折扣；而如果过于寄希望在金融机构的内控上，那么一些不负责任的冒险经营者及无力进行有效内控者，就很容易出问题。所以，客观上，金融监管中必须是内控与外控相结合。

（4）稳健运行与风险预防原则。金融监管要以保证金融部门的稳健运行为原则，为此，监管活动中的组织体系、工作程序、技术手段、指标体系设计和控制能力等都要从保证金融体系的稳健出发。当出现异常情况时，如有金融机构无力继续经营时，监管机构要参与促成其被接管或合并，如果这些办法都行不通以致不得不关闭时，那么，监管机构也要有足够的能力保证在关闭这家金融机构时不影响整个金融体系的稳定。

(5) 国际协作的原则。在金融全球化的大背景下，实现了资源在世界范围内的优化配置、提高了各国金融主体的素质和效率，但是同时也给各国金融监管带来了不小的挑战。面对国际金融体体系的系统性风险不断加大、各国金融监管管辖权不明确以及管理制度差异造成的国际金融市场不公平竞争等问题，传统的各自为政的金融监管模式与金融全球化的趋势不再适应。因此，各国必须进行金融监管的国际合作，防止金融危机的产生。

相关链接

巴塞尔协议Ⅲ概述

美国次贷危机的爆发和蔓延，暴露了金融市场的缺陷和金融监管的漏洞，作为国际银行业监管基础的巴塞尔新资本协议（即巴塞尔协议Ⅱ），也因为监管标准的顺周期性和监管要求的风险覆盖能力不足而面临实质性调整的需要。2008 年 4 月，金融稳定论坛（FSF）向 G7 国家财长和中央银行行长会议提交的报告中指出“监管框架及其他政策措施存在问题，如‘巴塞尔Ⅱ’框架等，也是金融机构风险敞口加大、过度涉险及流动性风险管理薄弱的因素之一”，并建议“强化对资本、流动性和风险管理的审慎监管”。在此背景下，为了进一步加强对银行部门的监管和风险管理，巴塞尔银行监管委员会以“巴塞尔Ⅱ”为基础，制定了一套全面的改革措施，即所谓的“巴塞尔Ⅲ”。2010 年 9 月 12 日，巴塞尔银行监管委员会召开中央银行行长及监管当局负责人会议，就“巴塞尔Ⅲ”的基本框架达成一致。2010 年 11 月，二十国集团领导人首尔峰会正式通过了该框架。该协议关于提高资本监管的要求有：

(1) 最低普通股要求。根据巴塞尔委员会此次会议达成的协议，最低普通股要求即弥补资产损失的最终资本要求，将由现行的 2%严格调整到 4.5%。这一调整将分阶段实施到 2015 年 1 月 1 日结束。同一时期，一级资本（包括普通股和其他建立在更严格标准之上的合格金融工具）也要求由 4%调整到 6%。

(2) 建立资本留存缓冲。协议规定，在最低监管要求之上的资本留存缓冲应达到 2.5%，以满足扣除资本扣减项后的普通股要求。资本留存缓冲的目的是确保银行维持缓冲资金以弥补在金融和经济压力时期的损失。当银行在经济金融处于压力时期，资本充足率越接近监管最低要求，越要限制收益分配。这一框架将强化良好银行监管目标并且解决共同行动的问题，从而阻止银行即使是在面对资本恶化的情况下仍然自主发放奖金和分配高额红利的（非理性的）分配行为。

(3) 建立反周期资本缓冲。根据经济环境，建立比率范围在 0~2.5%的普通股或者是全部用来弥补损失的资本，也就是反周期资本缓冲。反周期资本缓冲的建立是为了达到保护银行部门承受过度信贷增长的更广的宏观审慎目标。对任何国家来说，这种缓冲机制仅在信贷过度增长导致系统性风险累积的情况下才产生作用。反周期的缓冲一旦生效，将被作为资本留存缓冲的扩展加以推行。

（4）考虑以杠杆率指标作为最低资本要求的补充。杠杆率指标与资本充足率的主要差别是，杠杆率是未经风险加权的指标，资本充足率可以通过人为操纵来达到监管要求，而杠杆率对风险不敏感，较难操纵。监管当局应从2011年年初开始对杠杆率进行监测，在2013年至2016年的过渡期内就3%的一级资本杠杆率进行测试。根据过渡期的实施结果，2017年上半年将进行最终调整，并在合理评估和校准的基础上，从2018年1月1日起纳入资本协议的最低资本要求中。

（5）建立流动性风险监管标准，包括衡量短期流动性比例指标的流动性覆盖率（LCR）和衡量中长期结构化比例指标的净稳定融资比率（NSFR）。LCR是指优质流动性资产储备与未来30日的资金净流出量之比，该比率的标准是不低于100%，2015年1月开始实施。引入这一指标的目的在于保证国际活跃银行具有长达30天的高质量流动资产，以应对短期机构性或系统性压力情景，同时可抵御银行批发性融资（包括担保融资）的大量流出。NSFR是指可用的稳定资金与业务所需的稳定资金之比，该比率应大于100%。其目的在于促使银行在压力情景下进行更长期限的融资，减少对不稳定融资来源的依赖，2018年1月前开始实施。

三、金融监管的模式

金融监管模式是指对金融业进行监管的制度及其组织机构之间的关系的总称。纵观世界各国金融监管体制的实践，金融监管模式按照发展状况和程度不同大致有以下三种选择模式：

（一）统一监管模式

典型的统一监管模式是指对不同的金融行业、金融机构和金融业务均由一个统一的监管机构负责监管，这个监管主体可以是中央银行或其他机构。因此，统一监管模式有时又称为“一元化”监管模式。

统一监管模式的优点是：①成本优势。统一监管可以节约技术和人力的投入，更重要的是可以大大降低信息成本，改善信息质量，获得规模效益。②改善监管环境。表现在两方面：一是提供统一的监管制度，避免由于多重监管者的监管水平、强度不同，使被监管者面临不同的监管制度约束；二是避免被监管者对多重机构重复监管及不一致性无所适从。③适应性强。金融业务创新日新月异，统一监管模式可迅速适应新业务，避免监管真空，降低新的系统性风险。同时也可减少多重监管制度对金融创新的阻碍。

统一监管模式的缺点是：缺乏竞争性，易导致官僚主义。因此，就要求监管主体必须建立一个能够使其潜在优势（规模经济等）得以最大化的内部结构，同时要防止潜在的风险。

相关链接

混业监管的典型——英国

1979年英国国会通过了英国有史以来的第一个《银行法》。该法规定，所有吸收存款的金融机构（包括国外银行）都要向英格兰银行登记，请示批准。未经批准的机构不得吸收存款。《1987年银行法》规定英格兰银行负责该法实施，英格兰银行内设金融监管委员会，依法履行监管职责；内设金融监管处，具体负责金融监管的执行工作。1997年英国政府为适应金融全球化和欧元诞生的挑战，又一次对金融监管体制进行了改革，将英格兰银行的监管权力剥离出去，把银行监管责任从英格兰银行转移到证券投资委员会，并于1997年10月28日成立了金融监管服务局（Financial Service Authority）。英国金融监管服务局主要负责对银行、住房信贷机构、投资公司、保险公司及金融市场、清算和结算体系的监管。英格兰银行审慎监管银行业的职责被剥离，其任务是执行货币政策，发展和改善金融基础设施。英国财政部则全面负责金融监管组织构架的确定和金融监管的立法。另外，所有的自律组织合并为一个单一机构，所有金融机构的审慎监管由金融服务监管局负责。新成立的金融服务监管局负责所有金融机构和市场的审慎监管和日常监管，英国正式实行全新的混业监管模式，并于2000年通过《金融市场与服务法案》，从法律上确认了这种金融监管体制的改变。

早在20世纪80年代后期，北欧的挪威、丹麦和瑞典已经开始将分散的监管机构合并，成立综合性的金融监管机构，实行统一监管模式。1996年以后，日本和韩国也转向这种模式。截至1999年，真正实行统一监管的有13个国家，包括瑞典、挪威、丹麦、冰岛、日本和韩国等。

（二）分业监管模式

分业监管模式是指在金融业实行分业经营的前提下，根据不同金融业务领域而分别设立对应的监管机构，实行监管专业化。如分别按银行、证券、保险、信托等成立监管主体，并由各监管主体负责各业的监管。因此，分业监管模式又称为“多元化”监管模式。目前分业监管模式较为普遍，实行分业监管较为典型的国家有美国、加拿大、法国等。

分业监管模式的优点是：①专业监管机构负责不同的监管领域，具有专业化优势，职责明确，分工细致，有利于达到监管目标，可提高监管效率。②具有竞争优势。尽管监管对象不同，但不同机构之间存在竞争压力。

分业监管模式的缺点是：①多重监管机构之间难于协调，可能引起“监管套利行为”，即被监管对象有空可钻，逃避监管。若设立多重目标或不透明的目标，容易产生分歧，使被监管对象难于理解和服从。②从整体上看，分业监管各个机构庞大，监管成本较高，规模不经济。

相关链接

典型的分业监管国家

美国对金融机构的监督管理由货币监理署（the Office of the Controller of the Currency，OCC）、联邦储备委员会（Federal Reserve Board，FRB）、联邦存款保险机构（Federal Deposit Insurance Corporation，FDIC）、州政府银行局等多家机构分头负责。美国国内的银行分为联邦银行（或国民银行）和州立银行。联邦银行的设立由货币监理署负责认可，其日常运营则受到联邦储备委员会和联邦存款保险机构监管。州立银行的设立和运营则受到各州政府银行局的监管。为了适应近年来经济、金融环境的变化，美国政府开始改革这种监督体系，依照新的制定的《1999年金融服务现代化法》，将原来按机构分类分别监管的体制改为按金融服务功能分类分别监管的制度。

在加拿大，加拿大银行、银行总监察局和加拿大存款保险公司共同负责银行业的监管。加拿大银行主要从信用控制的角度进行监管，银行总监察局则主要监管银行经营是否安全稳妥和守法，加拿大存款保险公司主要负责为银行提供资金、管理方面的援助，增强公众信心。

法国银行业的监管机构主要有法兰西银行（Banque De France）、国家信贷委员会和银行委员会（Commision Bancaire）。银行委员会负责银行是否遵守各项银行法律、法规，监控银行财务状况，确保银行稳健经营。法兰西银行负责实施现场检查。国家信贷委员会负责银行的注册登记，审查银行资本额、法律身份等。

（三）不完全统一监管模式

这是在金融业综合经营体制下，对完全统一和完全分业监管的一种改进型模式。这种模式可按监管机构不完全统一和监管目标不完全统一划分。具体形式有牵头监管和“双峰式”监管模式。牵头监管即在多重监管主体之间建立及时磋商和协调机制，特别指定一个牵头监管机构负责不同监管主体之间的协调工作。“双峰式”监管模式是指根据监管目标设立两类监管机构：一类负责对所有金融机构进行审慎监管，控制金融体系的系统性风险；另一类机构是对不同金融业务经营进行监管。

不完全监管模式的优势是：

（1）与统一监管模式相比，一是在一定程度上保持了监管机构之间的竞争与制约作用；二是各监管主体在其监管领域内保持了监管规则的一致性，既可发挥各个机构的优势，还可将多重机构的不利最小化。与完全分业监管模式相比，这种模式降低了多重监管机构之间互相协调的成本和难度。同时，对审慎监管和业务监管分别进行，避免出现监管真空或交叉及重复监管。

（2）具有分业监管的优点。其最大优势是通过牵头监管机构的定期磋商协调，相互交换信息和密切配合，降低监管成本，提高监管效率。

相关链接

巴西和澳大利亚的监管模式

巴西是较典型的牵头监管模式。国家货币委员会是牵头监管者，负责协调中央银行、证券和外汇管理委员会、私营保险监理署和补充养老金秘书局分别对商业银行、证券公司和保险公司进行监管。

澳大利亚是“双峰式”监管模式的典型。澳大利亚历史上由中央银行负责银行业的审慎监管。自1998年开始不完全统一监管模式的改革。新成立的澳大利亚审慎监管局负责对所有金融机构的审慎监管，证券投资委员会负责对证券业、银行业和保险业的业务经营监管。

四、金融监管的国际合作

20世纪末，金融全球化成了“双刃剑”，一方面，资本的自由流动促进了经济增长，提高了生活水平；另一方面，金融全球化导致了金融风险一体化。原有的金融监管机制通常是一种只针对一国金融市场的、各自为政的缺乏合作与协调的封闭式的监管机制。然而随着金融业的国际化进程，这种分割的金融监管框架的缺陷日益突出，并构成国际金融业的不稳定因素，增加了潜在的金融风险。金融全球化及伴随而来的方方面面的变革和冲击，打破了金融业原有的传统格局，使传统的金融监管机制失去了存在的基础，金融监管机制的相应变革已是金融业发展的必然选择。

金融国际化要求实现金融监管本身的国际化。因此，新的金融监管机制必须要反映金融监管国际化的要求。所谓金融监管国际化，是指金融监管活动跨出国界，以及据以进行监管的各国立法及惯例趋于一致的过程和状态。实现金融监管的国际化要满足监管标准的统一化、监管内容的趋同化、监管手段的现代化和监管机构的综合化等具体要求。满足所有这些要求的基础和前提就是要建立监管方面的国际合作。通过金融监管的国际合作，打破分割式的金融监管模式，有助于形成统一的金融监管框架，进而满足金融监管国际化的要求，增强抵御金融风险的能力。通过金融监管的国际合作机制建立监管合作组织，有助于促进政府间和民间的监管交流，维护国际金融市场的安全和稳定。金融监管的国际合作机制能克服原有的国际金融监管机制的缺陷，适应金融全球化的需要，因而它的产生顺理成章。

（一）金融监管国际合作的必要性

1. 国际金融业经营风险增大，要求加强对国际金融市场的监管

以扩大资产规模为战略重点的国际银行业为获取较高的资产收益和资产增长速度，压低价格和放宽条件提供贷款，从而使银行资金营运的风险程度加大。20世纪70年代以来，随着脱媒现象的出现，国际性商业银行为了巩固和传统客户的关系，不得不压低贷款利率与放宽贷款条件，借以维持或发展银行资产业务。但这种做法实质上使银行贷款的实际收益和质量下降，银行资产经营风险不断上升。在激烈的国际金融竞争中，商业银行为了占领并扩大市场份额，各种金融新产品和新业务在银行资产负债表外迅速滋生。这些表外业务风险的模糊性和特殊性，使得商业银行

在不知不觉中承担了各种潜在风险。长期以来，发展中国家债务问题困扰着国际银行业的稳定与发展，债务国违约的潜在风险，实质上也使国际银行经营的潜在风险加大。为了确保金融体系稳定，必须进一步加强银行应付风险的能力。因为，现代金融业的发展，导致全球各国金融机构紧密相关，互为依存，一家或几家国际性商业银行发生问题，将导致整个金融体系周转不灵，乃至诱发局部性或震荡性金融危机。所以，需要各国中央银行加强合作，协调和加强对国际金融业的监管，以减轻国际金融业经营的风险。

2. 各国中央银行政策不一，需要加强对国际金融市场的统一监管

各国中央银行对商业银行监督管理的原则、指标体系和技术口径宽严不一。例如，资本资产比率，各国规定从 1%～6%，差别很大；对流动性比率和贷款集中程度限制高度也不统一，从而造成国际银行之间严重的不平等竞争。离岸金融中心的商业银行几乎完全不在中央银行的监管之下。世界上有十来个离岸金融中心，如卢森堡、开曼群岛、巴拿马群岛和巴哈马群岛离岸金融中心的商业银行，都不在任何一国中央银行的有效监管之下，形成国际银行的特殊掩护地和避风港。发展中国家国际银行业崛起是当代国际银行业的新发展，由于种种原因，发展中国家中央银行的监管体系仍处在形成和有待完善的初级阶段，政策、工具、监管技术手段相对比较有限，就更难有效地监督和驾驭国际商业银行了。各国金融风险管理技术与水平程度差异较大。迄今为止，并非一切国家都有正式的或非正式的存款保险制度，对保险对象的确定原则和保护程度也不同。例如，对本国在外国的分支机构，有的国家的存款保险制度包括了二者，有的完全排除了二者，有的只包括前者，有的只包括后者。国际银行一旦破产倒闭，赔偿责任的问题就谁也说不清了。综上所述，迄今为止，由于复杂的原因，对国际银行业及金融市场的监管远不是全面的、系统的、统一的和有效的，从而需要加强对国际金融市场的统一监管。

3. 国际金融市场动荡日趋频繁，需要协调、统一国际金融市场监管

国际金融市场不受任一国货币当局的约束，是一个相对自由的市场。要使这一市场的参与者都平等的基础上公平合理竞争，光靠自律是不够的。若国际金融市场不受监管，那么就会有许多问题不能及时暴露出来，从而造成十分严重的后果。特别是随着 20 世纪 70 年代固定汇率制的崩溃以及金融自由化和国际化程度的不断提高，金融创新大量涌现，表外业务飞速发展，一方面促进了国际金融市场整体效率的提高，产生了积极的经济效益；另一方面也给国际金融体系的安全稳定带来了一系列的问题，使国际金融市场不稳定性增加，造成国际金融市场动荡加剧。如整个 20 世纪 80 年代，美国共有 1 086 家商业银行倒闭，是 1934—1980 年银行倒闭数的 46 倍；1991 年著名的国际商业信贷银行倒闭一案冲破了人们认为国际金融界的大银行不会倒闭的观念，说明外部监管等约束的重要性。20 世纪 90 年代，特别是 1991 年以来国际银行危机业已加深，经营环境恶化，利润下降，倒闭者增多，且大银行合并、收购频繁，如英国巴林银行倒闭、法国里昂银行经营危机、日本大和银行经营危机等。此外，国际金融市场上的金融丑闻也不断曝光，如 1991 年 6 月，日本野

村、大和、兴业和山一四大证券公司在证券交易中给客户以“补偿”，引诱客户购买某种股票的丑闻，在华尔街爆发美国所罗兄弟证券公司董事长和总裁因欺诈性国库券交易而辞职的丑闻等。这些都充分说明，加强和协调国际社会对国际金融市场统一监管的必要性和紧迫性。

相关链接

美国“次贷危机”演变为全球金融风暴

美国次贷危机自2007年2月次级按揭资产质量问题浮出水面以来，愈演愈烈，从次贷信用危机发展成影响美国投资银行、保险公司及商业银行等主要金融机构的华尔街危机，并向全球金融市场扩散，出现全球流动性危机。雷曼破产导致市场对手方风险（Counter-party Risk）大幅增加，雷曼以及AIG等机构大规模出售资产及去杠杆化（Deleveraging）对市场估值体系造成巨大冲击，使得银行间融资市场流动性枯竭。同时，在信贷紧缩的背景下，企业融资成本居高不下，房地产价格下跌导致的财富效应的破灭影响消费开支，将对美国及全球实体经济增长带来冲击。流动性泛滥、追求风险收益及金融创新带来的高杠杆率是本次金融危机的根源。次贷问题及所引发的金融危机，直接原因是美国房价下跌引起的次级贷款资产质量下降。美联储在IT泡沫破灭之后长期实行宽松的货币政策，在低利率的环境下，投资者对投资回报的追求带来了对风险的偏好，金融创新（MBS，CDO及CDS等）提供了提高杠杆比率的工具。2004年中开始，美国连续加息17次，2006年起房地产价格止升回落，信贷风险凸显，过高的杠杆比率使得金融机构的抗风险能力极为脆弱。在这一过程中，监管机构对投资银行承担的风险以及资本充足率的监管严重缺失。各国政府积极出台应对政策：为缓和次贷危机引发的金融风暴的影响，避免经济陷入衰退，各国中央银行及政府运用扩张性的货币和财政政策来进行救市及刺激经济增长。2007年9月份以来，美联储连续多次降息，将联邦基金利率由5.25%降至2%；2008年1月，美国公布了耗资约1 680亿美元的退税方案，以促进个人消费和企业投资。在金融市场，针对流动性（Liquidity）枯竭，美联储及各国中央银行出台一系列政策，包括通过定期拍卖工具（TAF）向存款性金融机构提供贴现融资、推出定期证券借贷工具（Term Securities Lending Facility）及推出一级交易商信贷工具（PDCF）等；针对偿付能力（Solvency）问题，美国政府提出动用7 000亿美元来收购金融机构账面上流动性差、市场认为风险较高的资产，但该方案在9月30日遭到美国众议院否决，新方案于近期推出并重新提交国会批准。随着危机的不断加重，多国中央银行采取同步减息的措施。同时，各国监管机构还出台了限制卖空的措施，以提振股票市场的信心。

（二）金融监管国际合作的发展特点

1. 金融监管国际协调合作的趋势加强

到目前为止，国际社会在金融监管国际协调与合作的两大重点：一是对有关国家货币汇率和汇率制度安排上的干预、监督和协调，二是以国际清算银行和巴塞尔银行监管委员会为中心组织的对国际银行业的一系列协调各国金融监管当局行为的活动。两点监管上协调与合作的脉络十分清晰，重点突出。

在汇率和汇率制度安排方面，自 1973 年浮动汇率制得到国际社会承认后，国际社会完善、增加了对汇率和相关金融活动的监管方式，相机性等协调方式得到了充分应用。

在对国际银行业的监管方面。国际清算银行和巴塞尔银行监管委员会组织了一系列协调各国金融监管当局的行为的活动。这些协调与合作的活动主体明确，规则详尽，并为各国普遍接受。巴塞尔银行监管委员会通过一系列《巴塞尔协议》和 90 年代以来新制定的两项重要原则（即 1997 年通过的银行业有效监管核心原则和 1998 年提出的关于《确定贷款价值、计提呆账准备金、加强信用风险信息披露的指导原则》）以及 1999 年公布的《新的资本充足比率框架》，在交流监管信息、制定银行监管条例及防范银行经营风险等方面，加强与各国监管当局的国际协调与合作。

1997 年亚洲金融危机发生之后，金融监管的国际合作问题更引起了国际社会的高度重视，越来越多的国家和国际组织加入了这一跨世纪的合作行动中；同时，监管合作的范围也逐渐从传统的货币汇率和银行业务方面，扩展到包括银行、证券、保险、外汇、金融衍生产品等在内的整个金融活动领域。作为银行业监管者的巴塞尔银行监管委员会和作为国际证券业监管者的国际证券委员会组织，以及与作为国际保险业监管者的国际保险委员会组织之间协调与合作已经越来越频繁和深入。不但国际性的金融组织扩大了监管与合作的范围，各国政府面对金融业混业经营的趋势，也在不断地调整或建立新的监管机构，赋予监管机构新的职能，从而使金融监管的国际协调与合作在不同层面上获得扩大与深化。

2. 金融监管国际协调与合作的机制逐渐健全

金融监管国际协调与合作的机制主要包括：

（1）信息交流。由于金融业的迅速发展，金融业务活动不断扩大与创新、各国的金融监管政策与措施等会不断补充变化，各国间、各国与国际性经济金融组织间的信息交流显得更加迫切与必要。

（2）政策趋同或相互融合。在信息交流的基础上，各国之间可以进一步实行趋同的经济政策与金融监管政策，以避免相互之间产生矛盾和分歧。

（3）联合行动。包括两个方面：一是一般性的联合行动，两国或多国政府之间通过交换信息并同意在金融监管目标上达成一致或基本一致后，便可求同存异实行联合行动；二是紧急联合拯救行动，即针对各国金融运行中出现的突发性事件或某种金融危机，各国与国际性金融组织所进行的共同行动，由此防止各国独善其身的政策或政策实施不当使危机更加严重或蔓延。从信息交换到政策的趋同或相互融合，再到共同的监管行动，机制的层次逐渐提高。

3. 金融监管国际协调与合作的主体不断增加，功能不断完善

从 BIS、IMF、GATT、到巴塞尔银行监管委员会，从国际证券委员会组织和国际保险监管者协会，到 1995 年开始正式运行的 WTO 金融监管国际协调与合作的主

体在不断增加，它们之间的协调与合作也越来越频繁。例如，国际证券委员会组织和巴塞尔银行监管委员会在衍生金融市场监管方面进行了一系列合作，包括提出风险管理的指南和信息披露的调查、联合出版了《衍生产品信息披露报告》、修订了《银行和证券经营机构衍生产品业务监管信息框架》等。国际证券委员会组织还与设在国际清算银行的支付与结算委员会（CPSS）进行密切合作，共同发布了《证券结算体系的披露框架》，旨在协助市场参与者了解证券结算系统的风险。国际保险监管者协会、国际证券委员会组织与巴塞尔银行监管委员会于1996年共同建立了"金融集团联合论坛"，把金融监管的协调与合作推向新的高度。

（三）中国的实践与经验

中国在金融监管的国际合作方面已经取得了一定的成效。我国的金融法律、法规已采用了巴塞尔协议的大多数建议，我国还参与了1997年巴塞尔委员会的《银行业有效监管核心原则》的制定和修改工作。此外，1999年3月，中国人民银行积极与国际清算银行联合，在北京举办了金融监管研讨会等。1997—1998年东南亚金融危机后，中国引以为鉴，完善了国内金融监管制度，并承诺人民币不贬值，在1998年取得了7.8%的经济增长，这些都有利于增强中国的世界经济地位。目前，中国已参加了国际货币基金组织、国际清算银行、亚洲开发银行等多个国际金融组织，逐步加强了与各国金融监管当局的合作与交流，先后与英国、日本、韩国、新加坡、泰国等国建立了正式或非正式的双边磋商和联系制度。但是客观来说，我国在金融监管的国际合作方面还很不完善，亟待改善。面对金融监管的国际合作趋势，为使我国金融业及其监管在激烈的国际竞争中不受歧视和赢得更多的国际比较利益，我国应对金融监管的国际合作做出积极回应。

1. 健全法制，为金融监管的国际合作提供全面的法律依据

近年来，我国金融法律建设的成绩是巨大的，但与参与国际合作的客观要求还有一定差距，主要表现为可操作性不强、配套法律尚不完备。例如，中央银行监管法、外汇管理法、银行业稽核法、信托法、典当法等，或尚未出台或未提出操作性强的实质性内容。健全金融监管的法律环境既有利于促进我国金融监管工作的法律化进程，又有利于我国金融监管的国际合作。为此，我国必须做好两方面的具体工作：①将金融方面的规章和监管工作中一些成熟且有效的做法尽快法律化。我国金融监管方面的规章体系庞杂且不配套，甚至仍带有传统的行政干预的色彩。通过将其系统化、法律化，既可以提高国内监管效果，又可以增强海外金融机构及其监管当局对我国金融业和金融监管的信心，进而促进我国金融监管的国际合作。②超前进行金融立法。金融企业不同于其他企业，金融监管更是有别于对一般企业的监督管理。随着我国加入世贸组织的临近和我国金融市场的快速开放，金融业的行业风险特点决定了我国必须超前进行金融立法，特别是在金融监管方面，绝不能"摸着石头过河"。超前立法的具体做法，可以是在充分考虑到我国国情的条件下，移植国外通行的法律规定，首先避免因监管不善而爆发大的金融风险的可能性，然后再在实践中逐步修改并完善。

2. 提高中国金融监管的国际化程度

其方法是：①应认可现有的金融监管国际合作的国际规则，并积极参与国际规则的制定。承认某一国际公约、协议，不可避免要让渡部分国家主权。但假如不在根本上损害中国国家利益，只限于短期利益和长期利益之间的矛盾，在可以承受的短期损失的情况下，还是应以长期利益为取向。同时，国际金融市场就好像是做一场大游戏，那么谁制定游戏的规则，谁就更容易在游戏中获胜。加强国际金融的监管合作，正在和将要制定一系列的国际规则。参与制定规则的国家，就有更多的从未来的国际金融发展中获益的机会。所以，中国应当重视和尽早参与国际金融方面的规则制定工作，以求更有效地保护自己的利益，融入国际金融市场，成为国际金融监管合作的重要一员。②我国应改变单调内向的金融监管策略，采取综合性的国际性的监管策略，监管的政策、手段与全球发展趋势一致。一是监管政策的取向要从国际业整体来考虑，监管政策的覆盖面应该包括国内金融业、国内金融业的国外分支机构和我国境内的外国金融机构；二是监管内容要适应金融业跨国经营带来的新问题，出现的新的经营风险特别是国家风险；三是监管手段应该比照国际标准，与国际接轨。③加强国内金融监管立法的国际化程度。加入世界贸易组织后，作为成员国，我国既要享受世界贸易组织成员提供的多边、稳定、无条件的最惠国待遇，享受其他国家和地区贸易自由化的成果，又要履行相应义务，包括在制定金融监管法律、法规时要遵守世界贸易组织的规则，将条约一般义务和特别义务（我国在具体承诺中的国际义务）反映在国内立法，并增加金融监管立法的透明度等。

3. 加大与国外监管机构的合作，建立双边及多边信息交换机制

近年来，我国按照《巴塞尔协议》的有关原则，先后与英国、日本、中国香港等国家或地区的金融监管当局建立了正式或非正式的双边磋商与联系制度。随着区域经济及国际银行业监管的一体化趋势，我国应在多边范围内建立国际金融监管信息储备中心，从而有助于减少对国际银行业务的监管成本。同时还必须与东道国非银行金融机构及境外银行机构成在城市监管分支机构加强合作交流，以减少银行监管的灰色区域，实现对银行海外机构的多层次、多方位的有效监管。同时，加强与国际金融监管机构的合作，通过技术援助、定期磋商、互访及共同参与制定国际监管规则等方式，提高我国的金融监管水平，并保持国际金融体系的安全和稳定。

4. 加快实行全球性综合并表监管

并表监管是对国际银行实行有效监管的必要条件。目前，在欧盟成员国与十国集团内已经实现了并表监管。但由于我国目前的会计制度与有关的东道国及国际通行的会计准则不尽相同，故实现并表监管尚存在一定的障碍。为此，就必须按照国际通用的会计准则对现行会计准则做必要修改。对于并表监管内容，针对银行跨国经营的特点，可就资本充足性、贷款集中程度及国家风险优先考虑，而对目前尚不能实现并表的项目，也必须从综合监管的角度出发，对整个银行集团进行综合评估。

第四节 中国金融风险及其监管问题

一、中国主要金融风险及形成原因

（一）中国银行业存在的主要风险

1. 融资结构风险

现阶段，我国社会融资结构的突出特点是以银行贷款为主的间接融资在社会总融资量中占绝对优势。这就给银行业带来三方面的风险：

（1）我国现在实行社会主义市场经济，在竞争过程中导致企业优胜劣汰是很正常的事，与之相联系，一定比例的债务违约也是正常的。但是，由于整个社会90%以上的融资都通过银行贷款方式完成，这种社会融资结构将分散的企业经营风险过度集中到银行体系，而我国金融市场极不发达，银行缺乏必要的金融工具将风险转移和分散出去，对我国金融稳定构成了威胁。此外，企业高负债的资本结构实质上激励企业进行高风险投资和经营活动，反映到金融领域，就是银行客户的整体风险偏大、贷款潜在违约率高、不良贷款问题比较严重。

（2）我国贷款利率受到管制，资金价格形成机制非市场化。受到管制的贷款利率如果偏离市场均衡利率，信贷资金就会产生短缺或过剩，资金难以在利率的引导下配置到运用效率较高的部门。

（3）资金使用和偿还情况缺乏透明度，难以对债务人产生较强的市场约束。特别是在经济体制转轨过程中，国有银行对国有企业的债权由于受到多种体制性因素的影响呈软约束状态，国有企业贷款违约，国有银行也无法行使惩罚权力，反而形成了国有金融体制对国有企业的金融支持和国有企业对这种支持的刚性依赖。

2. 存贷期限结构风险

近年来，我国商业银行“存款短期化、贷款长期化”现象严重。这种存贷期限不匹配给我国商业银行带来的风险主要是：①银行获得的短期资金以长期信贷的形式提供给借款者，银行必须靠稳定的短期存款来支持中长期贷款，一旦短期存款难以为继，可能引发流动性风险。②长期贷款是利率敏感性资产，定期存款是利率敏感性负债。在我国利率处于下行周期的环境下，短存长贷即利率敏感性资产多于利率敏感性负债，会导致商业银行的净利差收入减少。③由于我国中长期贷款主要投放到固定资产和基础设施领域，不仅导致一些行业出现过热，而且当这些行业出现产能过剩时，银行潜藏的信贷风险加大。

3. 政府行政干预风险

我国政府有时把商业银行尤其是国有银行作为“宏观调控措施”的主体部分，经济过热时让其压缩贷款，经济萧条、需求不足时又让其增加贷款；中央政府把国有银行贷款作为财政资金的替代，如在安排大型项目建设计划时，部分资金缺口留给国有银行贷款安排；给银行援助性贷款或政策性扶贫贷款任务等。如果银行不遵从政府的意愿，会受到各级政府的强大压力，导致商业银行行为的扭曲。一旦宏观经济出现波动，信贷规模紧缩，银行资产将会恶化。

4. 银行经营风险

虽然目前我国银行业各项指标良好，安全系数和盈利水平较高，但是这些成就并非全是银行经营和风险控制能力提升的结果，政府所起的作用不容忽视。我国银行业受次贷的影响有限可控，是因为政府对金融机构对外债券投资严格管制，所以损失才较少；不良贷款率下降更多是因为银行扩张信贷规模和政府政策性剥离不良贷款而实现的。事实上，由于与国际金融市场联系越来越紧密，外围风险传导冲击加剧，国内金融市场不发达，政府干预过多，衍生工具匮乏，投资管理理念、手段落后，我国银行业日常经营面临的风险将越来越大。此外，银行盈利模式单一，仍然依赖传统业务以及非市场化的利率差获取利润，中间业务收入比重较低。

（二）非银行业金融机构存在的主要风险

1. 保险公司面临的风险

由于受次贷危机的影响，我国保险公司可能面临如下风险：①经济不景气时，人们的投保决策相对保守，保险公司的保费收入增长面临减缓；企业破产、劳动者失业等各种损失的概率显著上升，保险公司的保费支出会相应增加，这一增一减使保险公司的利润缩水。②我国为应对次贷危机采取宽松的货币政策，处于降息周期中，保险公司可能会出现“利率倒挂”的现象，加剧保险公司的困难。③受股市大幅下跌的影响，保险公司投资性资产可能出现普遍亏损。

2. 证券公司面临的风险

随着我国证券市场二十多年来的发展，我国的证券公司得到了迅速发展，政府有关部门也不断制定相关法律、法规、条例等制度规范证券业务操作流程。但在证券公司的实际运营中，仍然存在极大的风险。按业务构成划分，我国证券公司面临如下风险：

（1）证券经纪业务风险。经纪业务收入占证券公司总收入的60%左右，因此经纪业务风险是证券公司最基本的风险。我国证券公司经纪业务风险主要是交易差错风险（如开户、委托、清算交割出错风险和技术风险等）和违规经营风险（如挪用客户保证金风险和融资违规操作风险等）。

（2）证券承销业务风险。因为证券承销项目周期长，受市场不可预测因素影响较大，随着监管力度的加强，证券公司的连带责任增加，公司各项风险增大。受当前市场波动加大的影响，特别是包销业务占用资金、所包销股票价格下跌造成的损失及部分可供出售资产未来价格波动等将直接影响证券公司的业绩。

（3）自营业务风险。在我国，证券自营业务专指证券公司为自己买卖有价证券产品的行为。其风险主要包括：法律风险，如从事内幕交易、操纵市场行为等被发现后，证券公司受到法律制裁而导致的损失；市场风险，这是证券公司自营业务面临的主要风险，受 2008 年次贷危机期间的股市大跌影响，一些证券公司在自营业务上出现亏损；经营风险，如投资决策或操作水平低、管理不善或内控不严而遭受到损失。

二、中国金融风险的形成原因

关于中国金融风险形成原因，目前学术界有不同的解释。有的认为主要是国有企业预算约束软化；有的认为主要是金融机构缺乏严格的内部风险控制机制；还有的认为主要是不恰当的行政干预，模糊了商业性贷款与政策性贷款的界限。总结起来，中国金融风险形成的初始原因主要有以下六个方面：

（一）成本转嫁

在我国的经济社会转型过程中，最艰难的问题是：国有企业的改造、社会就业机制的转换、价格体系的调整和重构、地区发展不平衡问题和农民的利益保障等，艰难的问题只能是渐进改革稳步推进的问题，而社会的稳定又是制约改革的先决条件。金融作为资金来源的第一渠道就必然成了社会稳定的“稳定器”，许多社会问题必须依赖金融机构增发贷款来解决。在社会稳定和经济体制改革融资的大背景下，金融机构和国有企业之间就形成了一种扭曲、非经济、强制的信用关系。“稳定器”最直接的表现就是信贷资金的财政化，社会风险向金融机构的转化，于是，金融体系成了改革成本的主要承担者。

（二）经济周期

目前我国金融机构不良贷款居高不下的原因主要有：①由于过度负债、盲目投资、经营行为扭曲，导致企业经营状况恶化；②某些企业趁兼并和破产之机逃废银行债务；③一些地方政府不恰当的干预银行信贷；④某些企业用银行贷款弥补经营亏损、上缴税收，造成信贷资金财政化。然而，深入地分析，经济周期因素是其中的初始原因。美国经济学家明斯基（Hyman Minsky）认为，经济周期的存在会诱使企业进行高负债经营。

企业可分为三类：抵补性企业（这是最安全的借款人）、存在一定风险的投机性企业和风险更大的庞兹企业。在经济处于上升时期，市场呈现一片利好的氛围中，所有企业的预期收益都会提高。其时银行也会“锦上添花”，逐渐放松贷款条件。而企业由于竞争的压力和追求利润最大化的本性，会利用宽松的信贷环境，增加借款。于是，企业中投机性企业和庞兹企业的比重会越来越大，潜在的金融风险会逐步积累。随着经济增长速度的下滑，潜在的金融风险就会变成现实。

（三）啮合故障

按照美国经济学家诺斯（Douglass C.North）的观点，制度创新能给人带来追加收益。产生追加收益的原因有四：规模经济、外部性、风险和交易费用。这些因素在经济发展中起着至关重要的作用。新制度给人们带来的规模收益决定了未来制度变迁的方向。金融改革的成果对现在和将来的制度完善具有强大的影响力，这就是“路径依赖”。因此，金融改革不可逆转。但是，金融改革也是有成本的。这主要表现在两个方面：一方面，就金融制度本身而言，我国处于新旧金融体制交替时期，传统的金融供给制的弊端尚未彻底清除，适应社会主义市场经济的金融制度尚未完全建立起来，新旧金融制度的矛盾或摩擦是难以避免的；另一方面，就金融制度与经济制度的关系而言，传统的资金供给制与高度集中的计划经济体制是在低效率下严格配套的，在计划经济体制向社会主义市场经济体制过渡中，变革的金融制度与转型中的经济制度之间由于推进时间上的快慢而发生“啮合故障”也是不可避免的。

（四）信息不对称

金融机构与借款企业之间存在信息不对称，借款企业自知其投资行为所蕴含的风险，而金融机构则不甚了解。斯蒂格利茨和魏斯分析了不对称信息的信贷市场，银行的期望收益不仅取决于贷款收益，而且也取决于借款人还款的概率。如果贷款的风险与利率无关，则利率提高，银行的收益提高；反之，当银行无法监测贷款人的投资风险时，提高利率将使低风险的借款人退出市场，或者迫使借款人选择更高风险的投资项目。那些愿意支付高利息的人正是那些预期还款较低的人，结果银行的平均风险上升，预期收益下降。在非完全信息条件下，由于双方的机会主义行为和道德风险会导致金融资产质量的恶化。

（五）摩根规则

巴塞尔委员会对操作风险的定义是：由于内部程序、人员、系统的不完善或失误及外部事件所造成损失的风险。有些学者认为，我国金融机构不良贷款率高的一个重要原因是缺乏有效的内部风险控制机制。主要表现在：①没有建立起有效的贷款质量监控和风险防范机制，贷款“三查”制度流于形式；②内部约束机制和监督机制不健全，没有真正做到审贷分离，缺乏权力制衡；③因金融机构之间的竞争压力而违规经营，以贷吸存，高息揽存，高息贷款。但是，仔细研究金融机构内部的信贷监控机制，摩根规则是一个不可忽视的因素。所谓摩根规则，是指金融机构主要根据企业过去的信用记录来决定目前是否贷款，只向前看，不向后看，不太关注企业预期收益。这种规则的根据是历史循环论，假设现在是过去的重复，将来是现在的重复。摩根规则在经济上升时期可能靠得住，然而，一旦经济周期下行，银行原来固守的“安全边界”就变得不安全了。

（六）区域均衡

地区发展不平衡不仅产生于地区资源分布、教育水平、人口素质的不平衡，而且也是由于我国经济发展的阶梯式发展战略所导致的。在经济转轨过程中，东西部差距正逐渐拉大。为了保证社会稳定、缓解民族矛盾和维持经济格局的合理性并实现可持续发展模式，推行了“西部大开发”战略。向中西部注入资本，也涉及扶持“老、少、边、穷”地区的问题。大量银行资金财政化，起到扶贫作用，形成了“扶贫性风险”。同时，东北老工业基地的改造，也大量占用银行资金，形成“东北型风险”。

三、中国金融监管存在的问题

（一）多头监管效率低下，存在监管盲区

随着企业组织形式的多样化，金融混业经营成为常态，金融控股公司的出现对现有的监管模式提出了新的挑战。2018 年以前，各个监管主体在组织结构、监控目标、具体操作上都有很大的差别，对于金融控股公司的监管往往陷入两个极端：一个是中国人民银行、中国银保监会、中国证监会都插手监管，发生监管冲突；另一个是所有的监管主体都不监管，陷入监管空缺，部分金融控股集团借此逃避监管。出现这两种极端的情况下，监管部门之间的协调难度仍较大，监管力度较小。一家金融机构如果从事证券、银行、保险、信托行业，作为监督主体的银监会、保监会和证监会都有权力监管，如果混业发生经营风险，风险责任的认定不明确，在具体的监管中，三家监督主体都是平级的，由谁来牵头负责是主要问题。2018 年国务院成立了中国银行保险监督管理委员会，对银行和保险实行合并监管，将会扫除更多的监管死角。

金融监管对金融控股公司还存在一定的监管盲区，随着金融企业集团化、股份化、综合化，金融控股股份公司成为中国金融组织的发展新模式。目前金融控股公司组织形式多样，有的以商业银行为控股公司，下设银行、证券、保险和金融服务。在中国这种形式主要是四大国有商业银行。有的以保险行业为主业，下设银行、证券、保险服务，如中国平安集团。有的控股公司为非银行金融机构，全资控股证券、保险、金融，如中国中信集团、光大集团和民生集团。我国实行的分业监管体制，对于这种新型的金融业务很难有效监管。主要原因是控股公司所属机构交叉持股，法人机构较为复杂，内部层次复杂化，业务混业经营，信息披露不对称造成监管缺失。

（二）对于金融创新监管乏力

自从 20 世纪 60 年代以来，金融创新不断涌现，实现了金融业的持续繁荣。然而伴随着金融创新的是金融监管的乏力。金融创新的快速发展，不断利用金融监管漏洞，金融监管老是在追逐金融创新修补漏洞，最终导致金融监管滞后。我国的金融创新与西方发达国家相比还具有自身的特点，金融创新是从无到有的，监管部门无法在法规上和制度上做到提前约束，金融创新的弊端只有经过一定时间后才能显现，并不能直接反应。金融创新背后的风险较大，既有金融机构自身的原因，也存在监管不力的原因。在我国当前需要金融创新、又要规范管理和监督，两者存在一定的矛盾。

（三）金融监管的法律法规不健全

虽然我国制定了《中华人民共和国证券法》《中华人民共和国保险法》和《中华人民共和国商业银行法》，但是随着经济社会的发展以及金融领域环境的不断变化，又出现了许多新的问题，他们钻法规的漏洞，金融业的发展面临着巨大的风险。例如，保险行业的佣金手续费居高不下，银行利率市场化已经成熟，但是相关法律

仍未修改。法律作为制度的引领者，做到及时修订完善才能实现金融监管的无缝隙。

（四）金融监管范围过于狭窄

在金融监管方面，监管部门的监管范围较为狭窄，认为金融市场自身能够很好地发挥其作用，政府要尽量少参与市场的自发调节。西方国家也较为推崇市场调节在金融监管中的作用，但是随着安然事件和金融危机的爆发，西方国家也开始注重金融监管部门的监督。从理论上讲，市场可以发挥金融调节作用，但是市场毕竟还是市场，有利益的驱使，需要监管部门认真履行职责，发挥部门调控作用，金融市场才能更完善。正是由于监督不力，过分依赖市场的自我修复功能，银行诈骗案、票据诈骗、内部交易现象才经常发生。目前我国的金融监管成本较高，造成了经营环境的风险，产生了金融市场的无序竞争。

（五）金融机构自律监管效果不明显

金融监管要依靠金融市场的自发调节和修复作用，也需要金融监管机构的宏观调控和具体落实。除此之外，金融机构的自律协会也应该发挥其应有的作用。在我国，金融行业的自律组织和内部控制缺乏应有的作用，无法形成高效、稳定、健全的金融市场体系。具体来说，只依赖于外部的监督，无法满足当前我国金融监督的需要。

综上所述，展望未来，中国在金融领域市场化改革的步伐已不可逆转，这是中国经济金融融入国际经济社会主流的必然选择。但当前必须从基础做起，消除金融隐患。这就需要我国政府积极建立健全完善的金融监管体系，更新金融监管理念、健全和完善监管制度、提高监管有效性，通过促进竞争来提高金融市场效率，从而达到降低风险的目的。未来中国金融发展将沿着金融创新、市场化和对外开放的方向发展，金融监管改革的主基调也在于此。在改革的过程中，需要厘清市场化与政府管制之间的界限，进一步推动金融创新，在确保国内金融业安全的前提下，扩大金融业对外开放的广度，同时主要处理好中央与地方金融监管权力的分工与协调。

本章小结

1. 金融风险是指经济主体在金融活动中遭受损失的不确定性和可能性。金融风险的性质与特点有：①金融风险是和损失联系在一起的；②金融风险是金融活动的内在属性；③金融风险的存在是金融市场的一个特征；④金融活动的每一个参与者都是金融风险的承担者。金融风险与金融危机、金融安全、金融稳定等概念既有联系又有区别。

2. 金融风险种类的划分方法或标准很多。按金融风险的形态划分，金融风险可以分为信用风险、流动性风险、利率风险、汇率风险、操作风险、法律风险、通货膨胀风险、环境风险、政策风险、国家风险；按照风险的性质或严重程度划分，金融风险可以分为系统性金融风险和非系统性金融风险；按金融风险的层次划分，金融风险可以分为微观金融风险和宏观金融风险。

3. 金融风险的产生既有现实起因也有理论根源。从现实的经济生活来看，金融风险的产生与许多的因素有关，其中主要有经济体制、金融监管、金融内控、金融创新、金融投机、金融环境等。从理论层次看，金融体系和金融机构不稳定性理论、金融资产价格波动性理论与信用脆弱性理论能够较好地说明金融风险产生的必然性。

4. 对金融风险之所以需要实施严格的外部监管，原因在于金融风险的外部负效应较大、金融市场中的信息不完全和不对称难以由市场机制消除、金融体系具有内在的脆弱性。不过，也有一些学者对金融监管的有效性提出了质疑。

5. 金融风险监管的具体目标是维系金融体系的稳定和安全，保护社会公众的利益。金融风险监管应遵循独立原则、依法原则、内控和外控相结合的原则、稳健运行和风险预防的原则、国际协作的原则。在金融全球化的背景下，各国迫切需要进行金融监管的国际合作。

6. 中国金融风险形成的原因包括成本转嫁、经济周期、啮合故障、信息不对称、摩根规则、区域均衡几种理论解释。中国金融监管存在以下问题：多头监管效率低下，存在监管盲区；对于金融创新监管乏力；金融监管的法律法规不健全；金融监管范围过于狭窄；金融机构自律监管效果不明显等。

重要概念

金融风险　系统性金融风险　非系统性金融风险　微观金融风险
宏观金融风险　信用风险　金融市场风险　流动性风险　金融操作风险
金融管理风险　金融法律风险　金融监管　统一监管模式
分业监管模式　不完全统一监管模式　啮合故障　摩根规则

进一步阅读推荐

[1] 中国人民银行：http://www.pbc.gov.cn/

[2] 中国银行业保险监督监理委员会：http://www.cbrc.gov.cn/chinese/newIndex.html

[3] 中国金融网：http://www.zgjrw.com

[4] 2009 中国金融稳定报告：http://www.pbc.gov.cn/detail.asp? col=641&ID=33

[5] 中国人民银行. 金融知识国民读本 [M]. 北京：中国金融出版社，2007.

复习讨论题

1. 试述风险定义的层次性与现代发展。
2. 简述金融风险的本质与特征。
3. 试述金融风险的主要分类。
4. 试分析国内外关于金融脆弱性的一些主要学说。
5. 迄今为止，金融监管经历了几个发展阶段？各阶段的监管重心是什么？
6. 国际上主要的金融监管模式有哪几种？这些模式各有什么优缺点？
7. 你是如何认识金融监管国际合作的必要性的？
8. 简述中国金融风险的现状及成因。
9. 中国金融监管存在的主要问题有哪些？

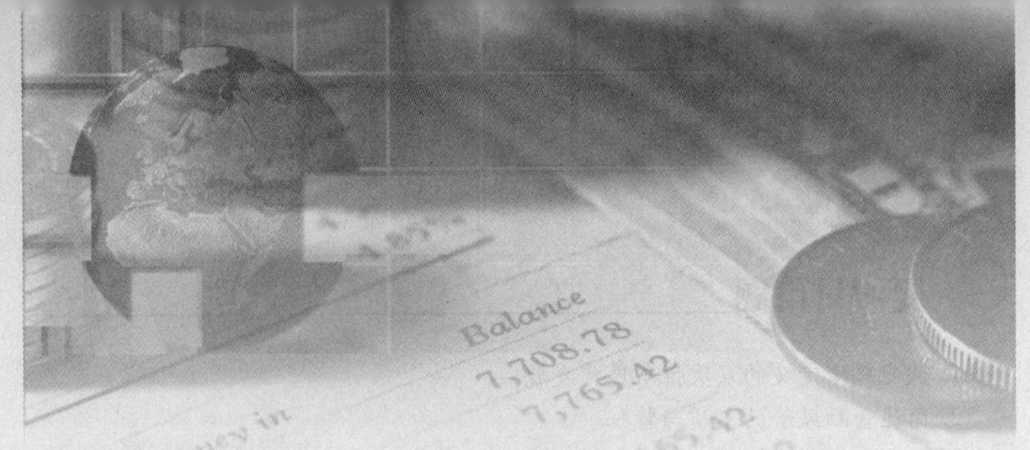

第三篇 货币理论与政策篇

第九章 货币需求理论

学习目的

通过本章学习，你应该能够：

（1）明确货币需求的涵义、特点和决定因素；

（2）掌握费雪方程式、剑桥方程式，并且能够比较两者的异同；

（3）掌握凯恩斯的货币需求理论；

（4）掌握弗里德曼的现代货币数量论；

（5）了解影响中国货币需求的主要因素。

货币的职能决定了货币在经济生活中的重要地位。经济行为的微观主体对货币的主观需求是无止境的，但是从客观上看，不是所有的货币需求都需要得到满足。影响货币需求的因素是多种多样的，不同的货币需求理论对此做出了不同的解释。准确判断社会总体货币需求的数量变化是货币当局确定合理的货币供给，进而进行货币操作的重要依据。

第一节 货币需求的涵义

一、货币需求（Demand for Money）的涵义

（一）货币需求与货币需求量

经济学意义上的货币需求不同于社会学或心理学意义上的需求，也就是说，它

不是一种主观的、一厢情愿的占有欲，而是包括企业、事业单位、政府、个人等在内的社会各部门在既定的国民收入范围内，能够或愿意以货币形式持有而形成的对货币的需求。

货币需求量则是指在特定的时间和空间范围内（如某国、某年），社会各个部门（企业、事业单位、政府和个人）对货币需求持有量的总和，或者说是一定时期内商品生产和流通对货币的客观需求量。

考察货币需求量通常都是从存量角度进行的。然而由于货币存量的多少与流量的大小和速度密切相关，因此，在货币需求量的研究中，就要把存量与流量结合起来，作静态与动态的全面分析。

在特定的时空范围内，人们为什么需要货币、需要多少货币、人们的货币需求受哪些因素的影响等，这是研究货币需求量时必须解决的基本问题。

（二）货币需求的特点

（1）货币需求是一个存量概念。货币需求主要考察特定的时间和空间（如某年底、某国）范围内，社会各部门在其拥有的全部资产中愿意以货币形式持有的数量或份额，因而是一个存量的概念。尽管存量的多少与流量的大小和速度相关，但货币需求理论研究的主要是存量问题。

（2）货币需求是愿望与能力的统一。货币需求以收入或财富的存在为前提，是在具备获得或持有货币的能力范围之内愿意持有的货币量。因此，货币需求不是一种纯主观的或心理上的占有欲望，不是人们无条件地“想要”多少货币的问题。人们对货币的欲望可以是无限的，但对货币的需求却是有限的。只有同时满足两个条件才能形成货币需求：一是必须有能力获得或持有货币；二是必须愿意以货币形式保有资产。有能力而不愿意就不会形成对货币的需求；愿意却无能力则只是一种不切实际的幻想。

（3）货币需求包括对现金和存款货币的需求。现实中的货币需求不仅仅是指对现金货币的需求，而且包括对存款货币的需求。因为货币需求是对所有商品、劳务的流通以及一切有关货币支付、储藏所提出的需求，除了现金之外，存款货币同样也能满足这种需求。

（4）货币需求包括对执行多种货币职能的货币的需求。人们对货币的需求既包括执行流通手段和支付手段职能的货币需求，也包括执行价值贮藏职能的货币需求。前者是对货币作为交换媒介和延期支付手段的需求，后者是对货币作为资产保存形式的需求。二者的差别只在于持有货币的动机不同或货币发挥职能作用的形式不同，但它们都在货币需求的范围之内。如果仅局限于前者，显然不能涵盖货币需求的全部，也与现实经济不相符合。

（三）名义货币需求与实际货币需求

名义货币需求（Nominal Demand for Money）是指社会各经济部门所持有的一定数量的实际存在的货币数量，通常以 M_d 表示。实际货币需求（Rcal Demand for Money）则是指名义货币数量在扣除了通货膨胀因素之后的实际货币购买力，它等于名义货币需求除以物价水平，即 M_d/P。因此，名义货币需求与实际货币需求的根本区别在于是否剔除了通货膨胀（或物价变动）的影响。

在金属货币流通条件下，货币的名义需求与实际需求的矛盾是不存在的。当价格水平稳定不变时，区分名义货币需求与实际货币需求的意义也不大，但在物价总水平有明显波动的情况下，区分并研究实际货币需求对于判断宏观经济形势和制定并实施货币政策具有重要意义。

二、货币需求的主要决定因素

货币需求是一个非常重要的经济变量，了解、把握这个变量不仅能够从货币这个侧面了解国民经济的运行情况和微观经济主体的意愿与行为，更重要的是能为货币当局准确把握需求状况，从而合理供应货币、保持货币供求的均衡提供决策依据。

把握货币需求关键在于把握影响和决定货币需求的因素。货币需求的主要决定因素可以从宏观与微观两个角度进行考察。宏观角度主要从基本面上考察影响和决定一国货币需求的经济总量、经济结构、外在环境以及制度安排等因素；微观角度则是以微观经济主体为对象，从内在心理和外在条件两个方面考察其货币需求的意愿以及由这种意愿引起的需求行为。

（一）宏观角度

从宏观角度进行考察，决定货币需求的主要因素有：

（1）全社会的商品与劳务总量。这一总量取决于一国一定时期的劳动生产力水平，也反映出这时期全社会的市场供给能力。商品和劳务的供给量越大，对货币的需求就越多；反之，则越少。

（2）商品的供求结构。商品供给既取决于劳动生产力水平，又受制于人们对它的需求。只有真正满足人们需要的商品供给，才会产生真实的货币需求。由于商品的供求结构经常发生变化，因而货币需求也经常发生变化。

（3）一般物价水平。对商品和劳务的货币支付必须在一定的价格水平下进行，因而价格水平越高，需要的货币就越多；反之，则越少。

（4）分配结构。经过初次分配和再分配之后，国民收入最终形成国民经济各部门的收入。在现实经济生活中，货币需求实际上是各部门支配其社会产品或收入时发生的。物质资料生产部门进行积累或为补偿生产要素的消耗要有货币需求，非物质生产部门支配其收入来源也要对应一定的货币需求。国民收入的分配结构决定了货币总需求的结构。

（5）货币流通速度。这是指单位货币在一定时期内周转使用或流通支付的次数，反映的是货币功能发挥的程度。货币流通速度越快，单位货币实现或完成的交易就越多，完成一定交易量所需要的货币就越少；货币流通速度越慢，所需要的货币数量就越多。

（6）信用发达程度。信用发达程度越高，意味着信用工具的种类越多，信用活动的效率越高，货币的使用数量也越节省。在交易规模一定的情况下，信用活动越发达，需要的货币数量就越少；反之，则越多。

（7）其他因素。主要包括产业结构、人口规模及密度、经济结构以及交通运输状况等。生产周期长的部门多，资金周转就慢，对货币的需求量就大；人口越多、密度越大，货币需求量也越大；而交通运输、通信设施状况越好，意味着货币流通速度越快，货币支付所需的时间就越短，需要的货币数量就越少。

（二）微观角度

从微观角度进行考察，决定货币需求的主要因素有：

（1）收入水平。企业、机关、家庭及个人等微观主体的收入水平显然是决定他们为交易、财富储藏及生产经营而持有货币的首要因素。一般说来，收入水平越高，以货币形式保有的资产总量就越多。

（2）市场价格水平。对微观主体而言，市场供求状况的变化引起价格水平的波动，进而对货币需求产生影响，这种影响主要是通过改变人们的预期而产生的。如果商品短缺，人们便会产生物价上涨预期，纷纷以实物替代货币，用于贮藏的货币就减少。

（3）利率与金融资产收益率。银行存款利率、债券利率以及股票收益率等金融资产收益率的存在，使得持有货币产生机会成本。金融资产的收益率越高，意味着持有货币的机会成本越高，也就是因持有货币而必须放弃的收入越多，这时人们显然会减少对货币的持有，即减少货币需求。

（4）心理及习惯等因素。在人们的消费倾向提高时，对应于交易活动的货币需求量就会增加；而当越来越多的单位与个人习惯使用支票时，货币周转速度会加快，货币需求量就会减少。

第二节　货币需求理论

本节首先讨论在20世纪初由艾尔文·费雪、艾尔费雷德·马歇尔（Alfred Marshall）和庇古（Arthur Cecil Pigou）等经济学家完善起来的古典理论，然后我们转向凯恩斯的货币需求理论，最后探讨米尔顿·弗里德曼的现代货币数量理论。货币理论的一个核心问题是探讨货币需求的数量是否或者在多大程度上受利率变动的影响。因为这一问题对我们如何看待货币对整体经济活动的影响至关重要，我们将集中讨论利率在货币需求中的作用。

一、古典货币数量论

古典经济学家在19世纪末20世纪初发展起来的货币数量论，是一种探讨总收入的名义价值如何决定的理论。因为该理论同时揭示了对既定数量的总收入所持有的货币数量，所以它也是一种货币需求理论。该理论最重要的特点是它认为利率对货币需求没有影响。

（一）费雪交易方程式

1. 货币流通速度和交易方程式

美国经济学家艾尔文·费雪在他 1911 年出版的那本很有影响的《货币的购买力》（The Purchasing Power of Money）一书中，对古典数量论作了最清晰的阐述。费雪试图考察货币总量 M（货币供给）与经济体所生产出来的最终产品和劳务的支出总量 $P \cdot Y$（也称为经济体的名义总收入或名义 GDP）之间的联系，其中 P 代表价格水平，Y 代表总产出（收入）。V 代表 M 和 $P \cdot Y$ 之间关系的概念被称为货币流通速度（*Velocity of Money*），即货币周转率，也就是 1 年当中，1 美元用来购买经济体最终产品和劳务总量的平均次数。流速 V 可以更精确地定义为总支出 $P \cdot Y$ 除以货币数量 M：

$$V=(P \cdot Y)/M \tag{9.1}$$

例如，假设某年名义 GDP（$P \cdot Y$）为 5 万亿美元，货币数量为 1 万亿美元，那么货币流通速度就是 5，它表示平均每 1 美元 1 年被 5 次用来购买经济体中的最终产品和劳务。

通过在这一定义的两边都乘以 M，我们就得到交易方程式，它把名义收入和货币数量与流通速度联系起来了：

$$M \cdot V=P \cdot Y \tag{9.2}$$

所以，交易方程式就认为：货币数量乘以在给定年份中货币被使用的次数必定等于名义收入（即该年度花费在商品和劳务上的名义总量）。

可见，方程式（9.2）仅仅是一个恒等式，即由定义所表明的一种正确的关系。例如，它没有说明当货币供给 M 变动时，名义收入（$P \cdot Y$）是否会同向变动；例如，M 的增加可能由 V 的下降所抵消，从而 $M \cdot V$（因而 $P \cdot Y$）不变。如果要把交易方程式（一个恒等式）转化为表示名义收入如何决定的理论，就需要了解决定货币流通速度的各个因素。

艾尔文·费雪认为，货币流通速度是由经济中影响个体交易方式的制度决定的。假如人们使用赊购账户和信用卡来进行交易，从而在购买时通常较少地使用货币，则名义收入所产生的交易就只需更少的货币（相对于 $P \cdot Y$，M 下降），流通速度（$P \cdot Y$）/M 上升；相反，如果购买时用现金或支票支付更加方便（两者都是货币），则由同样规模的名义收入所产生的交易就需要使用较多的货币，从而货币流通速度会下降。费雪认为，由于经济体中的制度和技术特征，只有在较长时间里才会对流通速度产生影响，所以在正常情况下，短期内货币流通速度相当稳定。

2. 数量论

费雪的货币流通速度在短期内相当稳定的观点，将交易方程式转化为货币数量论。该理论认为名义收入仅仅决定于货币数量的变动：当货币数量 M 翻番时，$M \cdot V$ 也翻番，从而名义收入的价值 $P \cdot Y$ 也一定翻番。为了理解其机理，我们假定货币流通速度为 5，开始的名义收入（GDP）为 5 万亿美元，货币供给为 1 万亿美元，如果货币供给翻番，变为 2 万亿美元，那么货币数量论告诉我们，名义收入也将翻番，变为 10 万亿美元（5×2）。

因为古典经济学家（包括费雪）认为工资和价格是完全有弹性的，所以他们认为，在正常年份整个经济体生产出来的总产出 Y 总是维持在充分就业水平上，故在短期内也可以认为交易方程式中的 Y 相当稳定。因此，货币数量论表明，由于 V 和 Y 都是常量，所以在短期内如果 M 翻番，P 也必须翻番。在我们的例子中，如果总产出是 5 万亿美元，货币流通速度为 5，则 1 万亿美元的货币供应表明价格水平等于 1，因为 1 乘以 5 万亿美元等于 5 万亿美元的名义收入。当货币供应翻番为 2 万亿美元时，价格水平也必须翻番为 2，因为 2 乘以 5 万亿美元等于 10 万亿美元的名义收入。

对于古典经济学家来说，货币数量论提供了对价格水平变动的一种解释：价格水平的变动仅仅源于货币数量的变动。

3. 货币需求数量论

因为货币数量论告诉我们对既定数量的总收入所持有的货币数量，所以实际上它是一种货币需求理论。为了理解其中缘由，我们可以通过在交易方程式的两边同时除以 V，那么方程式被重新写成：

$$M=(1/V)\cdot PY$$

其中，名义收入 $P\cdot Y$ 写成 PY。当货币市场均衡时，人们持有的货币数量 M 就等于货币需求量 M_d，因此我们可以用 M_d 代替等式中的 M。用 k 代表 $1/V$（由于 V 是常量，所以 $1/V$ 仍是常量），我们将该方程式重新写成：

$$M_d=k\cdot PY \tag{9.3}$$

方程式（9.3）告诉我们：因为 k 为常量，所以由确定水平的名义收入 PY 引发的交易水平决定了人们的货币需求量 M_d。因此，费雪的货币数量论表明：货币需求仅仅是收入的函数，利率对货币需求没有影响。

费雪之所以得出这一结论，是因为他相信人们持有货币仅仅是为了进行交易，而没有多大的自由来选择其所希望持有的货币数量。货币需求决定于：①名义收入水平 PY 引致的交易水平；②经济体影响人们交易方式的制度因素，这种交易方式决定货币流通速度，因此也决定 k。

（二）剑桥学派的货币需求理论

在费雪发展他的货币需求数量论的同时，包括艾尔费雷德·马歇尔和庇古在内的英国剑桥大学的一批古典经济学家也在研究同样的课题。虽然他们的分析得出与费雪货币需求方程式（$M_d=k\cdot PY$）相同的一个方程式，但研究方法却大相径庭。与仅仅将交易水平和影响人们交易方式的制度作为研究货币需求的关键决定因素不同，剑桥的经济学家探讨了在一整套环境因素中人们愿意持有的货币数量。这样，在剑桥模型里，个体在持有货币的数量上具有一定的弹性，并不完全受诸如他们是否能够使用信用卡购物等制度的约束。与此相对应，剑桥的理论没有排除利率对货币需求的影响。

剑桥的古典经济学家认为，货币的两个属性促使人们持有货币：交易的媒介以及财富储藏。

因为货币是交易的媒介，所以人们能够用它来完成交易。剑桥的经济学家同意费雪以下的观点，即货币需求与交易水平相关（但并非完全决定于交易水平），货币需求中有一部分是由与名义收入成比例的交易引起的。

而货币作为财富储藏的功能使得剑桥的经济学家认为，人们的财富水平也影响货币需求。随着财富的增加，个体需要通过持有更多数量的财产来储藏，而货币也是财产之一。由于剑桥的经济学家认为名义财富与名义收入成比例，所以他们还认为货币需求中由财富引起的货币与名义收入成比例。

剑桥经济学家做出结论，货币需求与名义收入成比例。所以，他们将货币需求函数表示为：

$$M_d=k\cdot PY$$

其中，k 为比例常量。因为该等式看起来与费雪方程式［方程式（9.3）］一样，所以剑桥学派似乎同意费雪短期内利率对货币需求没有影响的观点。然而事实并非如此。

虽然剑桥经济学家常常将 k 视为一个常量，并同意费雪的货币数量决定名义收入的观点，但他们的理论允许个体选择意愿持有的货币数量。因为使用货币储藏财富的决策取决于其他也可以作为储藏财富的资产的回报率和期望回报率，所以该理论认为在短期内 k 存在波动的可能性。如果其他资产的回报率和预期回报率发生改变，k 也可能改变。虽然表面上费雪和剑桥学派理论之间的差异好像很小，但当约翰·梅纳德·凯恩斯（John Maynard Keynes，后来的剑桥经济学家）进一步发展剑桥学派的理论时，你将发现，在利率对于货币需求的重要性这一问题上，他却得出了与货币数量学派经济学家非常不同的观点。

归纳起来，艾尔文·费雪和剑桥的古典经济学家都发展了一种货币需求的古典理论，该理论认为货币需求与收入成比例。但是，二者的差别在于：费雪强调了技术上的因素，并排除了在短期内利率对货币需求的任何可能的影响；而剑桥学派的理论却强调个体选择，没有排除利率的影响。

相关链接

货币流通速度是一个常数吗？

古典经济学家得出的名义收入由货币供给的变动决定的结论，是基于他们将货币流通速度 PY/M 视为常数这种观点。将货币流通速度视为常数合乎常理吗？为了回答这一问题，我们先看图 9-1，该图提供了 1915—2002 年货币流通速度值的逐年变化情况（名义收入由名义 GDP 代表，货币供给由 M1 与 M2 代表）。

在图 9-1 中我们看到，即使在短期内，货币流通速度变动也相当剧烈，因而也不能将它视为常数。1950 年之前，货币流通速度的波动相当大，这也许反映了这一时期经济极其不稳定的状况，这一时期包含了两次世界大战和经济大危机。实际上，在经济出现衰退的年份里，货币流通速度下降，或者至少是增长率下降。1950 年以后，货币流通速度的波动比较缓和，然而各年的差异仍然很大。例如，1981—1982年，M1流通速度（GDP/M1）变化的百分比为-2.5%，而1980—1981年则是4.2%的增长率。这个6.7%的差异表示，名义GDP比按1980—1981年同样的速度增长所应达到的水平低了6.7%。流通速度的下降足以说明1981—1982年发生了严重的经济衰退。1982年以后，M1流通速度的波动更为剧烈。对货币需求进行实证研究时，这一事实常常让研究人员感到困惑。

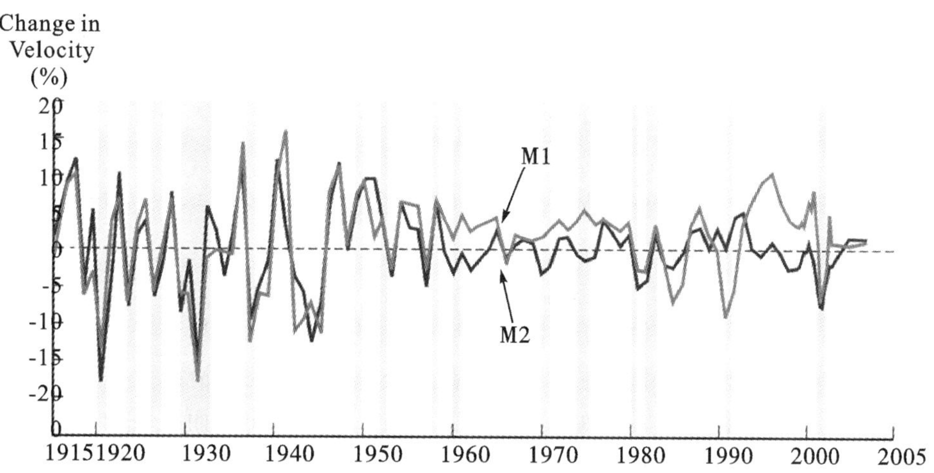

图9-1 1915—2002年美国M1和M2流通速度的逐年变化情况

注：阴影部分表示衰退。货币流通速度在1959年以前以名义GNP计算，在1959年之后用名义GDP计算。

1982年以后，M2的流通速度一直都比M1的流通速度更稳定，结果是导致美联储在1987年放弃M1目标，开始更集中于M2目标。但是20世纪90年代初期M2流通速度的不稳定，又使得美联储在1993年7月宣布它不再认为包括M2在内的货币总量指标是一种可靠的货币政策指标。

经济大萧条之前，经济学家并没有意识到在严重的经济紧缩时期货币流通速度将会下降。古典经济学家为什么没有发现这个在图9-1中很容易看到的事实呢？非常遗憾，在第二次世界大战前还没有准确的GDP和货币供给数据资料（只是在第二次世界大战结束之后，政府才开始收集这些数据），因而经济学家无法知道他们将货币流通速度视为常量这一观点显然是错误的。然而，在大危机的年份里，货币流通速度的波动幅度如此巨大，甚至当时经济学家所能得到的粗略数据材料也能表明货币流通速度并非常量。这解释了为何在大危机之后，经济学家开始研究影响货币需求的其他因素，因为这些因素有助于解释货币流通速度的波动。

二、凯恩斯货币需求理论框架

在1936年出版的著名的《就业、利息和货币通论》（The General Theory of Employment, Interest and Money）一书中，约翰·梅纳德·凯恩斯放弃了古典学派将货币流通速度视为常数的观点，发展了一种强调了利率重要性的货币需求理论，后人称之为流动性偏好理论（Liquidity Preference Theory）。他从资产选择的角度来考察货币需求，更为精切地研究了个人的持币动机，发展了一种强调利率重要性的货币需求理论。

凯恩斯认为，货币需求是指特定时期公众能够而且愿意持有的货币量。人们所以需要持有货币，是因为存在流动偏好这种普遍的心理倾向，人们愿意持有现金而不愿意持有其他缺乏流动性的资产，这一流动性偏好构成了对货币的需求。凯恩斯对货币理论基本的贡献是从货币需求的动机入手，把人们对货币的需求分为交易性需求、预防性需求和投机性需求三种，并将货币需求看成一种函数关系。

（1）交易性货币需求是指企业或者个人出于交易动机，为进行日常交易而产生的货币需求。凯恩斯指出，交易性货币需求相对稳定、可以预计、对利率变化不太敏感，这部分用于交易媒介的货币需求量主要取决于收入的多少，它们之间存在着稳定的比例关系。

（2）预防性货币需求。凯恩斯认为，人们持有货币的动机，除了完成当期交易外，另一动机是用来预防非预期的需求。这一认识使得凯恩斯超越了古典分析的框架。例如，你一直想买一套时髦的音响，在途经一家商店时，恰好发现你想要的商品正在减价50%出售。此时，如果你持有为预防诸如此类事件而准备的货币，就可以立即购买，否则你就只能坐失良机。此外，当你遇到意想不到的支出，比如汽车大修理或住院，预防性货币也可马上派上用场。

凯恩斯认为，人们愿意持有的预防性货币余额的数量主要取决于人们对未来交易水平的预期，并且这些交易与收入成比例。因而，他假定出于预防动机的货币持有与收入成比例。

（3）投机性货币需求是指人们根据对市场利率变化的预测，需要持有货币以便满足从中获利的动机而产生的货币需求。投机动机是货币需求三动机中最重要也是最复杂的一个，投机动机分析是凯恩斯货币理论中最有特色的部分。

凯恩斯将可用来储藏财富的资产分成两类：货币和债券。货币是不生利的资产，而债券是生利资产。凯恩斯在解释人们为什么不愿意持有债券而宁愿选择货币牺牲利息的理由时，认为问题在于债券未来市场价格的不确定性，人们不愿意持有债券。因选择货币而牺牲的债券利息收入就是持有货币的机会成本。利率越高，机会成本就越大，作为资产持有的货币量也就越少。因此，作为资产持有的货币量是利率的函数，两者呈现相反方向的变动。在极端的情况下，当利率水平低到所有人都认为它肯定将上升的时候，货币的投机性需求就变得无限大，任何新增的货币供给都会被人们所持有，而不会增加对债券的需求，也不会使得利率进一步下降。这便是所谓的“流动性陷阱”。

凯恩斯在分析货币需求方程式中的时候，对名义数量和实际数量进行了严格的区分。货币的价值表示为其能够购买的东西。例如，假设经济中所有的价格都上涨了一倍（价格水平上涨一倍），那么同样数量的名义货币只能购买原来所能购买商品数量的一半。因此，凯恩斯推断人们要持有的是一定数量的实际货币余额（实际货币数量）。他的三种持币动机表明，这一数额与实际收入 Y 和利率 i 有关。凯恩斯给出了如下的货币需求方程式，被称为流动性偏好函数。该函数表明实际货币需求余额 M_d/P 是 i 和 Y 的函数（或者与 i 和 Y 有关）：

$$\frac{M_d}{P}=f(\underset{-}{i},\ \underset{+}{Y}) \tag{9.4}$$

在流动性偏好函数中，i 下面的负号表示对实际货币余额的需求与利率成负相关，Y 下面的正号表示对实际货币余额的需求与收入成正相关。

在凯恩斯的货币需求理论中，货币流通速度并非常量，而是随着利率的变动而波动。将流动性偏好等式变形为：

$$\frac{P}{M_d}=\frac{1}{f(\underset{-}{i},\ \underset{+}{Y})} \tag{9.5}$$

方程式两边都乘以 Y，因为在货币市场均衡时，二者必须相等，所以可以用 M 代替 M_d，求解货币流通速度：

$$V=\frac{PY}{M}=\frac{Y}{f(\underset{-}{i},\ \underset{+}{Y})} \tag{9.6}$$

我们发现，货币需求与利率负向相关。当 i 上升时，$f(i,\ Y)$ 下降，从而货币流通速度加快。换句话说，利率上升激励人们在给定的收入水平上持有较少的真实货币余额，因此，货币的周转率（货币流通速度）必须上升。这一推理过程表明：因为利率波动剧烈，所以货币需求的流动性偏好理论表明货币流通速度的波动也很剧烈。

方程式（9.6）的一个非常有趣的特点在于它解释了一些货币流通速度的变动。比如，在经济衰退时期，货币流通速度下降或其增长速度下降。一般而言，利率是顺周期的：在经济扩张时，利率上升；在经济衰退时，利率下降。流动性偏好理论表明，利率上升将同时导致流通速度加快，所以利率的顺周期性导致货币流通速度的变动也应是顺周期的。

凯恩斯的货币投机性需求模型还解释了货币流通速度如此大幅波动的另一原因。假如人们对正常利率水平的认识发生了变化，那么将会对货币需求造成什么影响呢？例如，假设人们预期未来正常利率水平比现在高，货币需求会发生什么变化呢？因为预期将来利率会更高，所以许多人都预期债券价格下跌，从而将遭受资本损失。这样，持有债券的预期回报将下降，相对于债券来说，货币更具有吸引力。结果货币需求增加，这意味着 $f(i,\ Y)$ 将上升，从而货币流通速度下降。货币流通速度将随着人们对未来正常利率水平变动的变化而变化，对未来正常利率水平不稳定的预期导致货币流通速度的不稳定。这就是凯恩斯反对将货币流通速度视为常数的另一理由。

三、弗里德曼的现代货币数量论

1956年，在那篇著名的《货币数量论——重新表述》（The Quantity Theory of Money：A Restatement）一文中，米尔顿·弗里德曼发展了货币需求理论。虽然弗里德曼经常提到费雪及其货币数量论，但实际上相比于费雪而言，他对货币需求的分析却更接近凯恩斯和剑桥经济学派的观点。

同以前的经济学家一样，弗里德曼继续探索人们持有货币的原因。与凯恩斯不同的是，弗里德曼不再具体分析持有货币的动机，而是笼统地认为影响其他资产需求的因素也必定影响货币需求。然后，弗里德曼将资产需求理论应用到货币上来。

资产需求理论表明，货币需求应为个体拥有的资源（他们的财富）及其他资产相对于货币的预期回报率的函数。与凯恩斯一样，弗里德曼认为人们愿意持有一定数量的实际货币余额（用实物表示的货币数量）。据此，弗里德曼将他的货币需求公式表述如下：

$$\frac{M_d}{P}=f\ (\underset{+}{Y_p},\ \underset{-}{r_b-r_m},\ \underset{-}{r_e-r_m},\ \underset{-}{\pi^e-r_m}) \qquad (9.7)$$

其中，M_d/P 为实际货币余额需求；Y_P为弗里德曼计量财富的指标，称为永久性收入（理论上讲，就是所有未来预期收入的折现值，但更简单地可以称为长期收入的平均预期值）；r_m为货币的预期回报率；r_b为债券的预期回报率；r_e为股票（普通股）的预期回报率；π^e为预期通货膨胀率；方程式下边的符号表示货币需求与符号上面变量正向（+）或负向（-）相关。

我们将详细考察弗里德曼货币需求方程式中的各个变量及其对货币需求的影响。

因为一种资产的需求同财富正向相关，所以货币需求也与弗里德曼的财富概念即永久性收入 Y_P正向相关。与我们在通常意义上所说的收入概念不同，永久性收入（可以视为预期长期收入的平均值）在短期内波动非常小，因为许多收入的变动是过渡性的（短期变动）。例如，在商业周期的扩张阶段，收入迅速增长，但因为这种增长中某些部分是暂时性的，所以长期收入的平均值变动不大。故在经济繁荣时期，永久性收入比收入的增加小得多。在经济衰退时期，收入减少中许多部分也是暂时的，所以长期收入的平均值（从而永久性收入）的下降比减少的收入小得多。弗里德曼将永久性收入的概念作为货币需求的一个决定性因素的意义在于，它表明了货币需求在很大程度上不随商业周期的波动而波动。

除货币以外，人们还可以用好几种形式持有财富，弗里德曼将它们归为三类资产：债券、股票（普通股）和商品。持有这些资产而非货币的动力在于这些资产相对于货币的预期回报率，即弗里德曼的需求方程中的最后三项。

这三项中都有货币的预期回报率 r_m，它受两个因素的影响：

（1）银行对包括在货币供应中的存款所提供的服务，如将过期的注销支票作为收据交给存款人或自动支付账单等。增加这些服务，则提高了持有货币的预期回报率。

（2）货币余额的利息收入。包括在货币供应之内的 NOW 账户和其他存款，现在都支付利息。利息提高，则持有货币的预期回报率也会提高。

r_b-r_m 和 r_e-r_m 代表债券和股票相对于货币的预期回报率。它们提高，则货币相对的预期回报率减少，从而货币需求也降低。最后一项 π^e-r_m代表了商品相对于货币的预期回报率。由于持有商品的预期回报率就是当商品价格上涨时的预期资本利得率，所以等于预期通货膨胀率 π^e。例如，如果预期通货膨胀率为 10%，则预期商品价格将按 10%的速度上涨，从而商品的预期资本利得率为 10%，当 π^e-r_m上升时，商品相对于货币的预期回报率增加，货币需求下降。

四、弗里德曼理论与凯恩斯理论的比较

弗里德曼与凯恩斯的货币需求理论存在着多个差异。其中一个是，通过将许多资产视为货币的替代物。而凯恩斯在他的理论中则将货币之外的其他金融资产一并归为一类——债券——他认为这些资产的回报通常一起波动。如果实际情况果真如此的话，则债券的预期回报率将成为其他金融资产预期回报率的一个很好的指示器，在货币需求函数中也无须将它们分别列示。

与凯恩斯理论的另外一个不同之处在于，弗里德曼将货币和商品视为替代品，即人们在决定持有多少货币时，在两者之间做出选择，这就是弗里德曼将商品相对于货币的预期回报率作为他的货币需求函数中一项变量的原因。商品和货币互为替代品的假设表明：货币数量的变动可能对总支出产生直接的影响。

再者，在讨论他的货币需求函数时，弗里德曼强调了使他的理论区别于凯恩斯的流动性偏好理论的两个问题。

（1）与凯恩斯不同，弗里德曼并不认为货币的预期回报率是一个常量。当经济中利率上升时，银行可从贷款中获得更多的利润，所以它们将设法吸收更多的存款，从而可以扩大带来更多利润的贷款规模。如果不存在存款利率管制的话，银行将会通过支付更高的利率来吸收存款。由于该行业是竞争性的，所以以银行存款形式持有的货币的预期回报率随着债券和贷款利率的不断上升而上升。银行对存款的竞争一直持续到没有超额利润为止。这一过程缩小了贷款和存款之间的利差。银行业这种竞争的最终结果是当利率上升时，r_b-r_m保持相当的稳定。假设存在对银行支付的存款利率管制的话，那将出现什么情况？货币的预期回报率会是常量吗？利率上升时，r_b-r_m也会上升吗？弗里德曼认为不会。他认为，虽然银行无法对存款支付更多的货币报酬，但它们仍然可以在质量方面互相竞争。例如，它们可以向存款人提供更多的服务，包括配备更多的出纳员、自动支付账单、在更多可到达的范围里配备更多的自动提款机等。这些货币服务的改进使存款的预期回报率增加。所以虽然限制货币形式利息的支付，我们仍可以发现市场利率的上升将提高货币的预期回报率，并达到一定的上升幅度，在这时 r_b-r_m保持相对的稳定。凯恩斯理论认为利率是决定货币需求的重要因素，与该理论不同，弗里德曼的理论认为利率变动对货币需求几乎没有影响。

因此，弗里德曼的货币需求函数从本质上来说其实认为永久性收入是决定货币需求的主要因素。他的货币需求方程式可以大致表述为：

$$Md/P=f(Y_P) \quad (9.8)$$

在弗里德曼看来，货币需求对利率不敏感——并不是因为他认为货币需求对其他资产相对于货币的机会成本的变动不敏感，而是因为利率的变动对货币需求函数中这些机会成本影响甚微。因此，当利率的上升引起其他资产的预期回报率增加时，货币的预期回报率也相应地上升，因而二者抵消后，货币需求函数中各项机会成本保持相对不变。

（2）货币需求函数的稳定性。与凯恩斯相反，弗里德曼认为货币需求的随机波动很小，因而通过货币需求函数可以对货币需求做出准确的预测。将这一观点与他的另一观点即货币需求对利率变动不敏感相结合起来，就意味着货币流通速度是完全可以预测的。将货币需求方程式（9.7）中暗含的货币流通速度写出来，我们便可看到这点：

$$V=Y/f(Y_P) \quad (9.9)$$

因为通常 Y 和 Y_P 的关系是很容易预测的，所以稳定的货币需求函数（没有发生明显的位移，从而可以对货币需求做出准确预测）表明，货币流通速度也是可以预测的。如果我们能够预测下一期的货币流通速度，就可以预测货币数量变动对总支出变动的影响。与货币数量论一样，即使不再假定货币流通速度为常数，货币供给仍是决定名义收入的主要因素。所以，由于弗里德曼的货币需求理论导出了与货币数量论相同的关于货币对总支出重要性的结论，故弗里德曼的货币需求理论实际上是货币数量论的重新表述。

我们曾说过凯恩斯流动性偏好函数（在该函数中，利率是决定货币需求的一个重要因素）能够解释我们从数据中发现的货币流通速度的顺周期现象。弗里德曼的货币需求公式也能解释这一顺周期现象吗？

回答这一问题的关键点在于，货币需求函数中列示的是永久性收入而非统计上的收入。在商业周期的扩张阶段，永久性收入会发生什么变化呢？由于大部分的收入增加都是暂时性的，所以永久性收入的增加比收入的增加小得多。这样，弗里德曼的货币需求函数表明，相对于统计上的收入增加而言，货币需求的增加幅度很小，而且如方程式（9.8）所示，货币流通速度加快。与此类似，在衰退时期，由于与收入相比，永久性收入减少的幅度较小，所以货币需求的减少幅度比收入减少幅度要小，货币流通速度降低。由此我们解释了货币流通速度的顺周期现象。

总的说来，弗里德曼的货币需求理论采用了与凯恩斯和更早些的剑桥学派经济学家相类似的方法，但对持有货币的动机未做深入的分析。相反，弗里德曼通过运用资产需求理论表明，货币需求是永久性收入和其他可替代资产相对于货币的预期回报率的函数。弗里德曼的理论和凯恩斯的理论存在两个主要差异。弗里德曼认为利率的变动对其他资产相对于货币的预期回报率影响甚微。与凯恩斯相反，他认为货币需求对利率不敏感。此外，与凯恩斯不同的是，他还强调，由于货币需求函数不会发生大幅度的位移，因而是稳定的。这两个差异还表明，货币流通速度是可以预测的，从而货币是决定总支出的主要因素，从而得出与货币数量论一样的结论。

第三节　中国的货币需求分析

随着中国经济、金融体制改革的不断深入和发展，货币政策作为间接调控经济运行的手段正日益得到广泛的运用。而要选定适当的货币政策目标，认清货币政策的传导机制，我们首先应该对货币需求的影响因素及其微观基础有个全面的认识。

一、中国货币需求的主要影响因素

货币需求函数是否具有稳定性一直是学术界和货币政策制定者最为关注的问题之一，因为它关系到货币政策目标的制定和货币政策效果的大小。

货币主义鼓吹货币需求函数是稳定的，但西方国家 20 世纪 70 年代中期以来出现了“失踪货币问题”，到了 80 年代，M2 也变得不稳定了，货币供应量作为货币政策的中介目标就出现了问题。

与西方国家不同，中国改革开放以来出现了“超额货币”的问题，即：

$\dot{M}=\dot{P}+\dot{y}$

式中，$\dot{M}$ 为货币供应增长率，$\dot{P}$ 为物价变化率，$\dot{y}$ 为真实经济增长率。我国自 1978 年到 1997 年，M2 的年均增长速度为 26%，名义 GDP 年均增长率为 9. 44%，年均通货膨胀率为 7. 5%，货币供应增长速度超过名义 GDP 增长率和通货膨胀率之和 9%，如果把名义 GDP 折合成真实 GDP，则“超额货币”会超过 10%。从 1999 年到 2007 年，M2 的年均增长速度为 16. 22%，名义 GDP 年均增长率为 9. 69%，年均通货膨胀率为 1. 34%，货币供应增长速度超过名义 GDP 增长率和通货膨胀率之和为 5. 19%。M1 的情况类似于 M2。也就是说，从表面上看，中国货币需求是不稳定的（货币需求总是等于货币供给），货币流通速度持续减慢。关于货币需求稳定性的争论，存在着两种截然不同的观点：一种观点认为，改革打破了货币需求的稳定性，货币增长速度对 GDP 的增长速度和通货膨胀率显现出正向前导作用，因此，货币供应量具有外生性；另一种观点则认为，如果在一般货币论中加入制度变量，则货币需求具有稳定性，货币内生性并未因改革的冲击有所减弱，因此，货币对宏观经济的超需求调控作用是暂时的和相当有限的。实际上后一种观点已为当前货币政策效果微弱的实践所证实。

下面我们进一步来分析影响中国货币需求的主要因素。

1. 规模变量

规模变量主要指收入和财富等表现经济活动规模的变量。一些实证分析表明，中国的规模变量与货币需求量之间是正向关系，货币收入弹性大于 1 而且比发达国家大。当然也有些实证研究的结果是货币收入弹性小于 1。

2. 机会成本变量

机会成本是指持有货币尤其是持有现金和活期存款等狭义形式的货币所放弃的

收益。机会成本的变量主要有利率、通货膨胀率、交易成本，在开放经济条件下还有预期外国短期利率和汇率变动。

（1）利率。在我国，货币需求的利率弹性不大，甚至在实证模型中也总是不显著，这意味着利率调控机制仍落后于市场化改革进程。尽管近年来利率种类增多，但由利率代表的、由持币成本引致的投机性货币需求不论在长期还是短期基本上均被通货膨胀率所覆盖。随着经济体制改革的深入，利率市场化进程的推进，货币需求的利率弹性将逐渐变大。

（2）物价水平变动。在刚性利率政策下，物价水平成为测度持币成本的主要指标。在一般的货币需求模型中，物价水平变动率无论是在长期还是短期都对货币量有显著的解释力。物价水平是货币量的解释变量，但不能就此确定货币量同时构成物价水平的外生变量。

（3）交易成本。经济单位在进行资产组合调整时，交易成本直接影响资产组合收益率。特别是在金融资产品种丰富，甚至包括实物资产时，交易费用对货币需求影响更大。

（4）预期短期外国利率和汇率变动。开放经济中一般均衡货币需求函数可以写成：

$$M_d=f\ (\underset{+}{Y^e},\ \underset{-}{i^e},\ \underset{\div}{P^e},\ \underset{-}{r^e},\ \underset{+}{S^e})$$

式中，M_d为期望实际货币需求，Y^e为预期实际收入，i^e为预期国内利率水平，P^e为预期通货膨胀率，r^e为预期短期外国利率（可以用 *OECD* 国家季度短期利率的平均值表示，表示外国有息资产的收益状况），S^e是预期汇率。“+”表示同向变化关系，“-”表示反方变化关系。

本币需求随预期短期外国利率的上升而减少，出现本、外币替代现象。尽管人民币目前还未成为可兑换货币，中国资本项目还未完全开放，但在亚洲金融危机发生后，通过各种合法与非法途径进行的通货替代或资本外逃的数量越来越大。预期汇率变动对货币需求的影响是不明确的：从贸易角度考虑，预期本币贬值，出口增加，收入增加，则货币需求增加；从资金流动角度考虑，本币贬值，资金外流，货币需求将减少。

3. 制度变量

制度变量是指社会经济体制和生产组织结构等影响货币需求的因素。改革开放使中国的制度变量发生了重大变化，因而制度变量对货币需求的影响非常大。有分析认为，如果把制度因素加进需求函数，则中国的货币需求还是符合一般数量论的。

影响中国货币需求的主要制度因素有：货币化进程、软预算约束、价格管制和被迫储蓄。

（1）货币化进程。货币化进程主要是指以货币为媒介的经济活动的比例不断增长，衡量经济货币化的一个重要指标是 M2/GDP。1978 年我国 M2/GDP 为 0.25，1991 年为 0.97，1992 年为 1.06，1998 年为 1.34，2001 年为 1.39，2004 年为 1.57，2006 年为 1.63。有学者认为 1989 年以后我国货币化进程显著放慢，超额货币供给表现为通货膨胀。随着货币化进程的放慢，该制度因素对货币需求的影响将逐渐减少并趋于消失。货币化进程主要表现在以下几个方面：①农业经营制度变革；②个体、私营或民营、乡镇企业等非国有经济的发展，国有企业市场导向增强；③地下经济活动，如走私、贩毒、制售假冒伪劣产品、逃税等。

（2）软预算约束。软预算约束曾经对货币需求的上升起到过激化作用。但随着改革的深化，它对货币过度需求的引力逐渐消失。

（3）价格管制。价格管制导致商品价格严重偏离其市场出清水平。目前价格机制已基本放开，因此价格管制因素对货币需求产生的影响已很小。

（4）被迫储蓄。企业和个人被迫持有货币主要有两个方面的原因：一是商品供不应求；二是金融资产种类少。目前我国商品基本上已处于供过于求或供求平衡状态，因此造成被迫储蓄的原因主要是金融资产种类偏少。就居民来说，其货币需求不仅随着工资收入的增加而增加，还随着工资外其他收入的增长而增长。1985 年，城镇居民存款占工资总额的 20%，到 1995 年已占 83.2%。由于其他可供选择的金融资产少，银行存款占金融资产的比例一直在 80%以上，M2 刚性增长，特别是 M2 中准货币的比重不断增加，从 l985 年的 32%升至 1996 年的 57%，1999 年 11 月开征利息税及股市的活跃才使 M2 中准货币所占的比重略有下降。

相关链接

“1∶8”的经验数据

所谓“1∶8”的经验数据，其具体涵义是每 8 元零售商品供应需要 1 元人民币实现其流通。符合这个标准，说明货币流通正常；不符合这个标准，就说明货币流通不正常，如 1∶7、1∶6 等，则说明货币供给超过了需求。

经验数据的理论依据是马克思的货币需求量公式。在我国计划经济体制下，货币需求量指的是现金需求量，商品价格总额实际上是指社会商品零售总额。依据马克思关于 $M=PT/V$ 的货币流通公式可知，M 选取正常年份的货币流通量（实际上是现金流通量）。所谓正常年份，是指国民经济发展平稳、货币流通正常的年份。选取正常年份的货币流通量，实际上是指这一数量和该年的货币需求量相近。据此，由 $V=PT/M$ 求出正常年份的 V，如果该年 PT 为 800、M 为 100，那么 V 就等于 8。根据 V 等于 8，则可以计算出测算期的货币需求量。

20 世纪六七十年代，我国曾主要运用“1∶8”的经验数据测算货币需求量，这对分析我国的货币流通状况起到了一定的作用。但是，随着我国改革开放的不断深化以及各种相关因素的变化，这一经验数据也就逐渐失去其实用价值和应用意义。

二、中国货币需求的微观基础

货币需求最终是由微观经济主体行为造成的（当然宏观经济变量反过来也影响个体的微观决策）。从量的方面看，宏观经济变量不一定等于所有微观经济变量的加总；但从质的方面看，两者都有基本相似的函数。因此，要了解宏观意义上的货币需求，不能不了解微观主体在一定预算约束下的持币意愿。

从前文的货币理论可以看出，西方学术界对货币需求的微观基础的研究常常采用根据某一特定的持币动机来研究局部货币需求的方法。例如，因为货币是交易媒介，故有交易动机，鲍莫尔模型、惠伦模型是研究交易动机的模型；因货币有价值储藏功能，故有研究投机动机的托宾模型等。但在某一时点上，一个经济主体持有的货币总量中很难明确区分哪一部分用于哪一用途。即使能对各种货币功能的货币需求量加以区分，加总起来也未必恰恰等于实际货币需求量。

需求货币需求需要寻找微观基础，但微观基础与总量的关系又十分复杂，因此造成了该领域研究处于众说纷纭、莫衷一是的状态。因而有人称“货币需求是一个无法求解的谜”。

对于中国货币需求的微观基础，我们可以粗略地从定性的角度加以分析。这里着重分析经济行为主体居民、企业和政府的基于各种持币动机的货币需求。

（一）居民的货币需求

在现代货币理论中，按照需求动机不同，货币需求被划分为三类，即交易性货币需求、预防性货币需求和投机性货币需求。

1. 居民交易性货币需求

居民交易性货币需求与交易费用、货币收入正相关，与利率负相关。从我国的实际情况看，改革开放以来，金融体系逐步健全和迅速发展，金融产品日益丰富，储蓄营业网点增多，使交易费用下降，因而现金持有量下降；货币收入的增长，从而交易量增长使现金和活期存款持有量增长；股票、债券市场的发展又降低了交易性货币需求。

2. 居民预防性货币需求

（1）常规的预防性货币需求，即源于日常收支不确定性所引致的预防性货币需求，中国居民也不例外。一方面，常规的预防性货币需求与净支出变动呈正相关，净支出变动越大，收支结构的不确定性越强，居民的预防性货币需求越多；另一方面，预防性货币需求与发生流动性不足时的交易费用呈正相关，即非流动性成本越高，则预防性货币需求越多；此外，预防性货币需求与有息资产的收益负相关。

（2）体制性预防性货币需求。这是在中国经济改革和转型过程中，由于体制变迁引发的一种较为特殊的预防性货币需求。经济体制改革导致社会福利制度的改革，特别是医疗、就业、教育、住房、养老金等方面的改革措施的逐步推行，使居民对未来的收支结构变化预期中的不确定性因素增强。由于这些改革的总体特征是在提高个人收入的前提下增加个人对这些项目的支出，减少国家的财政负担，因此这类预防性储蓄动机明显增强。在其他条件不变时，如果预期未来收入下降，则当期消费倾向下降，并且把储蓄较多地投入到高收益、低流动性的债券和较长期储蓄存款即 M2 中的准货币上。一些实证分析表明，1985—1997 年，中国居民收入对居民储蓄几乎没有影响，而未来收入不确定性是居民进行储蓄的主要原因。

3. 居民投机性货币需求

居民投机性货币需求与利率是反向关系。在一个完善的金融市场，具有理性的居民总会根据收益最大化原则在货币、股票、债券及外币资产之间进行资产选择。随着中国金融市场的发育完善及金融产品的增多，利率对投机性货币需求的影响将十分明显。

（二）企业的货币需求

1. 企业交易性货币需求

企业之所以存在交易性货币需求，是由于企业在追求收益最大化、成本最小化目标时降低生产经营过程中的交易成本的需要。交易性货币需求与利率呈反向关系，与交易费用和交易规模呈正向关系。一个理性的企业总是要在不生息的现金或活期存款与债券等生息金融资产之间进行资产组合，以实现对交易性货币余额的最适量控制。与金融市场发达国家的企业相比，中国企业的货币需求与货币资本需求难以清晰区分。交易性货币通常是指无息的现金和活期存款，而货币资本则指直接参与生产过程，用于购买生产要素的货币，它们或迅速转化为实物资本，或以长期证券或短期证券与银行存款形式存在。企业的货币资本在金融市场成熟的环境中更多地以在资本市场发行的债券或股票形式存在。在中国，由于金融资产选择范围窄，国有企业的市场化程度不充分，这两方面原因导致企业不能有效地安排资产结构。企业将渗入生产过程中的大量货币资本以银行存款和现金形式持有。因此，中国企业的交易性货币需求不仅包含有西方经济学意义上的以降低企业外部和内部交易费用为目的的货币需求，而且还包含有维持生产经营中的资金供应、直接进入生产与交易过程、起到货币资本作用的部分。它们受多种因素影响，既有国家经济政策因素，又有企业经营环境和企业自身经营状况等因素。因此，中国企业的交易性货币需求是企业经营过程内外因素的综合反映。

2. 企业预防性货币需求

企业预防性货币需求是指企业为了预防收支的非常规变化、应付不时之需的货币支出，以避免资金周转不灵或丧失有利购买时机而持有的货币。由于中国企业存在货币需求资本化倾向，企业的流动性较高的狭义的货币资产和广义的货币资产构成企业金融资产的主体，大量的直接参与企业生产和投资过程的货币资本也以货币形式尤其是以企业存款形式存在。这一特点说明中国企业的预防性货币需求包含两个部分：一部分是以流动性最高的狭义的货币形式持有，旨在应付企业生产经营管理过程中出现的一些不规则的货币支出需要，这也是西方经济学意义上的、与凯恩斯的“谨慎动机”的流动性偏好基本一致的预防性货币需求部分，我们可称之为狭义的预防性货币需求；另一部分预防性货币需求则主要以企业存款等广义的货币形式存在，流动性稍低，其目的是应付企业营运过程中出现的意外的投资需要，我们可称之为广义的预防性货币需求。

狭义的预防性货币需求所针对的货币支出不确定性最大，且开支规模一般不大，因此，客观上需要以流动性最高的现金持有，而持有现金的利息损失成本也不算大。

从中国企业营运的状况看，狭义的预防性货币需求来源于企业日常零星现金收支的不确定性。随着中国经济市场化的推进，企业日益走向具有不确定性的市场，在产、供、销等环节所可能遇到的不规则的现金开支需求会有所增长，从而导致企业狭义的预防性货币需求出现增长的趋势。

广义的预防性货币需求与投资需求相关，不确定性稍小，且开支规模大。如果以现金持有，其机会成本过大，因此一般以企业存款（包括活期和定期存款）形式持有。中国企业广义的预防性货币需求也呈现增长的趋势：①企业的市场化经营趋向使得企业在原材料、零部件市场、中间产品市场和产品销售市场都面临着一定程度的市场风险。尤其是个体、私营企业，其广义的预防性货币需求更为迫切。因为在现有金融体制下它们一般不大容易获得银行贷款等外源融资，货币资金主要来源于内源式融资方式，同时它们的经营规模小，缺少长期稳定的供应商和客户，所以面临着更大的市场不确定性，相对需要持有更多的预防性货币资金。②在转型经济中，商业信用的信用度差，集中地表现为企业契约行为的非效率性，其中表现得最明显的就是“三角债”。商业信用的不规范减少了企业交易性货币需求，但造成企业货币收支的不确定性显著增强，促使企业增加广义的预防性货币需求。

此外，企业还存在资产性货币需求和信贷资产需求。决定企业资产性货币需求的因素，除了企业资金规模等规模变量因素以外，最为重要的、也最为活跃的便是企业持有货币的机会成本变量，主要是持有实物资产和债券、股票、外汇等非货币金融资产的收益。企业的信贷资产需求与货币需求是相互交叉的两个概念。信贷资产需求中有相当多的一部分被企业以现金和银行存款形式持有，构成企业货币需求的主体，但仍有为数不少的信贷资产转化为企业的固定资产和非货币流动资产。

3. 政府的货币需求

政府一方面承担着公共职能，起到维护经济制度和经济运行的作用；另一方面也有自身的利益，有较显著的寻租动机，是市场经济的行为主体之一。因此，政府的货币需求行为表现在履行公共职能和追求自身利益两个方面。

（1）政府的职能性货币需求。政府的职能性货币需求主要表现在资源配置、收入分配和稳定经济三个方面。政府履行财政职能时发生的货币收支集中表现在财政存款的变动上。从中国现阶段情况来看，证券资产在政府资产中的比重逐渐增加，而现金结余数额不大，财政存款在财政资金收支中占有重要地位。

（2）政府的行政性货币需求。政府的行政性货币需求主要源于行政管理费用开支的需要。改革开放以来，中国的财政收支始终处于相当紧张的状态，但行政系统的管理费用有不断上升之势，这是促成政府的行政性货币需求持续增长的主要原因。政府的寻租行为也扩大了行政性货币需求。政府各种类型的寻租行为的最终目的是使政府机构及其从业人员能获取大量的预算外收入，从而有条件改善有关人员的福利待遇，改善办公环境和设施。因此，政府机构的寻租行为是扩大行政性货币需求量的一个有力手段。

（3）政府的预防性和资产性货币需求。政府部门的预防性货币需求源于对社会生活中突发事件的防范，如水灾、火灾、地震等。为应付这种突发性事件的储备性货币的支出可能性相对较小，而支出规模通常又较大，因此，一般不宜以现金持有，而以存款形式保存。在突发事件发生时，这些预防性货币便通过政府购买和转移支付迅速转化为各种救急物资和特殊补贴。

政府机构的资产性货币需求在通常情况下相当微弱。对政府的职能性货币需求来说，由于货币支出的公益性和政府资产的公有化属性，行政机构缺乏对政府公共资产的保值和增值的动机，因而其货币的资产性需求也就不明显。比如，政府部门一般不会为了抓住有利时机，避免涨价损失，而提前拨款进行政府投资和政府购买。政府在行政性货币需求方面，一般也不具备明显的资产保值和增值动机，但在一定条件和范围下又会表现出一定的货币资产保值行为机制。例如，当政府机构在计划单位福利开支时，会在较大程度上考虑到货币资产的价值；在通货膨胀预期较强烈时，会提前购买实物商品发放给职工，以求得自身福利的极大化。而政府机构之所以如此，与政府职员的切身利益有关。

本章小结

1. 货币需求是一个内涵丰富、内容独特的概念，在理解货币需求的涵义时，注意把握以下特点：货币需求是一个存量概念；货币需求是愿望与能力的统一；货币需求包括对现金和存款货币的需求；货币需求包括对执行多种货币职能的货币的需求。

2. 艾尔文·费雪发展了一种以交易为基础的货币需求理论。该理论认为，对实际货币余额的需求同实际收入成比例且对利率波动不敏感。该理论还认为，货币流通速度，即货币周转率是一个常数。这导致了货币数量论的产生，货币数量论认为总支出仅仅决定于货币数量的变动。

3. 古典剑桥学派的理论试图回答个体愿意持有的货币数量。这一理论也认为对实际货币余额的需求同实际收入成比例。但是其与费雪的不同之处在于：它没有排除利率对货币需求的影响。

4. 数据资料不支持古典学派的实际货币流通速度可视为常数的观点。在大危机期间货币流通速度急剧下降之后，对经济学界来说，货币流通速度不是常数这一观点变得尤其清楚了。

5. 凯恩斯通过分析持有货币的三种动机，即交易动机、预防动机和投机动机，发展了剑桥学派的理论。他创立的流动性偏好理论认为，货币需求的交易部分和预防部分与收入成比例，但是，货币需求的投机部分不仅对利率敏感，而且对利率未来变动的预期也很敏感。因此，这一理论认为，货币流通速度并不稳定，不能视为常量。

6. 米尔顿·弗里德曼的货币需求理论使用了与凯恩斯和古典剑桥学派经济学家

类似的方法。弗里德曼采用资产需求理论，将货币视同任一其他资产，创立了一种货币需求理论。该理论认为货币需求是其他资产相对于货币的预期回报率和永久性收入的函数。与凯恩斯不同，弗里德曼认为货币需求稳定且对利率波动不敏感。他认为货币流通速度可以预测（尽管不是常数），这一认识得到了与货币数量论相同的结论，即货币是决定总支出的主要因素。

7. 影响中国货币需求的主要因素有规模变量和机会成本变量。前者主要指收入和财富，后者包括利率、物价变动水平、交易成本和预期短期外国利率和汇率变动。中国经济运行中各微观主体的货币需求各有不同，有其特殊性。

重要概念

货币需求　货币流通速度　流动性偏好理论　恒久性收入　交易性货币需求　预防性货币需求　投机性货币需求　费雪方程式　剑桥方程式　凯恩斯货币需求函数

进一步阅读推荐

[1] The economics of money, banking and financial markets, Frederic S. Mishkin.

[2] http://www.usagold.com/

[3] http://www.federalreserve.gov/

[4] http://www.pbc.gov.cn/

[5] http://219.235.129.54/cx/index.jsp

复习讨论题

1. 货币供给 M 一直以每年10%的速度增长，名义 GDP 即 PY 一直以每年20%的速度增长。数据如下：

单位：10亿美元

	2006年	2007年	2008年
M	100	110	121
PY	1 000	1 200	1 440

计算每年的货币流通速度。货币流通速度按什么比率增长？

2. 计算当货币流通速度为常数5，且货币供给从2 000亿美元增至3 000亿美元时名义 GDP 发生的变化。

3. 当货币供给增长率按 20%的速度增长且货币流通速度下降 30%时，名义 GDP 将发生什么变化?

4. 如果货币周转率和总产出都相当稳定（正如古典经济学家认为的那样），那么当货币供给从 10 000 亿美元增加到 40 000 亿美元时，价格水平会出现什么变化?

5. 如果货币周转率和总产出保持不变，分别为 5 和 1 000，则当货币供给从 4 000 亿美元减少到 3 000 亿美元时价格水平会出现什么变化?

6. "由于费雪和古典剑桥经济学家的货币需求方程式相同，都是 $M_d = k \cdot P \cdot Y$，故他们的理论相同。" 这一说法正确、错误还是无法确定? 并解释你的答案。

7. 在凯恩斯对投机性货币需求的分析中，如果人们突然确定利率的正常水平已下降，那么货币需求将发生什么变化? 为什么?

8. 凯恩斯和弗里德曼的货币需求理论都认为当货币的相对预期回报率下降时，货币需求也将减少。为什么弗里德曼认为货币需求不受利率变动的影响，而凯恩斯认为货币需求受利率变动的影响呢?

9. 结合我国经济金融发展的实际情况，说明影响我国货币需求的因素有哪些。

第十章　货币供给理论

学习目的

通过本章学习，你应该能够：

（1）明确基础货币、货币供给、货币乘数等概念；

（2）掌握货币供给的两大机制，商业银行的存款创造过程和中央银行的货币供给机制；

（3）掌握基础货币的影响因素，货币乘数的影响因素；

（4）理解货币供给的控制机制

（5）了解货币供给理论的发展演变；

（6）了解中国货币供给中基础货币的主要影响因素、货币乘数变动具有的特征。

货币最终要用来实现实际经济财富的价值。在金属货币流通的时期，金属货币不足是制约经济发展的重要因素。信用货币的广泛普及彻底解决了货币供给不足对经济发展的制约。在信用货币制度之下，中央银行通过控制基础货币，控制了货币供给的源头，可以根据经济发展的需要来放松或紧缩银根以满足经济发展的需要。本章主要介绍现代商业银行与中央银行在货币供给中的作用、货币供给模型以及影响货币供给的主要因素等。

第一节　货币供给形成机制

现代信用经济条件下的货币供给机制是由两个层次构成的货币供给系统。第一层次是中央银行的基础货币提供；第二个层次是商业银行的存款货币创造。这个系统发挥作用以存在中央银行和商业银行二级银行体制为前提。政府、企业以及社会公众等经济行为主体也会在不同的角度对货币供给机制产生影响。

一、货币供给量的涵义

货币供给量，即一定时点上一国经济中的货币存量。在当代不兑现信用货币制度下，货币供给作为与货币需求相对应的概念，体现为经济生活中多种形态信用货币的集合，主要包括现金和各种银行存款。其中，现金是中央银行的债务，各种银行存款则是商业银行等金融机构的债务。

货币供给量与货币需求量的一个不同在于，货币需求虽然也有一个客观的数量界限，却是一个预测值；货币供给量则是一个确切的数值，可以通过对中央银行和商业银行等金融机构资产负债表中的相关数据统计得出。

把握货币供给量的概念首先要区分货币存量（Stock of Money）与货币流量（Flow of Money）。存量是与一定时点相对应的变量，而流量是与一定时期相对应的变量。货币供给量是一个存量概念（货币需求量亦如此），是某一时点的货币量，具体来讲，是反映在银行资产负债表中的一定时点上（如年末、月末）的现金与存款总额。而货币流量则是指在一定时期内货币周转的总额，货币流量的大小等于货币供给量乘以同一时期的货币流通速度。其次按照是否考虑物价因素的影响，货币供给量还可以分为名义货币供给量（Nominal Money Supply）与实际货币供给量（Real Money Supply）。名义货币供给量，是指一定时点上不考虑物价因素影响的货币存量；实际货币供给量就是指剔除了物价影响之后的一定时点上的货币存量。如果我们用 M_s 表示名义货币供应量，则实际货币供应量为 M_s/P。

二、商业银行的存款货币创造过程

（一）基本概念

（1）存款货币：是指存在商业银行使用支票可以随时提取的活期存款。

（2）原始存款（Primary Deposit）：是指能够增加商业银行准备金的存款。在现代金融体制下。原始存款的来源可以是银行券——中央银行发行的银行券——存入商业银行；可以是商业银行从中央银行借款；可以是客户收到一张中央银行的支票——比如由国库开出的拨款支票——并委托自己的往来银行收款；也可以是客户向商业银行出售外汇并形成存款，而银行把外汇出售给中央银行并形成准备存款等。

(3) 派生存款（Derivative Deposit）：是指相对于原始存款而言，由商业银行用转账方式发放贷款、办理贴现或投资等业务活动引申出来的存款，又叫衍生存款。

(4) 法定准备金 R_d 和超额准备金 R_e。银行为满足存款客户随时提取现金以及方便支票结算中银行之间的应付款差额，一方面会保留一部分现金在银行内部（称为库存现金，因为他们贮藏在银行金库中），另一方面会在中央银行开立存款账户，并保留一定的存款余额（称为准备存款）。库存现金与准备存款共同构成商业银行的存款准备金。按照中央银行要求持有的准备金称为法定准备金。超过部分称为超额准备金。

（二）存款货币创造的两个必要前提条件

存款货币的创造必须具备两个紧密联系的必要前提条件：一是各个银行对于自己所吸收的存款只需保留一定比例的准备金；二是银行清算体系的形成。

(1) 银行并不需要为其所吸收的存款保存100%的存款准备是前提条件之一。否则，银行吸收多少存款就保留多少存款准备，那就根本不可能从存款中拿出一部分提供贷款或持有证券，也就谈不上存款货币的创造过程。

(2) 正是由于活期存款业务的发展推动了清算体系的建立，而在现代银行清算体系中，应收应付差额都可以在各种银行间的同业往来账户或在清算中心开立的账户结清，这就使得银行不必准备百分之百的资金以应对所创造存款的提取需要。

（三）简单存款创造

1. 存款货币的创造过程

假设为了增加货币供给量，中央银行在公开市场上从某甲手中购进国库券10 000元，某甲收到一张金额为10 000元的中央银行支票，委托A银行收款，从而A银行在中央银行的准备存款增加10 000元，而甲在A银行账户上的存款等额增加10 000元。这时A银行的资产负债状况如下：

表10-1　A银行资产负债表

资产		负债	
在中央银行的准备存款	10 000元	甲客户存款	10 000元

A银行吸收了存款，从而有条件贷款。设法定准备金率为20%，则A银行针对吸收的这笔10 000元存款的法定准备金不得低于2 000元（10 000×20%）。如果A银行向请求贷款的客户乙提供贷款，其最高可贷数额不得超过8 000元（10 000−2 000）。如果对客户乙贷出8 000元，则A银行的资产负债状况如下：

表10-2　A银行资产负债表

资产		负债	
在中央银行的准备存款	10 000元	甲客户存款	10 000元
贷款	8 000元	乙客户存款	8 000元

当客户乙向B银行的客户丙用支票支付8 000元的应付款，而客户丙委托B银行收款后，A银行、B银行的资产负债状况如下：

表10-3　　A银行资产负债表

资产		负债	
在中央银行的准备存款	2 000元	甲客户存款	10 000元
贷款	8 000元		

表10-4　　B银行的资产负债表

资产		负债	
在中央银行的准备存款	8 000元	丙客户存款	8 000元

B银行在中央银行有了8 000元的准备存款，按照20%的法定准备金率，则它的最高可贷数额不得超过6 400元［8 000×（1-20%）］。向客户丁贷出6 400元后，则B银行的资产负债状况如下：

表10-5　　B银行资产负债表

资产		负债	
在中央银行的准备存款	8 000元	丙客户存款	8 000元
贷款	6 400元	丁客户存款	6 400元

当B银行的客户丁向C银行的客户戊用支票支付6 400元的应付款，而客户戊委托C银行收款后，B银行、C银行的资产负债状况如下：

表10-6　　B银行资产负债表

资产		负债	
在中央银行的准备存款	1 600元	丙客户存款	8 000元
贷款	6 400元		

表10-7　　C银行的资产负债表

资产		负债	
在中央银行的准备存款	6 400元	戊客户存款	6 400元

C银行在中央银行有了6 400元的准备存款，按照20%的法定准备金率，则它的最高可贷数额不得超过5 210元［6 400×（1-20%）］。向客户乙贷出5 120元后，则C银行的资产负债状况如下：

表 10-8　　C 银行的资产负债表

资产		负债	
在中央银行的准备存款	6 400 元	戊客户存款	6 400 元
贷款	5 120 元	乙客户存款	5 120 元

当银行的客户已向 D 银行的客户庚用支票支付 5 120 元的应付款，而客户庚委托 D 银行收款后，C 银行的资产负债状况如下：

表 10-9　　C 银行的资产负债表

资产		负债	
在中央银行的准备存款	6 400 元	戊客户存款	6 400 元
贷款	5 120 元		

如此类推，存款的派生过程如表 10-10 所示。

表 10-10　　存款创造过程表　　单位：元

银行	新增加的存款 ΔDd	新增准备存款 ΔR	新增银行贷款
A	10 000	2 000	8 000
B	8 000	1 600	6 400
C	6 400	1 280	5 120
D	5 120	1 024	4 096
…	…	…	…
合计	50 000	10 000	40 000

商业银行体系的资产负债状况如表 10-11 所示。

表 10-11　　商业银行体系的资产负债表

资产		负债	
在中央银行的准备存款	10 000 元	存款	50 000 元
贷款	40 000 元		
合计	50 000 元	合计	50 000 元

2. 存款创造乘数

如以 ΔD 表示包括原始存款在内的经过派生的存款增加总额，以 ΔR 表示原始存款或准备存款的初始增加额，以 r_d 表示法定存款准备金率，则三者的关系公式推导如下：

$$\Delta Dd = \Delta R \times \left[1 + (1-r_d) + (1-r_d)^2 + \cdots + (1-r_d)^{n-1}\right]$$

$$=\Delta R\times\frac{1}{1-(1-r_d)}=\Delta R\cdot\frac{1}{r_d} \tag{10.1}$$

令 $K_d=1/r_d$，称为存款乘数（Deposit Multiplier），是原始存款能够扩大的最大倍数，实际过程的扩张倍数往往达不到这个值。

如以 ΔL 代表以原始存款为根据而发放的贷款累计总额，则 $\Delta L=\Delta D-\Delta R$。

在所举例子中，$\Delta D=10\,000\times(1/20\%)=50\,000$ 元；$\Delta L=50\,000-10\,000=40\,000$ 元。

（四）扩展的存款货币创造模型和创造乘数：更为现实的考察

以上的分析设定，所有的存款都是活期存款、支票存款，但存款至少可以分为活期存款 D_d 和定期存款 D_t。对于活期存款和定期存款，通常分别规定不同的准备金率（但也有的国家两者的准备金率并无区分）。如有区分，存款货币创造的分析就需细化。仍设定 ΔD 为活期存款量的增额，r_d 为活期存款的法定准备金率，再设定 t 为定期存款与活期存款之比，r_t 为定期存款的法定准备金率，ΔR 为总准备金存款的增额。

以上的举例也丝毫没有涉及现金——钞票与硬辅币：贷款、存款、货币支付均在银行的账户上进行，没有一分现金流出商业银行系统之外。然而，客户总会从银行提取或多或少的现金，从而使一部分现金流出商业银行系统，出现所谓的“现金漏损”（Loss Of Cashes）。出现了现金漏损，准备存款就要因有一部分以现金形态从商业银行体系流出而减少；或者说，把现金考虑在内，用以充当追加的活期存款与追加的定期存款这两者所需的准备，就不再是与原始存款相对应的准备存款的全部，而是减除现金漏损额的余额。现金漏损额与活期存款总额之比称为现金漏损率，也称提现率（Withdrawal Rate）。如用 ΔC 代表现金漏损额，用 c 代表现金漏损率，则有：

$c=\Delta C/\Delta D$，$\Delta C=c\cdot\Delta D$

以上的讨论考虑的只是法定准备金，但为安全或应付意外之需，银行实际持有的存款准备金常常高于法定准备金 R_d，超过的部分称为超额准备金 R_e。也就是说，银行的初始准备还有一部分是以超额准备金的形式存在，超额准备金与活期存款总额的比，称为超额准备金率，以 e 代表。

这时的存款货币创造乘数（Creation Multiplier）为：

$$K=\frac{\Delta D}{\Delta R}=\frac{1}{r_d+t\cdot r_t+c+e} \tag{10.2}$$

式中：c =流通中现金与支票存款的比率（C/D_d）；

r_d =支票存款的法定准备金率（R_d/D_d）；

r_t =定期存款的法宝准备金率（R_t/D_t）；

t =定期存款与支票存款的比率（D_t/D_d）；

e =超额准备金与支票存款的比率（R_e/D_d）。

到这里可以看出，银行吸收一笔原始存款能够派生创造出多少存款，派生倍数大小如何，除了取决于法定准备金率的高低以外，还要受到定期存款比率、现金漏损率和超额存款准备金率等多方面的制约。

综合考虑各种影响因素后，商业银行体系资产负债的变化如表 10-12 所示。

表 10-12 商业银行体系资产负债变化

资产		负债	
在中央银行的准备存款	10 000 元	存款	28 571.43 元
现金漏损	-4 761.90 元	活期存款	19 047.62 元
贷款	23 333.33 元	定期存款	9 523.81 元
合计	28 571.43 元	合计	28 571.43 元

需要说明的是，上文只是就银行创造派生存款过程中的基本可测定因素对存款派生倍数的影响进行分析。如果考虑客户对贷款的需求要受到经济发展的制约，那么并非任何时候银行总有机会将可能贷出的款项全部贷出。也就是说，银行能否多贷，不仅取决于银行行为，还要看企业是否需要贷款。在经济停滞和预期利润率下降的情况下，即使银行愿意多贷，企业也可能不要求贷款，从而可能的派生规模并不一定能够实现。

（五）派生存款的紧缩过程

商业银行系统派生存款倍数创造原理在相反方向上也适用，即派生存款的紧缩也呈倍数紧缩过程。

三、中央银行体制下的货币创造过程

在前面的存款货币创造模型中，我们找出了银行准备金变动额同支票存款变动额之间的关系——$\Delta D_d = k_d \cdot \Delta R$，其中 k_d 为存款乘数。并且针对不同的情形分别推导了相应的存款乘数，从中可以看出，支票存款的变动取决于存款乘数的变动和银行准备金的变动，因此中央银行可以通过控制存款乘数和银行准备金来控制货币供应（$M1$）中最重要的部分——支票存款。但是这一公式有两个基本的不足：①它未包括货币供给中的另一个重要组成部分，即流通中“漏损”的现金。②由于流通中“漏损”现金和银行准备金的转化是频繁的，它取决于公众的行为，因此中央银行很难单独地控制银行准备金的数量，而只能大致地控制流通中现金和银行准备金的总额。而我们之所以要研究货币的供应过程，一个很重要的目的便是要了解并改进中央银行对货币供给的控制能力。因此，我们希望找出货币供给同一个较易为中央银行控制的变量之间的联系。为此，我们将较易为中央银行控制的流通中漏损的现金与银行准备金之和定义为一个新的变量，即基础货币。

（一）现金的增发与准备存款的补充

1. 流通中现金的形成

我国人民习惯性地称钞票和硬币为现金。国际货币基金组织的口径是以“通货”（*Currency*）来统计钞票和硬币的数额。

钞票以及硬币的发行，是发行银行的特权。中央银行是怎么把钞票和硬币投入流通之中的？

前面讲到现金漏损，指出这是由于商业银行的客户从自己的存款账户提取现金所致。既然客户可以从自己在银行的存款账户提取现金，那么客户也可以把现金存入自己在银行的存款账户。所以，每个存款银行在其日常的经营活动中，都有现金的不断流入和流出。如果现金的提取可以由现金的存入所满足，商业银行就不必补充现金；如果存入的现金满足不了提取现金的要求，商业银行则必须补充现金，而补充的基本途径就是到中央银行从自己的准备存款账户提取。当存在现金漏损的情况下，准备存款就要因有一部分以现金形态从商业银行体系流出而减少。为了保证商业银行可以及时地从准备存款账户提取现金，中央银行必须印制足够的钞票、铸造足够的硬币并保存在全国各地。

当然，商业银行也会有现金存入过多，从而在满足现金提取之后还有剩余的情况。在发达的市场经济中，除了小额贷款，是很少用现金贷出的。所以，收入的过多现金，银行就会及时存入自己在中央银行的准备存款账户。

由此可以理解，已经存在于流通过程中的现金就是过去商业银行从中央银行的准备存款账户上陆陆续续提取现金所形成的。

2. 准备存款的补充及中央银行的支持

当商业银行总体向中央银行提取现金多于存入的现金，是现金发行量的增长，习惯也称为现金发行；当商业银行总体向中央银行存入现金多于提取的现金，是现金发行的减少，则称为现金回笼。一年四季，现金的发行与回笼是交替的。但总的来看，年复一年，现金的发行都是增长的，根本原因是经济的增长。当现金的增长是必然趋势时，就意味着商业银行从准备存款账户不断地提取现金。所以，在经济增长的条件下，准备存款必须不断地得到补充，以便使之既能保证现金的不断提取，又能保证创造出经济生活所必需的越来越多的存款货币。

准备存款的补充来自中央银行。当然，就一个商业银行来说是可以有其他途径的，如从有往来关系的银行拆借。这就有对往来银行的负债与在中央银行准备存款的等额增加。但这个拆入银行的准备存款增加了，而拆出行的准备存款却等额减少。所以，不论商业银行之间的往来如何多样而频繁，整个商业银行系统在中央银行的准备存款总额是不增也不减的。如果要是准备存款总额增加，则必须有中央银行资产业务的增加。

商业银行从中央银行方面补充准备存款的途径，概括起来，基本是三个方面：①向中央银行再贴现和直接取得贷款；②向中央银行出售自己持有的债券；③向中央银行出售自己持有的外汇。而补充后的准备存款必然一分为二：现金漏损和减除现金漏损的准备存款。由于中央银行方面补充准备存款是一个连续的过程，在这个连续的过程中，中央银行一方面积累了自己的资产，另一方面则形成两大负债项目：①不断补充、不断提取现金的准备存款余额；②由一笔笔现金漏损所累计形成的流通中的现金。

扩展资产业务并不以负债的增加为前提，这是中央银行特有的权力。中央银行的任何资产业务均会有商业银行准备存款和通货发行之和与之对应，这是中央银行运作的规律。当然，中央银行的行为也并不是完全不受任何约束的。从技术层面和可能性来说，中央银行为商业银行补充存款准备、支持商业银行创造信用货币的能力可以是无限的。但从客观经济过程来说，约束则是强有力的。没有货币需求，商业银行不需要补充准备存款，中央银行有能力也无从发挥；强行支持无限制的货币创造，则会促成通货膨胀，并会受到客观经济过程的惩罚。

（二）基础货币

作为存款货币创造基础的准备存款，既会因现金的提取而减少，又会因现金的存入而增多准备存款；而准备存款的存在，既是现金进入流通的前提——无准备存款无法取得现金，又是现金回笼的归宿——实实在在的现金并不因回笼消失，而是转化为准备存款形态。

需要注意的是，有一部分现金离开了中央银行而并未离开商业银行，即商业银行的现金库存。在银行的日常经营活动中，不断有现金的收收付付，现金库存则是保证现金收付的必要。商业银行的库存现金属于中央银行现金发行的一部分。①它与准备存款性质相同，共同构成银行存款的准备。

商业银行的存款准备，是准备存款加库存现金；“漏损”的现金，即离开中央银行并且也离开商业银行的现金，是流通于银行体系之外的现金。对于创造信用货币来说，这两者缺一不可，因而统称基础货币（*Base Money*），或称为高能货币、强力货币（*High-Power Money*）。国际货币基金组织称之为“准备货币”（*Reserve Money*）。

基础货币的构成通常用公式表示为：

$$B=C+R \tag{10.3}$$

式中：B 为基础货币（由于基础货币也称高能货币，所以也通常以符号 H 代表）；R 为商业银行保留的存款准备金（准备存款与现金库存）；C 为流通于银行体系之外的现金。

正如我们在前面提到的那样，基础货币的概念之所以如此重要，是因为它比银行准备金更易为中央银行所控制，因此只要掌握了它与货币供给之间的联系，中央银行就可以利用这种联系对货币供给进行控制。

（三）货币乘数

1. 货币乘数的概念

基础货币可以引出数倍于自身的可为流通服务的信用货币。把货币供给量与基础货币相比，其比值称为货币乘数（Money Multiplier）。用 M_S 代表货币供给，B 为基础货币，则可列出下式：

$$M_S=m \cdot B \tag{10.4}$$

---

① 在中国的货币供给统计中，商业银行的库存现金不计入 M_0。

式中，m 为货币乘数。

基础货币虽然是由通货（也即处于流通中的现金 C）和存款准备 R 两者构成，但在货币乘数中的作用并不一样。通货 C 虽然是创造存款货币不可或缺的根据，但它本身的量，中央银行发行多少就是多少，不可能有倍数的增加。引起倍数增加的只是存款准备 R。因此，基础货币与货币供给量 D 的关系可用图 10-1 表示。

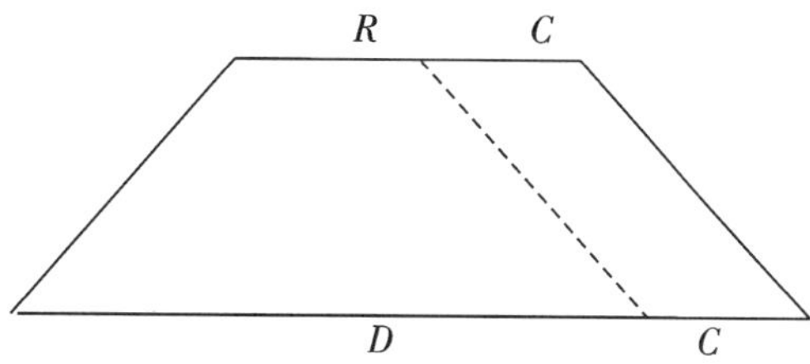

图 10-1 基础货币和货币供给

2. 货币乘数的决定

根据（10.4）式，我们要计算货币乘数 m，只需分别写出货币供给 M_S 和基础货币 B 的表达式，再令二者相除就可以了。根据定义，则有：

$$m=\frac{M_S}{B}=\frac{D+C}{R+C} \tag{10.5}$$

如果把这个式子中的分子、分母各项均除以 D，则有：

$$m=\frac{1+\frac{C}{D}}{\frac{R}{D}+\frac{C}{D}} \tag{10.6}$$

式（10.6）中有个 C/D，称为通货—存款比，这个比率的大小取决于私人部门——包括个人与公司的行为。（10.6）式中有个 R/D，称为准备—存款比，这个比率的大小取决于存款货币银行的行为。这两个比率决定乘数的大小，再加上基础货币，即决定货币供给量。而基础货币的多少，在一定意义上说取决于中央银行的行为。

根据（10.6）式，货币乘数 m 必然大于 1，因此基础货币的增减将导致数倍的货币供给增减。即如果 $m=2.385$，则基础货币每增减 1 元，货币供给 M_S 将增减 2.385 元。

四、货币供给的控制机制

（一）货币供给的间接调控与控制工具

在典型的、发达的市场经济条件下，货币供给的控制机制是由对基础货币的调控和对乘数的调控两个环节的控制所构成。如果说货币当局对于基础货币还有一定的直接调控可能，那么对乘数的直接操纵调控则毫无可能。总的来说，在市场经济条件下对货币供给数量的调控只能是间接的。

货币当局通常运用公开市场业务、贴现政策和法定准备金率三大工具调控基础货币和乘数并进而间接调控货币供应量。当前，在三种调控工具中较为常用的是公开市场操作。

1. 公开市场业务

公开市场业务也称公开市场操作（Open-Market Operation），是指货币当局在金融市场上出售或购入财政部和政府机构的证券，特别是短期国债，用以影响基础货币的行为。这个工具的运作过程如下：当货币当局从银行、公司或个人购入债券时，会造成基础货币的增加。由于债券出售者获得支票后的处理方式不同，会产生不同形式的基础货币。

以美国为例，假设美联储从一家银行购入200万美元政府债券，并付给它200万美元支票。这家银行或是将支票兑现，以增加库存现金量；或是将款项存入在美联储开立的储备账户。这时，该银行和美联储的账户分别发生如下两组变化：

第1组

某银行

资产		负债	
政府债券	-200万美元		
通货库存	+200万美元		

美联储

资产		负债	
政府债券	+200万美元	通货库存	+200万美元

第2组

某银行

资产		负债	
政府债券	-200万美元		
在美联储的储备存款	+200万美元		

美联储

资产		负债	
政府债券	+200万美元	商业银行储备存款	+200万美元

若债券出售者为非银行的公司或个人，而且出售者将美联储的支票存入自己的开户银行。这时，美联储、开户银行及出售者的账户分别出现如下变化：

出售债券者

资产		负债	
政府债券	-200万美元		
支票存款	+200万美元		

开户银行

资产		负债	
在美联储的储备存款	+200 万美元	支票存款	+200 万美元

美联储

资产		负债	
政府债券	+200 万美元	商业银行储备存款	+200 万美元

当出售债券给美联储的个人或公司把获得的支票兑现时，出售者和美联储的账户会分别出现如下变化：

出售债券者

资产		负债	
政府债券	-200 万美元		
手持通货	+200 万美元		

美联储

资产		负债	
政府债券	+200 万美元	通货发行	+200 万美元

假若美联储不是购入债券而是出售债券，对基础货币就会产生相反的影响——或是减少了通货发行，或是减少了商业银行在美联储内的储备存款。

从以上的例子可以看出，中央银行通过购买或出售债券可以增加或减少流通中现金或银行的准备金，使基础货币或增或减。基础货币增加，货币供给量可随之增加；基础货币减少，货币供给量也随之减少。

公开市场操作的优点有：①使中央银行能够主动影响商业银行准备金，从而直接作用于货币供给量；②使中央银行能够随时根据金融市场的变化，进行经常性、连续性的操作；③通过公开市场业务，中央银可以主动出击；④由于吞吐的规模和方向可以灵活安排，中央银行有可能用其对货币供给量进行微调，而不会产生震动性的影响。

公开市场操作要有效地发挥作用，其前提条件是：金融市场必须是全国性的，可用以操作的证券种类必须齐全并达到必需的规模。

2. 贴现政策

贴现政策（Discount Policy）是指货币当局通过变动自己对商业银行所持票据再贴现的再贴现率（Rediscount Rate）来影响贷款的数量和基础货币量的政策，现在已扩及对商业银行各种信用支持的利率。

再贴现利率变动影响商业银行贷款数量的机制是：再贴现利率上升，意味着商业银行向中央银行的借款成本随之提高，它们会相应减少贷款数量；再贴现利率下降，意味着商业银行从中央银行的借款成本降低，则会产生鼓励商业银行扩大贷款的作用。但是，这一政策并不能保证实现引导市场走向的政策意向：如果同时存在更强劲的制约因素，如过高的利润预期或对经营前景毫无信心，这时再贴现利率的调节作用则是极为有限的。

这一政策的作用也许主要体现为告示效应（Bulletin Effects）。如再贴现利率升高、意味着国家判断市场过热，有紧缩意向；反之，则意味着有扩张意向。这对短期市场利率常起导向作用。

3. 法定准备金率

法定准备金率（Legal Reserve Ratio）也是控制货币供给的一个重要工具。它作为中央银行调节货币供给的政策工具，普遍始于 20 世纪 30 年代经济大危机以后。目前，凡是实行中央银行制度的国家，一般都实行法定准备金制度。个别国家，如英国、加拿大等国，实行的是零存款准备金率制度。

法定准备金率被认为是一个作用强烈的工具。当货币当局提高法定准备金率时，商业银行一定比率的超额准备金就会转化为法定准备金，商业银行的放款能力降低，货币乘数变小，货币供应就会相应收缩；降低法定准备金率，则出现相反的调节效果。事实上，不少国家一直没有采用过这一手段。而在中国，这一工具经常被采用。

（二）居民持币与货币供给

中央银行调控基础货币和乘数的工具，最终还要通过微观基础（即居民、企业及商业银行的反应）才能起作用。

当居民普遍增加现金［即通货持有量（Currency Holdings）］的时候，通货比（C/D）会提高；反之，通货比会下降。通货比与货币供给量是负相关关系。

对居民持币行为，进而对通货比产生影响的因素主要有四个：

（1）财富效应（Wealth Effect）。当一个人的收入或财富大量增加时，通常说来，他持有现金的增长速度会相对降低；反之亦然。这说明，在一般情况下，通货比与财富和收入的变动呈反方向变化。

（2）预期报酬率变动的效应（Effect Of Expected Yields Change）。居民持有的现金，其报酬率为零；储蓄存款有利息收益，报酬率大于零；证券或债券的收益率比储蓄存款高，但有风险，对这些金融资产持有比例的变化，都会影响通货比。

（3）假若出现了银行信用不稳定的苗头，居民就会大量提取存款，通货比会因而增大。

（4）非法经济活动。为了逃避法律监督，非法经济活动倾向于用现金进行交易。所以，非法经济活动的规模与通货比正相关。

（三）企业贷款行为与货币供给

企业行为对货币供给的影响是通过它们对资本的需求，进而是对贷款的需求来实现的。一般说来，对企业贷款行为，进而影响货币供给的影响因素，主要来自两方面：

（1）经营的扩大或收缩。经营扩大要求补充资本，补充资本的投入一般要求从补充货币资本开始。如果企业需要补充贷款，就不能不影响货币供给。假设缺乏经营积极性成为某一时期企业行为的普遍特点，那么再低的利率也不能刺激企业对贷款的需求，货币供给也就缺乏扩大的基础。

（2）经营效益的高低。一般说来，不管是由于经营管理不善，还是整个经济比例、结构有问题，都会造成资金周转率降低。信贷资金占用时间延长，在相同的产出水平下会相对增加对贷款的需求，从而增加货币供给量的压力；反之，则会减少对于增加货币供给量的压力。

（四）银行行为与货币供给

银行主要通过两种行为影响货币供给：一是调节超额准备金的比率；二是调节向中央银行借款的规模。

1. 银行超额准备金的调整

银行保有的超额准备金越多，存款货币创造乘数就越小，货币供给量也越小；反之，乘数会变大，货币供给量也相应增加。

通常情况下，商业银行在中央银行的准备存款是没有利息的，所以保有超额准备金则等于放弃收入，这就是超额准备金的机会成本。从这一点出发，商业银行总是力求把超额准备金压倒最小限度。在发达的工业化国家中，银行通常把超额准备保持在 1 个百分点之下，这属于“成本—收益”动机的问题。但是，银行如果出现存款流出苗头时，则必须采取增加超额准备金的行为。因为一旦出现存款大量流出的现象，若无超额准备金，就得采取诸如出售证券、催收贷款、向中央银行借款等行动，这不仅会增大成本或减少收益，还可能使银行面临倒闭的威胁。这时增加超额准备金，属于风险规避动机。

保存超额准备金的行为，不论起于何种动机，均意味着对准备存款比例（R/D）的制约。

2. 银行向中央银行借款

在一个典型的市场经济体系中，商业银行向中央银行借款会增加准备金存款，即基础货币的数量，从而能支持更多的存款货币创造。所以，在其他条件不变时，商业银行增加向中央银行借款会扩大货币供给量，减少向中央银行借款会减少货币供给量。

决定商业银行向中央银行借款的行为动机也是“成本—收益”动机，而决定成本和收益的因素则主要是市场利率和中央银行贷款的贴现率；市场利率的高低，正相关地影响商业银行借款的多少；而中央银行贴现率的高低，对于商业银行的借款数量的多少，则是负相关的。

（五）货币供给量的决定

将影响货币供给量的主要因素用图 10-2 表示。

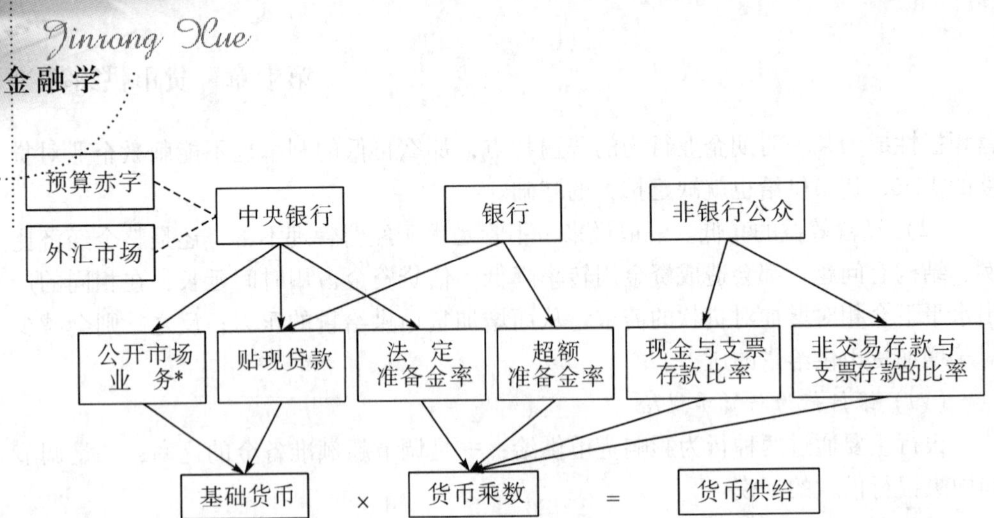

*这里的公开市场业务包括中央银行在外汇市场上的买卖活动。

图 10-2 货币供给过程

图 10-2 表明，货币供给主要是由中央银行、银行和非银行公众三者共同决定的，同时还受到预算赤字、外汇市场等方面的间接影响。因此，要加强中央银行对货币供给的控制，必须加强中央银行对银行及非银行公众行为的预测和引导能力，同时尽可能避免预算赤字、外汇市场等因素对基础货币的间接影响。

相关链接

1930—1933 年大萧条时期的银行业危机

我们可以使用货币供给模型来帮助我们理解发生在过去的货币供给的主要变动。在这个应用例子中，我们使用模型来解释发生在大萧条时期——美国历史上最严重的经济低迷时期的货币收缩。大萧条时期银行业危机使信用市场的信息不对称问题变得更加严重，从而对整个经济运行造成伤害。这里我们可以看到银行业危机的另一个后果，就是它可以引起货币供给的急剧减少，从而对整体经济造成危害。

在米尔顿·弗里德曼（Milton Friedman）和安娜·施瓦茨（Anna Schwartz）的经典名著《美国货币史，1867—1960》（A Monetary History of the United States, 1867—1960）中，描述了 1930 年年末第一次银行业危机爆发的情景：

1930 年 10 月之前，停业的（倒闭的）商业银行的存款比 1929 年的大部分时间都稍多一点，但是和前 10 年的经验相比，还是不协调的。1930 年 11 月，这类存款是自 1921 年有月度数据记录以来的最高数额的两倍多。

大批银行的倒闭，特别是在密苏里州、印第安纳州、伊利诺伊州、艾奥瓦州、阿肯色州和北卡罗来纳州，引起了广泛的试图将支票存款和定期存款转换为通货，或至少转换为邮政储蓄存款的浪潮。恐惧像传染病一样在存款者之间蔓延，最早从农业领域开始，它们在 20 世纪 20 年代已经经历了银行倒闭的沉重打击。但是，1930 年 11 月有 18 000 万美元存款的 256 家银行的倒闭很快就被 12 月拥有超过 37 000 万美元存款的 532 家银行的倒闭所代替（所有数字每季未调整），最严重的是 12 月 11 日美洲银行的倒闭，该银行拥有超过 20 000 万美元的存款。那次倒闭事件非同寻常。以存款数额衡量，美洲银行是到那时为止美国历史上倒闭的最大的商业银行。而且，虽然它只是一家普通的商业银行，美洲银行的声望却使得国内外许多人士将它当作带有官方性质的银行，因此它的倒闭所带来的对信心的打击，比起名声平平的银行的倒闭所引起的打击要大得多。

从 1930 年 10 月到 1931 年 1 月的第一次银行业危机，那时倒闭银行的存款数额有所增加。因为那时没有存款保险（联邦存款保险公司直到 1934 年才建立），当一家银行倒闭时，存款者只能得到相当于他们存款的一部分的赔偿。因此，当银行在银行业危机中倒闭时，存款者十分清楚他们将可能遭受巨大的存款损失，因而存款的预期收益为负。根据资产需求理论，随着第一次银行危机的爆发，存款者从银行账户取出通货，将他们持有的支票存款转换为通货，所以 *C/D* 提高。我们先前对超额存款准备金率的分析表明，存款流出的剧增会引起银行大幅提高超额存款准备金率（*ER/D*）以保护自己。在第一次银行危机（1930 年 10 月—1931 年 1 月）期间，*C/D* 开始爬升。更显著的是 *ER/D*，1930 年 11 月到 1931 年 1 月，其值是原来的 2 倍多。

货币供给模型认为，当 *ER/D* 和 *C/D* 上升时，货币供给会减少。*C/D* 的上升导致多倍存款扩张的整体水平下降，从而导致较小的货币乘数和货币供给的减少；而 *ER/D* 的上升会降低可用来支持存款的存款准备金的数额，也会引起货币供给减少。于是，我们的模型指出，在第一次银行危机爆发以后，*ER/D* 和 *C/D* 的上升会导致货币供给的减少。在第一次银行危机期间，1930 年 12 月到 1931 年 1 月，货币供给急剧减少。

1931—1933 年，银行危机持续发生，*C/D* 和 *ER/D* 继续上升。到 1933 年 3 月危机末期，货币供给（M1）下降了超过 25%——美国历史上最大的下降——与此对应的是国家最严重的经济收缩。更为显著的是，尽管基础货币水平上升了 20%，货币供给还是下降——这就证明了在银行危机期间 *C/D* 和 *ER/D* 的变动对货币供给决定的重要性。它也证明了存款者和银行的行为使美联储实施货币政策的工作更加复杂。

第二节　货币供给理论的发展

货币供给理论是研究货币供给量由哪些因素所决定以及如何决定的理论。在过去较长的时期内，货币供给量这一重要的经济变量和政策指标被视为可由金融当局绝对加以控制的外生变量。20 世纪 60 年代以后，随着货币主义的兴起和货币政策日益被人们所重视，经济学家和金融学家们普遍重视货币供给理论的研究，使之迅速发展。

因此，西方货币供给理论经历了凯恩斯及凯恩斯学派和货币供给分析、新古典综合派对货币供给理论的分析以及货币学派的货币供给理论分析和新经济自由主义学派的货币供给理论分析的主流沿革。

一、凯恩斯及凯恩斯学派和货币供给分析

凯恩斯对货币供给的分析相对于货币需求的分析来说比较简单。在货币供给方面，凯恩斯认为，货币供给是由中央银行控制的外生变量，它的变化影响经济运行，但自身并不受经济因素的制约。他认为，货币的生产（货币供应的来源）对私人企业来说是可望而不可即的。一般有以下两种情况：

（1）商品货币（金属币）的生产受自然力量主要是资源稀缺性限制。在绝大多数非产金国里，私人企业即使投入大量的劳动力和设备，货币生产能力的扩大也是微乎其微的，货币供应量的增加也是微不足道的。

（2）管理货币或法定货币更不是私人企业所能产生的，唯有依靠国家的权力才能发行，强制流通。任何私人企业都无力与之抗衡。无论货币需求有多大，或经济中其他变量的刺激有多么强烈，由于货币特征的存在，货币供应不会受它们的影响而自行变化。货币供应的控制权由政府通过中央银行牢牢掌握在手，中央银行根据政府的金融政策，考虑到经济形势变化的需要，可以人为地进行控制，增减货币供应量。

在货币供给理论上，新剑桥学派不完全赞成凯恩斯的外生货币供应理论。他们认为，虽然从形式上看，现有的货币供应量都是从中央银行渠道出去的，但实质上这个量的多少并不完全由中央银行决定，在很大程度上是中央银行被动地适应公众货币需求的结果。这是因为，公众的货币需求经常并大量地表现为贷款需求，而银行的贷款和货币供应量是联系在一起的。当经济前景光明时，企业将增加贷款需求，银行只要找到理想的借款人，在无信用风险、有还款保证和能够获利的情况下，总会贷出款项。银行的贷款即可转成存款，每个存款的所有人可以随意支付或提取现金。可见，银行存款的增加实际上扩大了货币供应量，中央银行只能被动地适应。同样，随着物价的上涨和工资额的提高，银行贷款也会相应增多。只要经济活动增加，货币供应就会扩大；反之，则相反。因此，对现有货币量发生决定性影响的主要是货币需求，而货币需求的大小取决于经济的盛衰及人们的预期。

在货币供应的控制问题上，他们一方面赞同凯恩斯的观点，即中央银行能够控制货币供应；另一方面又认为中央银行对货币的控制能力和效果不像凯恩斯认为的那样绝对。他们主张，中央银行对货币供应的控制是有限度的。其原因：一是当货币需求旺盛时，银行体系会想方设法逃避中央银行的控制，主动增加贷款，扩大货币供应。二是中央银行在货币供应方面存在着漏区，使中央银行不可能严密地控制住货币供应总量。例如，在经济高涨时，中央银行企图限制货币供应的增长，但是金融界可以采取一些信用形式，变相地增加货币供应。比如，银行参与的商业信用为基础的票据流通，就是合法货币的替代品。扩大票据流通，等于增加了货币供应。另外，在中央银行直接控制的银行体系以外，还存在着许多非银行金融机构，它们不受中央银行的严格控制。由于中央银行在控制上存在漏区，使中央银行对货币供应控制能力大大削弱。

同时，他们认为，中央银行对货币供应的控制能力，在货币供应的增加或减少方面的分布是不均匀的。中央银行增加货币供应的能力远远大于其减少货币供应的能力。也就是说，如果中央银行要增加货币供给，它完全有能力达到目标，但要减少货币供应量，它未必有能力实现目标。这种控制力的差异不完全是中央银行本身的问题。

总之，新剑桥学派虽然没有明确地提出内生货币供应理论，但在论述中包含了这层涵义，其理论分析也已经脱离了凯恩斯的外生货币供应论。

二、对凯恩斯货币供给理论的发展

（一）新古典综合派对货币供给理论的发展

新古典综合学派对凯恩斯货币供给理论的发展，是随着 20 世纪 60 年代以来的西方国家金融创新的大量涌现，传统的金融理论、金融体制受到冲击，中央银行的货币政策效果被扰乱这一背景而产生的。新古典综合学派对货币是否外生变量，货币供给量的决定因素和各经济主体的行为对货币供应量的影响等问题进行了研究，提出了有别于凯恩斯货币供给理论的“内生货币供应论”。他们认为，货币供应量主要由银行和企业的行为决定，而银行和企业的行为又取决于经济体系内的许多变量，中央银行不可能有效地限制银行和企业的支出，更不可能支配它们的行动，因此，货币供应量主要是内生的。其主要理由可归纳如下：①在存贷关系上，他们认为银行的负债是由银行的资产决定的，认为在金融体系高度发达的当代，只要有贷款要求，银行就能提供信贷并由此创造出存款货币，致使货币供应量增加，形成从银行体系到实业部门的信贷——货币流。②金融媒介方面的创新，能够起到动用闲置资金、节约头寸、改变货币流通速度的作用。因此，如果中央银行只是部分地提供所需货币，通过金融创新也可相对地扩大货币供应量。③以创造非银行形式的支付，扩大信用规模。当企业决定增加投资时，融资问题很少会成为限制因素。因为银行信贷不是满足新增投资支出的唯一途径，企业可以通过发行或交换期票，甚至通过不履行还款义务等创造出“非自愿”商业信贷的方式来“支付”投资项目。当原材料价格或工资上涨、生产成本上升时，需求相应增加的流动资金也可以用同样的方式解决。

（二）货币学派对凯恩斯货币供给理论的发展

货币学派的货币供给理论主要体现在对通货膨胀的分析和政策主张上。弗里德曼对货币需求研究的结果认为，货币需求是相对稳定的，要保证货币需求与供给的平衡，就必须保证货币供给的稳定性。因此，他反对凯恩斯提出的需求管理，认为应当把重点放在货币供给上。货币政策应该是一切经济政策中唯一重要的法宝，其他经济政策如果不通过货币政策或没有货币政策的配合，不可能取得预期的效果。

弗里德曼认为控制货币供应量的最佳选择是实行“单一规则”——公开宣布并长期采用一个固定不变的货币供应增长率。实行“单一规则”需要解决三个问题：①如何界定货币数量的范围；②如何确定货币数量的增长率；③货币数量增长率在年内或季节内是否允许有所波动。关于货币数量的范围，弗里德曼认为，应确定为流通中的通货加上所有商业银行的存款，也即M2；关于货币增长率的确定，他认为应与经济增长率大体相适应；关于货币增长率在每年内或每季度内是否允许波动，弗里德曼认为，货币供应增长率一经确定，是不能任意变动的，若遇特殊情况必须更改时，应该事先宣布并尽量缩小变动的范围。

（三）新经济自由主义学派的货币供给理论

由于德国中央银行在欧洲的核心地位及其成功的货币政策实践，德国新经济自由主义学派的货币供给理论受到重视。该理论认为，要保证社会市场经济模式的协调和稳定，必须首先稳定货币。货币供应的总原则应该是保证币值稳定。要保证币值的稳定，货币供应必须与商品相联系。据此，提出了两条货币供应的条件：①货币供应与社会生产能力相适应。一个国家的社会生产能力决定了该国能够生产出多少商品，由此决定了需要多少货币进行交易，因此，以现价计算的社会生产能力除以货币流通速度，就是货币供应的最佳量。②保持商品追逐货币的局面。他们认为，在商品和货币的对应关系上，如果货币量多，商品量少，就会出现货币追逐商品的局面，表现为物价上涨、商品短缺、市场紧张。但若使货币量相对略少于商品，则形成商品追逐货币的局面，吸引商品源源不断地流入市场，通过公众所投的货币来判断商品的优劣，以此来提高商品的数量和质量。货币略小于商品的局面，为开展自由竞争和提高社会市场经济效率提供必要的环境。他们提出了货币目标公布制，并进一步提出货币供应增长率的区间论，就是把货币供应增长率从一个具体数值变为一个特定范围。这样，中央银行调控货币供应就有了一定的机动性。

三、货币供给理论的比较

综上所述，凯恩斯认为货币供给是中央银行控制的外生变量，其变化影响经济运行，而自身不受经济因素的制约。新剑桥学派认为，从实质上看货币供给并不完全由中央银行决定，在很大程度上是被动地适应货币需求的结果。因此，中央银行虽然能够控制货币供给，但它的控制能力和效果不是绝对的。新古典综合学派提出了和凯恩斯观点相反的“内生货币供应论”，认为货币供给量主要是一个受经济体系内诸多因素影响而自行变化的内生变量，它主要是由经济而不是中央银行所决定的。据此，新古典综合学派提出中央银行的政策目标不能放在货币供应量上，反而应放在利率、对商业银行及各类金融机构的资产结构和信用规模管理上。

货币学派也十分重视货币供给稳定，他们主张保证货币供给的稳定性。弗里德曼主张把货币供应增长率固定在一个合理的水平上；合理预期学派基本赞同货币学派关于稳定货币供应增长率的观点。德国学派的理论也和货币学派的观点相近，认为中央银行应控制货币供给，货币供应的增长应与社会生产能力的增长相一致。货币供应由潜在的生产能力增长即社会应该的经济增长决定。他们还认为，货币供给增长率应该是一个区间，在时间上应分为短期目标和中期目标，并建议通过实施“货币目标公布制”实现既定目标。

第三节　中国的货币供给问题

根据我国目前对货币供应量的定义，我们从基础货币和货币乘数两个方面来分析中国的货币供给。

一、中国货币供应量的定义及其乘数

出于金融发育程度不同，各国货币供应量的内涵不一致。目前对货币供应量的定义如下：

M0＝流通中的现金

M1＝*C*+*D*。其中，*C* 为流通中的现金即 M0，*D* 为活期存款，包括企业活期存款、机关团体存款及农村存款。

M2＝M1+*TD*。其中，*TD* 为准货币，包括居民储蓄存款、企业定期存款、信托类存款与其他存款（以下为表述方便把 *TD* 称为非交易存款）。

B＝*C*+*R*。其中，*B* 为基础货币，*R* 为各类金融机构在中央银行的存款准备金。

由此，可以定义 M1 和 M2 的乘数：

$$m_1=\frac{\mathrm{M1}}{B}=\frac{1+c}{r+r_t\cdot t+e+c}$$

$$m_2=\frac{\mathrm{M2}}{B}=\frac{1+c+t}{r+r_t\cdot t+e+c}$$

式中：m_1、m_2分别是 M1 和 M2 的乘数，c＝流通中现金与支票存款的比率；r＝支票存款的法定准备金率；r_t＝非交易存款的法宝准备金率；t ＝非交易存款与支票存款的比率；e ＝超额准备金与支票存款的比率。

二、基础货币的影响因素

从中国中央银行（中国人民银行）的资产负债表可以推导出，基础货币存量的任何变化都是以下一种或几种原因影响的结果：中央银行对中央政府的债权、商业银行再贷款数量的变化和外汇储蓄存量的变化。

（一）中央银行对中央政府的债权

从中央银行对中央政府的债权来看，由于法律已禁止中央政府对中央银行进行透支，因此主要是中央银行持有的政府债券的数量变化对基础货币产生影响。中国从 1996 年 4 月开始通过公开市场操作来调控货币供应量。但由于中央银行和商业银行持有的政府债券量过少，通过该渠道对基础货币的影响不大。随着政府发债规模的扩大和市场发育的进一步完善，这种影响会逐渐加强。

（二）商业银行再贷款数量的变化

在 1994 年以前，我国存在货币供给的“倒逼机制”，1994 年后则是发生了重大

的变化。

1994 年以前，银行的信贷需求大体可分为三类：第一类是企业对贷款的商业性需求；第二类是地方政府为追求经济增长速度，争项目、争投资而形成的对政策性贷款 Lg_1的需求；第三类是中央政府为支持农业、外贸等产业而形成的对政策性贷款 Lg_2的需求。一般而言，商业性贷款要受自身收益的限制，而政策性贷款 Lg_2回报率较低，如果不被挪用，则数量比较固定，基本上对贷款使用者不会形成有效的扩张冲动，因此其波动一般比较平稳。但政策性贷款 Lg_1则不同，在地方政府大量参与微观经济活动的情况下，其扩张性是非常明显的。特别是在经济高涨期，地方政府为了追求经济增长速度，争项目、争投资往往会形成对政策性贷款 Lg_1的大量需求，造成其急剧扩张的局面。由于商业性贷款是银行利润的主要来源，在利润目标考核驱动下，银行不会减少反而会增加商业性贷款来抵消政策性贷款扩张的影响。

银行信贷的增加导致存款货币的增加，根据我国准备金制度的规定，银行必须相应增加存款准备金。当银行存在超额准备金时，可以自行解决准备金增加的要求，否则必须向中央银行申请增加再贷款。商业银行可以通过两种方式迫使中央银行增加再贷款：一种方式是在信息不对称的情况下，商业银行可以将中央银行支持政策性贷款的资金挪作他用，将资金的“硬缺口”留给中央银行。由于粮食收购、外贸、重点项目资金等政策性贷款是必须保证的，中央银行为保证这些政策性贷款的到位，只能以再贷款的形式向商业银行提供资金。另一种方式是为了支持更多的贷款，商业银行尽量压低超额准备金比率，这会对银行的安全性产生影响，但由于在当时体制下银行不会破产，因此，商业银行对利润的关注远远大于对自身安全的关注。由于中央银行承担着稳定金融秩序的职能，当银行系统出现普遍的支付危机时，中央银行最终不得不作为最后贷款人，再贷款给商业银行，增加基础货币供给。

1994 年以后，这一货币供给的“倒逼机制”趋于消失，这是由于我国的金融体制和宏观经济环境发生了很大变化。在金融体制方面主要成立了三家政策性银行，承担原有商业银行的政策性贷款业务，实现了政策性贷款和商业性贷款的分离。在宏观经济环境方面，主要是人民币汇率并轨，开始实行有管理的浮动汇率制度。

政策性银行的成立，将政策性业务从商业银行中剥离，从理论上讲，可以减少外部因素给商业银行造成的损失，也在一定程度上削弱了商业银行向中央银行“倒逼”基础货币的理由，有助于提高中央银行对货币供给的控制能力。但从实际运行情况看，政策性银行的成立可能并没有完全割断政策性银行与基础货币的联系，这主要源自政策性银行的资金来源问题。目前，中国农业发展银行的资金主要来自中央银行的再贷款，国家开发银行和进出口银行的资金主要来自发行各类政策性金融债券。

资金来自再贷款必然对基础货币产生影响。而通过发行金融债券筹集资金对货币供给的影响有两种情况：一是商业银行存在超额准备金。商业银行用超额准备金购买金融债券，不会对中央银行基础货币的供给产生影响；但这部分超额准备金被政策性银行以贷款的形式发放出去，会提高整个金融系统的信贷规模。二是商业银行没有超额准备金。商业银行只有在中央银行通过公开市场业务操作和再贴现等手段增加基础货币供应的条件下才有资金购买金融债券。中央银行通过货币手段为政策性银行融通资金，这是由政策性银行“准财政”的性质决定的。特别是在中央财力不足，无法对政策性贷款进行财政贴息时，更需要中央银行通过货币政策执行财政政策的职能。

（三）外汇储备存量的变化

1994 年 1 月 1 日我国实行人民币汇率并轨，开始实行有管理的浮动汇率制度。在此之后，外汇市场的一个突出特点是持续性的外汇供大于求。这一时期，中央银行为了保持人民币汇率的稳定，通过外汇公开操作业务入市干预，大量买入美元。1994 年 4 月—1996 年年底中央银行在外汇市场上累计买入外汇 923 亿美元。中央银行外汇资产的急剧增加必然会导致基础货币的大量投放。据统计，这一时期累计净投放人民币 7 775 亿元，外汇占款成为基础货币增加的主要来源。近年来，我国外汇储备增长迅速，2006 年年末达到 1. 066 34 万亿美元，2008 年年末达到 1. 95 万亿美元。这一因素在很大程度上导致了我国基础货币的被动投放。

三、货币乘数

我国实际上从 1984 年才真正建立起中央银行制度。有关学者对我国 1985 年 6 月—1995 年 12 月的货币乘数进行了分析。这一时期的货币乘数变动具有如下特征：

（1）m_1与m_2具有明显的顺周期波动的特征，即在经济高涨时期趋于扩张，在经济调整时期趋于收缩。从m_1变动的情况看，20 世纪 80 年代中期以来我国出现两次经济过热，即 1988 年、1992—1993 年，这两个时期的m_1都曾明显放大。1988 年m_1从年初的 1. 3 左右逐步攀升，到 8 月达到相近年份的最高点 1. 467。1992 年m_1也从年初开始上升，到次年的 5 月份达到最高点 1. 498。这两次经济过热之后，中央银行进行了调整，m_1也相应回落。第一次经济过热时，经中央银行调整后，m_1回落到 1. 1 左右，到 1992 年年初一直在 1. 15 之下。第二次经济过热时，1993 年 7 月中央提出整顿全国金融秩序，又使m_1迅速回落，到该年末m_1回落到 1. 21 左右，此后一直徘徊在 1. 2 附近。就m_2而言，虽然整体上呈上升趋势，但周期性特征依然很明显。两次经济过热时期，m_2都呈显著放大之势，并且都达到局部性峰值；在随后的经济调整中m_2也都出现了回落。

（2）在影响货币乘数变动的因素中，超额准备率的影响最大。有学者计算，超额准备率变动对m_1、m_2的影响占各因素综合影响比重的 61. 06%，超额准备率的变动大致决定了货币乘数变动的基本趋势，并且超额准备率本身的变动也具有逆周期波动的趋势，即在经济高涨时趋于收缩，经济调整时趋于扩张。

上述学者的分析说明，我国货币乘数不是一个稳定的变量，具有典型的顺周期波动的特征。根据前面的分析，在影响货币乘数的各种变量中，超额准备率的影响最大，几乎决定了货币乘数变动的基本趋势。那么货币乘数为什么会有顺周期的特征呢？

正如我们所知道的那样，银行持有超额准备金的主要目的是保证其有充分的流动性，以应付储户出人意料的大量提款的需要，但银行也因持有低收益的超额准备金而承担无法进行高收益贷款的机会成本。因此，超额准备金水平主要取决于银行贷款利率的高低。在经济高涨时，投资需求增加，由此造成对货币的需求增加，这必然造成货币市场上贷款利率的提高。而贷款利率的提高将增加持有超额准备金的机会成本，银行因此会减少超额准备金水平，降低超额准备率，增大货币乘数。同样，在经济衰退期，贷款利率的下降会使银行增加超额准备金，降低货币乘数。这样，货币乘数的变动就与经济波动保持一致了，从而具有顺周期波动的特征。

货币乘数不稳定，并通过贷款利率的中介作用与顺经济周期同向波动，反映了我国货币乘数的内生性质，其变动与实际经济过程紧密联系在一起。

四、基础货币和货币乘数之间的互动关系

从以上对中国基础货币和货币乘数的分析中我们可以看出中国货币供给的内生性质。而实际上，基础货币和货币乘数是相互作用和相互影响的。按照内生货币供给理论，货币供给的变动归根到底是由经济增长决定的。在恒等式 $PT=MV$ 中，如果把货币流通速度 V 看成一个常数，货币数量由基础货币和货币乘数决定（$M=m\cdot B$），则可以得出 $PT=mBV$。这表明经济增长对货币的需求可由基础货币的增长和（或）货币乘数的上升来满足。即要实现相同的货币供给，由基础货币和货币乘数共同决定，基础货币增加得少，则要求货币乘数要大一些；如果货币乘数较小，则对基础货币的投放就要多一些。在实际经济运行中，在经济扩张期，如果基础货币受到中央银行控制不能迅速增加，货币乘数的迅速上升就会促进货币供给的增加；在经济紧缩期，如果货币政策不能有效地调整基础货币，货币乘数的下降就会抑制货币供给的增长速度。根据对1994—1997年季度资料进行的分析，货币乘数变化率有规律的周期性波动几乎正好与基础货币增长率的周期性波动相反，因而在相当大的程度上抵消了后者剧烈波动的影响，而这一时期恰好是我国在经历了1992年的高增长之后的调整时期，经济增长速度正逐步放慢。

本章小结

1. 货币供给量，即一定时点上一国经济中的货币存量。在当代不兑现信用货币制度下，货币供给作为与货币需求相对应的概念，体现为经济生活中多种形态信用货币的集合，主要包括现金和各种银行存款。其中，现金是中央银行的债务，各种银行存款则是商业银行等金融机构的债务。

2. 现代信用经济条件下的货币供给机制是由两个层次构成的货币供给系统。第一层次是中央银行的基础货币提供；第二个层次是商业银行的存款货币创造。这个系统发挥作用是以存在中央银行和商业银行二级银行体制为前提。政府、企业以及

社会公众等经济行为主体也会在不同的角度对货币供给机制产生影响。

3. 凯恩斯认为货币供给是中央银行控制的外生变量，其变化影响经济运行，而自身不受经济因素的制约。新剑桥学派认为，从实质上看货币供给并不完全由中央银行决定，在很大程度上是被动地适应货币需求的结果。因此，中央银行虽然能够控制货币供给，但它的控制能力和效果不是绝对的。新古典综合学派提出了和凯恩斯观点相反的“内生货币供应论”，认为货币供给量主要是一个受经济体系内诸多因素影响而自行变化的内生变量，它主要是由经济而不是中央银行所决定的。据此，新古典综合学派提出中央银行的政策目标不能放在货币供应量上，反而应放在利率、对商业银行及各类金融机构的资产结构和信用规模管理上。

4. 货币学派也十分重视货币供给稳定，他们主张保证货币供给的稳定性。弗里德曼主张把货币供应增长率固定在一个合理的水平上；合理预期学派基本赞同货币学派关于稳定货币供应增长率的观点。德国学派的理论也和货币学派的观点相近，认为中央银行应控制货币供给，货币供应的增长应与社会生产能力的增长相一致。货币供应由潜在的生产能力增长即社会应该的经济增长决定。他们还认为，货币供给增长率应该是一个区间，在时间上应分为短期目标和中期目标，并建议通过实施“货币目标公布制”实现既定目标。

5. 根据我国目前对货币供应量的定义，我们从基础货币和货币乘数两个方面分析中国的货币供给。基础货币的影响因素主要包括：中央银行对中央政府的债权；商业银行再贷款数量的变化；外汇储备存量的变化。货币乘数变动具有如下特征：m_1、m_2具有明显的顺周期波动的特征，即在经济高涨时期趋于扩张，在经济调整时期趋于收缩；在影响货币乘数变动的因素中，超额准备率的影响较大。

重要概念

原始存款　派生存款　法定存款准备金　超额准备金　货币供给　基础货币　货币乘数　公开市场业务　贴现贷款

进一步阅读推荐

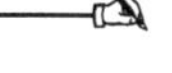

[1] The economics of money, banking and financial markets, Frederic S. Mishkin.
[2] http://www.federalreserve.gov/
[3] http://richmondfed.org/index.cfm
[4] http://www.pbc.gov.cn/

复习讨论题

1. 影响基础货币和货币乘数的因素分别是什么?
2. 中央银行和商业银行在货币供给过程中各发挥怎样的作用?
3. 试论述货币供给的控制机制。

第十一章　通货膨胀与通货紧缩理论

学习目的

通过本章学习，你应该能够：

（1）理解货币供求与社会总供求之间的内在联系；

（2）掌握货币均衡与失衡的内涵，了解从货币失衡到均衡的调节措施；

（3）掌握通货膨胀的涵义与类型，理解通货膨胀的成因与效应；

（4）了解治理通货膨胀的对策，并会分析新中国成立以来的通货膨胀问题；

（5）掌握通货紧缩的涵义与成因，理解通货紧缩的社会经济效应。

（6）了解治理通货紧缩的措施，并会分析我国的通货紧缩问题。

第一节　货币均衡与失衡

一、货币供求与社会总供求之间的内在联系

（一）货币供给与社会总需求

所谓社会总需求（Aggregate Demand，AD），通常是指在一定时期内社会对产品和劳务的需求总量。总需求有现实需求与潜在需求之分。现实需求是指有现实购买力的需求，即一定时期内，全社会在市场上按一定价格购买商品和劳务所支付的货币量，以及人们为持有一定的其他金融资产所支付的货币量；而潜在需求是指社会节余的购买力，即尚未实现的需求或将要实现的需求。

货币供给是社会总需求的载体。社会总需求是人们在一定收入水平约束下，对

商品的需求。收入水平决定了人们的总需求，而货币供给又决定了人们的收入水平。所以，货币供给和社会总需求的关系是，货币供给决定社会总需求。货币供给增加时，名义国民收入增加，各部门的名义收入也增加，社会总需求增加。

然而，一定量的货币供给并不一定引出同量的总需求，在数量上会有差距。一种情况是，如果企业和个人扩大总需求的愿望并不是很强烈，一部分货币供给会形成货币积累，而不形成当期需求，从而造成总需求不足；相反，如果企业或个人扩大总需求的愿望非常强烈，人们会激活以前积累的货币，使当期社会总需求扩张。

（二）社会总供给与货币需求

社会总供给（Aggregate Supply，AS）通常是指在一定时期内，一国生产部门按一定价格提供给市场的全部产品和劳务的价值之和，以及在市场上出售的其他金融资产的总量。由于这些商品都是在市场上实现其价值的，因此，社会总供给也就是一定时期内社会的全部收入或总收入。同理，总供给也有现实的总供给和客观的总供给之分。前者是指现实中社会各生产部门提供给市场的商品和服务总量，后者则是指一国的生产能力，即可以提供给市场的商品和服务总量。

从宏观角度来看，货币需求是流通中的商品和劳务需要多少货币来媒介它们的交换。显然，流通中的商品和劳务的数量越多，需要的货币越多；商品和劳务的数量越少，需要的货币越少。而流通中的商品和劳务就是社会总供给。所以，社会总供给和货币需求之间的关系应该是社会总供给决定货币需求。

从微观角度来看，也能得到相同的结论。微观角度的货币需求是人们在收入一定的情况下，有多少愿意以货币的形式保留下来。显然，货币需求的大小直接取决于人们收入的高低。而人们的收入最终来源于总供给，是由总供给转化而来的，人们只有提供商品或劳务，即创造出总供给，才可能获得收入。所以，人们的实际收入水平取决于总供给的多少，又直接决定了货币需求。

社会总供给也不能引出同等数量的货币需求，人们在收入增加后，不会全部以货币形式持有，肯定有一部分会转变成生利资产的形式，所以社会总供给增加，并不会引起货币需求同量的增加，一般情况下只是引起较小的货币需求增加。而且货币需求也不是纯粹被动的，货币需求的变动对社会总供给也有能动作用。

（三）货币供求与社会总供求的内在联系

综上所述，社会总供给的形成需要通过货币来表现、衡量和实现，这就产生了对货币的需求，而社会总需求的形成又决定于货币的供给。又由于总供给与总需求之间存在密切的联系，并且总需求更多地制约总供给的变化，而货币供给从根本上说受制于货币需求。因此，如果分别用 *Ms*、*Md*、*AS*、*AD* 代表货币供给、货币需求、社会总供给和社会总需求，上述关系可以进一步表示为图 11-1。

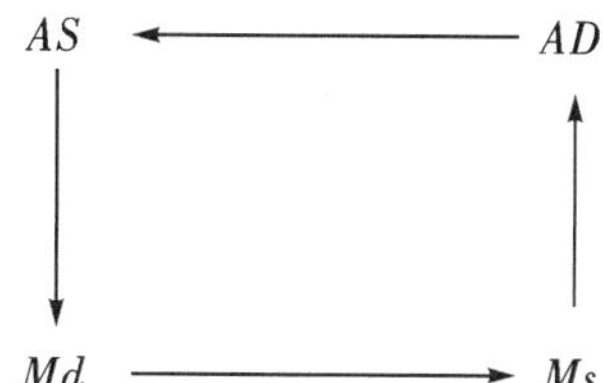

图 11-1 货币供求与社会总供求关系图

图 11-1 包括以下几层涵义：①社会总供给决定了一定时期的货币需求。因为，在商品货币经济条件下，任何商品都需用货币来表现或衡量其价值量的大小，并通过与货币的交换实现其价值。但同等的总供给可有偏大或偏小的货币需求。②货币的需求决定了货币的供给。就货币的供求关系而言，客观经济过程的货币需求是基本的前提条件，货币的供给必须以货币的需求为基础，中央银行控制货币供给量的目的，就是要使货币供给与货币需求相适应，以维持货币的均衡。③货币的供给形成对商品的需求。因为任何需求都是有货币支付能力的需求，只有通过货币的支付需求才得以实现。因此，在货币周转速度不变的情况下，一定时期的货币供给水平，实际上就决定了当期的社会需求水平。④商品的需求必须与商品的供应保持平衡。这是宏观经济平衡的出发点和复归点。

在这个关系图中，货币供求的均衡是整个宏观经济平衡的关键。也就是说，如果货币供求不平衡，整个宏观经济的均衡就不可能实现。而要使货币供求保持均衡，就需要中央银行控制货币的供给，使货币的供给与客观的货币需求经常保持一种相互适应的关系，以保证经济的发展有一个良好的货币金融环境，从而促进宏观经济均衡协调的发展。

二、货币均衡与失衡

（一）货币均衡

货币均衡是指货币供应量与货币需求量在动态上保持一致的现象。这里需要注意以下几点：

（1）这里的货币供给量为名义货币供给量，而货币需求量为实际（或真实）货币需求量，因为仅从名义上来看货币供给量与货币需求量总是持平的。如果货币供给量一定，不论货币需求如何，社会公众所持有的货币的名义数额都不可能超过当时整个经济体系中的货币存量，也不可能少于这个存量。这就是说，在任何一个时点上，货币供给量既代表了当时的货币供给量，又代表当时的名义货币需求量。但是，这一货币需求量并不一定等于真实的货币需求量。从个别持币者来看，他的名义持币量不一定代表其意愿需求量；从社会来看，名义货币总量不一定代表社会的实际货币需求量。否则，均衡就不存在。

（2）不能将货币均衡单纯地理解为货币供给量与货币需求量的绝对相等，而是大体上相等。这是因为，货币供给量和货币需求量尤其是货币需求量不可能计算出一个精确的值，所以相等不是绝对的，而是相对的。

（3）经济学上说的"均衡"往往是供求对比的一种特例。日常经济生活中供求状况更多地表现为失衡。正是由于失衡的常见性和普遍性，才提出供求均衡。但是，这种均衡也绝不意味着是在某一时点上的静态均衡，而应是一段时期内的动态均衡。货币均衡的涵义也是如此，它并不是货币供给量与货币需求量在某一时点上的偶然相等，而是一种货币供求的动态均衡。

（4）严格地说，货币均衡不仅是指货币供求总量上的均衡，还包括货币供求结构上的均衡。例如，从大的方面来说，它要求与货币层次相对应的货币供给量和货币需求量相等。再如，从小的方面来看，要求持有货币的人能顺利地按既定的价格转化成商品，持有商品的人能顺利地按既定的价格转化为货币，不存在有钱买不到商品或有商品卖不出去的情况。然而，这只是价格意义上的货币均衡，只能是一种理想境界，实际上不可能达到。

（5）货币供求结构均衡问题中，还有一个时间均衡问题，就是货币供应的时间和货币需求的时间要均衡，否则也影响到货币供求的均衡。时间分布的不均衡也会影响商品的供求平衡，从而影响经济的正常发展。

（二）货币失衡

货币均衡是中央银行通过货币政策操作，使货币供求基本相适应的理想目标。事实上，货币供求的失衡却是常见的。在经济运行中，可能存在着过多的货币需求，但货币供给短缺，这时候经济出现通货紧缩现象；也可能是相对于货币需求来说，货币供给太多，这时候经济出现通货膨胀现象。因此，货币失衡有以下两种表现：

1. 货币供给量小于货币需求量

在一特定时期，若货币供给量小于货币需求量，经济运行中会出现通货收缩，经济发展停滞。其原因不外乎以下几种：

（1）由于经济发展、商品生产和交换的规模扩大了，但货币供给量并没有及时增加，从而使经济运行中的货币量显得紧张。这种情况在金属货币流通条件下比较常见，在纸币流通条件下出现的概率较小。这是因为，在金属货币流通时，货币供给的增加要受金属币材开采的限制；在纸币流通时，中央银行增加纸币供给非常容易。

（2）在经济运行中的货币供给量和货币需求量大致相等的情况下，中央银行实施紧缩性的货币政策，减少货币供给量，从而导致流通中的货币紧缺，国民经济的正常运转受到了抑制，使本来供求均衡的货币运行趋向供给小于需求的货币失衡状态。

（3）在经济危机阶段，由于经济运行中的信用链条断裂，正常的信用关系遭到破坏，社会经济主体对货币的需求急剧增加，中央银行的货币供给量却相对地滞后与货币需求的增加，从而导致了货币供求的失衡。

2. 货币供给量大于货币需求量

在现代信用货币制度下，货币供给过多是一种经常出现的失衡现象。造成货币供给量大于货币需求量的原因很多，主要有以下几种：

（1）政府因财政赤字而向中央银行透支。政府财政收支发生赤字而进行透支，若在中央银行没有控制的情况下，无疑会使中央银行增发货币，从而导致货币供给量增加过度，造成货币供求失衡。

（2）政府推行的高速经济增长政策需要货币政策支撑，在中央银行无足够的货币资本实力情形下，银行信贷规模的不适当扩张，造成货币供给大于货币需求的货币失衡现象。

（3）从经济的连续性角度分析，若前期货币供给相对不足，商品积压影响再生产的顺利进行，为促进经济的正常运转，中央银行实施扩张性的货币政策。但由于力度把握不适当，导致银根过度放松，货币供给的增长速度超过了经济发展的需要，从而形成过多的货币供给。

（4）在开放经济条件下，经济落后、结构刚性的发展中国家存在国际收支失衡，同时又无法利用进出口机制来弥补国际收支逆差，这就会导致本国货币贬值，从而造成货币供给量的急剧增长。

（5）货币供求的结构性失衡。这种失衡是指货币供给量和货币需求量大体一致，但货币供给结构和货币需求结构不相适应。这种结构性货币失衡往往表现为短缺与过剩并存，一部分商品和生产要家供过于求，另一部分商品和生产要素供小于求。造成这种货币失衡的原因在于社会经济结构的不合理及在此基础上的刚性。

第二节　通货膨胀

一、通货膨胀及其类型

（一）通货膨胀的定义

1. 通货的涵义

所谓通货，简单地说，就是流通中的货币。在现代市场经济中，通货作为流通中的货币，泛指一切在流通领域内可以当作流通手段或支付手段而授受的货币，包括硬币、纸币和信用货币。

2. 通货膨胀的涵义

对于如何定义通货膨胀（Inflation），迄今为止也没有形成一个统一的说法。颇具权威的《大英百科全书》认为“不存在一个唯一的普遍接受的关于通货膨胀的定义”。通货膨胀是经济过程中的综合病症，它在不同的国家和地区、不同时期和不同经济背景下，表现出多种特征。同时，随着经济理论研究的发展，人们对通货膨胀的成因、表现形式及内在机制的认识也更为深刻。因此，各学派依据不同的理论体系或从不同的角度定义通货膨胀。

20 世纪 50 年代以来，西方经济学界对通货膨胀的定义大致可以分为两大类：

一类是“物价派”，另一类是“货币派”。

（1）“物价派”侧重于分析通货膨胀造成的结果，认为通货膨胀是指一般物价水平出现持续性的普遍上升的过程。主要代表为新古典综合派经济学家萨缪尔森、斯蒂格利茨、曼昆等人，他们明确提出通货膨胀就是一般物价水平的上涨或持续上涨，不论什么原因造成的物价水平上涨都是通货膨胀，由于物价上涨率是衡量通货膨胀的最明晰的指标，人们通过它可以直接地感受到通货膨胀的存在。因此，经济学家通常将通货膨胀与物价上涨等同起来。例如，新古典综合派代表人物保罗·萨缪尔森认为：“通货膨胀的意思是，物品和生产要素的价格普遍上升的时期——面包、汽车、理发价格上升；工资租金等也都上升。”通货膨胀是指经济中物价总水平的上升。美国出版的《现代经济词典》对通货膨胀的定义是：“一般物价水平的持续上升，其结果是购买力下降。”最新版的英国《经济词典》对通货膨胀的定义是：“通货膨胀是指价格总水平的持续上升，可视为货币的贬值。”

（2）“货币学派”强调分析通货膨胀发生的原因，认为流通中的货币供应量超过实际需求量时就发生了通货膨胀。货币学派的代表人物弗里德曼一方面认为通货膨胀就是物价的普遍上涨，同时又指出：“通货膨胀是一种货币现象，即如果货币数量增加的速度超过能够买到的商品和劳务增加的速度，就会发生通货膨胀。”新自由主义者哈耶克更明确指出：“‘通货膨胀’一词的原意和真意是指货币数量的过度增长，这种增长会合乎规律地导致物价上涨。”在哈耶克看来，通货膨胀必然导致物价普遍上涨，但由于其他原因（如收成不好、石油或其他能源短缺等）而引起的物价上涨则不能称之为通货膨胀。这种定义也包括了物价上涨，但其核心在于货币供应过多，而不是物价上涨。持这一观点的部分人还认为，物价总水平的上涨不一定就是通货膨胀。同时，物价总水平的上涨只是通货膨胀的表现形式，而非完全的表现形式。如果货币发行量超过某个临界点时，可能会由于政府的价格管制或其他因素，使得过量的货币不通过物价形式表现出来。

尽管西方经济学家们对通货膨胀的定义意见不一，但在各种文献研究中，“物价派”的观点还是占主流地位的，更多的学者选用物价指标对通货膨胀进行测量和分析。

在解释通货膨胀的涵义中，我国理论界对通货膨胀涵义的解释大都以马克思的货币流通规律为基础，比较一致的观点是：

（1）通货膨胀产生的前提条件是纸币流通。在金属货币流通的条件下，不可能发生通货膨胀。因为金属货币具有内在的价值，它可以通过贮藏手段的蓄水池作用，自发地调节货币流通量，使之与商品流通量相适应。当流通中的货币量过多时，过多的金属货币会自动地退出流通领域，而成为贮藏货币。另外，在金属货币流通的条件下，银行券的发行是以黄金作为保证的，流通中过多的银行券可以通过兑现黄金的形式流回到银行。因此，在金属货币流通的条件下，不会出现通货膨胀。在纸币流通的条件下，纸币本身没有内在的价值，不能像金属货币那样被贮藏，也不能通过兑现金银而退出流通，当纸币发行量超过流通中所需要的货币量时，就会出现纸币贬值和物价普遍上涨的情况。

（2）通货膨胀的表现形式是物价上涨，但物价上涨不一定就是通货膨胀。虽然通货膨胀与物价上涨有着密切的联系，但并不是同一个概念。因为引起物价上涨的因素很多，除了由于纸币过度发行而引起通货膨胀这一因素外，还有其他一些因素，如商品本身价值的提高；商品供求关系的变化；某些垄断组织人为地提高商品的价格；国家实行强制性提价等也会引起物价上涨。但这些因素引起的物价上涨不属于通货膨胀的范围。所以，通货膨胀必然表现为物价上涨，但物价上涨不一定就是通货膨胀。

（3）通货膨胀表现为一般物价水平的上涨。一般物价水平的上涨是指商品价格普遍而又持续地上涨，因而那些局部的、个别商品的价格上涨以及季节性的、暂时性的物价上涨都不是通货膨胀。

（4）通货膨胀与纸币膨胀有区别。纸币的现实形态就是现金，是通货的一个重要组成部分。通货膨胀的一个重要表现形式是纸币发行过量。但是，纸币的过量发行并不一定就是通货膨胀，因为如果通货的另一个重要组成部分——银行活期存款没有相应增加，即使纸币发行较多，整个通货总量仍可能没有超过必要的货币量，因而不会发生通货膨胀。如果现金发行量虽然没有增加，但现金以外的其他信用货币的流通增加，也会使流通中的货币总量超过流通中所需要的货币必要量，结果同样出现物价大幅度上涨。

综上所述，我们可以将经济生活中的通货膨胀定义为：通货膨胀是指在纸币流通条件下，由于货币发行量超过流通中的实际需要量，从而引起货币贬值，一般物价水平持续上涨的经济现象。

（二）通货膨胀的类型

在经济分析中，由于研究者对通货膨胀所强调的重点和研究目的不同，则会按不同的分类标准对通货膨胀进行分类。

（1）根据物价上涨的方式，通货膨胀可划分为公开的通货膨胀和隐蔽的通货膨胀。公开的通货膨胀是指政府当局不对物价进行管制，而由市场力量所决定的一般物价水平明显而直接的、持续的上升过程。通常意义上的通货膨胀皆为公开的通货膨胀。隐蔽的通货膨胀则是指由于政府当局采取物价管制而使一般物价水平不能自由上升的通货膨胀。这类通货膨胀通常表现为商品短缺、国家牌价、计划供给、凭证排队购买、黑市猖獗等现象。在隐蔽的通货膨胀情况下，一方面会导致商品质量下降，不正之风盛行；另一方面由于多余的购买力无法通过市场机制消除而造成“强迫储蓄”，形成收入和财富的不公平的再分配。

（2）根据一般物价上涨速度的快慢，通货膨胀可划分为温和的、奔腾式的和超级的通货膨胀。这三类通货膨胀之间并不存在明确的分界线，但是三者对经济的影响仍存在着质的区别。①温和的或爬行的通货膨胀，通常是指年通货膨胀率在10%以内的通货膨胀。这类通货膨胀通常出现在价格缓慢上升的时候。在温和而稳定的通货膨胀的条件下，人们预期比较稳定，相对价格不会过分不协调。②奔腾式的通货膨胀是指价格按照两位或三位数字的年通货膨胀率上升的通货膨胀。在奔腾式的通货膨胀的条件下，就会出现严重的经济扭曲。由于货币价值损失太快，人们尽量避免持有任何多于最低限度的货币；金融市场消失，资金不是依靠利息而是依靠定量分配来配置；人们囤积商品，大多数契约变为用价格指数来进行调整。③恶性的或超级的通货膨胀，则是指年通货膨胀率在四位数字或四位以上数字上升的致命的通货膨胀。超级的通货膨胀具有两个特点：一是货币流通速度极大加快；二是相对价格极不稳定，造成严重的经济不公平和扭曲。1922 年 1 月—1923 年 11 月，德国的价格指数由 1 急剧上升到 100 亿。当然，超级的通货膨胀一般不可能持续太久，其结果通常会导致货币改革或经济崩溃。

（3）根据能否预期，通货膨胀可划分为预期的通货膨胀和非预期的通货膨胀。如果通货膨胀是人们能够预期的，则为预期的通货膨胀；反之，则为非预期的通货膨胀。预期的通货膨胀会导致物价与工资的螺旋式上升，而不能形成收入和财富的再分配作用；非预期的通货膨胀则可导致收入与财富的再分配。

（4）按照成因，可划分为需求拉上的通货膨胀、成本推进的通货膨胀、混合的通货膨胀、结构性的通货膨胀四种类型的通货膨胀。这是西方经济理论界常用的分类方法。

二、通货膨胀的成因

（一）需求拉上型通货膨胀（Demand-Pull Inflation）

需求拉上型通货膨胀是指总需求超出了社会潜在产出水平之后引起的价格水平连续上涨的情形。需求拉上型通货膨胀又被通俗地表述为“过多的货币追逐过少的商品”。

能够对物价水平产生需求拉动的原因不外乎实际因素和货币因素。实际因素主要是投资，由于投资需求增加，总供给与总需求的均衡水平被打破，物价水平上升。从货币方面来看，需求被拉起有两种可能：一是经济体系对货币的需求大大减少，即使在货币供给无增长的条件下，原有的货币存量也会相对过多；二是货币需求量不变，货币供给增加过快。实际情况以后者居多。无论是实际因素还是货币因素，其造成的物价上涨效果是相同的。但投资需求过旺可能导致利率上升，而货币供给过多则可能造成利率下降。然而这两者却往往是相伴而生的：过旺的投资需求往往要求更多的货币供给支持；增加货币供给的政策也往往是为了刺激投资。

事实上，总供给并不总是一成不变的。如果投资的增加引起总供给以同等规模增加，物价水平可以保持不变；如果总供给不能以同等规模增加，物价水平上升会较缓慢；如果总供给丝毫也不增加，那么需求的拉动将完全作用到物价上。我们可以用图 11-2 来说明。

在图 11-2 中，横轴代表总产出或国民收入 Y，纵轴代表物价水平 P，总供给曲线为 $ABCS$。其中：AB 段总供给曲线呈水平状，表示社会上存在着大量的闲置资源或大量的失业人口，此时供给弹性无限大；BC 段表示社会上的闲置资源已很少，整个社会逐渐接近充分就业状态；CS 段总供给曲线呈垂直状，表示社会的生产资源已经被充分利用，不存在任何闲置资源，供给已经毫无弹性，这就是充分就业状态。在 AB 段，随着总需求曲线从 AD_1 增加到 AD_2，物价水平并没有上涨，这是因为此时总供给的增加潜力很大，总需求的上升带动总供给以同等规模上升，因此，物价水平可以保持不变，而国民收入却从 Y_1 增加到 Y_2。在 BC 段，随着总需求曲线从 AD_2 上升到 AD_3，物价水平增加到 P_1。此后，随着总需求曲线 AD_3 上升到 AD_4，物价水平进一步提高到 P_2，国民收入也从 Y_2 增加到 Y_3，进而增加到 Y_4，可以明显地看出，国民收入上升的速度 AB 段有所减缓。这就是被凯恩斯称为“半通货膨胀”的情况。在 CS 段，随着总需求曲线的进一步上移（AD_4 到 AD_5），物价水平从 P_2 同比例上升到 P_3，而与此同时，国民收入却没有变化，这就是被凯恩斯称为“真正的通货膨胀”的情形。

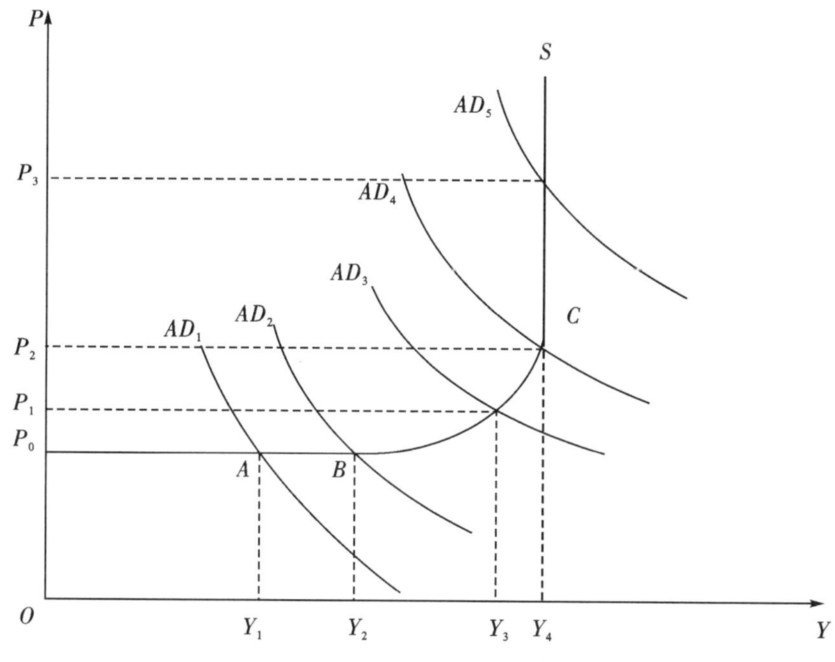

图 11-2　需求拉上型通货膨胀

（二）成本推进型通货膨胀（Cost-Push Inflation）

进入 20 世纪 70 年代之后，西方发达国家普遍经历过高失业和高通货膨胀并存的“滞胀”局面。这种情况下的通货膨胀显然无法通过需求过度理论来加以解释。因为按照上面的理论，只有在达到充分就业水平之后，才会出现由于总需求过大产生的通货膨胀。因此，许多经济学家转而从供给方面去寻找通货膨胀的根源，提出了“成本推动”的通货膨胀理论，即认为通货膨胀的原因在于成本上升引起了总供给曲线的上移。

成本推进型通货膨胀论者主要关注由经济中某些垄断性因素引起的成本上升，

这可以归结为两种类型的成本推动，即工资推动和利润推动。

所谓工资推进型通货膨胀理论，是以存在强大的工会组织从而存在不完全竞争的劳动市场为假定前提的。在一些发达国家，工会的力量十分强大，它们作为一个垄断性的组织，与雇主集体议定工人工资水平，使得工人有可能获得高于均衡水平的工资。并且由于工资的增长率超过劳动生产率，企业就会因人力成本的加大而提高产品价格以维持盈利水平。这样，过高的工资推动总供给曲线上移，从而形成工资推动型的通货膨胀。在此情况下，由于价格的上涨又会部分或全部抵消工资的上涨，工会就会继续要求提高工资，工资提高又引起物价上涨，从而形成西方经济学家们所谓的“工资—价格螺旋”。这种理论特别强调两点：一是货币工资率的上涨一定要超过劳动生产率的增长，否则就不是工资推进型通货膨胀；二是工会的力量。它认为即使存在货币工资率的上涨超过劳动生产率增长的情况，也不能完全肯定发生了工资推动型的通货膨胀。其原因是有可能这种工资的上涨并不是由于工会发挥了作用，而是由于劳动力市场出现严重的供不应求而产生的。许多经济学家将欧洲大多数国家在20世纪60年代末70年代初所经历的通货膨胀认定为工资推动的通货膨胀。因为，在这一时期这些国家出现了工时报酬的急剧增加。例如，在联邦德国，工时报酬的年增长率从1968年的7.5%跃居到1970年的17.5%。

另外一种成本推进属于利润推进型。由于一些垄断经济组织控制了某些重要原材料的生产和销售，它们为了获得高额的垄断利润而操纵价格，使价格的上涨速度超过成本支出的增加速度，如果这种行为的作用大到一定程度，就会形成利润推进型通货膨胀。这种类型的通货膨胀又被称为供给冲击型通货膨胀。比较典型的例子是，1973—1974年石油输出国组织（OPEC）将石油价格提高了4倍，到1979年，石油价格又被再一次提高，这两次石油提价对西方发达国家经济产生了强烈的影响，以至于他们惊呼出现了“石油危机”。

各种使成本上升的因素还可能交织在一起，使通货膨胀进一步加剧。例如，在1973年石油提价的同时，由于连年的粮食歉收，世界粮价也出现了暴涨；同时许多国家的工资增长也进一步升温，如美国和日本在1973—1975年的工时报酬年增长率都达到了30%以上。

图11-3中，AD表示总需求曲线，AS表示总供给曲线。假设开始时经济处于充分就业的均衡点C_1，现在由于原材料（或工资）等价格的上升，使得短期内供给曲线上移到AS_2，在原来的价格水平P_0上，总需求Y_1和新的总需求水平Y_3之间有缺口，即在原有的价格水平上，人们对商品产生了超额需求。这个总需求超过总供给的部分将带来通货膨胀的压力，并最终使价格上涨到总需求和总供给相等时的均衡价格水平P_1。我们不难想到，价格上升的结果又反过来造成增加工资的需求，并使总供给曲线上移。通货膨胀就会不断继续下去。这就是通货膨胀螺旋。

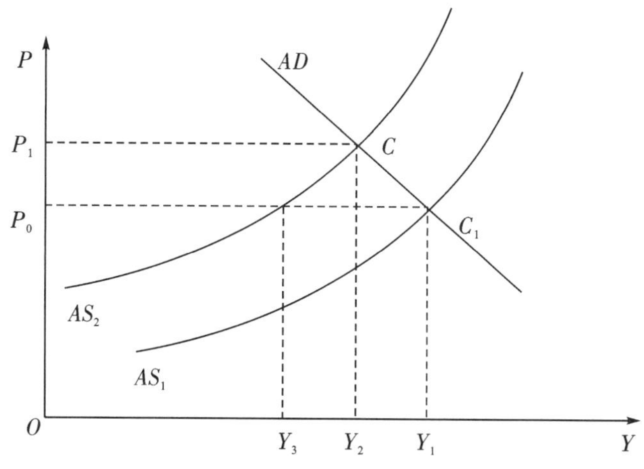

图 11-3　成本推动型通货膨胀

（三）供求混合推进型通货膨胀（Mixed Inflation）

供求混合推进型通货膨胀是将供求两个方面的因素综合起来，认为通货膨胀是由需求拉上和成本推进共同起作用导致的。持这种观点的经济学家认为，在现实经济社会中，通货膨胀的原因究竟是需求拉上还是成本推进是很难分清的，因此他们反对将通货膨胀划分为“需求拉上”或“成本推进”类型，认为通货膨胀既有来自需求方面的因素，又有来自供给方面的因素，即所谓“拉中有推、推中有拉”。例如，通货膨胀可能从过度需求开始，但由于需求过度所引起的物价上涨会促使工会要求提高工资，因而转化为成本（工资）推进的因素；同时，通货膨胀也可能从成本方面开始，如迫于工会的压力而提高工资等，但如果不存在需求和货币收入的增加，这种通货膨胀过程是不可能持续下去的，因为工资上升会使失业增加或产量减少，结果将会使“成本推进”的通货膨胀过程终止。可见，“成本推进”只有加上“需求拉上”才有可能产生一个持续性的通货膨胀。总之，其持续的通货膨胀过程是由需求因素和供给因素共同作用而产生的。

（四）结构型通货膨胀（Structural Inflation）

有些经济学家认为，在总需求和总供给处于平衡状态时，由于经济结构、部门结构方面的因素发生变化，也可能引起物价水平的上涨。这种通货膨胀就被称为结构型通货膨胀，具体又可以分为四种。

1. 需求转移型通货膨胀

由于社会对产品和服务的需求不是一成不变的，在总需求不变的状况下，一部分需求转移到其他部门，而劳动力和生产要素却不能及时转移。这样，原先处于均衡状态的经济结构可能因需求的移动而出现新的失衡。那些需求增加的行业，价格和工资都上升；另一些需求减少的行业，由于价格和工资刚性的存在，却未必会发生价格和工资的下降，最终结果是导致物价的总体上升。

2. 部门差异型通货膨胀

部门差异型通货膨胀是指经济部门（如产业部门和服务部门）之间由于劳动生

产率、价格弹性、收入弹性等方面存在差异，但货币工资增长率却趋于一致，加上价格和工资的向上刚性，从而引起的总体物价上涨。许多西方经济学家相信，工人对相对实际工资的关心要超过对绝对实际工资的关心。因此，货币工资的整体增长水平便与较先进部门一致，结果就是落后部门的生产成本上升，并进而推动总体价格水平上升。还有一种情况是由“瓶颈”制约而引起的部门间差异。如在有些国家，由于缺乏有效的资源配置机制，资源在各部门之间的配置严重失衡，有些行业生产能力过剩，而另一些行业如农业、能源、交通等部门却严重滞后，形成经济发展的“瓶颈”。当这些“瓶颈”部门的价格因供不应求而上涨时，便引起其他部门包括生产过剩部门的价格上涨。

3. 斯堪的纳维亚小国型通货膨胀

挪威经济学家奥德·奥克鲁斯特将结构型通货膨胀与开放经济结合起来分析，创立了著名的“小国开放模型”。所谓“小国”并不是根据国土和人口因素而言的，而是指该国在世界市场上只是价格接受者，而不能决定商品的国际价格。“小国开放模型”所要研究的是处于开放经济中的这样一个“小型国家”如何受世界通货膨胀的影响而引起国内通货膨胀的。这个模型将一国经济分成两大部门，一是“开放经济部门”，即产品与世界市场有直接联系的部门，如制造加工业等；二是“非开放经济部门”，即产品与世界市场没有直接联系的部门，如服务业、建筑业等。由于小国在世界市场上是价格接受者，因此，当世界市场上的价格上涨时，开放经济部门的产品价格也随之上涨，结果也会使开放经济部门的工资相应上涨。一旦开放经济部门的工资上涨，非开放经济部门也必然会向开放经济部门看齐而提高工资，结果非开放经济部门的生产成本上升，其产品价格也必然随之提高。这样，就导致了“小国”全面的通货膨胀。

4. 落后经济的结构型通货膨胀

这种类型的通货膨胀主要发生在发展中国家。这种观点是由拉丁美洲的结构主义经济学家所提出的。结构主义者认为，在发展中国家，由于落后的、不合理的经济结构不适应经济发展的需要，尤其是农业、外贸和政府部门具有的制度性的刚性，使物价水平随着经济的发展一起上涨。他们认为：①在农业部门，由于存在着过时的土地所有制，限制了农业投资的增长和农业生产技术的改进，使农业生产结构僵化，导致农业生产率及供给弹性低下，结果农业部门所生产的农产品不能满足工业化及经济发展和人口增长的需要，使农产品价格上涨。由于农产品价格是一种基础价格，其上涨会引起一系列连锁反应，从而它又会带动整个物价水平上涨。②从理论上来说，对农产品的过度需求可以通过进出口贸易来加以解决，即通过出口工业品来换取农产品。然而，一方面，发展中国家的外贸部门（尤其是出口部门）生产率十分低下，进出口结构很不合理，出口以初级产品为主，初级产品在国际市场上需求的价格弹性很低，贸易条件十分不利，再加上出口部门供给弹性不足，致使出口增长十分缓慢；另一方面，进口又以资本品及中间投入品为主，这些进口品是维持国内生产及经济增长所必不可少的，为促进国内经济增长就必须大量增加进口。

这样，出口收入的增长便赶不上进口支出的增加，结果势必导致国际收支的逆差。在这种情况下，本币的贬值就不可避免。而本币贬值以后，进口品的国内价格就会立即上升。在进口需求呈刚性的情况下，进口品的价格上涨就会推动国内生产成本和物价水平的上涨。③在政府部门，由于发展中国家的人均收入水平低，故税收体制以间接税为主，所得税所占的比重很小，而间接税税收的收入弹性很低，其税收的增长速度赶不上国民收入的增长速度。同时，由于面临着发展经济的艰巨任务，发展中国家的政府又必须不断扩大支出（特别是投资支出）以推动经济的增长，结果形成越来越大的结构性财政赤字，而这种财政赤字最终势必以增发货币的形式来加以弥补。这样，通货膨胀就会接踵而至等。以上各种复杂的结构性因素综合在一起，就从总体上推动了一般物价水平普遍地和持续地上涨。

值得注意的是，结构型通货膨胀的发生仍然要以货币扩张为条件。因为，在货币总量不变的条件下，这些结构性的因素只能导致相对价格的变化，而不能导致整体价格的上涨。

三、通货膨胀的社会经济效应

（一）通货膨胀与经济增长

关于通货膨胀对经济的影响，西方经济学界在 20 世纪 60 年代曾有过激烈争论，形成了三种观点：①促进论，认为通货膨胀可以促进经济增长；②促退论，认为通货膨胀会损害经济增长；③中性论，认为通货膨胀对经济增长既有正效应又有负效应。

促进论的基本观点是：资本主义经济长期处于有效需求不足状态，国家实行通货膨胀政策，扩张财政支出，增加货币供给量，刺激投资支出，就能达到增加有效需求，促进经济增长的目的。他们认为，通货膨胀有三个效应，都有利于刺激投资。①政府通过增加货币供给所得的新增收入，可以直接用于增加投资；②在通货膨胀下，工资增长通常要落后于物价上涨，企业的利润率相应提高，这会刺激私人投资的积极性；③通货膨胀实质上是通过价格上涨实现国民收入再分配，这种再分配有利于高收入阶层，而高收入阶层边际储蓄率和投资率相对较高。因此，通货膨胀通过这个效应提高投资，从而有利于促进经济增长。

促退论的观点则认为，持续的通货膨胀会破坏正常的生产和流通秩序，增加生产性投资风险，提高生产成本，从而引起资金由生产部门流向商业部门和投机；同时，货币不断贬值，存贷款等借贷活动风险增大，甚至会导致正常融资活动瘫痪。这些都不利于生产性投资和经济增长。

1986 年，美国经济学家伍斯・汇等曾用因果分析测试法对 19 个工业化国家以及 37 个发展中国家和地区的情况进行了系统的分析，统计年限一般为 30 年。其分析结果表明，只有 2 例是支持促进论的，但有 16 例是支持促退论的，有 38 例是支持中性论的。我国大部分学者认为：如果说通货膨胀有促进作用，那也只是在初期制造一种虚假的繁荣景象，而且时间很短；从长期看，通货膨胀只有危害，而无任何的正效应。

（二）通货膨胀与国民收入再分配

通货膨胀反映为物价上涨，在既定的生产量的条件下，它不会使全社会原有的实际收入总量增加，也不会使之减少。但从各社会成员说，则要改变其收入分配比例和实际收入水平。①一般在通货膨胀下，各成员工资收入增长多少不一致，因而其名义货币收入比例发生变化；②随着物价上涨，实际货币收入下降，而每个成员承受的价格上涨损失也是不平衡的。这样，通货膨胀通过价格上涨，实际上在社会成员之间强制进行了一次国民收入再分配，在这种再分配中谁是最大的受害者呢？一般来说，依靠固定工薪收入生活的社会成员，由于物价上涨一般都先于工薪的增长，工薪的实际收入不断下降，从而成为最大的受害者。在通货膨胀中的主要得益者，是从事商业活动的企业和个人，特别是投机商通过哄抬物价、变相涨价从而牟取暴利。

（三）资产结构调整效应

通货膨胀还能影响社会成员原有的资产比例。每个社会成员拥有的资产可以有实物资产和金融资产两种形式，同时他也可能有负债；而通货膨胀则要影响其占有的资产、负债的价值和结构。

就持有实物资产而言，通货膨胀的影响程度取决于持有的实物资产在货币形态上的自然升值与物价总水平上涨之间是否一致。如果前者大于后者，则可由此而受益；反之，如果后者高于前者，就要因此而受损。就持有货币形式的资产（如存款等）而言，由于货币不断贬值，社会成员在通货膨胀中就要蒙受损失；就持有金融负债而言，由于通货膨胀会减少实际债务，从而由此受益。

每个社会成员的资产负债结构不尽相同，所受通货膨胀的影响也会有差异。这最终要看其在持有的实物资产、货币资产和负债三方面所得的收益和损失的净差额而定。如果粗略地说，在居民、企业和政府三部分社会成员中，居民部分在总体上是货币多余者，处于净债权人地位，在通货膨胀中是受害者；而企业和政府两个部分总体上是货币不足者，处于净债务人地位，在通货膨胀下是受益者。

（四）恶性通货膨胀与社会经济危机

当物价总水平的持续上涨超过一定界线从而产生恶性通货膨胀时，就有可能引发社会经济危机。恶性通货膨胀会使正常的生产经营难以进行。在物价飞涨时，产品销售收入往往不足以补进必要的原材料；同时，地区之间物价上涨幅度极不均衡也是必然现象，这就会造成原有的商路被破坏，流通秩序紊乱；迅速上涨的物价，使债务的实际价值下降，如果利息率的调整难以弥补由物价上涨所造成的货币债权损失，正常的信用关系也会极度萎缩。恶性通货膨胀是投机盛行的温床，而投机是经济机体的严重腐蚀剂。

恶性通货膨胀会引起突发性的商品抢购和挤兑银行的风潮，它所造成的收入再分配和人民生活水准的急剧下降则会导致阶级冲突的加剧，这一切的后果往往会带来政治的动荡。最严重的恶性通货膨胀还会危及货币流通自身，纸币流通制度不能维持，金、银就会重新成为流通、支付的手段，经济不发达地区则会迅速向经济的实物化交换倒退。

20 世纪 30 年代后半期到整个 40 年代，中国的恶性通货膨胀在世界上曾是一个突出的典型。据统计，上海从 1937 年 6 月到 1949 年 5 月，物价每月平均上涨 24.5%，每年平均上涨近 14 倍。在连年战争极度破坏了正常经济生活的背景下，恶性通货膨胀更促使经济畸形扭曲，陷入崩溃瓦解的境地。在恶性通货膨胀之下，人们难以从事正常的生产经营，支撑着市场的则是囤积居奇、倒卖投机。钞票的流通范围日益收缩，多年已不流通的银元，重新成为支付手段。在农村，基本退回到实物交易的状态。这段恶性通货膨胀给中国人民造成了几十年挥之不去的梦魇。

四、对付通货膨胀的对策

（一）宏观紧缩政策

宏观紧缩政策是各国对付通货膨胀的传统政策调节手段，也是迄今为止抑制和治理通货膨胀中运用得最多、最为有效的政策措施。其主要内容包括紧缩性货币政策和和紧缩性财政政策。

1. 紧缩性货币政策

紧缩性货币政策又称为抽紧银根，即中央银行通过减少流通中货币量的办法，提高货币的购买力，减轻通货膨胀压力。具体政策工具和措施包括：①通过公开市场业务出售政府债券，以相应地减少经济体系中的货币存量；②提高贴现率和再贴现率，以提高商业银行存贷款利率和金融市场利率水平，缩小信贷规模；③提高商业银行的法定准备金，以缩小货币发行的扩张倍数，压缩商业银行放款，减少货币流通量；④在政府直接控制市场利率的国家，中央银行也可直接提高利率，或直接减少信贷规模。

2. 紧缩性财政政策

紧缩性财政政策主要是通过削减财政支出和增加税收的办法来治理通货膨胀。削减财政支出的内容主要包括生产性支出和非生产性支出。生产性支出主要是国家基本建设和投资支出，非生产性支出主要是政府各部门的经费支出、国防支出、债息支出和社会福利支出等。在财政收入一定的条件下，削减财政支出可相应地减少财政赤字，从而减少货币发行量，并可减少总需求，对于抑制财政赤字和需求拉动引起的通货膨胀比较奏效。但财政支出的许多项目具有支出刚性，可调节的幅度有限，因此增加税收就成为一种常用的紧缩性财政政策。提高个人的所得税或增开其他税种可使个人可支配收入减少，降低个人消费水平；而提高企业的所得税和其他税率则可降低企业的投资收益率，抑制投资支出。

（二）收入紧缩政策

收入紧缩政策主要是根据成本推进论制定的，其理由是依靠财政信用紧缩的政策虽然能够抑制通货膨胀，但由此带来的经济衰退和大量失业的代价往往过高，尤其是当工会或企业垄断力量导致市场出现无效状况时，传统的需求管理政策对通货膨胀将无能为力，必须采取强制性的收入紧缩政策。收入紧缩政策的主要内容是采取强制性或非强制性的手段，限制的工资提高和垄断利润的获取，抑制成本推进的冲击，从而控制一般物价的上升幅度。其具体措施一般包括工资管制和利润管制两个方面：

1. 工资管制

工资管制是指政府以法令或政策形式对社会各部门和企业工资的上涨采取强制性的限制措施。工资管制可阻止工人借助工会力量提出过高的工资要求，从而抑制产品成本和价格的提高。工资管制的办法包括：①道义规劝和指导。即政府根据预计的全社会平均劳动生产率的增长趋势，估算出货币工资增长的最大限度即工资—物价指导线，以此作为一定年份内允许货币工资总额增长的目标数值线来控制各部门的工资增长率。但政府原则上只能规劝、建议和指导，不能直接干预，因而该办法的效果往往不是很理想。②协商解决。即在政府干预下使工会和企业就工资和价格问题达成协议，其效果取决于协议双方是否认可现有工资水平并愿意遵守协议规定。③冻结工资。即政府以法令或政策形式强制性地将全社会职工工资总额或增长率固定在一定的水平上。这种措施对经济影响较大，通常只用在通货膨胀严重恶化时期。④开征工资税。即对增加工资过多的企业按工资增长超额比率征收特别税款。这一办法可使企业有所依靠，拒绝工会过高的工资要求，从而有可能与工会达成工资协议，降低工资增长率。

2. 利润管制

利润管制是指政府以强制手段对可获得暴利的企业利润率或利润额实行限制措施。通过对企业利润进行管制可限制大企业或垄断性企业任意抬高产品价格，从而抑制通货膨胀。利润管制的办法包括：①管制利润率。即政府对以成本加成方法定价的产品制定一个适当的利润率，或对商业企业规定其经营商品的进销差价。采用这种措施应注意使利润率反映出不同产业的风险差异，并使其建立在企业的合理成本基础上。②对超额利润征收较高的所得税。这种措施可将企业不合理的利润纳入国库，对企业追求超额利润起到限制作用。但如果企业超额利润的获得是通过提高效率或降低成本实现的，则可能会打击企业的积极性。此外，一些国家还制定反托拉斯法，限制垄断高价，并对公用事业和国有企业的产品和劳务实行直接的价格管制。

3. 收入指数化政策

收入指数化又称为指数联动政策，是指对货币性契约订立物价指数条款，使工资、利息、各种债券收益以及其他货币收入按照物价水平的变动进行调整。这种措施主要有四个作用：①能借此剥夺政府从通货膨胀中获得的收益，杜绝其制造通货膨胀的动机；②可以消除物价上涨对个人收入水平的影响，保持社会各阶层的原有生活水平，维持原有的国民收入再分配格局，从而有利于社会稳定；③可稳定通货膨胀环境下微观主体的消费行为，避免出现抢购囤积商品、储物保值等加剧通货膨胀的行为，维持正常的社会经济秩序，并可防止盲目的资源分配造成的资源浪费和低效配置；④可割断通货膨胀与实际工资、收入的互动关系，稳定或降低通货膨胀预期，从而抑制通货膨胀率的持续上升。

收入指数化政策对面临世界性通货膨胀的开放经济小国来说尤其具有积极意义，是这类国家对付输入型通货膨胀的有效手段。比利时、芬兰和巴西等国曾广为采用，就连美国也曾在20世纪60年代初期实施过这种措施。但由于全面实行收入指数化政策在技术上有很大的难度，会增加一些金融机构经营上的困难，而且有可能造成“工资—物价”的螺旋上升，反而加剧成本推进型的通货膨胀，因此该政策通常仅被当成一种适应性的反通货膨胀措施，不能从根本上对通货膨胀起到抑制作用。

（三）“单一规则”——货币主义学派的政策

货币主义学派认为，20世纪70年代资本主义国家经济滞胀的主要原因是政府不断采取扩张性的财政政策和货币政策，所以导致了通货膨胀预期提高、总供给曲线左移。因此，对付滞胀的根本措施在于，政府必须首先停止扩张性的总体经济政策，将货币供给的增长速度控制在一个最适当的增长率上，即采取所谓的单一规则政策，以避免货币供给的波动对经济和预期的干扰。货币主义学派强调，在已发生滞胀的情况下，只有严格控制货币供应量才能使物价稳定，总体经济和社会才能恢复正常秩序。尽管货币供应量的降低在短期内会引起失业增加、经济衰退加重，但付出这一代价将换来通货膨胀预期的下降和菲利普斯曲线的回落，并最终根除滞胀。

运用单一规则政策对付通货膨胀确实比较有效，这被20世纪80年代中期以来美国和其他一些发达国家的实践所证明。但是对于一些以经济增长作为首要政策目标的国家来说，尤其对那些经济严重衰退、失业率居高不下的国家来说，这一政策有很大的局限性，不顾一切地推行这一政策，甚至会导致社会经济的动乱。

（四）“增加供给”——凯恩斯学派和供给学派的政策

凯恩斯学派和供给学派都认为，总供给减少是导致经济滞胀的主要原因。凯恩斯学派认为，总供给减少的最主要原因是影响供给的一些重要因素发生了变化，如战争、石油或重要原材料短缺、主要农作物歉收、劳动力市场条件变化、产品市场需求结构变化，以及政府财政支出结构、税收结构、转移支付等方面发生了变化，因而造成了总供给减少并引起通货膨胀。供给学派则认为，政府税率偏高是总供给减少的主要原因。过高的税率降低了就业者的税后收入和工作意愿，同时也降低了企业的投资意愿，并助长了逃税行为，造成资源浪费，阻碍了社会生产力的提高和总供给的增加。因此，治理滞胀必须首先降低税率，以此提高劳动者的工作意愿和劳动生产率，增加储蓄和企业投资，提高资金的运用效率，刺激经济增长和降低失业率，从而走出经济滞胀的困境。

总之，治理通货膨胀是一个十分复杂的问题，不仅造成通货膨胀的原因及其影响是多方面的，而且其治理的过程也必然会牵涉到社会生活的方方面面，影响到各个产业部门、各个企业、社会各阶层和个人的既得利益，因此不可能有十全十美的治理对策。

五、中国的通货膨胀问题

（一）改革开放前的压抑型通货膨胀

在我国，很长一个时期内通货膨胀是理论研究的禁区。传统的社会主义经济理论认为，社会主义经济是有计划、按比例发展的经济，不可能发生通货膨胀。在这样的理论指导下，中央计划部门对物价实行严格的控制，而且不允许存在计划外商品市场。从新中国成立到经济体制改革的30年，除了新中国成立初期和三年自然灾害期间物价出现较大上涨外，物价基本保持不变或变化很小。在1952—1977年的26年中，有10年出现物价下降，有10年物价上涨率在1%以下，而在高于1%的6年中，除了严重自然灾害的1961年物价上涨16.2%外，其余也都在4%以下。这种物价控制的结果是出现了持币待购、凭票购买、强迫储蓄、商品黑市等典型的“压抑型通货膨胀”现象。

（二）1980年的通货膨胀

1978年以后，政府逐渐放松了对物价的控制，通货膨胀也逐渐从压抑型通货膨胀转为公开的通货膨胀。由于投资需求的高度膨胀，基本建设规模出现失控，1979年全国在建大中型项目1 100多个，1980年再增加了1 100多个，如此大规模的基本建设规模导致1979年财政赤字近170亿元，1980年财政近127亿元。当时的财政赤字依靠货币融资，导致货币的超量发行，1979年增发货币50多亿元，1980年又增发了78亿元，结果引发了改革开放后的第一次通货膨胀，1980年居民消费价格指数上涨7.5%。

针对上述局面，国家确立了平衡财政、平衡信贷和稳定物价的“两平一稳”的政策目标，从1981年起实行紧缩的财政政策和区别对待的信贷政策。同时，通过压缩基建项目，控制消费基金增长等措施来降低总需求。

从政策的工具选择看，是以财政政策为主、货币政策为辅。当时我国银行基本附属于财政，独立制定和执行货币政策的中央银行体制尚未建立起来。因此，作为货币政策除了可以通过计划手段调控信贷规模这一简单的货币政策工具外，货币政策工具的选择是非常有限的。

（三）1985年的通货膨胀

针对1981年实施收缩政策而来的市场疲软和经济萧条，为了恢复较高的经济增长率，国家于1982年开始松动财政，经济也在投资的拉动下迅速进入扩张阶段。GDP增长率从1982年的9%上升到1983年的10.9%，到1984年则达到15.1%，居民消费价格指数同比增长率在1985年则达到改革开放后的最高水平11.4%。

面对严峻的经济过热形势，政府于1985年开始实施以平衡信贷、降低通货膨胀率为主要目标的宏观经济政策。其中，财政政策的主要内容是压缩投资规模、压缩消费基金。货币政策的主要措施包括：①动用国家外汇储备增加部分消费品进口，以缩小供求缺口，回笼货币；②加强中央银行对贷款计划的指令性管理，严格限制信贷规模；③通过较大幅度的提高固定资产的贷款利率，压缩固定资产投资。执行上述政策的结果是我国的年居民消费价格指数同比增长率在 1986 年降为 6.5%，GDP 的增长率也降为 8.8%。

（四）1987—1988 年的通货膨胀

当 1985 年实行的收缩和调整政策导致许多企业严重缺乏流动资金，要求放松财政、放松银根的呼声开始日益强烈起来。于是，从 1986 年第一季度开始扩大财政支出，通过财政赤字维持投资与消费需求的增长。特别是 1988 年实施财政的“包干”体制后，中央财政收入在整个财政收入中所占份额下降，而由于地方政府对投资的软约束，投资需求与消费需求更加迅猛扩张。与需求迅速膨胀相伴的是，1987 年和 1988 年的商品零售价格指数增长率分别是 7.3%与 18.5%，结果触发了 1988 年 8 月的抢购风潮。

对此，政府采取了严厉的被称为“治理整顿”的紧缩政策。其主要内容包括：①财政政策方面，紧缩中央财政开支，大规模压缩固定资产投资规模，努力使财政收支平衡；②货币政策方面，加强货币信贷的计划管理；③提高存款利率，缓解过强的购买力对市场的压力，同时提高贷款利率，抑制信贷规模的膨胀。政策实施的结果，商品零售价格指数增长率在 1990 年降为 2.1%，同时，GDP 的增长率在 1989 年与 1990 年分别降为 4%和 3.8%，是改革开放后的最低水平。

当严厉的紧缩使经济滑坡，企业在流动资金缺乏的情况下生产难以正常运转，市场也出现疲软。为此，政府于 1990 年一季度起放松了紧缩的力度，1991 年经济增长率回升到 9.1%，历时三年的治理整顿宣告结束。

（五）1993—1994 年的通货膨胀

1992 年，在邓小平同志南方讲话和党的十四大精神的激励下，中国经济开始了新一轮的启动。GDP 的增长率从 1991 年的 9.2%上升至 1992 年的 14.2%，1992 年全社会固定资产投资比上年增长 44.4%，1993 年上半年增速高达 70%，1993 年居民消费价格指数比上年增加 14.7%，1994 年则达到 24.1%，1995 年为 17.1%。

面对经济过热的局面，国家为使经济实现“软着陆”，采取了一系列的政策措施。财政政策方面，执行适度从紧的财政政策，控制支出增量，减少财政赤字，增加财政收入占 GDP 的比例。货币政策方面，执行适度从紧的货币政策，控制货币供应的增长速度，将货币总量的增长作为货币政策的中期目标，并于 1993 年 7 月提高存贷款利率。

经过三年多的宏观调控，截至 1996 年，年居民消费价格指数同比增长率已降至 8.3%，GDP 仍保持 10%的增长速度。“软着陆”目标宣告成功。

1997 年，在实现“软着陆”的基础上，我国宏观经济政策按照“稳中求进”的原则，继续实行适度从紧的货币政策和财政政策，并根据宏观经济的变化情况进行适度的微调。例如，从 1996 年至 1997 年 3 次降低存贷款利率，以促进经济增长。

（六）2003—2007 年的两次价格上涨

2003 年以来，我国经济出现了两次价格上涨。第一次出现在 2004 年，2004 年全年居民消费价格指数（CPI）同比上涨 3.9%，比 2003 年加快 2.7 个百分点。

2005年、2006年物价开始回落，CPI指数分别为1.8%、1.5%。第二次价格上涨出现在2007年与2008年。2007年全年居民消费价格指数同比上涨4.8%，2008年居民消费价格指数更是上升至5.9%。

中央银行采取了一系列的货币政策，2006年7月—2008年9月，先后19次提高存款类金融机构人民币存款准备金率，从7.5%提高至18%。其间仅2007年一年就上调了10次，2008年1~6月，连续上调存款准备金率5次。与此同时，人民银行于2007年5月19日上调金融机构存贷款基准利率。其中，金融该机构一年期存款基准利率上调0.27个百分点，一年期的款基准利率上调0.18个百分点

中央经济工作会议确定2008年实行从紧的货币政策，进一步发挥货币政策在宏观调控中的重要作用。这是贯彻落实科学发展观、构建和谐社会的要求，也是2003年以来稳健货币政策及稳中适度从紧货币政策的延续和加强，有利于引导和调节各类经济主体的预期和行为，有利于防止经济增长由偏快转向过热，有利于防止价格由结构性上涨演变为明显通货膨胀。

（七）2010年至今的通货膨胀

2008年下半年由于受到美国次贷危机的影响，国内经济增长速度回落，物价也伴随着回落。2009年政府启动了4万亿元基建投资，推动了国内资产价格大幅上涨。同时，中国作为美国最大的出口国，受美国抵制次贷危机的量化宽松政策的影响，从能源进口渠道输入了通货膨胀。2010年全年居民消费价格指数同比上涨3.3%，2011年更是上升至5.4%。

应对此次的通货膨胀，中国人民银行从2010年1月12日开始至2011年11月30日连续13次上调金融机构存款准备金率，存款准备金率也由之前的15%上调至21.5%的历史最高位。存贷款基准利率方面，中国人民银分别于2010年12月26日、2011年2月9日、2011年4月6日、2011年7月7日四次连续上调金融机构存贷款基准利率。

第三节　通货紧缩

一、通货紧缩的定义

在西方较为权威的教科书中，通常都会对有关通货膨胀的内容作较为详细的阐释，但对通货紧缩则往往一笔带过甚至只字不提。至于通货紧缩的定义，则通常是在解释通货膨胀时加以简单解释。例如，在萨缪尔森与诺德豪斯编写的《经济学》中，是这样来解释通货紧缩的：“我们用通货紧缩表示价格和成本正在普遍下降。”在斯蒂格利茨所著的《经济学》中，通货紧缩被解释为“通货紧缩表示价格水平的稳定下降”。而在曼昆的《经济学原理》中，通货紧缩甚至只是被提及而未做解释。

在西方流行的经济学辞典中，货币主义代表人物D.莱德勒在《新帕尔格雷夫财

政金融大辞典》中对“通货紧缩”的定义是：通货紧缩是一种价格下降和货币升值的过程，它是和通货膨胀相对的。托宾在《经济学百科全书》中对“通货紧缩”的解释是：“通货紧缩也是一种货币现象，它是每单位货币的商品价值和商品成本的上升（举个例子来说，1929—1933 年，价格平均每年下降 6.7%）。”此处他把通货紧缩表述为货币升值。由于货币升值与价格总水平下降这两种不同表述方法对应的是同一个过程，且其所举例子直接以价格下降作为证据，因此，托宾与 D.莱德勒对通货紧缩的定义是一致的。

从以上所提到西方经济学教科书和辞典中关于通货紧缩的定义来看，都是根据价格总水平的下降来定义通货紧缩的，大致反映了西方经济学界的主流观点。综上所述，通货紧缩可以定义为：通货紧缩是指一般物价水平持续下跌、币值不断上升的一种货币现象。既然通货紧缩是与通货膨胀相对应的一种货币新现象，因此，衡量通货膨胀的指标同样适用于通货紧缩。

二、通货紧缩的成因

（一）经济周期因素

经济周期达到繁荣的高峰阶段，生产能力大量过剩，产品供过于求，可引起物价下跌，出现经济周期型通货紧缩。很多国家的通货紧缩是在严重的通货膨胀经过长时间的治理结束后开始出现的。在通货膨胀时期，扭曲的价格信号导致投资大量增加，高投资造成经济过热，出现生产能力过剩、产品供大于求，导致价格持续下降。

（二）经济结构失调

通货紧缩不仅仅是社会总供给大于总需求的总量上的失衡，而且还是一种结构上的失衡，主要体现在供给结构不合理。如果一国的产业结构并未随社会供求总量的变化而及时升级调整，会使很多传统的旧产业供大于求，其产品出现过剩，而新的产业由于发展过剩、价格过高而抑制了人们的有效需求，从而出现一种结构上的生产过剩。另外，由于前期经济中的盲目扩张和投资，造成了不合理的供给和过多的无效供给，当积累到一定程度时必然会加剧供求之间的矛盾。一方面，许多商品无法实现其价值，会迫使价格下跌；另一方面，大量货币收入不能转变为消费和投资，减少了有效需求，就会导致结构型通货紧缩。

（三）货币因素

长期以来，经济学界曾一度认为通货紧缩对经济的威胁小于通货膨胀对经济所构成的威胁。如弗里德曼认为：“通货紧缩是世界上最容易避免的事情，只要印刷更多的钞票就可以了。”在这种思想的影响下，中央银行往往更多地关注通货膨胀的问题，而忽视了通货紧缩的问题。当通货膨胀问题得到解决以后，如果中央银行继续采取紧缩的货币政策，就可能产生物价的持续下跌，导致通货紧缩。

（四）技术进步因素

技术进步与创新提高了生产力水平，放松管制使生产成本下降，造成了生产能力过剩。在供给大于需求的情况下物价下跌不可避免。如果这种供给大于需求的情况不能得到及时调整而持续存在，则物价下跌的趋势也会相应持续下去，这样就会出现通货紧缩。

（五）国际市场的影响

国际市场的动荡会引起国际收支逆差或资本外流，形成外部冲击性的通货紧缩压力。一国实行钉住强币的汇率制度时，本币汇率高估，会减少出口，扩大进口，加剧国内企业经营困难，促使消费需求趋减，导致物价持续下跌，所以，本币汇率高估也会引起外部冲击性的通货紧缩。

（六）心理预期因素

当预期的实际利率进一步降低和经济走势不佳时，消费和投资会出现有效需求不足，导致物价下跌，形成需求拉下型通货紧缩。金融体系的效率低下或信贷扩张过快导致出现大量不良资产和坏账时，金融机构“惜贷”或“慎贷”引起信用紧缩，也会减少社会总需求，导致通货紧缩。

三、通货紧缩的社会经济效应

（一）通货紧缩与经济衰退

通货紧缩对经济发展的实际影响如何？这要看其原因、期限和深度。如果价格水平的下降标志着生产力的全面进步，这对于经济发展是一件好事。因为，更高的效率不仅有助于企业降低成本和价格，而且有利于企业获得更多的利润。与此同时，生产力的提高所产生的通货紧缩是短期的，而且其中价格下降的深度大多可以容忍。19 世纪美国出现过生产力进步产生的通货紧缩，其经济处于健康运行之中。如果物价下跌是由生产率提高所致，那么，短期的物价下跌不一定会导致长期和全面的物价下跌，当然也就不会损害经济的健康发展。

但是这种情况并不多见，较多时候，人们惧怕出现那种跨越不同市场而且持续期限较长的通货紧缩，因为这种通货紧缩往往是经济衰退的象征。当价格下降时，消费者倾向于推迟消费，这就会导致价格的进一步下降。与此同时，实际利率的不断上升，还会阻止需求的增加。此外，资产价格的下跌又使社会财富出现萎缩，并使债务负担有所加重，导致更多的企业破产。因此，严重的通货紧缩会导致经济衰退，不利于经济发展。历史上的通货紧缩通常与经济衰退相伴，而且当经济处于衰退时期，价格下跌可能难以阻止，从而加剧经济衰退。

首先，通货紧缩意味着同样数量的货币可以购买到更多的物品，因而增加了货币的购买力，促使人们更多地储蓄，更少地支出，尤其是减少耐用消费品的支出，这使私人消费支出受到抑制。其次，通货紧缩期间，一般物价的下降相对提高了实际利率水平，即使名义利率下降，实际利率也可能居高不下。因此，资金成本较高，可投资的项目逐渐减少。再次，最终产品价格的下跌对于新开工的投资项目产生不利影响。通货紧缩使大部分投资项目的预期收益率与资金成本率之间的差额缩小，甚至可能出现赤字。这样. 投资项目更显得越来越缺乏吸引力，致使社会总投资支出趋于减少。最后，商业活动的停滞使就业率有所降低，同时可能使名义工资倾向于降低，而居民总收入的下降会进一步减少消费支出。这样，商业萎缩会通过就业下降以及工资下降得到加速。

由于历史上治理通货紧缩的经验不多，若政府和中央银行对通货紧缩束手无策，即使是温和或适度的通货紧缩也会对经济活动产生不利影响，甚至导致严重的经济问题。总之，在特定情况下，通货紧缩会加速经济的衰退；通货紧缩的形式可能有多种多样，只有那种与经济衰退相伴随的一般价格大幅下降的通货紧缩，才会使经济活动螺旋式地下降，从而对宏观经济产生破坏作用。

（二）通货紧缩对投资的影响

通货紧缩对投资的影响主要通过影响投资成本和投资收益而发生作用。通货紧缩还通过资产价格变化对投资产生间接影响。一方面，通货紧缩使得实际利率有所提高，社会投资的实际成本随之增加。这种实际成本的增加，还使投资项目处于劣势。因为相关投资项目的未来重置成本趋于下降，这就使当期投资决策不合算。这一点对许多新开工项目所产生的制约较大。另一方面，通货紧缩使投资的预期收益下降。投资的预期收益主要受商品的未来市场性和价格趋势所决定。通货紧缩使远期市场价格趋于下降，这就迫使投资倾向下降。因而，从投资方面，通货紧缩可以通过降低社会投资倾向，对经济稳定和发展产生较大的影响。

（三）通货紧缩对消费的影响

物价下跌对消费需求有两种作用方向相反的效应：一是价格效应，二是收入效应。初看起来，通货紧缩对消费者来说是好事，因为消费者可以以更低的价格得到一定数量和质量的商品，这一点符合消费者力求使其支出最小化的要求，这是通货紧缩对消费者产生的价格效应。另一方面，通货紧缩还会对消费者产生收入效应。在通货紧缩情况下，就业预期和工资收入因经济增幅下降而趋于下降，收入的减少倾向于使消费者缩减消费。而且，如果消费者预期将来价格还会下跌，那么消费者将推迟消费。因此，在通货紧缩情况下，价格效应使消费者倾间于增加消费，收入效应使消费者缩减支出。总的来看，两者相抵，通货紧缩对消费意愿的影响是消极的，即通货紧缩使社会消费总量趋于下降。

（四）通货紧缩对收入分配的影响

通货紧缩的财富分配效应与通货膨胀时期相反。在通货紧缩时期，普通商品的价格下跌，金融资产也常常面临价值缩水，虽然名义利率很低，但由于物价呈现负增长，实际利率比通货膨胀时期高出很多。所以，在通货紧缩时期，高的实际利率有利于债权人，不利于债务人。不过，如果通货紧缩持续时间很长，而且相当严重，导致债务人失去偿还能力，那么债权人也会受到损失。

通货紧缩时期，因为物价普遍下跌，名义收入一般也会下降，如果工资收入的下调滞后于物价下跌，那么，实际工资并不会下降。但是严重的经济衰退会削弱企业的偿付能力，致使企业下调工资。然而，工资的下降存在刚性。这里以 20 世纪 90 年代日本的制造业为例。1997 年日本制造业的平均工资比上年增长了 3%，然而劳动力成本占非金融企业净增加值的3/4。因此，在经济增长呈剧烈下降的情况下，工资下降的刚性会阻止价格的进一步下降。进一步说，在通货紧缩期间，名义工资基本不动，实际工资会出现上升的倾向，这一点，对于制止通货紧缩的进一步恶化是有益的。

四、通货紧缩的对策措施

（一）宽松的货币政策

通货紧缩本质上是一种货币现象，因此货币政策成为治理通货紧缩的手段之一。通货紧缩的成因之一是流通中的货币不足。采用宽松的货币政策，可以增加流通中的货币量，刺激总需求。传统的货币政策工具包括准备金率、再贴现率和公开市场业务。宽松的货币政策可以选择降低准备金率和再贴现率以及中央银行在公开市场上购入政府债券等。利率或信贷规模受控制的国家，可以通过直接降低利率或扩大信贷规模的方式来进行调节。实行宽松的货币政策的目的在于增加货币流通量。但是，货币供给量和货币乘数都是受到包括商业银行、存款者、贷款者、中央银行在内的多个行为主体的影响的变量，而不是由中央银行单独决定的简单的外生政策变量。甚至基础货币在一定条件下也不是中央银行所能控制的，更何况中央银行对扩张性货币政策和紧缩性货币政策的控制能力本来就不对称。中央银行的货币政策工具在实行紧缩性货币政策时较为有效，在推行扩张性货币政策时，效果却往往不理想。中央银行的货币政策只能起指导作用，它不能强迫银行贷款或强迫公众借款。没有合理的投资回报预期，理性的企业不敢借款；没有好的贷款项目，银行也不敢贷款。在这种情况下，宽松的货币政策不仅不能刺激投资需求，反而刺激了人们的通货紧缩预期。因此，单纯用宽松的货币政策来治理通货紧缩，效果往往不佳，甚至可能无效。

（二）宽松的财政政策

宽松的财政政策主要包括减税和增加财政支出两种方法。减税涉及税法和税收制度的改变，不是一种经常性的调控手段，但在对付较严重通货紧缩时也会被采用。在采用减税手段时应注意：①税收杠杆在本国是否灵敏；②减税政策要根据具体情况灵活运用，没有必要一刀切。例如，罗斯福在治理美国1929—1933年通货紧缩时就采用了减税的措施。基于当时贫富差距过大造成有效需求不足的观点，罗斯福的新税法降低了低收入者的税率，提高了高收入者的税率。财政支出是总需求的组成部分，因此增加财政支出可以直接增加总需求。同时，财政支出增加还可能通过投资的乘数效应带动私人投资的增加。

运用财政支出手段所面临的首要问题是资金来源问题。特别对于发展中国家，财政收入本来就有限，如果同时又采用了减税的政策，则更是捉襟见肘。解决此问题的方法有二：一是财政向中央银行借款或直接透支；二是发行国债。西方经济学者一般认为财政向中央银行借款应以短期为宜，借款的目的应是解决临时性或季节性资金短缺。至于透支，则更不应被允许。否则，将直接威胁中央银行的独立性，不利于币值的稳定和经济的稳定持续发展。所以，普遍采用的做法是发行国债。当然，国债的发行也应有一定的限度。运用增加财政支出的手段还应警惕“挤出效应”。“挤出效应”理论由现代货币学派提出。他们认为，政府开支的增加如果并不伴随货币供应量的增长，那么，在支出增加和货币存量不变的情况下，必然导致利率的上升，由此引起私人投资和消费的缩减。因此，在对付通货紧缩时，通常都会将财政政策工具和货币政策工具配合使用。

（三）结构性调整

对于由于某些行业的产品或某个层次的商品生产绝对过剩所引发的通货紧缩，一般采用结构性调整的手段来治理。对于生产过剩的部门或行业要控制其生产，减少产量。同时，对其他新兴行业或有发展前途的行业应采取措施鼓励其发展，以增加就业机会，提高收入，增强购买力。1929—1933 年的通货紧缩时期，美国的农产品严重过剩，罗斯福采用向减少耕作或养殖的农民给予经济补贴的政策以控制农产品的生产。同时，通过修改禁酒令、放弃反垄断法、对工会做出让步等措施刺激工业生产。

（四）改变预期

与通货膨胀一样，公众对通货紧缩发展前景的预期在很大程度上影响着政府各项反通货紧缩政策的效果。因此，政府有必要通过各种宣传手段，说服公众相信政府各项反通货紧缩政策的正确性和有效性，坚定公众对未来经济发展趋势的信心。

（五）完善社会保障体系

如果消费需求不足的主要原因是中下层居民的收入过低，那么建立健全社会保障体系，适当改善国民收入的分配格局，提高中下层居民的收入水平和消费水平将有助于通货紧缩的治理。

五、中国的通货紧缩问题

随着改革开放的推进和市场经济的发展，市场经济所特有的有效需求不足开始出现，商品积压，需求不足开始成为制约我国经济持续增长的主要因素。自 1997 年 7 月起，爆发了一场始于泰国而后迅速扩散到整个东南亚并波及世界的东南亚金融危机，使许多东南亚国家和地区的汇市、股市轮番暴跌，金融系统乃至整个社会经济受到严重创伤，中国出口也受到较大影响。1998 年开始，由于有效需求不足，中国出现通货紧缩，1998—2002 年居民消费价格指数分别为-0.8%、-1.4%、0.4%、-0.4%和-0.8%，失业问题也日益严重。

1998 年开始，国家开始实行积极的财政政策和稳健的货币政策。积极的财政政策包括一系列扩张性的政策措施，核心内容是通过增发国债来扩大政府支出。1998 年 9 月，九届全国人大常委会第四次会议审议批准财政部增发 1 000 亿元国债，作为国家预算内基础设施建设专项投资，用于国民经济和社会发展急需的基础建设投入。随后，政府又多次增发国债，截至 2001 年，已累计增发 3 600 亿元。稳健的货币政策的主要内容包括：保持适度的货币供给增长率，取消对国有商业银行贷款规模的限额控制，实行资产负债比例管理和风险管理，1998年一年内，两次降低存贷款利率，1999年、2002年又两次降息。随着各项政策的实施，2003年居民消费价格指数同比上涨1.2%，结束了通货紧缩。

相关链接

金融危机与通货紧缩风险

受美国次贷危机的影响，全球面临通货紧缩的风险，全球经济衰退的风险上升，其中一些发达国家已经开始步入衰退。金融危机导致通货紧缩主要通过以下几个渠道发生的：

首先，国际金融危机导致各国消费和投资支出下降，总需求下降，引起实体经济的萧条，居民和企业自主性消费支出和投资支出减少，商品市场供过于求，价格水平降低，总产出水平下降，通货紧缩风险上升。

其次，在金融危机的冲击下，预期对消费者支出和投资支出的影响起着重要作用。如果消费者和投资者预期中不确定的因素增加，对经济前景担忧，将影响消费者和投资者的信心，并由此导致边际消费倾向和投资支出降低。这种由消费者预期导致消费行为的变化更大程度地反映在耐用消费品的支出减少，如汽车和家电产品等，影响这些企业回笼资金和正常再生产，成为导致经济衰退的主要因素之一。

最后，国际金融危机的传染也会导致一国消费和投资支出外生性下降，引发通货紧缩。国际金融危机对一国的涉外部门会造成较大冲击，包括外商直接投资和新增投资的减少以及出口的下降。当该国经济对外依存度较高时，即外商直接投资和对外贸易在对GDP的贡献占有较大比重时，并且主要贸易国或投资国如美国和欧洲等发生金融危机，其消费水平的下降和资金回流将直接导致对该国出口和投资的下降。因此，在国际金融危机的传染下，该国的出口企业将受到打击；金融危机也将造成直接投资资本流入减少，导致投资水平下降；再加上投资乘数的作用，会使得这种来自于外部的投资和消费的下降引起国内总需求较大程度的收缩，因而成为导致通货紧缩的又一个主要因素。特别地，随着全球经济一体化、金融国际化趋势的增强，这种由国际传导机制引发的通货紧缩，成为近年来威胁各国通货紧缩最主要的因素之一。

除上述渠道之外，债务紧缩机制也是影响通货紧缩的又一重要因素。国际金融危机导致资产价格下降，资产价格的下降直接减少了投资者的财富，或者说导致财富从投资者流向储蓄者，这是由于资产价格的下降也同时意味着货币价格的上升，引起货币的实际所有者（储蓄者）财富的增加。投资者财富的减少引起财富效应，使得投资者缩减了消费和投资需求，表现为减少消费、归还原有贷款、减少新增借款。

本章小结

1. 货币供求与社会总供求之间有着密切的内在联系。社会总供给的形成需要通过货币来表现、衡量和实现，这就产生了对货币的需求，而社会总需求的形成又决定于货币的供给。如果货币供求不平衡，整个宏观经济的均衡就不可能实现。

2. 货币供给与货币需求之间的关系主要表现为货币均衡和货币失衡。货币均衡是指货币供应量与货币需求量在动态上保持一致的现象。货币失衡主要表现为货币供给量小于货币需求量，或者货币供给量大于货币需求量。

3. 货币失衡到货币均衡的调节四种类型的对策供选择。这四种类型的对策分别是供应型调节、需求型调节、混合型调节和逆向型调节。

4. 从20世纪50年代以来西方经济学界对通货膨胀的定义大致可以分为“物价派”和“货币派”两大类。我国理论界对通货膨胀涵义的解释大都以马克思的货币流通规律为基础，定义为在纸币流通条件下，由于货币发行量超过流通中的实际需要量，从而引起货币贬值，一般物价水平上涨的经济现象。

5. 按照通货膨胀的成因，将其划分为需求拉上的通货膨胀、成本推进的通货膨胀、混合的通货膨胀、结构性的通货膨胀四种类型。

6. 通货膨胀的社会经济效应主要表现在经济增长、收入分配、资产结构三个方面。当物价总水平的持续上涨超过一定界限从而产生恶性通货膨胀时，就有可能引发社会经济危机。

7. 治理通货膨胀的主要方法是宏观紧缩政策。此外，收入紧缩政策、收入指数化政策也是不少国家采用的方法。而货币主义学派主张采取“单一规则”政策，供应学派主张从增加供给着手。

8. 通货紧缩是指一般物价水平持续下跌、币值不断上升的一种货币现象。通常由经济周期、经济结构失调、货币、技术进步、国际市场变化、心理预期等因素引起。

9. 通货紧缩有可能导致经济衰退，并对投资、消费、收入分配等产生重要影响。与通货膨胀相反，治理通货紧缩主要是通过宽松的货币政策和财政政策。此外，进行结构性调整、改变预期和完善社会保障体系也是常用的对策措施。

10. 新中国成立以来我国曾经多次出现不同程度的通货膨胀，而1998—2002年则出现了比较明显的通货紧缩。

重要概念

社会总需求　社会总供给　货币均衡　流动性过剩　供应型调节
需求型调节　逆向型调节　通货膨胀　需求拉动型通货膨胀

成本推动型通货膨胀　结构型通货膨胀　通货紧缩

进一步阅读推荐

[1] 赫尔穆特·弗单希. 现代通货膨胀理论 [M]. 蔡重直，译. 北京：中国金融出版社，1989.

[2] 邓力平. 当代西方通货膨胀理论 [M]. 厦门：厦门大学出版社，1992.

[3] 尹艳林. 从治理通货膨胀到防止通货紧缩 [M]. 北京：中国计划出版社，2002.

[4] 成思危. 成因与对策：透析中国的通货紧缩 [M]. 北京：经济科学出版社，2002.

[5] [加] 杰格迪什·汉达. 货币经济学 [M]. 郭庆旺，等，译. 北京：中国人民大学出版社，2005.

[6] [美] 迪恩·克罗绍. 货币银行学 [M]. 吕随启，译. 北京：中国市场出版社，2008.

复习讨论题

1. 单项选择题

(1) 认为“通货膨胀与经济增长负相关”属于（　　）的观点。

A. 促进论　　B. 促退论　　C. 中性论　　D. 衰退论

(2) 下列关于通货膨胀的表述中，不正确的是（　　）。

A. 通货膨胀是物价持续上涨　　B. 通货膨胀是物价总水平的上涨

C. 通货膨胀是纸币流通所特有的　　D. 通货膨胀是指物价的上涨

(3) 当出现货币供给量大于货币需求量的货币失衡状态时，中央银行通过增加货币供给量的途径来促进货币供需全面均衡，这种调整方式属（　）。

A. 混合型调整　　B. 需求调整　　C. 供给型调整　　D. 逆向型调整

(4) 货币均衡是货币供给与货币需求之间（　　）。

A. 完全相等　　B. 大体一致　　C. 结构上平衡　　D. 完全不相等

(5) 由于工人工资超过了劳动生产率的提高而引起的通货膨胀称为（　　）。

A. 利润推进型通货膨胀　　B. 操纵价格的通货膨胀

C. 工资推进型通货膨胀　　D. 汇率成本推进型通货膨胀

(6) 通货紧缩时，债权人往往是（　　）。

A. 利益受损者　　B. 受益者

C. 在某方面受损，而在另一方面受益　D. 利益损益不确定

(7) 当总需求持续小于总供给时，则会出现（　　）。

A. 通货膨胀　　B. 通货紧缩

C. 货币均衡　　D. 社会总供求均衡

2. 多项选择题

(1) 下列有关货币均衡描述正确的是（　　）。

A. 货币均衡在一定程度上反映了国民经济的总体均衡状况

B. 货币均衡是一种动态过程

C. 货币均衡即在任意时点上货币需求等于货币供给

D. 它是社会总供求均衡的反映

E. 货币均衡即货币供给量与需求量完全相等

(2) 关于通货紧缩的正确表述是（　　）。

A. 通货紧缩从本质上说是一种货币现象

B. 当总需求持续小于总供给时会出现通货紧缩

C. 通货紧缩表现为物价水平的持续下跌

D. 通货紧缩同时也是一种实体经济现象

E. 通货紧缩通常与经济衰退相伴随

(3) 按物价上涨速度划分，通货膨胀可分为（　　）。

A. 爬行的通货膨胀　　B. 温和的通货膨胀

C. 恶性通货膨胀　　D. 隐蔽型通货膨胀

E. 公开型通货膨胀

(4) 货币失衡的具体情况有（　　）。

A. 货币供给过多　　B. 货币供给不足

C. 结构性货币失衡　　D. 商品短缺

E. 滞胀

(5) 货币当局对货币供需由失衡到均衡的调整方式主要有（　　）。

A. 供给型调整　　B. 需求型调整

C. 混合型调整　　D. 逆向型调整

E. 综合型调整

(6) 结构性通货膨胀又可以分为（　　）。

A. 需求转移型通货膨胀　　B. 部门差异型通货膨胀

C. 斯堪的纳维亚小国型通货膨胀　　D. 二元经济结构型通货膨胀

E. 利润推进型通货膨胀

3. 问答题

(1) 什么是货币均衡？它与社会总供求有什么关系？

(2) 试分析货币失衡的原因。

(3) 什么是结构型通货膨胀？它包括哪些具体类型？

(4) 通货膨胀对分配会产生什么样的影响？

(5) 治理通货膨胀一般有哪些措施?

4. 论述题

(1) 试述从货币失衡到货币均衡的调整对策。

(2) 你认为中国近期引起通货膨胀的主要原因是什么? 如何对通货膨胀进行治理?

(3) 我国1998—2002年出现通货紧缩的主要原因是什么? 如何对通货紧缩进行治理?

(4) 通货膨胀对经济和社会的影响表现在哪些方面?

第十二章　货币政策

学习目的

通过本章学习，你应该能够：

（1）掌握货币政策的内涵，明确货币政策最终目标和中介目标的内容。理解货币政策最终目标间的关系以及货币政策中介目标的选择。

（2）掌握一般性货币政策的三大工具，了解选择性货币政策和其他货币政策的主要内容。

（3）了解货币政策传导机制的两种理论，理解货币政策传导过程的三个阶段，掌握货币政策传导机制的三种效应。

（4）掌握货币政策效应的内涵，了解货币政策效应评价理论的演变，理解货币政策效应的影响因素以及货币政策效应的衡量。

（5）理解财政政策与货币政策的关系以及配合的必要性，掌握财政政策与货币政策配合的模式与手段。

货币政策是货币金融理论的核心。各国货币当局通过制定和实施货币政策，对宏观经济进行间接调控，以保持经济的平稳运行，货币政策追求的目标应是单一目标还是多重目标，政策工具如何搭配使用，中介指标使用货币供应量还是利率，货币政策的传导机制是通过利率还是货币供应量，抑或是信贷、财富或股市，如何评价货币政策的效应，货币政策与财政政策谁更有效等问题，构成了货币政策理论的重大课题和争论焦点。本章主要就货币政策的各个构成要素及我国的货币政策实践进行分析。

第一节　货币政策的目标

一、货币政策与货币政策目标的内涵

中央银行对经济的调节和对金融的宏观调控，体现在制定与实施货币政策方面。货币政策是指中央银行为实现其特定的经济目标，所采用的各种控制和调节货币供应量或信用量的方针和措施的总称。它包含着政策目标、达到目标的措施、运行机制、效果衡量等一系列内容在内的一个广泛的概念。货币政策的目标是一国货币当局采取调节货币和信用的措施所要达到的目的。按照中央银行对货币政策的影响力和影响速度，货币政策划分为两个不同的目标层次，即最终目标和中介目标，它们共同构成中央银行货币政策的目标体系。

二、货币政策的最终目标

（一）货币政策最终目标的内容

中央银行货币政策的目标要与一国整个经济长期发展的战略目标相一致，要成为国家整个经济政策重要组成部分，并发生作用。这就是中央银行货币政策的最终目标。一般认为，货币政策的最终目标包括物价稳定、充分就业、经济增长和国际收支平衡。

1. 物价稳定（Price Stability）

稳定物价就是设法使一般物价水平在短期内不发生显著的波动，稳定物价的实质是稳定币值。在信用经济时代，物价的变动是纸币变动的指示器，是衡量货币流通正常与否的主要标志。这里的物价水平是指一般物价水平，而不是指某种商品的价格。价格体系作为国民收入再分配的工具，它的变动虽然会影响一部分人的利益，但对社会并无不利的影响。出于现实生活中各种因素的影响，价格机制的自动调节功能往往会被扭曲，这种相对价格体系的变动，在一定时期也会引起一般物价水平的变动。

从各国的情况来看、衡量一般物价水平变动的指标通常有三个：①国民生产总值（GNP）平均指数。它以构成国民生产总值的最终产品和劳务为对象，反映最终产品和劳务的价格变化情况。②消费物价指数。它以消费者的日常生活支出为对象，能较准确地反映消费物价水平的变化情况。③批发物价指数。它以批发交易为对象，能较准确地反映大宗批发交易的物价变动情况。当然，三种指标包含的商品范围不同，反映的物价变化也都有一定的局限性，但它们在变动趋势上应该是一致的。

在现代经济社会里，一般物价水平呈上升的趋势。因此，中央银行货币政策的主要目标就是稳定物价，将一般物价水平的上涨幅度控制在一定的范围之内，以防止通货膨胀。对于把一般物价水平上升的幅度控制在何种范围之内，不同的经济学家有不同的看法，不同的国家也有不同的标准。保守的经济学家认为物价水平最好不增不减，或者只能允许在1%的幅度内上下波动，有的认为3%是可取的。而较激进的经济学家，因相信轻微的通货膨胀对经济的活跃有一定的刺激作用，有利于经济发展，主张一般物价水平可作较高幅度的增加，如上涨幅度可允许在5%以内。尽管如此，在实践中，各国中央银行通常采取折中的办法，根据各国经济发展情况和背景的不同，制定不同的标准。从各国实际情况来看，在制定货币政策时、中央银行都显得十分保守，一般将年物价上涨率控制在2%~3%以内。

2. 充分就业（Full Employment）

充分就业作为货币政策目标的提出，最早是在20世纪30年代。在1929—1933年的资本主义世界的经济大危机中，由于市场不能自发地保证充分就业，为了摆脱危机，西方国家普遍实行了国家干预经济的政策，并把充分就业摆在货币政策目标的首位。因为高就业意味着资源的充分利用，意味着高产出和高投入，也意味着经济的良性循环和稳定增长。从这一点出发，充分就业目标是经济政策总目标的一个组成部分，也是现代发达国家货币政策的四大目标之一。

充分就业通常是指凡有能力并自愿参加工作者，都能在较合理的条件下找到适当的工作。但充分就业并不等于社会劳动力100%的就业，因为还存在自愿性失业（劳动力不愿意接受现行的工资水平而造成的失业）。只要消除了非自愿性失业（劳动者愿意接受现行的工资条件和工作条件却仍然找不到工作），社会就实现了充分就业。所谓充分就业目标，就是要保持一个较高的、较稳定的社会就业水平。

严格意义上的充分就业是针对所有能够被利用的资源所利用的程度而言的，但要测定各种经济资源的利用程度是非常困难的，所以一般以劳动力的就业程度为标准，即以失业率指标来衡量劳动力的就业程度。失业率是指社会的失业人数与愿意就业的劳动力之比。失业率的高低与社会就业程度成反比。至于失业率为多少时才可称之为充分就业，目前尚无统一标准。有的经济学家认为，当失业率为3%时可视为充分就业，但是大多数经济学家认为失业率为5%时就可以被认为实现了充分就业。在计算失业率指标时，最大的困难就在于如何确定失业人口和社会愿意就业人口这两个指标的内涵。由于各国的计算方法不同，所以对失业率的评价并不一致。各国应该根据各自不同的经济条件、发展状况来确定充分就业目标。

3. 经济增长（Economic Growth）

经济增长是指一国或一个地区内商品和劳务及生产能力的增长，也就是国民生产总值的增长必须保持合理的、较高的速度。目前，各国衡量经济增长的指标主要有国民生产总值增长率、国民收入增长率、人均国民生产总值和人均国民收入增长率等。前两个指标主要反映的是经济增长的总规模和经济实力的状况；后两个指标则反映的是经济增长带给一个国家或地区的富裕程度。

影响经济增长的直接因素是人力、物力和财力。中央银行作为经济运行中的货币供给部门，能够影响到其中的财力部分，即对资本的供给与配置产生一些效果。中央银行的货币政策以经济增长为目标，指的是中央银行在接受既定目标的前提下，通过货币政策操作，对这一目标的实现施加影响。将经济增长作为货币政策的目标，有两个问题必须注意：①要增加国民生产总值必然会增加各种经济资源，如劳动、土地及资本等的利用程度。然而，货币政策在这些资源运用中所能产生的效果非常有限，只能对资源的配置产生一些效果，对劳动及土地的运用却缺乏直接影响力。②以国民生产总值表示的经济增长仅仅只是一个数量指标，在产值增长的背后，可能隐藏着资源的浪费和环境污染等质量问题，这些是货币政策无力控制的。因此，中央银行的货币政策只能以其所能控制的货币政策工具创造一个适宜于经济增长的货币金融环境，以促进经济增长。

4. 国际收支平衡（Balance of Payments Equilibrium）

平衡国际收支政策目标的提出是在 20 世纪 70 年代。当时，由于日本、原联邦德国等国经济的迅速增长，国际竞争力不断加强，美国的对外贸易不断出现逆差、国际收支状况恶化，大量美元外流，从而降低了世界各国对美元的信心。美国为了维护以美元为中心的国际货币制度，提出了平衡国际收支的货币政策目标。此后，虽然美元与黄金脱钩，各国相继由固定汇率改为浮动汇率，但平衡国际收支仍然是货币政策的目标之一。

在一个开放型的社会经济中，国际收支状况与国内市场的货币供应量有着密切的关系。一般来说，顺差意味着该国的外汇收入大于支出，外汇收入增加，而收购这些外汇，必然要增加国内市场的货币供应量。换言之，顺差意味着商品的输出大于商品的输入，从而相对减少了国内市场的商品量，增加了国内市场的货币供应量。顺差带给国内市场的影响有两种：一是当国内市场上货币偏多、物价不稳、商品供给不足时，严重时会加剧退货膨胀，加剧国内市场上商品供求的矛盾；二是当国内市场货币供给不足、外资缺乏、失业严重、商品供过于求时，顺差则有利于实现国内市场的均衡。国际收支逆差的影响则正好相反。

国际收支平衡是指在一定的时期内（通常指一年内），一国对其他国家或地区的全部货币收支持平。目前，经济学家普遍认为，国际收支平衡应当是一种动态的平衡，即在若干年的时间内（如在 3~5 年内），如果一个国家的国际收支平衡表中的主要项目的变动接近于平衡，便可大致上认为达到了国际收支平衡。因为其中某一年的不平衡可以由其他的年份加以弥补。

（二）货币政策最终目标间的关系

尽管货币政策所追求的目标有四个，但就任何一个国家的中央银行而论，对上述各种目标往往不能同时兼顾。因此，在承认若干目标间互补性的同时，如充分就业与经济增长之间相互促进，也不忽略货币政策目标之间的冲突性的存在。主要冲突有：稳定物价与充分就业的冲突；稳定物价与国际收支平衡的冲突；经济增长与国际收支平衡的冲突；稳定物价同经济增长之间的冲突。

1. 稳定物价与充分就业的冲突

根据著名的菲利普斯曲线（Phillips Curve），失业率与物价上涨率之间，存在着此消彼长的关系：要实现充分就业，就要牺牲若干程度的物价稳定；为了维持物价稳定，就必须以提高失业率为代价。菲利普斯（A.W.Phillips）指出：降低失业与稳定物价不能并行，在物价稳定为3%且失业率为5%的情况下，若失业率降至3%，则可能要使工资上涨由3%提高到5%，因而导致物价上涨2%。也就是说，一个国家要实现充分就业，就得增加货币供应量、降低税率、增加政府支出，以刺激社会总需求的增加，而总需求的增加，在一定程度上会引起一般物价水平的上涨。如果要稳定物价，就要抑制社会总需求的增长，而社会总需求的减缩则必然导致失业率的提高。这样，货币政策在稳定物价与充分就业之间就陷入两者不能兼顾的境地。作为中央银行的货币政策目标，既不可能选择失业率较高的物价稳定，也不可能选择通货膨胀率较高的充分就业，而只能在物价上涨率与失业率之间相机抉择，根据具体的社会经济条件做出正确的组合。

从20世纪70年代起，很多国家关于物价和失业的统计又显示出二者间的互补关系，即物价上涨、失业和经济停滞同时并存，菲利普斯曲线呈现正的斜率。其主要原因是：

（1）制度因素。工会对劳动力市场的垄断，使工资居高不下，而工资成本上升使劳动力需求下降，就业和产量同时下降，结果是工资和物价同步上升。

（2）外生因素。例如，石油价格大幅度上涨，使石油进口国的物价随生产成本的上涨而上升，出口不利，导致产量下降。国际货币制度的调整使货币坚挺的国家为克服国际游资的冲击不得不实行货币升值，造成货币充斥，物价上涨，出口不利，失业随投资下降而增加。货币疲软的国家为防止游资外逃则不得不提高利率，使失业随投资的减少而增加。

（3）结构性失业和货币政策不当。解决结构性失业的对策应该是改善劳动力市场的信息传递，培训劳动技能等。运用货币政策扩大投资以创造就业机会只能引起工资上涨和效率下降，结果是工资上涨推动物价上涨，效率下降导致经济停滞。

进入20世纪90年代以来，美国经济增长率、失业率和通货膨胀率出现了“一高两低”的现象，即高增长率、低失业率和低通货膨胀率的并存。近几年来，美国经济增长率一直维持在4%以上，失业率降到4%左右，通货膨胀率也控制在3%以下。对此，不少经济学家认为美国经济进入“新经济”时代，失业率与通货膨胀率间的此消彼长的关系已不复存在，菲利普斯曲线再次面临挑战。然而，进入21世纪以来，美国高科技行业增长速度放慢，以信息技术为龙头的纳斯达克股票指数狂跌，美联储频繁降息以求刺激股市和经济，所以，菲利普斯曲线是否失效还有待历史检验。

2. 稳定物价和国际收支平衡的冲突

在任何一个开放型经济的国家中，其经济状况通常都带有国际化的特征。一个国家的中央银行，如果要想同时实现稳定国内物价和平衡国际收支两大目标，会存在着矛盾。一般来说，若国内物价上涨，会使外国商品的价格相对降低，将导致本国输出减少，输入增加，国际收支逆差；若本国维持物价稳定，而外国发生通货膨胀，则本国输出增加，输入减少，结果就会发生贸易顺差。因此，只有全球都维持大致相同的物价水平，物价稳定才能与国际收支平衡同时并存。在国际经济关系日益复杂，世界经济发展极不平衡的现实经济社会里，这两个条件同时并存是不可能的。稳定物价与国际收支平衡的目标也可能相悖而行。

3. 经济增长与国际收支平衡的冲突

在正常情况下，随着国内经济的增长，国民收入增加以及支付能力的增强，通常会增加对进口品的需要。此时，如果出口贸易不能随进口贸易的增加而增加，就会使贸易收支情况恶化，发生大量的贸易逆差。尽管有时由于经济繁荣而吸收若干外国资本，这种外资的注入可以在一定程度上弥补贸易逆差造成的国际收支失衡，但并不一定就能确保经济增长与国际收支平衡的齐头并进。尤其是在国际收支出现失衡、国内经济出现衰退时，货币政策很难在两者之间做出合理的选择。在国际收支逆差的情况下，通常必须压抑国内有效需求，其结果可能消除逆差失衡，但同时也会带来经济衰退。面对经济衰退，通常采取扩张性货币政策，其结果可能刺激经济增长，但也有可能因输入增加导致国际收支逆差。

4. 稳定物价与经济增长的冲突

如何处理好经济增长与稳定货币之间的关系是另一个核心问题。失业率的高低，外汇收入的多少，决定于经济增长的状况。从根本上说，经济增长同稳定物价是辩证的统一，只有经济增长了，商品增多了，稳定货币才有物质基础。然而，在信用货币条件下，经济增长往往伴随着物价的上涨，二者表现出一定的矛盾性。其原因在于：一是货币作为经济增长的先导和第一推动力，在货币流通速度基本稳定的情况下，货币供给量若偏多，势必刺激物价上涨。因此，有可能出现这样一种情况，即经济增长需要有货币的超前供给，超前的货币供给量可能带来物价的上涨与币值的下跌，进而造成经济增长与稳定币值两者的冲突。二是经济的快速增长通常会带来投资过旺，特别是在政府刻意追求增长速度，有意无意地以通货膨胀为手段来促进经济增长时，扩张信用的手段在增加投资的同时也必然造成货币发行量的增加和物价的上涨，而为抑制通货膨胀所采取的提高利率等紧缩性货币政策又可能因抑制投资而影响经济的增长。

如何在这些相互冲突的矛盾中做出最适当的抉择，是当代各国金融当局所面对的最大难题。值得注意的是，第二次世界大战以后，西方各国的中央银行根据本国的具体情况，在不同的时期对货币政策四个目标的选择有着不同的侧重点，而在进入20世纪90年代以来则发生了很大的变化，主要发达国家均以稳定货币，反通货膨胀为唯一的货币政策目标。这说明，在货币政策目标体系中，稳定货币、稳定物价始终是中央银行货币政策目标的基础。中央银行的货币政策目标与国家的经济政策目标是有区别的，它更主要的任务是为经济持续、稳定的增长创造一个良好的金融环境。

相关链接

我国货币政策目标的选择

从中华人民共和国成立至20世纪80年代初期，在高度集中统一的计划经济模式下，货币和银行的作用被削弱了，它们只不过是计划经济的附属物，我国没有名副其实的中央银行，也就没有现代意义上的货币政策。当时的货币（或信贷）政策附属于国家计划，其根本目的是发展经济。1984 年中央银行体制确立后，中国才有了运用政策工具调控货币供应量和利率进而影响社会总需求的货币政策。但在 1993 年以前，中央银行很少公开、明确地宣布各个阶段货币政策的最终目标。从实际的政策措施看，在相当长的时期内，中国货币政策追求的是经济增长和稳定物价的双重目标，两者孰重孰轻，在不同的经济形势下有所侧重，但经济增长往往占据主导地位。但也正是由于这种双重目标，我国中央银行的货币政策操作一直在平衡妥协之中艰难地运作。在中国这样一个资金短缺，投资需求旺盛，企业和政府相互严重依赖的发展中国家中，在货币政策上实行双重目标，几乎总会牺牲货币的稳定，以过度的货币发行来支撑经济的暂时增长。其结果往往会诱发较高的通货膨胀，到了一定阶段就不得不进行调整，这时治理通货膨胀、平抑物价又成了中央银行的主要政策目标。由此必然导致国民经济周期性的振荡和强制性调整。这一教训，促使理论界和货币当局重新审视中国的货币政策目标。

1993 年之后，我国中央银行的货币政策目标终于发生了变化。国务院在《关于金融体制改革的决定》的文件中首次明确地将宏观调控的目标定为“保持货币稳定，并以此促进经济发展”。1995 年 3 月，全国人大八届三次会议通过了《中国人民银行法》，正式以法律的形式重申了这一提法。从某种意义上可以说，我国中央银行的货币政策目标已经实现了由双重目标向单一目标的转变。

三、货币政策的中介目标

“货币政策的中介目标”一词，最先由美国经济学家在 20 世纪 60 年代提出。直到 20 世纪 70 年代中期，货币政策中介目标的思想才得到发展，中介目标才逐渐成为各国中央银行的货币政策传导机制的重要内容之一。之所以要在货币政策的最终目标与货币政策的工具之间设立中介目标，西方经济学家认为有三方面的原因：①收集与掌握有关货币政策最终目标的资料信息需要较长时间，所以难以据此进行相机抉择，变动与操作货币政策工具，实现货币政策的最终目标。②货币政策的最终目标是通过对货币政策工具的操作来实现。为此，必须建立相应的货币政策工具的效果指标，用于比较各货币政策工具对货币政策最终目标影响程度，以利于相机选择，实现货币政策的最终目标。③货币政策最终目标的实现，除受货币政策工具影响之外，还受到其他外部因素的影响。因此，必须利用货币中介目标，以显示货币政策工具和货币政策工具以外的因素的影响程度，将两者的影响效果区分开来，以便更好地实现货币政策的最终目标。

（一）货币中介目标的选择

正确地选择货币政策的中介目标，是实现货币政策最终目标的前提条件。这是由于中央银行并不能直接控制和实现货币政策的最终目标，而只能借助于货币政策工具，通过对货币政策中介目标的调节与控制来实现货币政策的最终目标。因此，货币政策中介目标的选择就显得十分重要。一般认为，作为货币政策的中介目标必须具备三个条件，即可测性、可控性及与最终目标的相关性这“三性”原则。

1. 可测性

可测性是指中央银行所选择的金融控制变量必须具有明确而合理的内涵和外延。具体地说，①中央银行能够迅速获得中介目标变量的明确数据资料；②中央银行能够对这些数据资料进行有效的分析并做出相应的判断。

2. 可控性

可控性是指中央银行通过各种货币政策工具的运用，能对货币中介目标变量进行有效的控制与调节，并能准确地控制中介目标变量的变动状况及其变动趋势。

3. 与最终目标的相关性

相关性是指中央银行所选择的中介目标变量必须与货币政策最终目标紧密关联，当中央银行通过对中介目标的控制与调节，使之达到预期水平时，也能使货币政策的最终目标达到或接近预期水平。

（二）常见的货币中介目标

从中介目标的“三性”原则可知，作为货币政策中介目标的金融变量，应具备以下特征：①中介目标变量应为中央银行货币政策运用和影响的对象，即各种货币政策的实施，必然会引起中介目标变量的变动，并通过其变动反映出货币政策实施的效果；②中介目标变量应为全社会及金融体系了解中央银行货币政策方向与强度的指示器；③中介目标变量应为中央银行进行观测和检验货币政策实施效果的显示器。至于哪些金融变量同时具备上述三个条件和特征，迄今仍无公认的答案，但多数西方经济学家认为，可以作为货币政策中介目标的金融变量主要有三种，即利率、货币供给量和存款准备金。

1. 利率

以凯恩斯学派为主的经济学家主张以利率作为货币政策的中介目标。因为利率不仅能够反映货币与信用的供给状况，同时也可以反映供给与需求的相对数量，即可贷资金的稀缺程度，并且短期利率（再贴现率和再贷款利率）也是中央银行可以控制的金融变量。因此，凯恩斯学派极力主张以利率作为中介目标。

凯恩斯学派认为，中央银行可以通过对货币政策工具的运用，操纵利率水平和利率结构的变动，以影响投资和消费水平，调控社会总需求，影响国民收入的变动，达到预期的政策目标。利率作为连接商品市场与货币市场的纽带，既与货币政策的最终目标有密切关系，又是中央银行可以控制的金融变量，因此，利率是最为适当的货币政策的中介目标。

2. 货币供给量

货币学派坚决反对以利率作为货币政策的中介目标，而主张应以货币供给量作为中介目标。货币学派认为：①货币供给量变动并不直接影响利率，而是直接影响人们的名义收入和支出水平，进而影响投资、就业、产出及物价水平。②货币供给量也能够正确反映货币政策的意向，即货币供给增加则表明货币政策为扩张；反之，货币政策则为紧缩。③中央银行能够控制货币供给量。该学派的实证研究也表明，虽然在短期内货币供给量与实际收入物价水平之间的关系并不十分明确，但在长期中，货币供给量的变动总是引起名义收入和物价同方向的变动。因此，货币学派主张以货币供给量作为货币政策的中介目标。

但是，这种观点也同样遭到人们的批评与反对。①货币供给量并非外生变量，而是内生变量，货币流通速度和货币需求函数是不稳定的，并非中央银行可以控制与预测的，不能作为货币政策的中介目标。托宾认为，在现实经济社会里，非银行金融中介机构的迅速发展，其资产与负债同商业银行的资产与负债已经没有本质区别，两者之间具有高度的可替代性。在这种情况之下，中央银行通过货币政策的运用来调整货币供给量的变动率，就有可能因为非银行金融中介机构的资产与负债的变动影响，使货币速度发生相反方向的变动，从而抵消货币供给量的变动所产生的效果。可见，货币的流动速度是不稳定的，中央银行也就不能直接控制货币供给量的变动。托宾进一步分析：那种将银行信用与存款货币供给视为简单的存款准备金的倍数的观点是错误的。决定银行存款货币供给的因素，并不仅仅限于银行存款准备金和存款准备率，还有银行存款的机会成本和利率等其他经济变量，可见，货币供给量的变动并不是外生的而是内生的，并非中央银行可以完全直接控制的变量。②即使中央银行能直接控制货币供给量的变动，但是，由于货币乘数的不稳定性、货币需求的不稳定性以及货币政策以外的外生变量皆会削弱货币供给量变动与货币政策之间的关系的稳定性，因此，货币供给量的变动与货币政策之间的关系也不稳定，货币供给量的变动率不宜作为货币政策的中介目标。

3. 存款准备金

作为可供中央银行选择的潜在的货币政策中介目标，存款准备金有四层涵义：①商业银行的存款准备金总量，即商业银行在中央银行的存款、库存现金和向中央银行的借款；②非借入准备金，即商业银行存款准备金总量减去向中央银行的借款；③基础货币，即商业银行存款准备金总量加上非银行社会公众的手持的现金；④调整后的基础货币，也称为扩张的基础货币，是考虑到法定存款准备率调整后的基础货币。上述四种潜在的中介目标，都可以较好地满足中介目标的可靠性和可测性的要求，但是在相关性上，则存在着一个难题，即货币乘数估算问题。由于货币乘数很不稳定，难以估算，因此，其相关性就相对较弱。

第二节　货币政策工具

货币政策工具是中央银行为实现货币政策目标而使用的各种策略手段。货币政策工具可分为一般性政策工具、选择性政策工具和其他补充性政策工具三类。

一、一般性货币政策工具

一般性货币政策工具是指对货币供给总量或信用总量进行调节，且经常使用，具有传统性质的货币政策工具。一般性货币政策工具主要包括法定存款准备金率、再贴现率和公开市场业务等典型市场经济条件下对货币供给调控的工具。这些工具的调控原理及优缺点在第十章已有论述。

相关链接

公开市场操作：美联储如何执行

一位重要的纽约联邦储备银行官员对一个假设的联邦储备公开市场交易进行了如下的描述：

现在的时间恰好是感恩节前的星期二中午之前。地点是纽约联邦储备银行8楼的交易大厅。美联储公开市场账户经理已经做出决策，他指示他的副手买进5亿美元的即期交割的美国国库券。

决策制定后，主办职员在电话交换台前即通知与30来位美国政府债券交易商要保持联系的10位职员和债券代理商。他说："我们需要所有国库券的现售报价。"之后，每一位职员或代理商都迅速地与2~4位证券交易商进行电话联系。

琼是纽约联邦储备银行的一位代理商，她按下自己面前的电话交换台按钮，与一位政府债券交易商进行了小声的通话。

"杰克，"琼说，"我们正在寻求以现金交割方式购进全部的国库券。"

杰克说："我马上答复你。"杰克是某代售公司的代表，他立即跟客户们联系，询问他们是否愿意出售国库券。同时，杰克和自己公司的负责人商定了他应如何使本公司拥有的政府债券处于最有利报价的策略。

10分钟后，杰克回电话："琼，我可以向你出售500万美元收益率为5.85%的1月5日到期的国库券，1 000万美元收益率为5.9%的1月26日到期的国库券，2 000万美元收益率为6.05%的3月23日到期的国库券和3 000万美元收益率为6.14%的5月30日到期的国库券。"

琼回答："这些报价可否让我在几分钟后确定?"

杰克："当然可以。"

几分钟后，这一往返磋商完成了。代理商们把同各个债券交易商联系后获得的报价都填入事先印制好的专门表格上。主办职员就把每一个债券交易商的报价，按大小顺序标在柜台上方的黑板上。最后，记录牌上显示出，债券交易商已经提供了总量为18亿美元的国库券的报价，而且要求在成交日即以现金交割。

然后，主办职员开始用红笔圈出每一笔拟出售国库券中的最佳的即收益率最高的报价。他从U形柜台后面的大幅行市牌上可以查出这些国库券在这一电话交易之前的市场收益率，一个助手不断地记下将买进的国库券的累计数额。在他已选足预定的数额时，就把这些报价单退给代理商，再由各个代理商立即打电话通知有关交易商。

琼说："杰克，我们将以现金购进500万美元收益率为5.85%的1月5日到期的国库券和3 000万美元收益率为6.14%的5月30日到期的国库券，其他的不要。"

做出最初决定的45分钟后，所有的电话交易都结束了。联邦储备银行购进了5.23亿美元的国库券，剩下的仅仅是划账工作。代理商签发单据，以便给联邦储备银行的政府债券部作为对购进的特定国库券进行划账的主要证明。办理债券交易商交割的银行即清算银行，有权把这些国库券从它们在联邦储备银行的账户上扣除，与此同时，它们在纽约联邦储备银行的准备金账户就被贷记相同的金额。

联邦储备银行立即贷记债券交易商往来银行的账户，从而为美国的银行体系增加了5亿多美元的准备金。

二、选择性货币政策工具

三大货币政策工具主要是对信用总量的调节，以控制全社会的货币供应量为目的，属于一般性的总量调节。而选择性的货币政策工具和其他货币政策工具是中央银行针对个别部门、企业、领域或特殊用途的信用而采用的政策工具。它们主要包括证券市场信用控制、消费信贷控制、不动产信用控制、直接信用控制和间接信用控制等。

（一）证券市场信用控制

证券市场信用控制是指中央银行对涉及证券交易的信贷活动加以控制。通过规定贷款额所占证券交易额的百分比率，来调节或限制对证券市场的活跃程度。在操作中，这种控制是对以信用方式购买股票和有价证券的贷款比率实施限制，也称为证券交易的法定保证金比率控制。比如说，若中央银行规定信用交易保证金比率为30%，则交易额为20万美元的证券购买者，必须将至少6万美元现金一次性交付来进行此项交易，其余资金由金融机构贷款解决。

中央银行可根据金融市场的状况，随时调高或调低法定保证金比率。当证券市场交易过旺、信用膨胀时，中央银行可提高法定保证金比率，控制货币流入资本市场的数量，遏制过分的投机行为。当证券市场交易萎缩、市场低迷时，中央银行可调低保证金比率，刺激证券市场交易的活跃。

证券交易法定保证金比率的制定，控制了证券市场的最高限度放款额，即：最高限度放款额=（1-法定保证金比率）×交易总额。它既能使中央银行遏制过度的证券投机活动，又不贸然采取紧缩和放松货币供应量的政策，有助于避免金融市场的剧烈波动和促进信贷资金的合理运用。

（二）消费信用控制

消费信用控制是指中央银行对不动产以外的各种耐用消费品的销售融资予以控制。这种控制措施的主要内容包括：规定用消费信贷购买各种耐用消费品时首期付款额，分期付款的最长期限以及适合于消费信贷的耐用消费品的种类等。当中央银行提高首期付款额时，就等于降低了最大限度放款额，势必减少社会对此种商品的需求。而缩短偿还期就增大了每期支付额，也会减少对此类商品和贷款的需求。若要刺激消费信用时，则降低首期付款额。

（三）不动产信用控制

不动产信用控制是指中央银行对商业银行或其他金融机构发放不动产贷款的额度和分期付款的期限等规定的各种限制性措施。主要包括：规定商业银行不动产贷款的最高限额、最长期限、第一次付款的最低金额、逐次分期还款的最低金额等。其目的在于阻止因房地产及其他不动产交易的投机性导致的信用膨胀。

三、其他货币政策工具

（一）直接信用控制

所谓直接信用控制是指中央银行根据有关法令，对银行系统创造信用的活动施以各种直接的干预。主要的干预措施有信用分配、利率最高限额、流动性比率等。

1. 信用分配

信用分配是指中央银行根据金融市场的状况和客观经济形势，权衡经济需要的轻重缓急，对银行业的信用加以分配，限制其最高数量。信用分配一般都发生在发展中国家或发达国家的某些特别时期，如战争时期。由于这些国家投资需求多，资金来源有限，故不得不对信用采取直接分配的办法。例如，制定一国的产业政策，规定优先提供资金的顺序；或者按资金需求的缓急，将有限的资金分配到最需要的部门；有的国家和地区还采取设立专项信贷基金的办法，保证某种建设项目的需要。

2. 利率最高限制

中央银行规定商业银行和储蓄机构对定期及储蓄存款所能支付的最高利率，目的在于防止银行用抬高利率的办法吸收存款。利率最高限的典型代表是美国中央银行从1934年到1980年实施的《Q条例》，该条例规定了银行各类存款的最高利率。利率最高限的规定有利于防止金融机构之间为争夺存款的过度竞争，避免造成资金成本过高而使银行风险增大。但是，它本质上属于价格管制，存在着不利于公平竞争，保护落后的弊端，而且在通货膨胀的情况下，它容易导致存款流出银行体系。因此，市场经济成熟的国家已经放弃了利率最高限制的手段。

3. 流动性比率

流动性比率是中央银行为了保障商业银行的支付能力，规定流动资产对存款或总资产的比率。

（二）间接信用控制

间接信用控制是指中央银行采用非直接的控制方法，主要有窗口指导、道义劝告、金融检查等。

1. 窗口指导

窗口指导的主要内容是：中央银行根据市场行情、物价走势、金融市场的动向、货币政策要求以及前一年度同期贷款的情况等，规定商业银行每季度贷款的增减额，以指导的方式要求其执行。有时，窗口指导也指导贷款的使用方向，保证经济优先发展部门的资金需要。如果商业银行不按规定的增减额对产业部门贷款，中央银行可削减向该行贷款的额度，甚至采取停止提供信用等制裁措施。窗口指导自身虽然不具有法律约束力，但由于中央银行对不接受指导者可以采取相应的制裁措施，因而对于金融机构还是具有较大的约束力。

2. 道义劝告

道义劝告是指中央银行运用自己在金融体系的特殊地位和威望，通过对商业银行及其他金融机构的劝告，以影响其放款的数量和投资的方向，以达到控制信用的目的。例如，在房地产与证券市场投机盛行时，要求商业银行减少对这两个市场的信贷等。道义劝告的政策效果表现在：可以避免强制性信用控制所带来的逆反心理，有利于加强中央银行与商业银行及各金融机构间的长期密切合作关系。但它不具有法律效力，因而不是强有力的控制手段。

道义劝告和窗口指导的优点是较为灵活。但要发挥政策工具的作用，中央银行必须在金融体系中具有较强的地位、较高的威望和拥有最终控制信用的足够的权力和手段。

3. 金融检查

金融检查是指中央银行利用自己“银行的银行”的身份不定期地对商业银行和其他金融机构的业务经营情况进行检查，看其是否符合法律规定，并将检查结果予以公开，以监督商业银行的金融活动。

（三）货币政策性工具创新

近年来，全世界出现了一些较为创新的货币政策工具。中国也创新了以下三种货币政策工具。

1. 常备借贷便利

从国际经验看，中央银行通常综合运用常备借贷便利和公开市场操作两大类货币政策工具管理流动性。常备借贷便利的主要特点：一是由金融机构主动发起，金融机构可根据自身流动性需求申请常备借贷便利；二是常备借贷便利是中央银行与金融机构“一对一”交易，针对性强。三是常备借贷便利的交易对手覆盖面广，通常覆盖存款金融机构。全球大多数中央银行具备借贷便利类的货币政策工具，但名称各异，如美联储的贴现窗口（Discount Window）、欧央行的边际贷款便利（Marginal Lending Facility）、英格兰银行的操作性常备便利（Operational Standing Facility）、日本银行的补充贷款便利（Complementary Lending Facility）、加拿大央行的常备流动性便利（Standing Liquidity Facility）、新加坡金管局的常备贷款便利（Standing Loan Facility），以及新兴市场经济体中俄罗斯央行的担保贷款（Secured Loans）、印度储备银行的边际常备便利（Marginal Standing Facility）、韩国央行的流动性调整贷款（Liquidity Adjustment Loans）、马来西亚央行的抵押贷款（Collateralized Lending）等。

借鉴国际经验，中国人民银行于 2013 年初创设了常备借贷便利（Standing Lending Facility，SLF）。常备借贷便利是中国人民银行正常的流动性供给渠道，主要功能是满足金融机构期限较长的大额流动性需求，对象主要为政策性银行和全国性商业银行，期限为1~3个月。常备借贷便利利率水平根据货币政策调控、引导市场利率的需要等综合确定。常备借贷便利以抵押方式发放，合格抵押品包括高信用评级的债券类资产及优质信贷资产等。如2017年12月，为满足金融机构临时性流动性需求，人民银行对金融机构开展常备借贷便利操作共1 340.6亿元，其中隔夜7.2亿元、7天839.6亿元、1个月493.8亿元。常备借贷便利利率发挥了利率走廊上限的作用，有利于维护货币市场利率平稳运行。2017年12月末常备借贷便利余额为1 304.2亿元。

2. 中期借贷便利

当前银行体系流动性管理不仅面临来自资本流动变化、财政支出变化及资本市场IPO等多方面的扰动，同时也承担着完善价格型调控框架、引导市场利率水平等多方面的任务。为保持银行体系流动性总体平稳适度，支持货币信贷合理增长，中央银行需要根据流动性需求的期限、主体和用途不断丰富和完善工具组合，以进一步提高调控的灵活性、针对性和有效性。2014年9月，中国人民银行创设了中期借贷便利（Medium-term Lending Facility，MLF）。中期借贷便利是中央银行提供中期基础货币的货币政策工具，对象为符合宏观审慎管理要求的商业银行、政策性银行，可通过招标方式开展。中期借贷便利采取质押方式发放，金融机构提供国债、央行票据、政策性金融债、高等级信用债等优质债券作为合格质押品。中期借贷便利利率发挥中期政策利率的作用，通过调节向金融机构中期融资的成本来对金融机构的资产负债表和市场预期产生影响，引导其向符合国家政策导向的实体经济部门提供低成本资金，降低社会融资成本。如2017年12月，为维护银行体系流动性合理稳定，结合金融机构流动性需求，人民银行对金融机构开展中期借贷便利操作共4 760亿元，均为1年期。其中2017年12月6日操作1 880亿元，利率为3.2%；14日操作2 880亿元，利率为3.25%。2017年12月末中期借贷便利余额为45 215亿元。

3. 抵押补充贷款

为贯彻落实国务院第四十三次常务会议精神，支持国家开发银行加大对“棚户区改造”重点项目的信贷支持力度，2014年4月，中国人民银行创设抵押补充贷款（Pledged Supplemental Lending，PSL），为开发性金融支持棚改提供长期稳定、成本适当的资金来源。抵押补充贷款的主要功能是为支持国民经济重点领域、薄弱环节和社会事业发展而对金融机构提供的期限较长的大额融资。抵押补充贷款采取质押方式发放，合格抵押品包括高等级债券资产和优质信贷资产。如2017年12月，人民银行对国家开发银行、中国进出口银行、中国农业发展银行三家银行净增加抵押补充贷款共659亿元，2017年12月末抵押补充贷款余额为26 876亿元。

第三节　货币政策传导机制

货币政策目标确定之后，中央银行操作适当的政策工具调控货币供给，通过经济体制内的各种经济变量，影响到整个社会的经济活动，进而实现既定的货币政策目标。这个由货币政策工具启动到货币政策目标实现的传导运行过程，就是货币政策的传导机制（Transmitting Mechanism of Monetary Policy）。这一过程并不是简单的传导，而是一个复杂的系统工程。关于货币政策的传导机制，西方经济学界存在着一定的分歧。下面介绍两种主要的传导机制理论。

图 11-1　货币政策传导机制图

一、凯恩斯学派的传导机制理论

凯恩斯把货币政策传导过程分为两个领域，即金融（货币）领域和实物（商品）领域。在金融领域只有两种资产，即货币和债券。前者有十足的流动性而无收益，后者的流动性不如前者但有利息收益。在实物领域，社会的总收入与社会的总支出达到均衡。货币政策工具的启动首先打破和重建金融领域的均衡，通过利率的变化进而打破和重建实物领域的均衡，最终达到货币政策的最终目标。在凯恩斯看来，中央银行实施货币政策后，首先引起商业银行的存款准备金数量的变化；继而导致货币供给数量发生变化，货币供给量的变化引起市场利率发生变化，利率的变化意味着资本边际效率的提高或降低，从而导致投资发生增减变动，通过乘数效应，最终影响总支出与总收入。用符号表示为：

$R \rightarrow M \rightarrow r \rightarrow I \rightarrow E \rightarrow Y$

其中，R 表示存款准备金；M 表示货币供给量；r 表示市场利率；I 表示投资；E 表示总支出；Y 表示总收入。

货币政策作用的大小主要取决于三个因素：①取决于货币需求的利率弹性；②取决于投资支出的利率弹性，即利率降低一定量时，投资将增加若干；③取决于投资乘数，即投资增加一个特定量时总的有效需求将增加若干量。在传导机制中，利率是核心，如果货币供给量增减后不能对利率产生影响，那么货币政策失效。

总之，凯恩斯否认货币供应增加会直接引起总需求增加的观点，他还认为货币数量变动直接影响物价同比例变动只是充分就业后才能产生的一种特别情况。也就是说，如果社会处于非充分就业状态，那么货币供给量增加所带来的总需求增加会直接增加社会的产量、就业与收入，而物价上涨幅度较小。当社会已经达到充分就业状态时，生产资源与劳动力已经趋于饱和，随着总需求的增加，物价水平随之同比例上涨。

上述分析，只显示货币领域对实物领域的初始作用，而没有注意到这两个领域之间循环往复的反馈作用，因此，人们称之为局部均衡分析。凯恩斯以后的凯恩斯主义者对局部均衡进行了补充和发展，人们称之为一般均衡分析。其基本观点是：当中央银行采取放松的货币政策而致使货币供给量增加时，在总需求不变的情况下，利率会相应地下降，下降的利率会刺激投资，引起总支出与总收入相应增加。但利率下降后，降低了存款人的存款意愿，可借借贷资金减少或不变，与此同时，实物领域中由于收入的增加又提出了更多的货币需求，结果使货币需求量超过了货币供给量，造成下降的利率又重新回升，这是实物领域对金融领域的作用。接着，上升的利率又促使货币需求下降，利率再次回落，循环往复，最终达到一个均衡点。这个点同时满足了金融领域与实物领域两方面的均衡要求。

二、货币学派的传导机制理论

以弗里德曼为首的货币学派竭力反对凯恩斯学派的传导机制理论，强调货币供应量的变化并不是通过利率，而是直接影响名义国民收入。其货币政策的传递模式是：

其中，$R \rightarrow M \rightarrow B \rightarrow A \rightarrow C \rightarrow I \rightarrow Y$

R 表示存款准备金；M 表示货币供应量；B 表示商业银行的放款或投资；A 表示各种金融资产；C、I 分别表示消费品和投资品；Y 表示名义收入。

该模式的简单解释是：当中央银行采取放松的货币政策时，采用一定的政策手段，如在公开市场上购入证券，使得商业银行的准备金或名义货币供应量也随之增加。一方面，商业银行会设法降低利率，以增加放款或投资；另一方面，货币供应量增加，引起名义收入增加，而货币需求是稳定不变的人们就会调整各自的资产结构，现金余额相对减少，其他金融资产或实际资产比重增加，这个过程会引起资产价格上涨或利率下降。实际资产需求的增加和价格的上涨必然会使生产者增加生产，进而导致劳动力需求增加和工资上升，最终引起全社会总收入增加。所以，货币政策的影响主要不是通过利率间接地影响投资和收入，而是因为货币数量超过了人们需要的真实现金余额，从而直接地影响社会支出和货币收入。

货币学派在货币政策传导机制的分析中，对名义变量与实际变量加以区分，认为只有实际收入或产量的增长才能真正代表经济的增长。如果支出增加，名义收入上升，而实际收入和产量不变，那充其量也只是物价的上升而已。他们因而提出了货币政策可能在短期内影响实际变量（产量和就业），但在长期内只影响名义变量（物价和名义收入）的观点，从而把通货膨胀的原因归咎于货币供应过多。

三、货币政策传导机制的一般运转过程

（一）货币政策的一般性传导过程

货币政策的传导过程可分为经济变量传导和机构传导两种类型。货币政策的传

导，一方面是在各经济变量之间进行的，另一方面又是通过各经济部门和机构进行传导的。经济变量传导程序比较复杂，它的传导主线大致为：货币政策工具→操作目标→中介目标→最终目标；机构传导由于各个金融机构在实际运行过程中在同时期所处的主次位置不同，所以它的传导过程总体状况如下：中央银行→金融机构→企业和居民个人→国民收入。

1. 货币政策的经济变量传导

它是指从中央银行货币政策所包含的经济变量开始，通过操作目标各经济变量和中间目标各经济变量，最终到达最终目标经济变量。在货币政策的制定过程中，首先要找出货币政策的最终目标和中介目标，选择可供操作的货币政策工具。其中，最终目标、中介目标、操作目标和政策工具在其经济运行过程中相互依存、共同作用，构成完整、有机的货币政策实体。

2. 货币政策的机构传导

在货币政策的传导过程中，从货币政策工具的启用到货币政策最终目标的实现全过程都要借助于一定的传导机构行为的变化与作用来完成，主要包括中央银行、商业银行和其他金融机构、企业和居民行为。同时，形形色色的各种市场（主要是金融市场）是衔接中央银行行为、商业银行行为、企业和居民行为的媒介和导体，通过市场的作用，一方面把中央银行的货币政策意图逐级由各金融机构向企业和居民传递和渗透，另一方面将企业和居民、金融机构的承受能力等反应信息反馈到中央银行。因此，货币政策的机构传导一般过程是：中央银行在制定货币政策后，选择适当的货币政策工具并予以实施。货币政策工具作用于商业银行及非银行金融机构和金融市场这两个中间部门，对其经济行为产生影响，改变其所涉及的各种经济变量，进而影响企业和居民的行为。

3. 货币政策综合传导过程

货币政策的经济变量传导和货币政策的机构传导两个链条并不是相互独立的二次传导过程，而是一次传导过程的两个方面。经济变量传导所依附的是中央银行、金融机构和企业等机构载体，机构传导则是通过各机构的经济变量的相互联系、相互影响来实现的，两个过程综合起来，就构成了货币政策的综合传导过程。

（二）货币政策传导机制的三种传递效应

1. 利率传递效应

利率传递效应是指中央银行操纵货币政策工具进行调控时首先发生的效应。当中央银行要对货币供给进行调节时，首先要通过以下两种形式对利率进行调控：

（1）通过调整再贴现率直接影响市场利率水平。中央银行调整再贴现率会产生两方面的传递效应：一方面再贴现率的变动会使商业银行的借款成本发生变化，进而影响市场利率的升降；另一方面再贴现率的变动会直接导致同业拆借利率的波动，最后造成商业银行贷款利率和市场利率以及货币供给的变化。

（2）通过基础货币变动间接地调节市场利率。如中央银行调整法定存款准备金比率，引起商业银行超额准备的变动，进而会使货币供求的对比关系发生变化，从而导致市场利率波动。中央银行运用不同的货币政策工具对利率机制进行直接或间接地调节，通过利率机制的作用，中央银行就能够调节和约束商业银行的货币经营行为和货币供给，最终实现货币政策目标。

2. 货币乘数效应

中央银行任何货币政策措施的实施，都会导致基础货币的变化，而由基础货币到货币供给的变动主要是受货币乘数的扩张能力的制约。

在现代银行信用制度中，作为货币供给之源的基础货币，可以引出数倍于自身的货币供给量，即 $Ms=M\times B$。其中，Ms 代表货币供给；B 代表基础货币；M 为乘数。这就是货币乘数效应。在一般的经济社会中，货币的扩张过程都存在着四个方面的“漏出”，即：①法定存款准备率；②现金漏损；③定期存款比率；④超额储备率。这四个“漏出”的比率越高，货币乘数就越小；反之，货币乘数就越大。中央银行通过直接和间接的手段调控这四个“漏出”因素，使货币乘数的大小和变动符合中央银行的货币政策意图。

3. 资产结构调整效应

中央银行操作货币政策工具变量，对利率机制和货币乘数机制进行调控，以间接调控货币供给，从而货币政策传导机制完成了在金融领域的传递过程。但是，货币政策的传导并没有结束，货币供给的变动，最终会影响到币值的稳定、经济发展、就业状况以及国际收支平衡。这就是货币政策信号在实物领域中传导的基本内容。在这一过程中，我们以名义收入水平代表货币政策最终目标变量，以最终支出代表各经济主体（企业部门和个人部门）的购买和需求。这样，货币政策在实物领域的传导就可表示为：

货币供给→最终支出→名义收入→最终目标

任何货币政策的运用都必然反映在货币供给量的变动上，而货币供给变动首先会影响各经济主体的投资行为和消费行为，其表现在各经济主体对自己的资产进行调整和重新组合。各经济主体持有的资产形式一般包括货币资产、实物资产和金融资产（债券、股票等有价证券），每一种资产都有其收益率，经济主体随着货币供应量的变化而比较收益并及时调整其资产的结构。根据经济学原理，当调整到各种资产的边际收益率相等时，经济单位的总收益最大，这时达到一种均衡状态。而资产组合的调整过程将影响经济总量目标。

假设最初各种资产组合处于均衡状态，即各种资产给持有者带来相等的边际效用时，若中央银行调整货币政策增加货币供应量，从而导致货币供应大于货币需求，货币的边际收益率下降，资产结构的均衡遭到破坏。为恢复等量的边际收益率，各经济主体就会重新调整其资产结构。他们首先会将多余的货币用于购买价格尚未上涨、收益率尚未下降的债券资产，结果使债券的价格提高、收益率下降。这样人们又转向购买收益率相对较高的股票所有权资产，于是股票需求将增加，股票价格上涨、收益水平会降低。最后人们逐渐转向厂房、设备、消费品等实物资产，并促使实物资产的价格普遍上涨，这时进行实际投资，扩大生产则有利可图。投资增加，使就业量也增加，经由乘数作用使总收入增加，而总收入增加，又使货币需求增加，结果就会消除货币的超额供给，并使整个社会的资产结构逐步趋向新的平衡。

可见，货币供给通过资产结构失衡和不断调整、选择机制实现了社会总支出的扩张。这种由于货币供应量的变化使社会公众对资产的组合进行调整，以收益高的资产代替收益低的资产，而引起的收入变化的过程，就是资产结构调整效应，有时又叫作资产替代效应。

第四节　货币政策效应

货币政策效应（Efficiency of Monetary Policy）是指货币政策操作通过货币政策的传导机制作用于总支出，最后实现最终目标所取得的效果。西方对货币政策效应的理论探讨主要是看货币政策能否影响产出，也就是货币是否中性的问题。衡量货币政策效应，一是看效应发挥的快慢；二是看发挥效力的大小。由于影响货币政策效应的因素很多，所以，孤立地判断某一货币政策的效应几乎不可能，而必须通过分析较长时期的时间序列数据，才能得出货币政策是否有效的总体判断。

一、西方对货币政策总体效应理论评价的演变

西方古典经济学通过价格、工资及利率具有完全的伸缩性等一系列理想化假设，推导出完全竞争的市场经济能通过经济当事人的最优选择行为迅速地自行调整到充分就业均衡状态的结论。货币被认为只是一层面纱，在经济中仅仅发挥交易媒介的功能，在宏观上只是起着决定价格水平的作用。货币供应量的增加对实际产出等实际经济变量没有影响，其唯一的结果是导致价格上涨。这种货币中性论意味着货币政策完全无效。

20 世纪 30 年代的美国大萧条，从实践上否定了古典经济学的理论假说以后，凯恩斯根据边际消费倾向递减、投资内涵收益率的不确定性和流动性偏好三大假说提出有效需求不足理论。他认为，有效需求不足必须由国家干预经济生活予以补足。理论上，国家干预可以采用财政政策，也可以采用货币政策。就货币政策而言，增加货币供应量在一定条件下能降低利率，从而扩大投资，进一步通过乘数作用提高总支出水平。但是，货币政策可能受到流动性陷阱的制约。当经济极度萧条时，利率已经降到极限，增加货币供给并不能继续降低利率，也就不能扩大投资和总支出。据此，凯恩斯为货币政策的有效性做出了理论说明。

凯恩斯主义在第二次世界大战后有了进一步的发展。新古典综合派将产出与通货膨胀具有替代关系的菲利普斯曲线吸收进来，丰富了凯恩斯主义的总供给理论，说明货币政策能通过工资—价格机制作用于总支出，通货膨胀降低必然导致产出下降，增加产出必然以通货膨胀率上升为代价。

到了20世纪70年代，新古典综合派，因为无法解释“滞胀”局面，即通货膨胀与经济停滞和失业问题并存，而受到货币学派的强烈攻击。以弗里德曼为代表的货币学派根据对历史数据的分析，说明货币供应量的变化对产出有显著的影响，货币供应量的变化是经济波动的根源，得出“货币量重要”的结论；又依据自然失业率假说提出附加预期的菲利普斯曲线，并根据稳定的货币需求函数和广泛的货币政策传导机制，从理论上说明货币政策长期无效，从而得出货币短期非中性和货币长期中性的结论。货币学派认为凯恩斯学派推崇的国家干预阻碍了市场自我调节机制作用的发挥，从而促成经济紊乱。从货币政策来说，凯恩斯学派主张实施“逆风向”调节的相机抉择的方针：经济过热，相机采取紧缩措施；反之，则采取扩张措施。货币学派认为，相机调节货币供给的金融政策，由于要在长期时滞之后才能生效，而在这段时滞当中，各种影响经济波动的因素都可能发生变化，这就要求货币当局密切监视各种可能导致经济波动的因素，并及时做出准确的政策反应，货币学派认为，这种要求是货币当局无法达到的，只要货币当局的预测不够精确，政策操作不够及时、不够灵活、不够准确，多变的货币政策只会加剧经济的波动。他们论证，货币需求函数的变动从长期看是相当稳定的，因而他们的货币政策主张是保持货币供给按照“规则”增长。

随后，理性预期学派完善了货币政策无效说的理论基础。以卢卡斯等人为代表的理性预期学派号召“建立宏观经济模型的微观基础”，重新确认西方古典经济学关于经济生活中的主体是“理性人”的假设。所谓理性人，是指经济主体都会尽力收集有关信息，进行合理的预测，并按效用最大化和利润最大化的原则做出决策。模型依据不完全信息假设，建立了完全竞争市场经济的卢卡斯供给曲线，以不完全信息为基础调和了货币短期非中性和货币长期中性的难题。具体而言，在短期内，厂商的价格信息和货币供应量信息不充分，当货币当局增加货币供应量时，厂商可能把总体价格上涨带动的自身产品价格上涨误认为市场对自身产品需求的增加，从而增加产出；但是，厂商是理性的，不可能总是犯错误，理性的厂商在学习过程中会不断修正对货币供应和相对价格的错误预期，并不断调整产出。长期来看，实际产出将位于潜在产出的均衡水平。理性预期模型的政策涵义是，被预期到的货币政策无效，只有超出微观主体预料之外的货币政策才会影响实际产出。虽然当货币当局的实际操作结果大于微观主体的预期时，产出的反应与货币当局的意图是一致的，但如果货币当局的实际操作结果小于微观主体的预期，即“预期过度”，则将产生与政策意图相反的结果。因此，如果货币当局企图依据这种操作思路实施货币政策，必须能准确地把握公众的预期程度，不断地制造超过微观主体预期程度的意外，才能保证货币政策产生合意的结果。但事实上，货币当局可能难于把握公众的预期，在这种情况下，相机抉择的货币政策只会增加宏观经济运行的“噪声”，给微观主体带来更多的不稳定性，从而加剧经济波动。要消除这种经济波动的根源，货币当局必须不折不扣地依规则行使货币政策，建立货币当局的威信，提高公众对其的信任程度，以稳定公众的预期。理性预期理论的深刻涵义将货币学派“按规则行事”

的政策主张推进了一大步。

20世纪80年代初产生的实际经济周期模型（Real Business Cycle Models）更是把货币政策无效说推到极致。一般的实际经济周期模型，除了采用所有市场都是出清的、价格灵活变动、信息完全充分、理性经济人（家庭或厂商）、根据效用最大化原则进行决策等古典假设以外，还假设生产函数受到随机的技术冲击，强调供给冲击对经济增长和波动的影响，将经济增长和经济短期波动理论结合起来，把产出波动完全归之于技术冲击等实际供给因素，经济周期的调节则通过劳动者提供劳动的高度跨期替代弹性自行调整，货币不影响产出或其他真实经济变量。根据实际经济周期模型，货币政策不仅无效，而且根本就是可有可无，因为产出波动被认为是实际经济周期波动的结果，纯粹与货币无关。

货币政策无效说指出了政策操作的难点，但实际经济生活中无论如何不能没有政府宏观经济政策的适时和适度调控。为了宏观政策的适度干预提供理论基础，20世纪70年代末80年代初逐步发展起来的新凯恩斯主义者采取了较为折中的立场，他们同意货币政策有时滞，也同意公众的预期对宏观政策有着重要影响，但是他们不同意价格变量是完全弹性的。他们认为市场是不完全的，这种不完全性可以表现在许多方面，除了卢卡斯提出的宏观信息不完全之外，商品市场、劳动市场和信贷市场都可能存在信息不对称，而且各种市场可能都存在不同程度的不完全竞争或者垄断等。商品市场、劳动市场和信贷市场的各种不完全性可能导致工资、价格和利率等变量在短期内具有一定的刚性，货币扰动借助这些微弱的刚性，通过特殊的传导机制被放大，就能影响实际经济变量的变化，从而得出货币政策有效的命题（比如在货币政策传导机制一节中介绍的信用传导就是一例）。因为新凯恩斯主义者认为，市场的不完全性在长期内可以得到修补，所以所有的价格变量在长期中都具有伸缩性，因而也同意货币长期中性的观点，即货币政策长期无效。据此，新凯恩斯主义者的政策涵义是，预料之中的货币政策也有效，但其效应比预料之外的货币政策小。虽然新凯恩斯模型否定了被预期到的货币政策无效的观点，不排除相机抉择货币政策可能产生有益的稳定作用，但是，这种政策同样受到预期因素的影响，如果货币当局不能准确地把握公众的预期，货币政策仍然可能产生负面影响，增加经济的不稳定性。

自由资本主义时期的货币政策要求创造稳定的金融环境，以保证市场机制发挥作用；凯恩斯主义的货币政策要求，主动通过金融工具逆风向地调节有效需求，认为在与其他政策配合下可以克服经济波动；现代批判凯恩斯主义的各流派，则是在凯恩斯主义政策虽曾一度取得某种成功但也同样陷入困境的背景下，反对相机抉择的政策，主张货币政策按规则行事，并相信只有依靠市场机制才能走出困境；新凯恩斯主义者从一定程度上挽救了政府适度干预的论点，但货币政策操作可能产生的反作用一直是关注的焦点。这个反复可以提示我们正确地估量货币政策总体效应的复杂性。

二、影响货币政策效应的主要因素

（一）货币政策时滞

货币政策时滞是指货币政策工具操作经由操作目标和远期中介目标的传导，作用于总支出，达到最终目标的这段时间。时滞分为内部时滞和外部时滞。

1. 内部时滞

内部时滞是指从政策制定到货币当局采取行动这段时间。它包括两个阶段：①认识时滞，从经济形势发生变化需要货币当局采取行动到货币当局认识到这种需要的时间距离；②行动时滞，从货币当局认识到需要采取行动到实际采取行动这段时间。显然，内部时滞的长短取决于货币当局对经济形势发展的预见能力、制定对策的效率和行动的决心等诸方面。

2. 外部时滞

外部时滞是指从货币当局采取行动开始直到对政策目标产生影响为止的这段时间，又称为影响时滞。不论是货币供应量还是利率，它们的变动都不会立即影响到政策目标。比如企业是扩大还是缩减投资，要决策，要制订计划，然后付诸实施。因此，外部时滞主要由客观的经济和金融条件决定。

时滞是影响货币政策效应的重要因素。时滞越长，货币政策的效果越难预料。假定政策的大部分效应需要较长的时间，在这段时间内，经济形势可能已经发生了很多变化，此时很难证明货币政策的预期效应是否已实现。

（二）货币流通速度的影响

对货币政策有效性的另一主要限制因素是货币流通速度。假设按照货币当局的预期，GNP 将增长 15%；根据以前年份有关数据的实证分析，只要包括货币流通速度在内的其他条件不变，货币供给的等比增加即可满足 GNP 增长对货币的追加需求。但如果货币流通速度在预测的期间加快了 10%，不考虑其他条件的变化，货币供给则只需增加较少的比例就足够了。如果货币当局没能预见到货币流通速度的这种变化，而是按原来的流通速度进行决策，增加货币供给 15%，那么新增的货币供给量则必将成为助长经济过热的因素。所以，对于货币流通速度一个相当小的变动，如果政策制定者未能预料到或预计出现小的偏差，都可能使货币政策效果受到严重影响，甚至有可能使本来正确的政策走向反面。

然而，在实践中，对货币流通速度变动的估算，很难做到不发生误差，因为影响它发生变动的因素太多。这当然也就限制了货币政策的有效性。

（三）微观主体预期的对消作用

对货币政策有效性产生影响的另一个重要因素是微观主体的预期。一项货币政策的提出，往往会使各种微观经济主体根据预测货币政策的后果从而很快地做出对策，这其中极少有时滞。卢卡斯提出的理性预期理论说明，如果货币当局的政策被微观经济主体完全预期到，货币政策可能归于无效。例如，政府拟采取长期的扩张政策，人们通过各种信息预期到社会总需求会增加，物价会上涨。在这种情况下，工人会通过工会与雇主谈判，要求提高工资；企业预期工资成本增大而不愿扩展经营，最后的结果是只有物价的上涨而没有产出的增长。根据理性预期理论，只有在货币政策的取向和力度没有或没有完全为公众知道的情况下，才能生效或达到预期效果。但是，这种可能性不大。货币当局不可能长期不让社会知道它将要采取的政策；即使采取非常规的货币政策，不久之后也会露在人们的预期之内。假如货币当局长期采取非常规的货币政策，就将导致微观经济主体做出错误判断，并会使经济陷入混乱之中。但实际的情况是，公众的预测即使是非常准确的，实施对策即使很快，其效应的发挥也要有个过程。也就是说，货币政策仍可奏效，但公众的预期行为会使其效应打很大的折扣。

（四）其他经济、政治因素的影响

一方面，经济结构差异也会影响货币政策的效果。经济结构差异包含宏观层面上产业结构在利率敏感度上的差异，也包含微观层面上企业规模的差异。因为宏观结构与微观结构的差异化，真实经济部门对于货币政策吸收存在不充分性，从宏观结构上看，不同的实体部门构成对货币政策的敏感程度不同，货币政策敏感部门在不同区域所占的份额不同，这会引起对于统一货币政策的不同区域反应。比如，制造业、建筑业等对利率较敏感的行业占比更高的区域受到紧缩作用可能更大。从微观结构上看，一个紧缩性货币政策降低了资本金和实物资产的价格，通过收入效应增加了负债者的收入，减少了那些债权人的收入，从而影响居民的消费行为。

另一方面，政治因素对货币政策效果的影响也是巨大的。由于任何一项货币政策方案的贯彻都可能给不同阶层、集团、部门或地方的利益带来一定的影响，这些主体如果在自己利益受损时做出较强烈的反应，就会形成一定的政治压力。当这些压力足够有力时，就会迫使货币政策进行调整。在西方国家，突出的表现是“政治性经济周期”对货币政策的影响。为了获得选票，执政党在大选之前力图刺激经济，以促进经济高增长和低失业，新政府则一般在大选后采取收缩政策，使国民经济平稳下来，由于政府与中央银行的目标存在矛盾，所以，货币政策的效应必然受政治性经济周期的影响。在发展中国家，突出表现为政府追求高增长目标对货币政策的影响。发展中国家财政收入状况不好，资金短缺，在高增长目标的推动下，政府往往通过各种方式，公开或隐蔽地从中央银行融资，给中央银行控制通货膨胀带来极大的压力，有时候还可能导致通货膨胀失去控制。

三、货币政策效应的衡量

衡量货币政策效应，一是看效应发挥的快慢，前面关于时滞的分析已经涉及。二是看发挥效力的大小，这或许是更主要的方面。

对货币政策数量效应大小的判断，一般着眼于实施的货币政策所取得的效果与预期所要达到的目标之间的差距。以评估紧缩政策为例，如果通货膨胀是由社会总需求大于社会总供给造成的，而货币政策正是以纠正供求失衡为目标，那么这项紧缩性货币政策效应的大小甚至于是否有效，就可以从这样几个方面考察：

(1) 如果通过货币政策的实施，紧缩了货币供给，并从而平抑了价格水平的上涨，或者促使价格水平回落，同时又不影响产出或供给的增长率，那么可以说这项紧缩性货币政策的有效性最大。

(2) 如果通过货币供应量的紧缩，在平抑价格水平上涨或促使价格水平回落的同时，也抑制了产出数量的增长，那么货币紧缩政策有效性的大小则要视价格水平变动率与产出变动率的对比而定。若产出数量虽有减少，但减少规模还不算大，而抑制价格水平的目标接近实现，可视为货币紧缩政策的有效性较大；若产出量的减少非常明显，而价格水平目标的实现并不理想、货币紧缩的有效性就较小。

(3) 如果货币紧缩政策无力平抑价格上涨或促使价格回落，却抑制了产出的增长甚至使产出的增长为负，则可以说货币紧缩政策是无效的。

当然，衡量其他类型的货币政策效应，也可采用类似的思路。由于货币政策存在时滞，而且在现实生活中，宏观经济目标的实现往往有赖于多种政策如收入政策、价格政策等的配套进行，因此，要准确地评估某一项货币政策操作的效应极其困难。

第五节　货币政策与财政政策的配合

货币政策与财政政策的配合，历来是宏观经济政策中最为核心的内容，这是因为货币政策和财政政策都是直接作用于经济运行中的。所有的宏观经济学家和经济学流派，可能不一定研究和说明货币政策与其他经济政策的配合，但一般会对其与财政政策的配合问题做出说明和交代。

一、货币政策与财政政策的关系

研究财政政策与货币政策的最佳配合问题，首先要求理清这两大政策的关系。

(一) 货币政策与财政政策的共性表现

(1) 货币政策与财政政策作用于同一个经济范围，即本国的宏观经济方面。

(2) 货币政策与财政政策均由国家制定，即出自于一个决策者。

(3) 货币政策与财政政策的最终目标是一致的。都是通过自己的政策工具和传导机制影响社会总需求，从而影响整个社会的产出水平。

(4) 货币政策与财政政策都是国家重要的宏观调控经济的工具。可以说，无论在计划经济体制下还是在市场经济体制下，货币政策与财政政策都应是国家宏观调控经济的重要工具，只不过在计划经济体制下，国家更重视计划和财政作用，更愿使用行政手段来调控经济，而忽视货币政策及以经济手段调控经济的重要作用。

(二) 货币政策与财政政策的区别

(1) 政策的实施者不同。财政政策是由政府财政部门具体实施，而货币政策则由中央银行具体实施。尽管某些西方国家的中央银行在名义上归属于财政部领导，但其中绝大多数在实施货币政策方面由中央银行独立操作。

（2）作用过程不同。财政政策的直接对象是国民收入再分配过程，以改变国民收入再分配的数量和结构为初步目标，进而影响整个社会经济生活；货币政策的直接对象是货币运动过程，以调控货币供给的结构和数量为初步目标，进而影响整个社会经济生活。

（3）政策工具不同。财政政策所使用的工具一般与政府的收支活动相关，主要是税收和政府支出及转移性支付等，货币政策使用的工具通常与中央银行的货币管理业务活动相关，主要是存款准备率、再贴现率或中央银行贷款利率、公开市场业务等。

二、货币政策与财政政策配合的必要性

从上面分析可知，货币政策与财政政策出自于同一决策者却由不同机构具体实施；要达到统一目标却又经过不同的作用过程；作用于同一个经济范围却又使用不同的政策工具。两者的共性决定了他们之间必须密切配合的客观要求。但他们又是独立而有区别的，所产生的效应是相互交叉的且存在着作用机制复合的可能性。而两者的协调与配合，就寓于两大政策的复合效应之中。

一般来说，财政政策的直接对象是国民收入再分配过程，以改变国民收入再分配的数量和结构为初步目标，进而影响整个社会经济生活，适用于公共性和难以取得直接回报的项目。货币政策的直接对象是货币运动过程，以调控货币供给的结构和数量为初步目标，进而影响整个社会经济生活。货币政策需要通过商业银行以及整个金融体系作用于社会，适用于那些在比较短时间内能够得到直接回报的项目，所以两者只有紧密配合，才能扬长避短，共同促进经济全面协调、稳定发展。

三、货币政策与财政政策的配合

（一）货币政策与财政政策主辅关系的确立

研究货币政策与财政政策的配合问题，首先要解决的是两种政策之间主辅关系的如何确立的问题。众所周知，在经济学流派中，在相当长的一个时期里，凯恩斯学派一直强调财政政策重要而货币政策不重要；货币学派则相反，认为货币政策重要而财政政策并不重要，随着各自理论的发展，两大学派在这个问题上彼此针锋相对的争论逐步减弱，但理论本身对于两者地位轻重的基本判断还是没有改变。从政府的角度来说，不同的政府在偏重货币政策与偏重财政政策上，还有很大的差别。不过作为政府，也不再完全依靠单一的货币政策或财政政策，而是在强调某一方面政策的同时，充分考虑另一方面政策的配合。

（二）特定经济运行状况的要求

货币政策和财政政策两者在一定时期如何配合还取决于一定时期的经济形势，而经济形势不外是社会总供给与总需求的关系状况和产业、产品结构的平衡情况。

这两种关系状况：总量和结构关系状况，一般情况下并不特殊地要求，一定以哪项政策为主来对其失衡进行调节和矫正。这里，问题的关键是这种失衡产生的具体原因及货币政策和财政政策可能被运用的程度，这是决定两种政策之间主辅调节关系的一个基本因素。在总量失衡的条件下，如果是总需求过度膨胀，那么，首先要了解的问题是：这种膨胀是怎么造成的？谁在总需求膨胀中扮演主要角色？对这种原因及推动因素分析准确了，问题的症结就找到了，下一问题就是以哪一项政策为主来矫正失衡，抑制总需求过度膨胀就是自不待言的了。例如，我国1984年第四季度银行信贷的失控，立即导致了社会总需求的过度扩张，既然银行信贷是总量失衡的根源，那么，只要抽紧银根就可以使这种总需求膨胀导致总量失衡的状况得到解决。但假如情况不是这样，而是总量失衡并不明显，产业产品结构上却存在着严重的不平衡状况。具体举例来说，假定一时期内的基本建设投资增长过快，而这种投资又主要是由预算内投资构成的，那么显然，如果靠货币政策来控制这种局势的发展就有些力不从心。只有用削减预算中的基建投资支出和调整预算支出结构的办法才能有效地解决这种投资结构失衡的问题。也就是说，应以财政政策作为主要的调节手段。

（三）货币政策与财政政策的配合模式

货币政策和财政政策的配合还有一个需考察的问题就是两种政策的配合模式问题。从逻辑上看，财政政策与货币政策有四种配合模式：①紧缩的财政政策与紧缩的货币政策的配合，即通常所说的“双紧”政策；②宽松的财政政策与宽松的货币政策的配合，即通常所说的“双松”效果；③紧缩的财政政策与宽松的货币政策的配合，即通常所说的“紧财政、松货币”政策；④宽松的财政政策与紧缩的货币政策的配合，即通常所说的“松财政、紧货币”政策。

两种政策间的双紧或双松的配合形式，一般来说，只在社会总需求过度膨胀或极度疲软的情况下才采用。在并未出现社会总需求过度膨胀或极度疲软时，虽然能够起到迅速提高总支出水平、扩张生产规模的作用，但往往要引发通货膨胀。采取双紧政策搭配，虽然可以有效地制止通货膨胀，但很容易引起生产停滞或经济衰退。这种双紧或双松的政策搭配对经济产生副作用的经验教训，无论在西方国家还是在我国，都是出现过的。国内外的实例都说明，双紧或双松的政策搭配一般情况下应避免采用，如采用了也应注意这种政策搭配实施的时间不能太长。在货币政策和财政政策间，采取一松一紧的搭配形式，是当一定时期内的社会总需求水平偏高，就可根据货币政策或财政政策工具变量与调节目标的密切联系程度选择政策手段，以这一手段为主，采取紧缩的调节措施，而另一辅助政策手段采取适度放松的调节方法，以使主要政策措施“软着陆”，避免造成较大的经济震荡。

（四）配合手段

货币政策和财政政策之间配合应解决的另一个问题是配合手段问题。从财政政策说，它发挥作用的形式主要是税率变动和支出的扩张或削减，这两种方法实际都是以强制为基础的。但税率的升降或税种的增减手段对经济的影响有时比财政支出结构或总量的变动手段对经济的影响要间接一些。而货币政策发挥作用的形式则比较多，它既可以通过行政的、计划的直接强制手段来发挥作用，也可以通过经济的、间接的利益调节手段发挥作用。比如说，信贷规模管理及存款准备金的变动等手段就是较为直接的、强制性的控制手段，而再贷款利率和买卖政府债券的办法就是一种间接的控制手段。

一般情况下，采用直接的、强制的、行政的手段对经济控制容易收到立竿见影的效果，在较为紧急和严重的经济形势下，采取这类措施是十分必要的。只是用过于强烈的行政和强制办法搞“紧急刹车”或急剧扩张容易产生一些副作用，即由经济运行的惯性效应决定，在“紧急刹车”时容易在总需求增长受到控制的同时引起再生产的萎缩。而经济的、间接的，即通过对微观经济主体的经济利益进行宏观经济调节的办法，其对最终目标变量的影响时滞固然比直接的、行政的手段要长，但其负效应也较小。因此，采取间接的、经济的办法对经济总量和结构的失衡进行调节，可以避免因减少经济政策而可能给经济运行带来的振荡性影响，达到所谓“软着陆”的目的。

从这些手段发挥作用的特性来说，在货币政策和财政政策配合时，似乎应该尽量做到一方直接的、行政的手段与另一方间接的、经济的手段交错运用，这样才能收到既缩短单一政策时滞，又能减少同向同性手段调节可能对经济造成的震荡性影响。

无论是货币政策措施还是财政政策措施，它们对于总支出、产量和物价发挥影响总要有一定的传导时滞。在相同的经济条件下，这两种政策工具变量的时滞长短如果有区别，时滞较短的就可以称为快变量，时滞较长的则称为慢变量，快慢变量之间只有恰当地进行配合，才能收到理想的经济调节效果。如果快慢变量之间配合不当，就可能影响货币政策和财政政策的配合效果，有时还可能带来相反的经济调节作用。

本章小结

1. 货币政策是指中央银行为实现其特定的经济目标，所采用的各种控制和调节货币供应量或信用量的方针和措施的总称。它是包含着政策目标、达到目标的措施、运行机制、效果衡量等一系列内容在内的一个广泛的概念。

2. 货币政策划分为两个不同的目标层次，即最终目标和中介目标。一般认为，货币政策的最终目标包括物价稳定、充分就业、经济增长和国际收支平衡。作为货币政策的中介目标必须具备三个条件，即可测性、可控性及与最终目标的相关性这“三性”原则。可以作为货币政策中介目标的金融变量主要有三种，即利率、货币供给量和存款准备金。

3. 货币政策工具可分为一般性政策工具、选择性政策工具和其他补充性政策工具三类。一般性货币政策工具主要包括：法定存款准备金政策、再贴现机制和公开市场业务。选择性货币政策工具和其他货币政策工具是中央银行针对个别部门、企业、领域或特殊用途的信用而采用的政策工具。它们主要包括证券市场信用控制、消费信贷控制、不动产信用控制、直接信用控制和间接信用控制等。

4. 关于货币政策的传导机制，西方经济学界存在凯恩斯学派和货币学派两种主要理论。凯恩斯学派认为，货币政策的传导是在两个领域中进行的，即金融领域和实物领域。其传导过程共经历三个阶段。货币政策传导机制有利率、货币乘数和资产结构三种传递效应。

5. 西方对货币政策效应的理论探讨主要是看货币政策能否影响产出，也就是货币是否中性的问题。衡量货币政策效应，一是看效应发挥的快慢；二是看效力发挥的大小。由于影响货币政策效应的因素很多，所以，孤立地判断某一货币政策的效应几乎不可能，而必须通过分析较长时期的时间序列数据，才能得出货币政策是否有效的总体判断。

6. 财政政策与货币政策既有共性又有区别。货币政策与财政政策出自于同一决策者却由不同机构具体实施；要达到统一目标却又经过不同的作用过程；作用于同一个经济范围却又使用不同的政策工具。两者的共性决定了他们之间必须密切配合的客观要求。财政政策与货币政策的配合主要包括主辅关系确立、配合模式与配合手段等内容。

重要概念

货币政策　物价稳定　充分就业　经济增长　国际收支平衡
法定存款准备金政策　再贴现机制　公开市场业务
货币政策传导机制　货币政策效应　货币政策时滞

进一步阅读推荐

[1] 卡尔·E. 瓦什. 货币理论与政策 [M]. 王芳，等，译. 北京：中国人民大学出版社，2001.

[2] 米什金. 货币金融学 [M]. 刘毅，等，译. 北京：中国人民大学出版社，2006.

[3] 迪恩·克罗绍. 货币银行学 [M]. 吕随启，译. 北京：中国市场出版社，2008.

[4] 迈克尔·G. 哈吉米可拉齐斯，卡马·G. 哈吉米可拉齐斯. 货币银行与金融市场 [M]. 聂丹，译. 上海：上海人民出版社，2003.

[5] 胡海鸥. 货币理论与货币政策 [M]. 上海：复旦大学出版社，2004.

复习讨论题

1. 单项选择题

(1) 货币政策诸目标之间呈一致性关系的是（　　）。

A. 物价稳定与经济增长　　B. 经济增长与充分就业

C. 充分就业与国际收支平衡　　D. 物价稳定与充分就业

(2) 凯恩斯认为在货币政策的传递过程中，主要环节和核心是（　　）。

A. 准备金　　B　B. 利率　　C. 货币供应量　　D. 投资

(3) 货币学派认为（　　）在货币政策传导机制中起决定性作用。

A. 货币供应量　　B. 投资　　C. 利率　　D. 支出

(4) 作为中介目标的金融指标必须与最终目标密切相关，是指中介目标的选择应具有（　　）。

A. 相容性　　B. 可控性　　C. 相关性　　D. 准确性

(5) 属于货币政策远期中介指标的是（　　）。

A. 法定存款准备金　　B. 超额准备金

C. 基础货币　　D. 利率

(6) 中央银行降低法定存款准备金率时，商业银行（　　）。

A. 可贷资金量减少　　B. 可贷资金量增加

C. 可贷资金量不受影响　　D. 可贷资金量不确定

(7) 一般来说，中央银行提高再贴现率时，会使商业银行（　　）。

A. 提高贷款利率　　B. 降低贷款利率

C. 贷款利率升降不确定　　D. 贷款利率不受影响

(8) 下列属于紧缩性货币政策的是（　　）。

A. 降低法定存款准备金率　　B. 降低再贴现率

C. 加强公开市场业务　　D. 扩大消费者信用

(9) 货币政策具有一定的时滞性，其中（　　）是由客观的经济和金融条件决定的。

A. 内部时滞　　B. 认识时滞　　C. 行动时滞　　D. 外部时滞

(10) 降低税率属于（　　）。

A. 宽松的货币政策　　B. 紧缩的货币政策

C. 宽松的财政政策　　D. 紧缩的财政政策

2. 多项选择题

(1) 货币政策一般包括（　　　）。

A. 政策目标　　B. 实现目标所选用政策工具

C. 货币政策传导机制　　D. 具体执行所达到的效果

E. 货币政策中介指标

(2) 货币政策的目标包括（　　）。

A. 物价稳定　　B. 充分就业

C. 经济增长　　D. 实现货币供求均衡

E. 国际收支平衡

(3) 凯恩斯认为货币政策作用的大小主要取决于以下（　　）因素。

A. 货币政策的准确性　　B. 投资支出的利率弹性

C. 货币乘数的大小　　D. 商品市场对货币市场的影响程度

E. 货币需求的利率弹性

(4) 存款准备金政策作为一种货币政策工具有一定的局限性，主要表现为（　　）。

A. 中央银行在使用这一工具时处于被动地位

B. 对存款货币银行产生的影响不平等

C. 法定存款准备金率的提高，可能使商业银行资金严重周转不良

D. 缺乏弹性，存款准备金率的轻微变动，就有可能带来经济的强烈震荡

E. 技术性较强，难以把握

(5) 下列关于再贴现政策说法正确的有（　　）

A. 通过再贴现率的调整，影响商业银行的准备金及社会的资金供求

B. 规定向中央银行申请再贴现的资格，影响商业银行及全社会的资金投向

C. 对货币供应量有极强的影响力，速度快，效果明显

D. 有一定的"告示效应"，给社会提供货币政策信息

E. 对经济的影响比较缓和，有利于一国经济的稳定

(6) 公开市场业务有以下（　　）重要的优点。

A. 能较明显的体现中央银行的政策意图

B. 中央银行能掌握公开市场业务的主动权

C. 公开市场业务有很大的灵活性

D. 公开市场业务具有极强的可逆转性

E. 公开市场业务可以迅速操作

(7) 选择货币政策中介指标时所必须依据的标准是什么（　　）

A. 可测性　　B. 可控性　　C. 相关性　　D. 准确性

E. 相容性

(8) 下列属于直接信用控制的有（　　）

A. 利率最高限额　　B. 信用配给

C. 信贷规模控制　　D. 窗口指导

E. 流动性资产比率

(9) 中央银行要实现"松"的货币政策可采取的措施有（　　）

A. 提高法定存款准备金率　　B. 降低再贴现率

C. 提高证券保证金比率　　　　D. 在公开市场上购买有价证券

E. 放松对消费信用的控制

(10) 货币政策和财政政策的区别主要表现在（　　）

A. 政策的实施者不同　　　　B. 两大政策作用于不同的经济范围

C. 两大政策所采用的政策工具不同　　　　D. 两大政策的可控性不同

E. 两者发挥作用的过程不同

3. 问答题

(1) 简述凯恩斯学派与货币学派在货币政策传导机制理论上的分歧。

(2) 什么是货币政策中介指标？主要包括哪几项？

(3) 简述存款准备金政策的优缺点。

(4) 简述再贴现政策及其传导机制

(5) 简述公开市场业务的涵义与特点。

(6) 选择性政策工具主要包括哪些内容？

4. 论述题

(1) 中央银行的一般性货币政策工具有哪几种？它们分别是如何发挥作用的？各自的优缺点分别是什么？

(2) 试述货币政策和财政政策配合的必要性，并联系实际分析如何实现更有效的配合。

(3) 试述货币政策目标的内容？如何协调货币政策目标之间的相互关系。

(4) 试述影响中央银行货币政策效应的主要因素。

第四篇 货币、金融与经济篇

第十三章 金融发展与经济增长

学习目的

通过本章学习，你应该能够：

(1) 掌握金融抑制概念及原因；

(2) 掌握金融深化的概念及其对经济的影响；

(3) 掌握金融发展的概念及其与经济间的关系。

金融发展（Financial Development）与经济增长之间存在着怎样的关系？西方金融理论在发展中国家是否同样适用呢？围绕金融发展与经济增长这一命题的研究，形成了流派繁多的金融理论。众多西方金融理论主要是以发达国家的金融为研究对象，它们的市场机制比较完善，金融体系配套相对合理，因此侧重于货币政策机制研究，为发达国家根据不同经济、金融环境制定货币政策提供理论指导，以保持经济的稳定协调增长。由于发展中国家市场机制不健全，金融体系不完善，导致货币政策传导机制发生扭曲，金融政策无法有效发挥作用。尤其是从 20 世纪五六十年代开始，发展中同家普遍实行金融抑制政策，通过利率和信贷管制等形式分配信贷资源，尽管在一定时期内与外延式经济增长要求相适应。但从经济可持续发展的观点考察，它降低了资金配置效率和资金动员能力，抑制了经济增长。发展中国家金融发展面临的困境迫切需要金融发展理论的指导。

第一节　金融抑制与金融深化

发展中国家金融发展的特殊性吸引了一大批经济学家以发展中国家金融体系为对象展开研究，并逐渐形成了金融发展理论流派，其中尤其以罗纳德·L. 麦金农和爱德华·S. 肖提出的金融深化理论最具影响力，标志着金融发展理论体系的确立和日益成熟。在金融发展理论的影响下，发展中国家从 20 世纪 80 年代开始了以放松金融管制为目标的金融深化改革。在 80 年代的金融深化阶段，一些发展中国家的金融改革取得了一定成绩，成功地推动了经济增长，提高了金融体系的运作效率。

一、金融抑制（Financial Repression）

第二次世界大战后，一大批国家经过长期的艰苦抗争，获得了政治上的独立。对这些发展中国家而言，当务之急是摆脱极端贫穷落后的社会面貌。然而，基础如此薄弱的经济体要迅速起飞并非易事。在当时特定的历史背景下，发展中国家积极实施经济赶超战略，强调政府对经济干预的作用，为此以“非经济”手段实施了一系列宏观经济政策来使资源配置满足经济赶超战略的需要，金融政策自然是其中的重要部分。

（一）金融抑制的定义

金融抑制是指发展中国家存在的市场机制作用没有得到充分发挥、金融资产单调、金融机构形式单一、过多的金融管制和金融效率低下等现象。

金融抑制论认为，广泛存在于发展中国家的金融抑制是导致发展中国家资本稀缺、投资效率低下最终阻碍经济发展的重要成因，而解除金融抑制是广大发展中国家打破贫困恶性循环的重要途径。他们分析，与发达国家相比，发展中国家的金融体制显得很落后。从金融结构的角度来考察，金融抑制主要表现在这样一些方面：

（1）发展中国家的金融工具形式单一，规模有限。而发达国家的金融工具多种多样，规模庞大。

（2）发展中国家的金融体系存在着明显的“二元结构”：一是以大城市和经济发达地区为中心的以现代大银行为代表的现代部门；二是以落后的农村为中心的由钱庄、当铺、合会为代表的传统部门。

（3）发展中国家金融机构单一，商业银行在金融活动中居于绝对的主导地位，非银行金融机构则极不发达；金融机构的专业化程度低，金融效率低。而发达国家的金融机构体系却功能全面。

（4）发展中国家的直接融资市场极其落后，并且主要是作为政府融资的工具而存在；企业的资金来源主要靠自我积累和银行贷款。

（5）由于发展中国家实行严格的管制，致使金融资产价格严重扭曲，无法准确反映资源的相对稀缺性。具体表现是压低实际利率，高估本国货币的币值。

(二) 金融抑制的原因

肖认为，造成发展中国家金融抑制的根本原因在于制度上的缺陷和当局政策上的错误，特别是政府对利率的强制规定，使其低于市场均衡水平，同时又未能有效控制通货膨胀（有时采用扩张性货币政策，人为制造通货膨胀），使实际利率变为负数。于是，一方面政府无法充分动员社会资金；另一方面过低的贷款利率或负利率刺激了对有限资金的需求，政府依靠配给造成了资金使用的低效率。肖通过几何模型来说明金融压抑的影响（见图 13-1）。

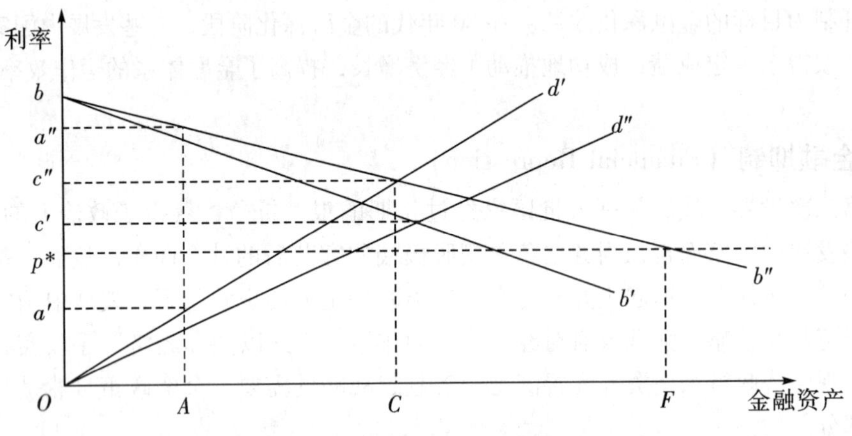

图 13-1　金融抑制的几何模型

在图 13-1 中，横轴表示金融资产数量（也可看成储蓄投资数量），纵轴表示利率水平。曲线 bb'' 和 bb' 表示贷款的平均利率和边际利率，在此利率水平下，金融机构能够贷出资金；曲线 Od'' 和 Od' 表示存款的平均利率和边际利率，在该利率水平下，金融机构可以出售自己的间接证券。名义利率从原点 O 起往上标出，p^* 代表预期的通货膨胀率，实际利率则从 p^* 起往上标出。假定对存款利率规定名义上限 a'，则实际利率为负利率 p^*-a'，此时能满足市场出清的贷款利率为 a''。而在落后经济中，对名义贷款利率往往规定上限，假定将名义贷款利率规定为 p^*（p^* 也代表预期的通货膨胀率），即实际贷款利率为 0，在这种情况下，储蓄者将资金转借给金融中介机构所获得的不是报酬而是惩罚（负利率）；而借款人却可以按照零或负的实际利率借得免费的甚至倒贴利息的借贷资金。贷款利率 p^* 和存款利率 a' 的差 $a'-p^*$ 是金融中介机构获得的补偿。

从图 13-1 可以看出，在上述采取利率限制的情况下，储蓄者愿意提供的资金量仅为 OA，而借款者的需求量为 OF，两者存在巨大的差额，这显然不是一个均衡的状态。

为达到均衡，金融中介机构根据货币当局或政府其他机构的意图，在借款者之间进行信贷配给，将有限的资金量 OA 配给少量借款人。但是，信贷配给的代价是巨大的：①在借款者之间进行信贷配给，使借款人和中介机构能够分别享受管制的贷款利率同实际市场利率之间的垄断收入，给腐败现象提供了机会；②而借款者若不归还贷款或延期占用贷款，将使配给无法维持；③金融中介机构在利率受限的情况下，更倾向于躲避风险和保持流动性偏好，将资金投入经营稳定的企业而不愿开拓新的投资机会；④受管制的存款利率抑制了储蓄的增加，同时大量不能获得配给的借款人无法进行贷款，结果既压制储蓄又抑制投资，从而使整个社会效率下降。

为达到均衡，还有一个解决的办法，就是金融中介机构采用收取隐蔽费用的办法提高贷款利率，使其接近 c''，同时对部分存款者也可以私下提高存款利率，使其接近于 c'，此时，边际收益等于边际成本，均衡结果为资金供给量和资金需求量均为 OC。该办法实际上让利率的变化反映了市场供求的力量，结果是鼓励储蓄和投资，促进金融深化，提高金融效率。可见，为了要避免利率上升和消除金融市场的混乱现象，可行的办法是政府逐步取消人为干预，让利率反映市场供求情况。

（三）金融抑制的表现

发展中国家的政府都想积极推动经济发展，但面对的现实是经济发展水平低，政府财力薄弱，外汇资金短缺。为获得资金实现发展战略，政府常常不得不对存贷款利率、汇率、信贷规模和投向、国际资本流动以及金融业的准入等实行全方位的限制。通常这种抑制性的金融政策主要体现在以下四个方面：

1. 规定存贷款利率和实施通货膨胀政策

发展中国家通常以设定存贷款利率上限方式来压低利率水平；同时由于依靠通货膨胀政策来弥补巨大的财政赤字，通货膨胀率则往往居高不下。结果是实际利率通常很低，有时甚至是负数。这就严重脱离了发展中国家资金稀缺的事实，从而必然要求利率偏高的现实。过低的实际利率使得持有货币（广义的货币）的实际收益十分低下，从而降低了人们对货币的需求，金融资产的实际规模也就无从得到发展。

2. 采取信贷配给的方式来分配稀缺的信贷资金

由于利率低下带来的储蓄低下、投资膨胀，发展中国家通常面临着巨大的资金短缺。面对这种情形，往往实行选择性的信贷政策，引导资金流向政府偏好的部门和产业。这些为政府所偏好的企业和项目，大多是享有特权的国有企业和具有官方背景的私有企业，投资收益率通常并不理想，由此导致的直接后果是资金分配效率十分低下。

3. 对金融机构实施严格的控制

这种控制主要包括：①对金融机构要求很高的法定准备金率和流动性，以便于政府有效地集中资金；②严格限制金融机构的资金流向；严格限制某些种类的金融机构的发展；③实施金融机构的国有化。政府往往倾向于鼓励那些能够从中获取巨大铸币收益的金融机构和金融工具的发展，抑制其他金融机构和金融工具的发展。

银行系统往往受到偏爱和保护，因为通过储备要求及强制性的持有政府债券，政府可以无息或低息为公共部门融资。私有债券及证券因为无从获取铸币税，政府则借助征收交易税、印花税及资本所得税等多种形式对其进行抑制。这些控制造成的直接后果是，金融机构成本高昂，效率低下，金融机构种类单一，专业化程度低。

4. 人为高估本币的汇率

发展中国家为了降低进口机器设备的成本，常常人为地高估本币的汇率，使其严重偏离均衡的汇率水平。发展中国家产品的国际竞争力本来就处于弱势，过高的本国汇率使其更弱：经济的落后本来需要进口，过高的本币汇率使进口需求更高。其结果是汇率政策使自己陷入了更为严重的外汇短缺境地。于是，不得不实行全面的外汇管制，对稀缺的外汇资源进行行政性分配。与此同时，一些持有官方执照的进口商就能利用所享受的特权赚取超额利润。在许多发展中国家实行“进口替代”政策的情况下，还加剧了重视重工业和轻视农业、轻工业的后果。

相关链接

“地下金融”——金融抑制之果

中央财经大学的《中国地下金融调查》通过对中国20个省、82个市（县）、206个乡村、110家中小企业和1 203位个体工商户进行了实地抽样调查，对各地区地下金融规模、农村地下金融机构和中小企业非正规融资规模做出了基本判断。

调查测算的结果显示，目前中国的地下信贷规模为7 405亿~8 164亿元，地下金融规模平均指数已达28.07，也就是说地下融资规模占正规途径融资规模的比重为28.07%。若将5%的误差率纳入指数，由此测算出中国地下金融规模指数区间应该为26.73~29.47。值得注意的是，从调查与测算结果分析中发现，全国私募基金占股民投资考证券交易资金的比重在30%~50%，2002年后总规模在6 000亿~7 000亿元；此外，近年来中国广义货币中有3%~4%被地下部门占用，在货币币值不稳定时，地下货币资金的规模有扩大的趋势。在调查中还发现，越是经济不发达地区，对地下借贷的依赖性越强。

在中国，地下金融活动的典型形式是间接金融，以合会等民间借贷为主，非金融企业变相吸收公众存款也属于此类；而直接金融活动主要是企业、单位或个人未经批准通过非法募集股份、发行债券和彩票、私募基金等进行融资。

专家认为，中国长期采取的金融抑制政策，包括汇率、利率管制和政府在金融资源分配中的所有制偏向等因素，是导致地下金融膨胀的重要原因。地下金融长期存在削弱了金融宏观调控的力度，并且其中潜伏着不可预测的金融风险。

二、金融深化（Financial Deepning）

（一）金融深化的定义

金融深化是指政府放弃不适当的干预政策，取消对金融系统的严格管制，使得市场机制发挥应有的作用，以此促进金融系统的正常运转和功能的实现，形成金融发展和经济发展的良性循环。

金融深化是麦金农和肖针对发展中国家金融现状提出的金融发展战略，金融深化论的提出标志着现代金融发展理论的建立。按照美国金融专家爱德华·S.肖的标准，一国的金融深化程度可以从以下三个方面来量化：

（1）金融存量指标。即利用反映一国在某一时点的金融发展状况的指标体系来衡量其金融深化程度。这些指标包括：① 金融资产存量与国民收入之比。肖认为与金融深化相伴随的是流动性资产存量的增加，由于金融资产的流动性大于实物资产，因此在宏观上这一过程就体现为一国金融资产存量与国民收入之比的提高。② 金融资产存量的结构特征。肖认为金融深化也会导致金融资产结构的变化，因此一定时点上各金融资产存量之间的比例关系是表征金融深化程度的又一指标。

（2）金融流量指标。即利用一个时段内的金融发展状况来反映一国的金融深化程度。这些指标包括：① 投资来源构成中财政所占的比重。肖指出，随着金融深化的深入，投资中财政所占的比重应当逐渐减少。② 居民总储蓄中银行储蓄所占的比重。从理论上说，这一比例将随着金融深化程度的加深而减少。③ 企业融资中银行贷款的比例变化。金融深化将使这一指标有渐趋缩小的趋势。

（3）金融资产价格指标。即用金融市场的各种价格水平来表征金融深化的程度，肖认为这一指标体系“也许是金融深化与否的最明显的表现”。它包括：① 实际利率水平，这一指标与金融深化程度是正相关的。② 利率的期限结构，合理并能反映消费者延迟消费的非意愿程度。

一般地，一个国家如果实现了以下几点，就意味着实现了金融深化：一是利率、汇率的市场化水平较高，并有较高的弹性。利率市场化水平越高，说明利率能更加准确地反映投资代替消费的机会；而汇率市场化水平越高，则说明资本自由流动的程度越高，汇率变动更多地反映市场意愿。二是经济货币化和金融化的程度较高。三是金融工具与金融机构数量多、金融体系的规模较大、结构合理。四是金融市场规范运作、金融在经济发展中的贡献大。

由此可见，金融深化的条件是金融自由化。但二者不能等同，因为金融自由化包含着结果不确定的涵义。如果一国能够成功推行金融自由化，即通过金融自由化实现经济增长、投资增长、提高金融系统效率、增强金融体系的稳定性，则实现了金融深化。

（二）金融深化对经济的影响

麦金农和肖认为，发展中国家要想使经济得到发展，就应该放弃他们所奉行“金融压制”政策，实行“金融自由化”或“金融深化”政策。金融深化对经济发展的效应，可以归结为以下几个方面：

（1）储蓄效应。金融深化引起实际国民收入的增加，在储蓄一定的条件下，社会储蓄总额也将按一定比例相应增加。同时，金融深化提高了货币的实际收益率，从而提高了人们的储蓄倾向，通过“导管效应”使得储蓄增加。

（2）收入效应。收入效应是指实际货币余额的增长引起社会货币化程度的提高，从而对实际国民收入的增长所产生的影响。这种收入效应是双重的。包括正收入效应和负收入效应。正收入效应是由于货币行业服务对国民经济具有促进作用而产生的；负收入效应是由于货币供应需要消耗实物财富和劳动，从而减少可用于国民收入生产的实际资源而产生的。金融深化导致的收入效应应当是有利于经济发展的正收入效应，而货币政策目标是不断提高这种正收入效应，同时也相应地降低负收入效应。

（3）投资效应。当对于利率的管制取消后，利率将更有效地发挥其作用，使得资金流向高收益的投资项目，从而提高投资的效率。另外，储蓄效应也增加了投资的总额。

（4）就业效应。货币实际收益率的上升导致投资者资金成本的提高，因此投资者将倾向于劳动密集型的生产，以代替资本密集型的生产而节约资本的使用，这样将提高整个社会的就业水平。

为实现金融深化，麦金农和肖提出了一系列改革措施。具体包括：政府放弃对利率的人为干预，以便利率能正确地反映资金供求关系；改革金融体制，促使金融机构自由竞争，使银行体系和金融市场真正发挥吸收和组织社会储蓄资金、引导资金投向的功能；放宽外汇管制，逐步实现汇率自由化，使汇率真正反映外汇资金的供求。

金融深化理论的政策建议在于开放金融市场、实行金融自由化，但从 20 世纪 70 年代以来各国金融自由化的实践证明，过度或贸然推行的金融自由化不仅不会带来预期的好处，反而会酿成金融危机。可见，金融深化不仅会产生正效应，而且会带来负效应。

（1）冲击银行体系的稳定性。以金融自由化为特征的金融深化将把银行体系置于广阔的市场风险之中：①金融深化的短期金融市场利率和资本市场利率（公司债券与股票市场利率）、国际业务汇率被随市场供求而变动的自由利率所替代，提高了金融业务预期收益的不确定性和风险性。②金融深化为企业开辟了更多的直接融资渠道，银行间的金融业务竞争加剧，从而使银行利润下降。若银行储备金中的一部分来自利润，就会减少银行应付呆账、坏账贷款的储备金，削弱银行战胜金融危机的能力；若银行欲获取短期内的最大化利润，就会助长银行的非生产性和潜在不稳定性的投机行为，把银行置于破产倒闭的危险之中。③金融深化往往使实际利率高于市场出清的均衡利率。当利率上升时，所有投资项目的回报率下降，低风险项目可能不获利，激励效应引致公司转而追求更具风险的项目。因信息是不对称的，即借款者比贷款者知道更多有关拟建项目的信息，若银行把利率作为审查标尺，又无完善的对借贷人行为的监督机制，则可能使银行因可贷资金的过度供给而产生恶性风险。

（2）债务危机。一些发展中国家在未能有效控制财政赤字、实现预算平衡的情况下急于推行金融深化战略，从而提高了实际利率。一方面，政府为避免财政赤字所导致的通货膨胀往往以高于市场利率的利率在国内大量举债，这势必增加政府负债的融资成本；另一方面，政府为推动经济起飞而大量从国外融资，为国内经济运行注入资金，但因微观经济活力不足，投资收益率低下，因而难以征收足够的税收来弥补政府赤字、偿还债务。债务高利率的累积效应将使债务与其 GNP 的比例上升到无法控制的地步，从而引发债务危机。

（3）经济滞胀。发展中国家金融深化的实践表明：金融深化可能导致投资和产出的增加，可能导致实际利率高于均衡利率，居民的边际储蓄倾向提高，银行可贷资金供给增加。但是也存在如下问题：①居民的边际消费倾向下降，减少了拉动投资的社会总需求；②高利率增加了企业流动资金的成本和融资成本，降低了投资收益率，甚至使企业无利可图或亏损，从而制约了企业的投资动力；③短期外国资本流入和追求高利润常导致更多的消费信用等。所有这些，加上政府为控制赤字而减少支出所产生的投资减少乘数效应会大规模收缩经济，使经济出现停滞和衰退。

（4）可能导致破坏性的资本流动。金融深化使国内存款利率高于世界金融市场的利率水平，而其间的利差往往不能通过国内货币的预期贬值而抵消；资本的边际生产力通常较高，国内企业能从国外大量融资；政府为扩张经济而大量吸引外资，因此过早地放松或取消了对资本流动的限制。这些都会导致大规模的短期资本流入，破坏中央银行控制货币流通基数的能力，引起严重通货膨胀。一旦抑制经济过热，又会引起资本大量流出，导致经济迅速衰退。

相关链接

中国不要学阿根廷

“中国能从阿根廷学到的，就是‘不要学阿根廷’。”在回答 CBN 记者提问时，阿根廷中央银行董事奥康奈尔（Arturo O’Connell）言之谆谆。奥康奈尔在会上回答了 CBN 记者的提问，并在会后接受 CBN 专访。他表示，发展中国家需要反思一直以来占统治地位的“新自由主义教条”，如资本自由化和通货膨胀控制。他认为，危机下发展中国家应该将就业与增长放在政策的首位，摆脱对外国资本的过度依赖，通过贸易盈余实现自我融资。“阿根廷曾两次‘跌倒’——一次是 20 世纪 80 年代，一次是在 2001 年。如今，我们已经是 30 年来第三次面对大的金融危机了。”奥康奈尔不无调侃地说，阿根廷好像是“金融危机专业户”，这次危机到目前为止还没有给阿根廷带来特别的困难。不过，奥康奈尔随后认真地说，对于阿根廷来说，最关键的是经济结构调整。“2001 年金融危机以来，我们开始向中国学习。”奥康奈尔表示。CBN：你认为这次 20 国集团（G20）伦敦峰会是否取得了满意的成果？奥康奈尔：我认为，G20 完全没有触碰到国际金融机构改革。这对发展中国家非常不利。国际金融机构“换了个脸”，继续重复过去的模式，甚至获得更多权力。国际货币基金组织（IMF）获得了 1.1 万亿美元，它们会把这些钱投到东欧，而不是真正需要援助的发展中国家。IMF 掌握更多的钱是极其危险的，因为它们对于金融领域到底在发生些什么非常无知。举个例子，IMF 和世界银行有金融服务评估项目，冰岛在几年前参与了这个项目，当时他们评估，冰岛的金融部门是不错的。另外一个例子是，1998 年世界银行出了一份报告，把发展中国家和地区的银行部门按健康程度排序，阿根廷列在第二。而在那之后两年阿根廷银行业就崩溃了。这是我为什么对给国际金融机构特别是 IMF 和世界银行更多权力的做法感到担心。事实上，给国际金融机构更多权力的理由并不充分。没有任何理由认为 IMF 会监督美国的政策。资本自由化、金融全球化导致不稳定CBN：在中国有这样的争论，就是在危机形势下，是否应该以及如何推进金融改革。有一派观点认为，我们应该继续推进金融改革，其中有人认为应该将改革指向资本账户自由可兑换。另一派观点则认为，应该对资本开放进行反思。你认为，中国应该如何从阿根廷的历史经验中学习？奥康奈尔：中国能从阿根廷学到的，就是“不要学阿根廷”。在“华盛顿共识”主导的时代，资本在市场间自由流动是一个重要的议题，这是在20世纪90年代。不过，现在的批评声音越来越多。令人惊奇的是，我认为，批评这一想法的最好论文来自IMF的研究机构。在这项研究中，研究者通过调查40多个金融自由化的案例，考察开放资本流动对于增长到底有什么影响。他们的结论是：资本流动自由化的效率并非增长的必要条件。另外一份研究表明，资本流动对于增长的影响实际上总体来讲是负面的。还有其他的研究说，在发展中国家中增长较快的经济是那些更多地依赖自我融资而不是其他渠道的经济体。就是否增长而言，金融全球化也许并不是非常有用，而且它还会导致不稳定。20世纪80年代的拉美危机和后来的阿根廷金融危机都说明了这一点。显然，不稳定和资本的自由流动之间是有联系的。

第二节　金融发展理论

一、金融发展与经济发展

严格地说，金融发展理论所要研究的应是一切有关金融发展与经济发展关系的理论。金融发展（Fianacial Development）主要包括金融资产的发展、金融机构的发展及金融市场的发展；经济发展则是指各种实际经济因素的发展，如物质财富的增加、生产技术的技术的进步及经济制度的健全等。在金融发展与经济发展的关系分析上，以美国的约翰·G.格利和爱德华·S.肖以及戈德史密斯的理论最为著名。

格利和肖认为，金融的发展与经济的发展之间有着非常密切的关系，经济发展是金融发展的前提和基础，而金融发展是推动经济发展的动力和手段。

在格利和肖看来，所谓金融的发展，主要是各类金融资产的增多及各类金融机构的设立。在各类金融资产中，货币只是其中的一种；而在各类金融机构中，银行也只是其中的一种。随着经济的发展，金融也随之发展。这种发展不仅表现在各种非货币金融资产的涌现及其数量的增多，也表现在各种非银行金融中介机构的建立和发展。具体作用表现在以下几个方面：

（一）初始经济与金融限制

为了说明金融发展对经济发展的影响，格利和肖对初始经济进行了分析。他们指出：初始经济的增长能力受其金融制度的限制。在只有货币没有其他金融资产的情况下，储蓄、资本积累和从储蓄到投资的有效配置都受到抑制，这种抑制又滞缓了产出与收入的增长速度。也就是说，初始经济对实际产出增长设置了严重的金融限制。不成熟的金融制度本身就是经济进步的羁绊。

按照格利和肖的分析，实际产出的增长能力来源于两个方面：一是资本存量的规模；二是资本存量的分配。

资本存量的规模取决于储蓄的规模。然而，初始经济的金融制度向私人支出单位只提供一种金融资产即货币来引致储蓄。它不允许企业发行自己的金融工具来引致消费者储蓄，也不允许政府发行非货币债务。金融制度也不试图通过提供不同种类的金融资产或者允许金融资产用各种利率来刺激私人储蓄。结果，可以想象，在消费者和企业之间收入分配既定的条件下，储蓄倾向和资本增长率都是比较低的。可见，金融资产的单一化限制了储蓄的规模，从而也限制了投资的水平。不仅如此，金融资产的单一化还限制了储蓄的投向，从而使既定的储蓄不能根据投资效益的高低实行最有效、最合理的配置。

总之，初始经济的金融制度是缺乏效率的，因为它既没有任何会刺激储蓄的金融资产，也没有提供任何会竞争性地把储蓄分配给投资的金融市场——初始经济的困难在于，它提供了一种金融资产，并且没有充分地利用金融对储蓄的推动力，也没有充分利用在各个投资机会之间使储蓄有效地分散出去的金融媒介作用。

（二）金融创新与金融技术

格利和肖认为：在任何经济社会，要克服由金融制度的缺陷而造成的困难，支出单位就必须有能力冲破现存金融格式的限制与束缚。他们指出，在金融发展的初期，一些不发达国家曾采用过各种不同的金融办法来弥补现存金融制度的缺陷。这些办法包括组成合伙企业和互助社团、发行彩票、政府向私人部门提供转移性支付、提高货币需求，以及土地和其他现存实物资产的转移等。这些办法的应用，既缓解了金融限制，促进了经济增长，又为金融制度的创新和发展奠定了基础。

在格利和肖看来，由初始的金融制度向成熟的金融制度的发展，首先表现为金融资产的增多。这种增多既包括金融资产种类的增多，也包括金融资产数量的增多。就金融资产的种类而言，首先出现的是由私人投资者为筹措资金而发行的初级证券。初级证券的发行，使私人投资者的投资超过其自身的储蓄，同时也使消费者获得新的、有利息收入的金融资产。随着初级证券数量的增多，初级证券的交易市场应运而生。同时，作为金融中介机构的银行也参与初级证券的买卖。这样，私人投资者既可以直接向消费出售初级证券，也可以向银行出售初级证券，而银行则通过发行间接证券即货币，来筹措购买初级证券的资金。在这两种形式中，前一种是直接融资，后一种是间接融资。直接金融把初级证券倒入消费的资产篮子，而间接金融则用货币代替这资产篮子中的初级证券。间接金融的出现，使消费者既可以用初级证券储蓄，又可以用货币余额储蓄。所以，金融机构的介入，是金融资产多样化的必要条件。同时，由金融中介机构介入的间接金融也比直接金融更为有效。

格利和肖指出：在不发达社会，可贷资金的交易是在极不完善的市场里由最终贷款人与最终借款人面对面地磋商完成的。在较成熟的社会里，这种分割成细小部分的市场上的个人贷款只是全部发行量的较少部分。金融技术的发展创造了代替面对面贷款的方法，从而使借款人和贷款人或者双方都能从可贷资金的交换中获得利益。

根据格利和肖的分析，金融技术主要有两种：一种是分配技术；一种是中介技术。所谓分配技术，是指便利初级证券的发行和交易的技术。它包括证券市场的发达与完善、多种交易形式的采用以及各种便利设施的提供等。所谓中介技术，是指由金融中介机构介于最终借款人和最终贷款人之间、以间接金融资产替代初级证券，从而使储蓄的转移更为顺畅，使金融资产更为多样化的技术。分配技术和中介技术都能扩大可贷资金的市场广度，提高资金分配效率，从而提高储蓄和投资的水平，最终使经济增长率也得以提高。随着金融技术的发展，尤其是中介技术的发展，不仅银行得到进一步的发展，各种非银行金融中介机构也得到发展。这些非银行金融机构通过发行非货币的间接金融资产而发挥中介融资的职能。于是，金融资产的种类进一步增多，金融资产的总量进一步上升。

（三）经济增长与金融积累

格利和肖认为，在经济增长过程中，随着人均收入的提高，金融资产的增长率将超过产出或实际收入的增长率。在任一时间的两个国家之间，以及在一个国家的两个发展阶段之间，金融积累不仅对产出的水平敏感，而且对产出的增长率敏感。因此，金融资产对 GNP 的比例，可在相当程度上反映一个国家的经济发展程度。

二、金融结构与经济发展

雷蒙德·戈德史密斯是美籍比利时经济学家、现代比较金融学的奠基者。在1969 年出版的著作《金融结构与金融发展》中，戈德史密斯运用统计资料，对金融结构和金融发展作了横向的国际比较和纵向的历史比较，从而揭示了金融发展过用中带有规律性的结论。

戈德史密斯的金融发展理论提出了一个重要的量化指标，即金融相关比率（Financial Interrelations Ratio，FIR），该指标从数量上论证了金融发展与经济增长之间的关系；所谓金融相关比率，是指金融资产价值与全部实物资产（即国民财富）价值之比。全部实物资产大致可以用当期国民生产总值表示，而金融资产主要包括金融部门、非金融部门和国外部门发行的金融工具。在一国经济发展过程中，金融相关比率变动的基本趋势是上升的，有时甚至会发生迅速上升的"爆发运动"，但达到一定程度时，这一比例会逐步稳定。金融相关比率的变动反映了金融上层结构与经济基础结构之间在规模上的变化关系。随着经济和金融的发展，金融结构也会发生相应的变化，金融机构发行的间接金融工具比重会逐渐下降，而非金融机构发行的直接金融工具的比重会逐步上升，它大致反映了金融发展的一个基本特点。

通过大量的比较分析和统计验证，戈德史密斯总结了 12 个金融发展的要点：

（1）在一国的经济发展进程中，金融上层结构的增长比国民财富所表示的经济基础结构的增长更为迅速。因而，金融相关比率有提高的趋势，期间还会发展迅速提高的"爆发运动"。

（2）一国金融相关比率的提高并不是无止境的，一旦达到一定的发展阶段，特别是当金融相关比率达到 1~1.5 之间时，该比率就将趋于稳定。

（3）经济欠发达国家的金融相关比率比发达国家要低得多。根据戈德史密斯考证，经济欠发达国家目前的金融相关比率多在 0.66~1 之间，相当于美国和西欧在 19 世纪后半期就已达到并超过了的水平。

（4）决定一国金融上层结构相对规模的主要因素是不同经济单位和不同经济集团之间储蓄与投资功能的分离程度。归根结底，金融相关比率是由一国经济结构的基本特征决定的。如生产的集中程度、财富的分配状况、投资刺激、储蓄倾向及产业活动与家庭经营活动的分离等。不了解这些基本特征，就无法研究储蓄和投资的性质。

（5）随着经济发展水平的提高，大多数国家金融机构发行和拥有的金融资产的比重在不断加大，即使金融相关比率的变动已趋于平衡，这种比重变化的现象仍然会持续存在。

（6）储蓄与金融资产所有权的机构化（Institutionalization）倾向，必然使金融机构和金融工具向多样化发展。一般来说，债权的机构化比股权的机构化取得了更长足的进展，长期债权的机构化要高于短期债权的机构化水平。许多国家的政府债券、公司债券及抵押票据的 50%以上由金融机构持有，甚至有些国家的这一比重已接近 100%。发达国家中金融机构持有公司股票的比重高于发展中国家，并出现比重上升的趋势。不过总的来说股票由私人购买仍占主要优势。

（7）现代意义上的金融发展都是始于银行体系的建立及法定货币的发行。铸币和银行券占国民财富的比重开始是呈上升趋势，但之后会出现持平或下降的倾向。隐含货币（支票存款）也将经历相同的变化过程，但时间相对会晚些。

（8）随着经济的发展，银行体系在金融机构资产总额中的比例会趋于下降。而其他各种新型的金融机构的这一比例却相应上升。在有些发达国家，其他金融机构的金融资产总额已超过银行资产总额。

（9）对大多数国家而言，国际金融活动在经济发展的某些时候起着关键的作用，如国外融资作为国内不足资金的补充或作为国内剩余资金的出路，这取决于一国的对外开放程度。

（10）国际资金转移的重要形式是资金从发达国家向发展中国家的流动，金融机构和金融工具的国际化会便利资本与技术的转移。对发展中国家来说、引进国际化的金融机构甚至比引进一些资金更为重要。

（11）金融发展水平越高，融资成本（包括利息与各种费用）越低。在金融发达国家，包括利率和其他费用在内的融资成本要明显低于经济欠发达国家。偶然出现的例外是由于通货膨胀的影响，在这种情况下，金融体系的作用会向相反方向变化。

（12）从长期看，各国金融发展与经济发展大多存在着平行关系。经济发展与金融发展之间的因果关系，即到底是金融因素加速了经济增长，还是金融因素仅仅反映了由其他因素推动的经济增长，现在还无法证明。

戈德史密斯的基本结论表明，金融发展与经济发展有着密切的联系，并且发达国家与发展中国家在金融发展中存在着明显的区别。关于这两个问题，戈德史密斯从理论和历史两个方面进行分析。

从理论上看，金融机构对经济增长的效用必须从总体以及储蓄与投资的分配这两个方面进行探讨。他认为，金融机构的存在与发展可有效地增加储蓄与投资的总量。因为一方面，在许多情形下，通过金融机构的间接融资比通过发行初级证券的直接融资要更有效些。比如，在没有金融机构的条件下，那些小额贷款者将因没有适当的金融工具可选择而只得进行较少储蓄。而从另一方面看，金融机构的介入还能有效地将既定的资金分配给收益率较高的投资项目，从而使平均投资效率得以提高。显然，金融机构这两方面的作用都能有效地促进经济的增长和发展。同时，戈德史密斯指出，在某些情况下，金融机构的存在和发展也许会给经济增长带来消极的影响。比如，金融机构的存在与发展将大大便利政府的借款，从而使金融工具成为政府弥补财政赤字、筹措经费的重要工具。这样，政府在储蓄总量中所占的比重将增加。当政府将这一增加的份额用于各种非生产性的支出时，经济增长必然受到不利的影响。因此从理论上看，金融发展对经济增长的影响是难以确定的。

从历史经验来看，戈德史密斯发现，在不同国家之间或在同一国家的不同时期之间，金融发展对经济增长的影响也极不相同。

总之，戈德史密斯认为，在金融理论尚未沿着分析金融发展过程及其与经济增长的关系这一方向深入发展之前，在我们尚未使用这样的理论框架对不同代表性的国家和时期的情形进行大量精确细致的实例研究之前，对于金融发展与经济增长的因果关系是无法得出明确的结论的。

三、金融发展理论

鉴于麦金农和肖的金融深化理论所引发的巨大反响，金融发展理论研究掀起了新的高潮，许多经济学家纷纷提出对金融发展问题的新见解。

总结20世纪70年代以来的金融发展理论，大致可分为两个阶段。

第一阶段为20世纪70年代中期到80年代末期，主要研究内容是金融深化理论的实证和扩充，其主要代表人物有加尔比斯（Vicente Galbis）、卡普（Basant K. Kapur）、马西森（D. J. Mathieson）和弗莱（M. J. Fry）等。他们扩大了金融深化理论的研究框架，在吸收当代经济学最新研究成果的基础上，建立了宏观经济模型，扩大了金融发展理论模型的分析视野和政策适用范围，使之能不断适应经济增长、金融体制日益完善的发展中国家的实际情况。如卡普摈弃了麦金农关于实际货币与实物资本的互补性假说，通过论证银行向生产企业供应流动资本的过程来说明金融对实际经济增长的影响，这种分析更强调发展中国家在通过金融改革促进经济发展的过程中保持经济稳定的重要性，因而对确立货币政策目标及治理通货膨胀政策具有很强的指导作用。加尔比斯用两部门模型修正和补充了麦金农的一部门模型，认为只有技术落后的部门才存在自我融资现象，而技术比较先进的部门则可以获得银行贷款支持，并且两部门的资源转移可推动金融中介的作用，用两部门的投资效率差异来说明资源转移对经济增长的作用，这样的分析比麦金农的分析更深入且结论更令人信服。弗莱在金融发展模型中加入了动态调整参数，建立了动态金融发展模型，用以分析通货膨胀与经济增长的关系。

除扩展理论模型外，第一阶段的研究成果还包括大量的实证研究。这些实证研究肯定了金融深化理论的结论从而说明该理论可用于指导发展中国家的经济实践。不少学者实证考察了发展中国家推行金融自由化成功的经验和失败的教训，对金融发展政策作了补充和扩展。他们认为金融改革应具备五个前提条件：建立完善的金融监管制度；有稳定的价格水平；强化财政纪律；建立竞争性的金融体制；有运转良好的税收体系。

第二阶段从 20 世纪 90 年代开始到现在，其主要代表人物有艾伦（F. Allen）、摩洛、莱温纳（R. Levine）、辛格（Ajit Svingh）、戴蒙特德斯（Panicos O. Demetuiades）、金（R. G. King）、福知高雄等。针对 20 世纪 80 年代以后发展中国家金融深化改革暴露出的一些问题，金融发展理论在继承已有金融发展思想的基础上，不断拓展研究领域，将金融稳定与金融危机理论、国际金融政策、证券市场发展等纳入金融发展研究框架。尤其是针对发展中国家金融自由化失败的教训，强调了对金融发展政策的实证研究，着重于金融发展的外部环境与发展顺序等有关金融发展成败的政策组合研究。

这一阶段的研究成果重视金融中介的作用，通过建立在内部增长模型基础上的金融发展理论，对家庭资产组合行为进行了详尽的分析，阐明金融体系可以使个人增加其持有的非生产性实物资本，将储蓄改为生产性投资；改善投资资金的分配、提高资本的平均报酬率；可以进行长期投资，减少风险项目投资，鼓励人们只拥有资本的所有权；对某些创新活动可通过评估投资项目和预期利润来扩大投资。这种金融体系可引导资产组合倾向于生产性投资，从而提高生产性投资的质量。

这一阶段的金融发展理论在政策上强调金融体制改革的全面性与渐进性。学者们援引中国台湾和韩国的例证，说明金融自由化不仅是将实际利率提高到接近市场均衡利率水平，而且需要推行全面的金融体系改革，如改善银行管理、稳定物价、改革汇率等。在利率改革上也应采取渐进政策，虽然利率太低会抑制储蓄，减少生产性投资的资金来源，但如阿根廷、智利等国的完全自由化导致的实际利率急剧上升式的繁荣昌盛也能带来灾难。政府可以采取先提高利率进行干预，等到物价稳定、银行监督完善后再进一步改革的方式。他们也指出，完全充分的金融自由化不一定是经济快速增长的先决条件（拉美经济可以证明），关键是实际利率应接近市场均衡利率。至于市场均衡利率的确定，由于发展中国家缺乏完善的金融市场，因此建议采用公开拍卖国库券的形式来确定市场利率。建立货币市场，以银行拆借、回购协议、商业票据作为货币市场工具，也是确定市场利率的好办法。发展中国家的货币政策可以采用再贴现率、公开市场政策和储备率三大工具，并加以灵活操作，在建立货币市场的基础上制定公开市场政策，然后逐步完善资本市场。在开放经济条件下，利率与汇率政策应协调一致。对开放资本账户应持谨慎态度，除非金融市场稳定和国内利率市场已形成，否则不宜开放资本账户，可实行货币自由兑换。过早开放资本账户会助长资金流动，扰乱经济和金融秩序。

本章小结

1. 金融发展理论实际研究的是一切有关金融发展与经济发展关系的理论，对于发展中国家而言，由于其货币化程度低，金融与经济的关系与发达国家的情况存在很大的差异。这种差异不仅表现在经济环境、经济结构和经济发展水平方面，而且在货币金融领域也有着大不相同的特征。因此，有关全融发展的理论即使完全适用于发达国家，也未必适用于发展中国家。金融压抑论和金融深化论对此进行了详尽的分析，并对发展中国家的政策选择提出建议。

2. 以发展中国家体制为分析背景的金融抑制论和金融深化论对中国金融改革和发展有重要作用。中国长期以来存在着严重的金融抑制现象，金融改革的过程也就是金融深化的过程。虽然中国的金融改革已取得明显成效，但面临的问题和困难也不少，解决问题的根本出路仍然是按市场规律的要求不断深化改革。

重要概念

金融抑制　金融深化　金融发展　金融相关比率　金融创新　金融技术
分配技术　中介技术　初始金融　直接金融　间接金融　金融中介

进一步阅读推荐

[1] Greenwood Jeremy, Bruce D. Smith, Finaneial Markets in Develo Pment, and The Development of Financial Markets [J]. Journal of Eeonomie Dynamies and Control, 1977 (1).

[2] Fry Maxwell Jiminy and CaPitalor Finaneial Deepening in Economic Development [J]. Journal of Money, Credit and Banking, 1978 (10).

[3] 麦金农. 经济发展中的货币与资本 [M]. 卢骢，译. 上海：上海三联书店，1988.

[4] 德尔 · W. 亚当斯，等. 农村金融研究 [M]. 北京：中国农业科技出版社，1988.

[5] 爱德华·肖. 经济发展中的金融深化 [M]. 邵伏军，等，译. 北京：中国社会科学出版社，1989.

[6] 杨咸月. 金融深化理论发展及其微观基础研究 [M]. 北京：中国金融出版社，2002.

复习讨论题

1. 导致发展中国家出现金融抑制的主要原因是什么？

2. 金融深化是如何量化的？

3. 金融深化是否对经济的影响都是积极的？如果不是，请综合分析金融深化对经济的影响。

4. 如何观察和度量金融发展的水平？请查阅有关我国金融发展水平的数据，并试对我国的金融发展水平作总体评估。

5. 在集中计划体制下有金融抑制，在市场经济体制下也有不少国家存在金融抑制；在发展中国家，金融抑制问题较为普遍，但在发达国家，也并非完全不存在。这无不涉及国家对金融事业的干预。对于这样的问题，你认为如何认识才较为全面？

参考文献

[1] Z. BODIE, ROBERT C. MERTON. Finance [M]. 北京：高等教育出版社，2002.

[2] R. G. HUBBARD. Money, the Financial System, and the Economy. 5th Edition. 王永钦，改编. 北京：机械工业出版社，2008.

[3] MERVYN K. LEWIS. Financial Intermediaties, the International Library of Critical Writings Economics. Edward Elgar Publishing Limited, 1994.

[4] FREDERIC S. MISHKIN. The Economics of Money, Banking and Financial Markets. 7th Edition. Addison Wesley, 2004.

[5] S. A. ROSS. The Arbitrage Theory of Capital Asset Pricing [J]. Journal of Economic Theory, 1976 (13): 341-360.

[6] W. SHARP. Capital Asset Prices: A Theory of Market Equilibrium under Conditions of Risk [J]. Journal of Finance, 1964 (19): 425-442.

[7] WILLIAM SHARP. Asset Allocation, Management Style and Performance Measurement [J]. Journal of Portfolio Management, 1992 (18): 7-19.

[8] HERSH SHEFRIN, STATMAN MEIR. Behavioral Capital Asset Pricing Theory. Journal of Financial and Quantitative Analysis, 1994.

[9] A. SHLEIFER, L. SUMMERS. The Noise Trader Approach to Finance. Journal of Econometrics, 1990.

[10] SHLEIFER, ANDREI, ROBERT VISHNY. Limits of Arbitrage. Journal of Finance, 1997.

[11] LAWRENCE S. RITTER, WILLIAM L. SILBER, CREGORY F. UDELL. Principles of Money, Banking, and Financial Markets. 北京：高等教育出版社，2003.

［12］安东尼·M. 桑托莫罗，戴维·F. 巴贝尔. 金融市场、工具与机构［M］. 郭斌，译. 大连：东北财经大学出版社，2000.

［13］曹龙骐，郑建明. 跨世纪中国货币政策有效性研究［M］. 香港：（香港）励志出版社，1999.

［14］曹龙骐. 金融学［M］. 北京：高等教育出版社，2003.

［15］曹龙骐. 商业银行业务经营与管理［M］. 2 版. 广州：华南理工大学出版社，1999.

［16］陈野华. 西方货币金融学说的新发展［M］. 成都：西南财经大学出版社，2001.

［17］陈忠阳. 金融风险分析与管理研究［M］. 北京：中国人民大学出版社，2001.

［18］戴国强. 货币金融学［M］. 上海：上海财经大学出版社，2000.

［19］戴国强. 商业银行经营学［M］. 北京：高等教育出版社，1999.

［20］戴相龙. 中国人民银行五十年［M］. 北京：中国金融出版社，1998.

［21］迪恩·克罗绍. 货币银行学［M］. 吕随启，译. 北京：中国市场出版社，2008.

［22］弗雷德里克·S. 米什金. 货币金融学［M］. 7 版. 郑艳文，译. 北京：中国人民大学出版社，2006.

［23］富兰克林·艾伦，道格拉斯·盖尔. 比较金融系统［M］. 朱春燕，等，译. 北京：中国人民大学出版社，2002.

［24］胡章宏. 金融可持续发展论［M］. 北京：中国金融出版社，1998.

［25］黄达. 货币银行学［M］. 北京：中国人民大学出版社，2001.

［26］黄达. 金融学［M］. 北京：中国人民大学出版社，2004.

［27］黄宪. 货币金融学［M］. 武汉：武汉大学出版社，2003.

［28］江其务. 银行信贷管理学［M］. 北京：中国金融出版社，1994.

［29］凯恩斯. 就业、利息和货币通论［M］. 高鸿业，译. 北京：商务印书馆，1999.

［30］劳埃德·B.托马斯. 货币、银行与金融市场［M］. 马晓萍，等，译. 北京：机械工业出版社，1999.

［31］雷蒙德·W.戈德史密斯. 金融结构与金融发展［M］. 周朔，等，译. 上海：上海三联书店、上海人民出版社，1997.

［32］李崇准，黄宪. 西方货币银行学［M］. 北京：中国金融出版社，1992.

［33］李健. 当代西方货币金融学说［M］. 北京：高等教育出版社，2006.

［34］李心丹. 行为金融理论：研究体系及展望［J］. 金融研究，2005（1）.

［35］李心丹. 中国个体证券投资者交易行为的实证研究［J］. 经济研究，2002(11).

［36］刘鸿儒. 刘鸿儒论中国金融体制改革［M］. 北京：中国金融出版社，2000.

[37] 罗纳德·I.麦金农. 经济发展中的货币与资本 [M]. 卢聪，译. 上海：上海人民出版社、上海三联书店，1988.

[38] 马克思. 资本论：第1、2、3卷 [M]. 北京：人民出版社、中国社会科学出版社，1980.

[39] 彭兴韵. 金融学原理 [M]. 上海：上海三联书店，2003.

[40] 乔治·考夫曼. 现代金融体系 [M]. 陈平，等，译. 北京：经济科学出版社，2001.

[41] 沈伟基. 货币金融学 [M]. 北京：北京工业大学出版社，2001.

[42] 苏平贵. 金融学 [M]. 北京：清华大学出版社，2007.

[43] 王广谦. 中央银行学 [M]. 北京：高等教育出版社，1999.

[44] 王松奇. 金融学 [M]. 2版. 北京：中国金融出版社，2001.

[45] 魏华林，林宝清. 保险学 [M]. 2版. 北京：高等教育出版社，2006.

[46] 西南财经大学金融学院货币教研室. 货币金融学解读：习题与案例 [M]. 北京：中国金融出版社，2005.

[47] 亚当·斯密. 国民财富的性质和原因的研究 [M]. 王亚南，郭大力，译. 北京：商务印书馆，1972.

[48] 姚长辉. 货币银行学 [M]. 2版. 北京：北京大学出版社，2002.

[49] 叶永刚. 国际金融概论 [M]. 武汉：武汉大学出版社，1999.

[50] 易宪容. 行为金融学 [M]. 北京：社会科学文献出版社，2004.

[51] 殷孟波. 货币金融学 [M]. 北京：中国金融出版社，2004.

[52] 于敏. 解析金融改革发展的热点与实践 [M]. 武汉：湖北人民出版社，2006.

[53] 约翰·G.格利，爱德华·S.肖. 金融理论中的货币 [M]. 贝多广，译. 上海：上海三联书店，1988.

[54] 约翰·马歇尔，维普尔·班赛尔. 金融工程 [M]. 宋逢明，等，译. 北京：清华大学出版社，1998.

[55] 郑道平，龙玮娟. 货币银行学原理 [M]. 北京：中国金融出版社，2002.

[56] 中国人民银行. 金融知识国民读本 [M]. 北京：中国金融出版社，2007.

[57] 周大中. 现代金融学 [M]. 北京：北京大学出版社，2000.

[58] 周骏. 货币银行学 [M]. 2版. 北京：中国金融出版社，2002.

[59] 朱孟楠. 金融监管的国际协调与合作 [M]. 北京：中国金融出版社，2003.

[60] 兹维·博迪，罗伯特·C.莫顿. 金融学 [M]. 欧阳颖，等，译. 北京：中国人民大学出版社，2000.

[61] 顾林. 我国征信体系的发展及完善研究 [D]. 北京：中国社会科学院，2010.

[62] 岳玉珠，郭慧文. 货币银行学 [M]. 南京：东南大学出版社，2005.

[63] 艾洪德，张贵乐. 货币银行学教程 [M]. 大连：东北财经大学出版社，2006.

[64] 胡国晖，崔奇. 货币银行学 [M]. 武汉：武汉理工大学出版社，2006.

[65] 杨丽. 货币银行学 [M]. 沈阳：辽宁大学出版社，2007.

[66] 姚长辉. 货币银行学 [M]. 北京：北京大学出版社，2005.

[67] 辛清. 国际金融学 [M]. 南京：南京大学出版社，2008.

[68]（美）斯蒂芬·G.切凯蒂. 货币、银行与金融市场 [M]. 郑振龙，译. 北京：北京大学出版社，2007.

[69] 贺瑛. 国际金融学 [M]. 上海：复旦大学出版社，2006.

修订后记

本书自2009年9月出版、2014年修订再版至今，得到了全国几十所开设二本专业学校的支持和好评。师生们在使用本教材的过程中，给我们提供了非常富有建设性的意见和建议。在此表示我们衷心的感谢！

党的十九大对中国的经济社会发展做出了两个重大判断：中国特色社会主义进入新时代和我国社会主要矛盾已经转化为人民日益增长的美好生活需要和发展不平衡不充分的发展之间的矛盾。为适应新时代和新矛盾背景下经济金融形势和教学需求，根据国内外金融研究与金融市场的最新进展、我们在教学第一线所积累的经验以及众多同行师生的意见和建议，我们在第二版基础上进行了一定的修订和完善，得到第三版。第三版主要修改有：第一，补充或更新了第二版以来的中国金融实践的发展和改革。如对利率市场化的改革进展做一些补充，对新时代的监管机构的变化做出说明和对农村商业银行的发展做一些简单介绍。第二，删除了一些重复和冗长的内容。第三，校对了个别文字和拼写错误的地方。

本书主编对修订稿进行了全面、细致的审订。当然，由于我们水平与时间所限，不当和错漏之处在所难免，敬请广大读者谅解，并欢迎批评指正。下列 E-mail 地址恭候读者和同行的批评指正或评论：yjiang@ sicau.edu.cn.

本书已三次出版和印刷11次，并荣获了西南财经大学出版社2012年度和2015年度畅销教材奖。第三版修订和出版得到了西南财经大学出版社和四川农业大学经济学院金融系的鼎力支持，在此表示谢意！

图书在版编目(CIP)数据

金融学/蒋远胜主编 .—3 版 .—成都:西南财经大学出版社,2018.8
(2021.7 重印)
ISBN 978-7-5504-3663-3

Ⅰ.①金… Ⅱ.①蒋… Ⅲ.①金融学—高等学校—教材 Ⅳ.F830

中国版本图书馆 CIP 数据核字(2018)第 189717 号

金融学(第三版)
JINRONG XUE
主　编:蒋远胜
副主编:黄思刚　温　涛

责任编辑:李晓嵩
助理编辑:王琳
责任校对:李邓超
封面设计:杨红鹰　张姗姗
责任印制:朱曼丽

出版发行	西南财经大学出版社(四川省成都市光华村街 55 号)
网　　址	http://cbs.swufe.edu.cn
电子邮件	bookcj@swufe.edu.cn
邮政编码	610074
电　　话	028-87353785
照　　排	四川胜翔数码印务设计有限公司
印　　刷	郫县犀浦印刷厂
成品尺寸	185mm×260mm
印　　张	25
字　　数	544 千字
版　　次	2018 年 8 月第 3 版
印　　次	2021 年 7 月第 5 次印刷
印　　数	11001— 13000 册
书　　号	ISBN 978-7-5504-3663-3
定　　价	48.00 元